U0142534

少年犯罪

——理論與實務

．第八版．

蔡德輝、楊士隆——著

五南圖書出版公司 印行

修訂新版序

　　本書已分別於1997、2000、2003、2013、2017及2021年配合少年犯罪之趨勢與發展而增加章節，並修訂部分統計與文獻，但時光荏苒，轉眼匆匆後經歷三年，少年事件處理法復於2019及2023年再次修訂，而認為有必要將本書再予以修訂，以充分掌握少年犯罪防治國內外最新修法與研究動向。

　　本次修訂之主要內容包括：更新少年犯罪等統計及少年司法之內容，濃縮少年生物與心理理論，並由曾淑萍教授協助修訂少年殺人及少年性侵章節，增列少年偏差行為預防及輔導辦法內容，及將2023年少年事件處理法之修訂條文內容更新。

　　整體而言，本次修訂增加之內容企圖掌握國內外之少年犯罪學術與實務工作現況，並為防治少年犯罪找出嶄新之可行路徑。最後，特別感謝中正大學犯罪防治所博士生許俊龍之協助資料蒐集，亦請少年犯罪防治先進予以指教。

蔡德輝、楊士隆

2024年9月謹誌於

國立中正大學犯罪防治學系暨研究所

國立中正大學犯罪研究中心

再版序

　　本書自1994年4月出版之後，國內少年犯罪在質上有日趨暴力跡象，而數量上雖略有紓緩，卻仍高居不下，此種負面發展使得從事少年犯罪防治工作者仍面臨諸多挑戰。

　　有鑑於此，在1997年間作者二人蒐集國內外少年犯罪相關最新文獻，擴充內容，更新資料，以充分掌握少年犯罪之內涵，並研擬妥適對策因應。在再版之內容中，除重新撰寫第二章少年犯罪之衡量外，我們在第三篇少年犯罪相關因素中，增列了第九章社區與少年犯罪、第十章大眾傳播媒體與少年犯罪。在第四篇少年犯罪類型中，加入了第十一章少年竊盜犯罪、第十五章飆車與少年犯罪及第十六章女性少年犯罪。此外，並於第五篇少年司法與防治方案對策中，增加第十九章少年犯罪防治方案。

　　2000年，作者配合1997年少年事件處理法之修正，改寫少年司法之演進部分及第十八章少年司法，此外更蒐集最新國內外文獻，增加幫派與少年犯罪之內容。2003年8月，本書進一步修訂、更新各章節犯罪統計與文獻，並加入學生中輟與少年犯罪、援助交際等新興少年犯罪議題，這些增加之內容希望有助於掌握少年犯罪發展之脈動，而對其防治工作有所貢獻。

蔡德輝、楊士隆
2003年9月謹誌於
中央警察大學、國立中正大學犯罪防治學系暨研究所

序

　　近年來台灣地區在政治、社會、經濟各方面之發展已獲致相當之成就，並為國際社會所普遍讚揚。然而，我國社會亦隨著經濟之繁榮、都市化之高度發展，人口之激增，社會結構之改變，而致傳統社會控制功能漸失，加上西方個人主義及功利主義思想之影響，造成社會文化衝突、矛盾與價值混淆，致社會產生各項弊病，犯罪問題亦更形猖獗。近年來在諸多新興之犯罪型態中，其中尤以少年犯罪在犯罪手段及罪質上之惡化最令人憂心忡忡。我們一方面不忍國家未來新生一代如此自暴自棄，淪落犯罪深淵，另方面擔心少年智慮未趨成熟，如不予及時防治，恐在未來造成社會治安更大隱憂，加上學者專家相繼指出今日之少年犯很可能成為明日之成年犯，因此，探討少年犯罪之成因並謀求少年犯罪防治之道乃更形殷切。

　　本書撰寫之主要目的即在於提供關心少年成長之社輔、學校、刑事司法實務工作者、大專學生及家長有關少年犯罪防治之相關理論與實務上知識，主要之內容包括：一、介紹少年犯罪之本質、現況與趨勢。二、從犯罪生物、心理、社會學理論等觀點探討少年犯罪之成因，並介紹新近少年犯罪理論之發展。三、研討少年在成年過程中所面臨之家庭、學校及為民眾所關切之少年幫派、濫用藥物、兒童被虐待等問題。四、促使讀者瞭解我國少年司法處理之宗旨、流程及機構。最後並根據作者多年之研究心得，參酌歐美日及我國新近之研究精華，研擬少年犯罪防治對策以供參考。

　　綜合言之，本書之主要特色：一、從科際整合（Interdisciplinary）之多元化犯罪原因觀點，探討少年犯罪之成因。二、除涵蓋少年犯罪防治理論外，並有系

統的介紹處理少年犯罪之司法體系、流程及主要機構。三、為使本書內容與世界先進國家之新近研究同步,更具可讀性,本書蒐集最近之研究文獻,以期周延、深入的探討少年犯罪之相關理論。四、研擬具體有效之少年犯罪、輔導策略及防治對策供有關機構參考。

　　本書之付梓要特別感謝顏校長世錫及劉教育長世林之大力支持,使本書順利完成。由於少年犯罪之研究領域至廣,且其犯罪類型與發展日新月異,本書儘可能涵蓋各領域。最後,本書雖經百般斟酌與校勘,掛漏謬誤之處仍在所難免,尚祈各方先進不吝賜正。

蔡德輝、楊士隆
1994年4月1日謹誌於
中央警官學校

ontents 目錄

Part I

導　論

第一章　少年犯罪之內涵

　　近年來，少年犯罪（Juvenile Delinquency）隨著社會之急遽變遷、工商業之突飛猛進、都市化之高度發展而有日趨嚴重之態勢，引起社會各階層之普遍關切及政府之重視。鑑於今日之少年犯很可能成為明日之成年犯，而影響及未來整體治安，因此探尋其發生成因並謀求妥適對策乃日益殷切。

　　少年犯罪在早期即已存在，惟其並未受到應有之重視。在早期倘青少年觸犯罪行，大致與成年犯罪人一般在同一刑事司法體系接受懲罰，並未予特別處理。隨著刑事思潮之演變，近年來在少年犯之處理上已不同於成年犯，甚至引介另一套具國家親權（Parens Patriae）之少年司法體系以充分保護少年。在介紹前項少年司法之演進及其涵義前，有必要先對複雜多變之少年犯罪定義做一檢視。

第一節　少年犯罪之定義

　　少年犯罪之定義至為分歧，惟根據學者Whitehead與Lab（1990）之見解，可從法律上身分非行（Status Offense）及社會／犯罪學上之角度加以瞭解，概述如下：

一、少年事件處理法之定義

　　少年犯罪，根據我國少年事件處理法第2條及第3條之規定，係指12歲以上，18歲未滿之人有下列情形之一者：

一、少年有觸犯刑罰法律之行為者。

二、少年有下列情形之一，而認有保障其健全自我成長之必要者：

(一) 無正當理由經常攜帶危險器械。

(二) 有施用毒品或迷幻物品之行為而尚未觸犯刑罰法律。

(三) 有預備犯罪或犯罪未遂而為法所不罰之行為。

　　前項第2款所指之保障必要，應依少年之性格及成長環境、經常往來對象、參與團體、出入場所、生活作息、家庭功能、就學或就業等一切情狀而為判斷。（詳附錄一）

　　至於台灣有關偏差行為之定義，依少年事件處理法第86條第4項規定訂定之「少年偏差行為預防與輔導辦法」（2021.2.24訂定）之規定，所稱偏差行為，指少年有下列行為之一者：

一、少年事件處理法第3條第1項第1款規定觸犯刑罰法律之行為。

二、少年事件處理法第3條第1項第2款規定之行為。

三、下列不利於健全自我成長或損及他人權益行為之一，有預防及輔導必要：

(一) 與有犯罪習性之人交往。

(二) 參加不良組織。

(三) 加暴行於人或互相鬥毆未至傷害。

(四) 藉端滋擾住戶、工廠、公司行號、公共場所或公眾得出入之場所。

(五) 於非公共場所或非公眾得出入之職業賭博場所，賭博財物。

(六) 深夜遊蕩，形跡可疑，經詢無正當理由。

(七) 以猥褻之言語、舉動或其他方法騷擾他人。

(八) 無正當理由跟追他人，經勸阻不聽。

(九) 逃學或逃家。

(十) 出入酒家（店）、夜店、特種咖啡茶室、成人用品零售店、限制級電子遊戲場及其他涉及賭博、色情、暴力等經社政主管機關認定足以危害其身心健康之場所。

(十一) 吸菸、飲酒、嚼檳榔或使用其他有害身心健康之物質。

(十二) 觀看、閱覽、收聽或使用有害其身心健康之暴力、血腥、色情、猥褻、賭博之出版品、圖畫、影片、光碟、磁片、電子訊號、遊戲軟體、網際網路內容或其他物品。

(十三) 在道路上競駛、競技或以蛇行等危險方式駕車或參與其行為。

(十四) 超過合理時間持續使用電子類產品，致有害身心健康。

(十五) 其他不利於健全自我成長，或損及他人權益或公共秩序之行為。（詳附錄二）

二、身分非行之定義

　　除了前述法律觀點之定義外，對少年犯罪之瞭解亦可從其身分（Status）之概念著手。換言之，少年犯罪乃因其特殊之「少年」身分而觸犯法律之行為。只有少年始能適用，成年人則因不屬是項少年身分，因而在從事某一類型行為時並不入罪。

　　一般所謂身分非行（Status Offense）乃指少年之違犯行為在成年人之世界裡，並不屬違法之行為，同義字包括「無可救藥之少年」（Incorrigible）、「難駕馭之少年」（Unruly）或稱「有監督必要之人」（Person in Need of Supervision, PINS）及「有監督必要之兒童」（Children in Need of Supervision, CHINS），其行為類型（樣態）諸如逃學、抽菸、喝酒、不遵守家庭、學校之各項規定，與他人打架等。美國俄亥俄州之規定對所謂難駕馭之兒童（Unruly Child）提供了較為明確之詮釋。

　　可謂難以駕馭、管教之兒童包括：

(一) 行為乖張，反叛而未受其父母、老師、監督、監護人適當管教之人。

(二) 經常逃學及逃家之人。

(三) 其行為足以傷害自己或他人之健康及名譽者。

(四) 未經父母、監護人或其他法定代理人之同意逕行結婚。

(五) 涉足不名譽且為法律所明訂禁止之地點或與具有犯罪傾向，惡名昭彰或其他不道德人士交往。

(六) 從事法律所明訂禁止之職業或者在可能危及自己或他人生命、身體、健康或名譽之情況下工作。

(七) 觸犯了只適用於兒童之相關法令（Ohio Revised Code, 1987: Chapter 2151.022）。

　　此項定義進一步促使吾人瞭解身分犯在少年犯罪上之涵義。任何正常之少年皆可能從事這些活動，因此，任何少年皆可能因身分上之關係而遭受少年司法體系之干預與管束。

三、社會／犯罪學之定義

　　對少年犯罪之瞭解並不一定單一地以法律上之定義抑或身分犯概念之層面加以考量。相反地，其定義常依據特殊團體性質或作者個人之興趣而加以規範。因此，少年犯罪（Juvenile Delinquency）對任何人而言並沒有單一之定義可茲充分表達，而通常少年犯罪包括法律上之規定及身分犯之定義兩者，1967年美國總統法律執行與司法行政委員會之定義即具有前項之包含性：

　　少年犯罪包括那些成人世界中可能構成犯罪之任何個案。它同時包括僅適用於少年身分之各種犯行如禁止酗酒、藥物濫用、違反學校規定等，以及少年被指認無法管教、逃學逃家而需要監督者。

　　這些詮釋提供了少年犯罪較簡化之概念，然而由於個人需求、興趣不同，

經常有不同之定義呈現，甚至將其二分法，端賴其選擇之結果。

綜合言之，依據前述之分析，促使吾人理解很可能所有之少年活動（依身分犯之定義）皆屬少年犯之範疇。另一探討少年犯罪之定義可從瞭解少年行為之持續性，即從最邪惡至最符合社會規範行為之持續現象加以檢視（Cavan and Ferdinand, 1981），圖1-1指出，行為之最左邊係屬極端邪惡犯罪者；而大部分之少年係屬正常（中間部分）之範疇；行為之最右邊極端好者，此類聖賢亦有所不同。換言之，不同之社會，由於風俗，法律之定義不同，因此少年犯罪之數量及類型亦隨之有所不同的呈現。

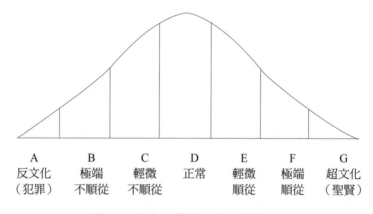

A	B	C	D	E	F	G
反文化	極端	輕微	正常	輕微	極端	超文化
（犯罪）	不順從	不順從		順從	順從	（聖賢）

圖1-1　行為之常態之分配範疇

資料來源：Cavan and Ferdinand (1981).

此項定義與犯罪研究結果之定義較為接近。它並不侷限研究人員採用法律或者二刀論法之定義。相反地，它允許研究人員廣泛地對少年各類型行為進行檢視。以此為基準可對少年各類偏差與犯罪行為之改變加以調查，並與其他正常少年從事比較。

其次，由於偏差與犯罪行為關係之含糊不清，故有必要藉此予以澄清。雖然，作者大致同意大多數學者之看法，即認為犯罪行為屬偏差行為之範疇，但部分偏差行為樣態如逃學、逃家、同性戀、酗酒等並不等於犯罪行為，圖1-2臚列出其間之隸屬關係。然而，仔細觀察，偏差與犯罪行為之關係亦非如此單純，例如少數之犯罪行為如確信犯及部分之法定犯罪等，並不必然屬偏差行為之範疇，圖1-3清楚地臚列出此項偏差與犯罪行為之交叉關係。因此，作者認為後者之偏差與犯罪行為關係之界定較為周延。

圖1-2　偏差與犯罪行為之隸屬關係　　　　圖1-3　偏差與犯罪行為之交叉關係

第二節　少年司法之涵義及演進

　　基本上，少年司法（Juvenile Justice）係指社會透過政府及民間之犯罪預防與控制機構對少年犯罪所採取之防治措施（National Advisory Commission on Criminal Justice Standards and Goals, 1976）。其探討之主題，包括少年偏差與犯罪行為處遇以及少年司法體系之問題。一般而論，少年司法涵蓋犯罪之原因、機構之控制、預防之對策、社區服務之策略，以及處理違反法律規章之立法等（Siegel and Senna, 1985）。警察、法院、少年矯治機構則為少年司法體系之主要構成要素，惟其他諸如學校、社會輔導、服務機構亦負有處理少年事件之意義與責任。

　　早期對於少年之處遇並未予以特別重視，少年與成年並無差異，必須遵循相同之法律、規定，接受同樣之處遇。換言之，早期法律並未對少年與成年身分予以區分，對少年之保護亦欠周延。

　　對少年之重視肇始於對貧困者之救助。Krisberg與Austin（1978）指出，1855年英國即在倫敦成立Bridewell專業機構，以處理少年行乞問題。此機構被認為可提供少年技藝訓練，而有助於其復歸社會。相類似地，在美國紐約、波士頓、費城相繼成立之貧民收容所（House of Refuge）即基於相同之理念，其收容目的在於強化被收容人（含少年）教育、技藝訓練、各項學徒訓練，俾以從提供少年一庇護所，減少都市不良影響（Rothman, 1971）。

　　隨著貧民收容所思潮之延伸，強調教育、訓練與父母教養農舍型態之感化機構（Cottage Reformatory）興起，此類機構一般座落於鄉村，並特別重視農牧之工作，以減少少年受不良環境之影響。在此一時期，由奧古斯汀（August

John）在1841年所推展之觀護工作亦有顯著之成長。在1869年美國麻州決定對青少年進行保護監督，而逐步對少年犯罪問題更加重視。

然而，少年司法進一步發展應屬少年法庭之成立。1899年，美國於伊利諾州即首先成立少年法庭，專司少年保護。此項創舉不僅完全與成年法庭之理念與運作不同，其對於16歲以下不良少年之保護與監督更具實益。此後，各州則相繼仿行。

最後隨著各項少年司法興革之來臨，對於少年與兒童之各項保護亦日趨周延。尤其，收容問題少年專業機構之建立，更為少年保護增加更多協助。例如採用心理輔導診斷技術之少年專業輔導機構成立即為一例。這些發展促使少年司法保護事業邁向更為專業之局面。

根據林清祥（1987）及沈銀和（1988）之見解，我國少年法制之重要發展，應以民國24年司法行政部公布之審理少年案件應行注意事項十五條為關鍵，其主要之內容在促使推事（即現行之法官）及檢察官注意少年事件之特殊性，注意事前調查、推事指定、審訊方式、羈押避免、起訴慎重與量刑原則等。而民國35年修正之監獄行刑法亦對少年犯有特別規定：即特設少年監獄，對少年身心健康各項背景資料加以調查，並施以適當教育，惟前述興革仍不及各先進國之措施一、專設少年事件之審理機構；二、專設養護教化機構等之措施。1962年1月31日，我國少年法在經多次之修改後始正式公布，惟因各方意見不一，故遲至1971年7月1日始施行。其重要內容包括：一、確立少年刑罰、教育並重原則；二、確立少年案件之審理機關，即人口眾多事務較繁之區域，設立獨立少年法庭；三、少年事件審理亦須探求少年之性格、生活及需要等，以做適當處置；四、少年之審訊須與成年犯隔離，有羈押必要者應收容於特別處所；五、對於少年犯不得科處以死刑或無期徒刑。其後，因再行檢討施行情形，而於1976年再次修正、公布施行。雖然我國少年刑事司法逐步確立中，惟因實質上偏重於刑罰，有關少年保護與教育未臻完善，故有進一步檢討之必要。

1997年10月29日少年事件處理法大幅修正，其重要內容包括：一、揭櫫少年事件處理法係「為保障少年健全之自我成長，調整其成長環境，並矯治其性格」而制定；二、直轄市設少年法院，其未設少年法院地區則於各地方法院院址內設少年法庭；三、分設少年調查官及少年保護官代替原觀護人之職務；四、確立少年法院為不付審理之裁定時，除交付兒童或少年之法定代理人，或現在保護少年之人嚴加管教或告誡外，並可轉介兒童或少年福利或教養機構為適當之輔導；五、規定少年保護管束之假日生活輔導，除對少年施以個別或

群體之品德教育，輔導其學業或其他作業外，並得命為勞動服務（三小時以上五十小時以下），使其養成勤勉習慣及守法精神；六、規定少年之法定代理人或監護人，因忽視教養，致少年有觸犯刑罰法律之虞或行為，而受保護處分或刑之宣告，少年法院得裁定命其接受八小時以上五十小時以下之親職教育輔導。

　　該次修法以大量保護處分代替刑罰，進而促使少年更生。其對少年犯罪之概念已超出傳統犯罪概念窠臼，並與刑罰體系中犯罪概念，大異其趣（唐國盛，1998），針對犯罪嚴重之少年此法是否可達到預期目標，仍待進一步觀察。

　　2000年2月2日、2002年6月5日、2005年5月18日等復持續第六、七、八次之修訂（新修訂少年事件處理法，詳見附錄），根據李傳文等（2011）之見解：少年事件處理法仍持續進步中，並展現出：一、落實保護精神；二、建置專業處理機關人員；三、充實少年事件之處理機制。但司法院2009年7月31日釋字第664號因應高雄地院法官提出疑義指出，對於經常逃學逃家少年不得處以感化教育，顯示當前少年事件處理法仍存在部分缺失，有待學者與實務專家進一步研修改進。

　　依據司法院少年及家事廳於2019年6月4日發布之立法院三讀通過少年事件處理法部分條文修正草案指出，少年事件處理法於1997年修正，強調兒少保護精神，以健全少年之自我成長為處理少年事件的宗旨。大法官復於2009年以司法院釋字第664號解釋，揭示對於逃學逃家的虞犯少年，不得為剝奪人身自由之處分（收容或感化教育）；同年制定《公民與政治權利國際公約及經濟社會文化權利國際公約施行法》、2014年制定《兒童權利公約施行法》，將《公民與政治權利國際公約》、《兒童權利公約（CRC）》內國法化；2016年司法改革國是會議決議、2017年兒童權利公約首次國際審查專家結論性意見等，均日漸關注於兒少司法人權議題。」因此以兒少人權保護為取向之少年司法走向為當前台灣少年事件處理法之特色。本次修訂重點主要包括：一、廢除觸法兒童準用少事法規定；二、曝險少年去標籤，縮減司法介入事由；三、建置曝險少年行政輔導先行機制；四、尊重少年主體權及保障程序權；五、增訂多元處遇措施，推動資源整合平台；六、引進少年修復式機制；七、恢復少年觀護所之收容鑑別功能；八、其他修正重點包括：增訂少年調查官實質到庭原則，落實協商式審理，少年隱私保障再提升及救濟權利更周延等內容，均與少年司法權益之提升息息相關（參照司法院2019年6月4日官網）。

　　2023年6月21日台灣針對少年事件處理法再次修訂，賦予被害人到庭陳述意見、陪同在場權、相關隱私保護及審理進度告知權等權益。（修正條文第36條之1）；被害人於少年刑事案件之審理程序，得選任律師為代理人等。

參考書目

一、中文部分

少年事件處理法，2019年5月31日修訂。

少年事件處理法，2023年6月21日修訂。

立法院三讀通過少年事件處理法部分條文修正草案新聞稿，司法院最新動態，2019年6月。

立法院公報。

李傳文、李文章、陳明志（2011）。我國少年犯罪法制100年來變遷。中央警察大學行政警察學系。

沈銀和（1988）。中德少年刑法比較研究。五南圖書。

林清祥（1987）。少年事件處理法研究。五南圖書。

唐國盛（1998）。少年事件處理法之實用權益。永然文化。

二、外文部分

Cavan, R. S. and T. N. Ferdinand (1981). Juvenile delinquency (4th ed.). Harper and Row.

Krisberg, B. and J. Austin, 1978 The children of Ishmael. Mayfield Pub.

National Advisory Commission on Criminal Justice Standards and Goals (1976). Report of the task force on juvenile justice and delinquency. Law Enforcement Assistance Administration.

Rothman, D. J. (1971). The discovery of the asylum: Social order and disorder in the new republic. Little, Brown and Co.

Siegel, L. J. and Senna, J. J. (1985). Juvenile delinquency: Theory, practice and law (2nd ed.). West Publishing Co.

Whitehead, J. T. and Lab, S. P. (1990). Juvenile justice: An introduction. Anderson Publishing Co.

第二章　少年犯罪之衡量

　　初步瞭解少年犯罪之意涵後，少年犯罪之衡量（Measurement）成為研究少年犯罪另一重要課題。其關鍵在於有效之預防、控制少年犯罪策略必須對於少年犯罪之現況與趨勢做深入瞭解，而此均有賴正確之衡量始能達成目標。

　　有關少年犯罪之衡量，一般採用官方資料及透過調查研究之方式，取得相關犯罪資訊，這些獲取犯罪統計方法各有其優劣點，惟彼此可相互補充與制衡（Bynum and Thompson, 1996）。本章扼要介紹這些統計與衡量方式，並在後段綜合說明當前少年犯罪之趨勢。

第一節　少年犯罪之官方資料來源

　　我國少年犯罪之官方資料來源以內政部警政署刑事警察局出版之「刑案統計」及法務部編印之「犯罪狀況及其分析」最具代表性，此二官方資料來源綜合台灣地區之少年犯罪統計（含少年嫌疑犯及法院審理觸犯刑罰之少年犯），每年編印成冊供政府與民眾參考。

一、刑案統計

(一) 嫌疑犯犯罪人數

　　少年嫌疑人之人數在民國102年有12,038人，近年來呈現微幅下降，並維持一定人數，111年仍有9,554人（詳表2-1）。

表2-1　歷年兒童嫌疑人、少年嫌疑人、青年嫌疑人人數與嫌疑人總人數比較

	嫌疑人總人數 Total Offenders			少年嫌疑人人數 Juvenile			青年嫌疑人數 Adolescent	兒童嫌疑人數 Child
	合計 Total	男 (M)	女 (F)	合計 Total	男 (M)	女 (F)	合計 Total	合計 Total
102年 2013	255,310	209,222	46,088	12,038	10,267	1,771	26,469	609
103年 2014	261,603	214,701	46,902	10,969	9,400	1,569	25,417	579
104年 2015	269,296	221,904	47,392	11,002	9,299	1,703	29,284	478
105年 2016	272,817	224,383	48,434	9,775	8,273	1,502	31,092	440
106年 2017	287,294	235,388	51,906	10,499	9,071	1,428	33,849	448
107年 2018	291,621	236,308	55,313	8,893	7,606	1,287	32,685	383
108年 2019	277,664	224,434	53,230	9,441	8,115	1,326	32,447	430
109年 2020	281,811	226,302	55,509	10,226	8,816	1,410	33,556	219
110年 2021	265,221	210,289	54,932	9,627	8,207	1,420	32,421	-
111年 2022	291,891	227,306	64,585	9,554	8,021	1,533	33,626	-

說明：1. 兒童係指未滿12歲之人。
　　　2. 少年係指12至未滿18歲之人。
　　　3. 青年係指18至未滿24歲之人。

資料來源：內政部警政署刑事警察局編印，111年中華民國刑案統計，民國112年8月出版，頁307-308。

(二) 少年嫌疑犯犯罪類型

在少年嫌疑人犯罪類型中，十年間呈現部分轉變。民國102年間，少年嫌疑人之犯罪類型以觸犯「竊盜罪」者最多，計有3,385人，占28.12%；其次為觸犯「傷害罪」者，計有1,660人，占13.79%；再者為觸犯「毒品罪」，計有1,519人，占12.62%。民國111年，少年犯罪之類型仍以「詐欺罪」嫌疑犯所占最多，計有1,662人，占17.4%；其次為「詐欺罪」，計有1,225人，占12.82%；再者為觸犯「傷害罪」者，計有896人，占9.38%；第四位則為觸犯「妨礙性自主罪」者，計有875人，占9.16%。近年來最主要之少年犯罪類型由竊盜罪轉變為詐欺罪，詐欺罪儼然成為現今最需重視的少年犯罪類型。此外，毒品罪嫌疑人人數於106年呈現下降趨勢，且於111年大幅降至4.77%。

表2-2　歷年少年嫌疑人犯罪統計

	合計 Total		竊盜 Larceny and Motor Vehicle Theft		傷害 Bodily Harm		故意殺人 Murder		恐嚇取財 Intimidation		強盜 Robbery		搶奪 Forceful Taking		贓物 Stolen Property		妨害風化 Offenses Against Sexual Morality	
	人數 Number	百分比 Percentage	人數 Number	百分比 Percentage	人數 Number	百分比 Percentage	人數 Number	百分比 Percentage	人數 Number	百分比 Percentage	人數 Number	百分比 Percentage	人數 Number	百分比 Percentage	人數 Number	百分比 Percentage	人數 Number	百分比 Percentage
102年 2013	12,038	100.00	3,385	28.12	1,660	13.79	101	0.84	170	1.41	105	0.87	32	0.27	61	0.51	76	0.63
103年 2014	10,969	100.00	3,155	28.76	1,453	13.25	133	1.21	171	1.56	41	0.37	13	0.12	85	0.77	18	0.16
104年 2015	11,002	100.00	2,741	24.91	1,220	11.09	64	0.58	147	1.34	36	0.33	13	0.12	35	0.32	40	0.36
105年 2016	9,775	100.00	2,111	21.60	1,224	12.52	64	0.65	109	1.12	38	0.39	15	0.15	12	0.12	23	0.24
106年 2017	10,499	100.00	1,823	17.36	1,250	11.91	90	0.86	103	0.98	29	0.28	17	0.16	12	0.11	9	0.09
107年 2018	8,893	100.00	1,795	20.18	1,098	12.35	79	0.89	111	1.25	36	0.40	7	0.08	12	0.13	13	0.15
108年 2019	9,441	100.00	1,838	19.47	1,283	13.59	45	0.48	107	1.13	21	0.22	8	0.08	8	0.08	7	0.07
109年 2020	10,226	100.00	1,594	15.59	882	8.63	28	0.27	68	0.66	25	0.24	7	0.07	5	0.05	12	0.12
110年 2021	9,627	100.00	1,216	12.63	895	9.30	30	0.31	69	0.72	9	0.09	4	0.04	2	0.02	16	0.17
111年 2022	9,554	100.00	1,225	12.82	896	9.38	13	0.14	29	0.30	11	0.12	-	-	3	0.03	13	0.14

表2-2 歷年少年嫌疑人犯罪統計（續）

年	妨害性自主 Offenses Against Sexual Autonomy		詐欺背信 Fraud		槍砲彈藥 C.G.A.K.A.		毒品 Narcotics		走私 Smuggling		貪污瀆職 Malfeasance		擄人勒贖 Kidnapping		賭博 Gambling		其他 Others	
	人數 Number	百分比 Percentage	人數 Number	百分比 Percentage	人數 Number	百分比 Percentage	人數 Number	百分比 Percentage	人數 Number	百分比 Percentage	人數 Number	百分比 Percentage	人數 Number	百分比 Percentage	人數 Number	百分比 Percentage	人數 Number	百分比 Percentage
102年 2013	772	6.41	650	5.40	42	0.35	1,519	12.62	-	-	-	-	-	-	94	0.78	3,371	28.00
103年 2014	755	6.88	557	5.08	39	0.36	1,381	12.59	-	-	-	-	1	0.01	104	0.95	3,063	27.92
104年 2015	743	6.75	805	7.32	48	0.44	1,939	17.62	-	-	-	-	1	0.01	228	2.07	2,942	26.74
105年 2016	662	6.75	953	7.32	30	0.31	1,835	18.77	-	-	-	-	3	0.03	106	1.08	2,590	26.50
106年 2017	662	6.31	1,337	12.73	66	0.63	1,782	16.97	-	-	-	-	-	-	230	2.19	3,089	29.42
107年 2018	617	6.94	1,375	15.46	40	0.45	847	9.52	-	-	-	-	-	-	114	1.28	2,749	30.91
108年 2019	593	6.28	1,628	17.24	42	0.44	940	9.96	-	-	-	-	5	0.05	81	0.86	2,835	30.03
109年 2020	860	8.41	1,642	16.06	34	0.33	949	9.28	-	-	-	-	-	-	165	1.61	3,955	38.68
110年 2021	783	8.13	1,633	16.96	34	0.35	664	6.90	-	-	-	-	-	-	247	2.57	4,025	41.81
111年 2022	875	9.16	1,662	17.40	37	0.39	456	4.77	-	-	-	-	-	-	247	2.59	4087	42.78

資料來源：內政部警政署刑事警察局編印，111年中華民國刑案統計，112年8月，頁310-313。

二、犯罪狀況及其分析

法務部司法官學院編印之「中華民國111年犯罪狀況及其分析」對於經法院裁判之少年犯罪均有詳實之紀錄，茲扼要介紹如下：

(一) 少年犯罪人數及人口比率

根據內政部警政署刑事警察局與內政部歷年全國人口統計資料，近十年來，犯罪少年之犯罪人口率呈現上升的趨勢。以民國111年為最高，每十萬人中有799人犯罪（詳表2-3）。

表2-3　近十年少年犯罪人口率統計

單位：人、人／十萬人

年別	少年犯罪			成年犯罪		
	期中人口數	犯罪嫌疑人數	犯罪人口率	期中人口數	犯罪嫌疑人數	犯罪人口率
102年	1,791,110	12,038	672.10	19,025,376	242,635	1,275.32
103年	1,719,628	10,969	637.87	19,199,546	250,029	1,302.27
104年	1,634,004	11,002	673.32	19,366,339	257,794	1,331.14
105年	1,561,916	9,775	625.83	19,500,665	262,585	1,346.54
106年	1,500,217	10,499	699.83	19,611,597	276,321	1,408.97
107年	1,413,345	8,893	629.22	19,740,490	282,328	1,430.20
108年	1,338,302	9,441	705.45	19,855,664	267,781	1,348.64
109年	1,287,900	10,226	794.01	19,923,092	721,366	1,362.07
110年	1,242,387	9,627	774.88	19,901,442	255,593	1,284.29
111年	1,194,869	9,554	799.59	19,845,040	282,337	1,422.71

註：1. 少年指12歲以上18歲未滿之年齡層。
　　2. 犯罪人口率＝（犯罪嫌疑人數／年中人口數）*100,000。
資料來源：警政署刑事警察局、內政部歷年全國人口統計資料。

(二) 少年觸犯刑事案件之類型

民國102年涉及刑事案件的少年中，以違反「毒品危害防制條例」之人數占首位，計有220人，占56.70%；其次為「妨害性自主罪」，計有50人，占12.89%；再者為「強盜罪」者，計有47人，占12.11%。111年以違反「毒品危害防制條例」為主，計有236人，61.94%；其次為「妨害性自主罪」，計有33

人,占8.66%;再者為「傷害罪」,計有24人,占6.30%。從中觀之,近十年來毒品犯少年人數明顯較多,相較起他類犯罪類型人數明顯較多,成為主要犯罪類型。另外強盜罪於105年後比例大幅下降(詳如表2-4)。

(三) 少年兒童觸犯保護案件之類型

民國102年交付保護處分案件少年兒童中,以「傷害罪」之人數占首位,計有2,634人,占25.39%;其次為「竊盜罪」,有2,586人,占24.93%。111年以「傷害罪」最多,計有1,856人,占20.65%;其次為「詐欺罪」,計有1,348人,占15.00%;再者為「妨礙秩序罪」計有1333人,占14.83%。相較近10年來的變化,少年保護事件之主要犯罪類型為傷害罪為主。而交付保護處分案件中,竊盜罪人數逐漸呈現下降趨勢。惟因注意的是,105年以後,因詐欺罪交付保護處分的人數呈大幅上升趨勢,人數僅次於傷害罪,成為第二多的案件類型(詳表2-5)。

第二節　少年犯罪之非官方資料來源(問卷調查)

前述官方資料對於少年犯罪概況提供了清晰之描述,然值得注意的是其因犯罪黑數等問題而面臨批評。因此,尋找其他可行且非官方之犯罪衡量方式乃成為努力重點。透過問卷調查之少年犯罪衡量方式即為彌補官方統計缺失之有效方法。近年來,以自陳報告研究(Self-report Studies)及被害者調查(Victimization Surveys)為問卷調查少年犯罪研究法中廣泛被採用之方法,茲扼要說明如後。

表2-4　近十年少年刑事案件性別及罪名

罪名	102年 人	102年 %	103年 人	103年 %	104年 人	104年 %	105年 人	105年 %	106年 人	106年 %	107年 人	107年 %	108年 人	108年 %	109年 人	109年 %	110年 人	110年 %	111年 人	111年 %
總計	388	100.00	409	100.00	279	100.00	261	100.00	293	100.00	325	100.00	236	100.00	301	100.00	350	100.00	381	100.00
男	348	89.69	376	91.93	261	93.55	244	93.49	270	92.15	300	92.31	210	88.98	284	94.35	325	92.86	354	92.91
女	40	10.31	33	8.07	18	6.45	17	6.51	23	7.85	25	7.69	26	11.02	17	5.65	25	7.14	27	7.09
毒品危害防制條例	220	56.70	225	55.01	129	46.24	152	58.24	139	47.44	182	56.00	148	62.71	161	53.49	211	60.29	236	61.94
妨害性自主罪	50	12.89	68	16.63	45	16.13	38	14.56	43	14.68	37	11.38	25	10.59	39	12.96	42	12.00	33	8.66
傷害罪	22	5.67	23	5.62	37	13.26	14	5.36	15	5.12	18	5.54	13	5.51	18	5.98	14	4.00	24	6.30
偽造文書印文罪	5	1.29	2	0.49	8	2.87	13	4.98	27	9.22	28	8.62	11	4.66	10	3.32	3	0.86	4	1.05
詐欺罪	3	0.77	3	0.73	2	0.72	3	1.15	7	2.39	8	2.46	7	2.97	12	3.99	13	3.71	13	3.41
殺人罪	23	5.93	19	4.65	12	4.30	12	4.60	21	7.17	13	4.00	6	2.54	5	1.66	13	3.71	10	2.62
強盜罪	47	12.11	47	11.49	36	12.90	16	6.13	30	10.24	18	5.54	5	2.12	21	6.98	14	4.00	22	5.77
槍砲彈藥刀械管制條例	4	1.03	2	0.49	2	0.72	3	1.15	1	0.34	7	2.15	5	2.12	5	1.66	4	1.14	7	1.84
兒少性剝削防制	－	－	2	0.49	1	0.36	－	－	1	0.34	7	2.15	5	2.12	9	2.99	22	6.29	23	6.04
竊盜罪	4	1.03	1	0.24	3	1.08	1	0.38	1	0.34	3	0.92	3	1.27	5	1.66	4	1.14	5	1.31
妨害自由罪	2	0.52	1	0.24	1	0.36	5	1.92	1	0.34	1	0.31	3	1.27	2	0.66	1	0.29	－	－
偽證罪	－	－	－	－	－	－	－	－	－	－	1	0.31	3	1.27	－	－	1	0.29	－	－
藥事法	－	－	1	0.24	1	0.36	－	－	－	－	－	－	1	0.42	1	0.33	1	0.29	－	－
擄人勒贖罪	1	0.26	5	1.22	1	0.36	－	－	1	0.34	－	－	1	0.42	－	－	－	－	－	－
公共危險罪	1	0.26	4	0.98	1	0.36	2	0.77	6	2.05	1	0.31	－	－	11	3.65	6	1.71	1	0.26
妨害風化罪	1	0.26	1	0.24	1	0.36	－	－	－	－	－	－	－	－	－	－	－	－	－	－
搶奪及海盜罪	－	－	2	0.49	－	－	2	0.77	－	－	－	－	－	－	－	－	－	－	1	0.26
恐嚇取財罪	1	0.26	1	0.24	－	－	－	－	－	－	－	－	－	－	－	－	1	0.29	－	－
重利罪	－	－	1	0.24	1	0.36	－	－	1	0.34	1	0.31	－	－	1	0.33	－	－	－	－
贓物罪	2	0.52	1	0.24	－	－	－	－	－	－	－	－	－	－	－	－	1	0.29	－	－
偽證罪	1	0.26	－	－	－	－	－	－	－	－	－	－	－	－	－	－	－	－	－	－
稅法	－	－	－	－	－	－	－	－	－	－	1	0.31	－	－	－	－	－	－	－	－
遺棄罪	－	－	－	－	－	－	－	－	－	－	－	－	－	－	－	－	－	－	－	－
其他	1	0.26	－	－	－	－	－	－	－	－	－	－	－	－	－	－	1	0.29	－	－

資料來源：法務部編印108年犯罪概況及其分析，民國109年11月，頁231。

表2-5　近十年少年交付保護處分罪名

罪名	102年 人	102年 %	103年 人	103年 %	104年 人	104年 %	105年 人	105年 %	106年 人	106年 %	107年 人	107年 %	108年 人	108年 %	109年 人	109年 %	110年 人	110年 %	111年 人	111年 %
總計	10,374	100.00	9,359	100.00	8,568	100.00	8,132	100.00	8,448	100.00	7,944	100.00	7,829	100.00	8,765	100.00	8,121	100.00	8,987	100.00
傷害罪	2,634	25.39	2,349	25.10	2,034	23.74	2,004	24.64	2,111	24.99	2,086	26.26	2,225	28.42	2,467	28.15	1,780	21.92	1,856	20.65
竊盜罪	2,586	24.93	2,274	24.30	1,908	22.27	1,545	19.00	1,371	16.23	1,234	15.53	1,224	15.63	1,278	14.58	1,008	12.41	921	10.25
詐欺罪	392	3.78	283	3.02	424	4.95	614	7.55	1,016	12.03	1,114	14.02	1,078	13.77	1,148	13.10	1,256	15.47	1,348	15.00
妨害性自主罪	941	9.07	841	8.99	831	9.70	793	9.75	680	8.05	632	7.96	684	8.74	773	8.82	772	9.51	773	8.60
公共危險罪	856	8.25	1,002	10.71	769	8.98	745	9.16	759	8.98	717	9.03	618	7.89	613	6.99	438	5.39	417	4.64
妨害自由罪	381	3.67	361	3.86	318	3.71	337	4.14	329	3.89	387	4.87	410	5.24	398	4.54	374	4.61	449	5.00
毒品危害防制條例	1,035	9.98	779	8.32	971	11.33	859	10.56	755	8.94	391	4.92	302	3.86	244	2.78	197	2.43	155	1.72
毀棄損壞罪	176	1.70	155	1.66	130	1.52	165	2.03	212	2.51	295	3.71	261	3.33	280	3.19	238	2.93	251	2.79
兒少性剝削防制	63	0.61	80	0.85	58	0.68	96	1.18	214	2.53	167	2.10	214	2.73	336	3.83	305	3.76	507	5.64
恐嚇罪	214	2.06	190	2.03	186	2.17	133	1.64	114	1.35	101	1.27	134	1.71	91	1.04	120	1.48	80	0.89
妨害名譽及信用罪	62	0.60	96	1.03	64	0.75	90	1.11	130	1.54	121	1.52	112	1.43	132	1.51	113	1.39	116	1.29
偽造文書印文罪	217	2.09	195	2.08	154	1.80	104	1.28	80	0.95	61	0.77	67	0.86	55	0.63	66	0.81	88	0.98
侵占罪	102	0.98	73	0.78	66	0.77	61	0.75	44	0.52	62	0.78	65	0.83	66	0.75	38	0.47	61	0.68
殺人罪	84	0.81	78	0.83	85	0.99	75	0.92	51	0.60	59	0.74	53	0.68	44	0.50	41	0.50	34	0.38
性騷擾防治法	28	0.27	29	0.31	32	0.37	28	0.34	32	0.38	34	0.43	38	0.49	31	0.35	12	0.15	29	0.32
賭博罪	82	0.79	72	0.77	92	1.07	88	1.08	141	1.67	97	1.22	38	0.49	65	0.74	78	0.96	132	1.47
贓物罪	137	1.32	125	1.34	87	1.02	65	0.80	55	0.65	51	0.64	38	0.49	39	0.44	34	0.42	32	0.36
妨害秘密罪	4	0.04	9	0.10	13	0.15	23	0.28	21	0.25	29	0.37	28	0.36	26	0.30	32	0.39	40	0.45
妨害公務罪	39	0.38	57	0.61	40	0.47	36	0.44	33	0.39	34	0.43	26	0.33	36	0.41	29	0.36	33	0.37
妨害秩序罪	2	0.02	11	0.12	6	0.07	4	0.05	17	0.20	29	0.37	26	0.33	404	4.61	952	11.72	1,333	14.83
藥事法	58	0.56	39	0.42	72	0.84	71	0.87	63	0.75	43	0.54	26	0.33	37	0.42	31	0.38	29	0.32
槍砲彈藥刀械管制條例	27	0.26	25	0.27	27	0.32	23	0.28	37	0.44	31	0.39	25	0.32	29	0.33	23	0.28	17	0.19
組織犯罪防制條例	44	0.42	29	0.31	19	0.22	24	0.30	12	0.14	30	0.38	16	0.20	28	0.32	27	0.33	46	0.51
妨害電腦使用罪	19	0.18	21	0.22	11	0.13	15	0.18	11	0.13	22	0.28	15	0.19	15	0.17	25	0.31	38	0.42
洗錢防制法	-	-	-	-	-	-	-	-	-	-	8	0.10	14	0.18	18	0.21	35	0.43	82	0.91

表2-5　近十年少年交付保護處分罪名（續）

罪名	102年 人	102年 %	103年 人	103年 %	104年 人	104年 %	105年 人	105年 %	106年 人	106年 %	107年 人	107年 %	108年 人	108年 %	109年 人	109年 %	110年 人	110年 %	111年 人	111年 %
搶奪及海盜罪	33	0.32	19	0.20	26	0.30	12	0.15	22	0.26	16	0.20	12	0.15	16	3.46	8	2.06	9	1.88
妨害風化罪	16	0.15	28	0.30	29	0.34	18	0.22	16	0.19	15	0.19	11	0.14	17	3.80	13	3.41	12	2.55
誣告罪	12	0.12	26	0.28	16	0.19	10	0.12	13	0.15	9	0.11	11	0.14	12	2.68	6	1.57	10	2.13
妨害婚姻及家庭罪	16	0.15	19	0.20	17	0.20	12	0.15	23	0.27	9	0.11	8	0.10	11	4.62	14	6.33	20	6.51
匿藏人犯及湮滅證據罪	2	0.02	9	0.10	7	0.08	17	0.21	6	0.07	9	0.11	7	0.09	8	3.36	12	5.43	8	2.61
商標法	16	0.15	13	0.14	10	0.12	9	0.11	12	0.14	4	0.05	7	0.09	3	1.26	2	0.90	5	1.63
家庭暴力防治法	6	0.06	5	0.05	9	0.11	6	0.07	17	0.20	16	0.20	6	0.08	9	3.78	11	4.98	15	4.89
重利罪	7	0.07	11	0.12	1	0.01	5	0.06	7	0.08	3	0.04	5	0.06	7	2.94	6	2.71	9	2.93
偽證罪	16	0.15	11	0.12	5	0.06	5	0.06	5	0.06	5	0.06	5	0.06	5	2.10	2	0.90	3	0.98
強盜罪	17	0.16	9	0.10	3	0.04	8	0.10	6	0.07	2	0.03	5	0.06	3	1.52	3	1.70	1	0.40
著作權法	20	0.19	7	0.07	11	0.13	5	0.06	6	0.07	4	0.05	3	0.04	2	1.03	2	1.16	-	-
戶籍法	-	-	-	-	3	0.04	-	-	3	0.04	1	0.01	2	0.03	2	1.04	3	1.75	-	-
偽造有價證券罪	2	0.02	6	0.06	4	0.05	5	0.06	5	0.06	-	-	3	0.04	3	1.57	-	-	-	-
逃脫罪	1	0.01	-	-	1	0.01	2	0.02	1	0.01	3	0.04	2	0.03	1	5.88	1	5.88	-	-
森林法	16	0.15	7	0.07	3	0.04	4	0.05	2	0.02	-	-	1	0.01	1	6.25	2	6.25	-	-
電信法	2	0.02	3	0.03	1	0.01	1	0.01	-	-	2	0.03	1	0.01	1	6.67	-	-	2	6.06
選舉罷免法	-	-	7	0.07	2	0.02	-	-	-	-	-	-	1	0.01	-	-	-	-	1	3.23
醫療法	-	-	-	-	-	-	-	-	1	0.01	2	0.03	1	0.01	-	-	-	-	-	-
人口販運防治法	1	0.01	-	-	-	-	-	-	4	0.05	-	-	-	-	-	-	-	-	-	-
妨害農工商罪	3	0.03	-	-	2	0.02	1	0.01	-	-	-	-	-	-	-	-	1	5.88	1	3.33
妨礙投票罪	-	-	-	-	3	0.04	-	-	-	-	-	-	-	-	-	-	-	-	-	-
性侵害防治法	-	-	-	-	-	-	-	-	-	-	-	-	-	-	-	-	-	-	-	-
背信罪	-	-	-	-	1	0.01	1	0.01	-	-	-	-	-	-	1	7.14	1	6.67	2	6.90
個人資料保護法	-	-	-	-	1	0.01	2	0.02	2	0.02	-	-	-	-	4	30.77	-	-	5	18.52
偽造貨幣罪	-	-	5	0.05	3	0.04	2	0.02	1	0.01	3	0.04	-	-	-	-	1	7.14	1	4.55
動物保護法	-	-	-	-	4	0.05	-	-	2	0.03	2	0.03	-	-	1	11.11	1	7.69	3	14.29

表2-5 近十年少年交付保護處分罪名（續）

罪名	102年 人	102年 %	103年 人	103年 %	104年 人	104年 %	105年 人	105年 %	106年 人	106年 %	107年 人	107年 %	108年 人	108年 %	109年 人	109年 %	110年 人	110年 %	111年 人	111年 %
水土保持法	1	0.01	-	-	-	-	-	-	-	-	-	-	-	-	-	-	-	-	-	-
民用航空法	-	-	1	0.01	1	0.01	-	-	-	-	-	-	-	-	-	-	-	-	1	4.76
野生動物保育法	1	0.01	1	0.01	-	-	1	0.01	1	0.01	-	-	-	-	-	-	1	7.69	-	-
陸海空軍刑法	-	-	-	-	-	-	-	-	-	-	-	-	-	-	-	-	-	-	-	-
期貨交易法	-	-	-	-	-	-	-	-	-	-	-	-	-	-	-	-	-	-	-	-
菸酒管理法	-	-	-	-	-	-	-	-	-	-	-	-	-	-	-	-	-	-	-	-
電業法	-	-	-	-	-	-	-	-	1	0.01	-	-	-	-	-	-	-	-	-	-
廢棄物清理法	-	-	-	-	-	-	2	0.02	-	-	-	-	-	-	-	-	2	15.38	3	14.29
電子遊戲場業管理條例	-	-	-	-	-	-	-	-	-	-	1	0.01	-	-	-	-	-	-	-	-
墮胎罪	3	0.03	-	-	6	0.07	-	-	-	-	1	0.01	-	-	-	-	-	-	-	-
擄人勒贖罪	-	-	-	-	1	0.01	-	-	-	-	-	-	-	-	-	-	-	-	-	-
遺棄罪	-	-	-	-	-	-	6	0.07	4	0.05	1	0.01	-	-	-	-	1	7.69	-	-
毀損祀典及侵害墳墓	-	-	-	-	1	0.01	-	-	1	0.01	-	-	-	-	-	-	-	-	-	-
懲治走私條例	-	-	-	-	-	-	-	-	-	-	-	-	-	-	-	-	-	-	-	-
護照條例	-	-	-	-	-	-	-	-	1	0.01	1	0.01	-	-	-	-	-	-	-	-

資料來源：法務部編印111年犯罪概況及其分析，民國112年12月。

一、自陳報告研究

　　少年犯罪自陳報告研究主要係透過受訪者之直接問卷調查方式，以瞭解其先前從事偏差與犯罪行為之概況。其特點在於可衡量未為官方登錄之少年偏差與犯罪行為程度與類型，有助於揭開真實之少年犯罪。少年犯罪自陳報告問卷調查一般要求受試者回答在過去一年，或一年以前從事偏差與犯罪行為之程度，研究結果大致顯示少年之偏差與犯罪行為比公布之官方資料還多並且具普遍性（Elliott and Huizinga, 1984）。

　　例如，筆者口試指導之研究生李梅芬（1995）即以自陳報告問卷施測方式，對台北市十二個行政區382名國中學生進行調查；其發現國中學生之偏差行為出現率依次如後：考試作弊（68.6%）、上課違規（61.5%）、儀容不整（48.2%）、對異性不禮貌（34.8%）、頂撞老師（34.6%）、看色情刊物（31.9%）、破壞公物（25.9%）、無照駕駛（24.9%）、不良場所（24.1%）（詳表2-6）。此項研究對於揭開學生偏差行為之風貌即有顯著貢獻。

二、被害問卷調查

　　另一獲取少年犯罪相關訊息之方法係透過被害調查（Victimization Surveys）以瞭解真實犯罪情形。美國司法部每年所從事之全國犯罪調查（National Crime Survey），針對12歲以上、家庭及商業機構之人員進行訪談調查即提供了許多珍貴之犯罪被害訊息，而彌補官方資料之缺陷。同時，被害研究曾指出青少年（女）被強暴、搶劫、攻擊之比率比成年人高約2倍（Parade, 1987: 15），青少年個人被害情形亦比其他年齡層更會陳報至警察單位。因此其亦為獲取少年犯罪與被害之有效方法。

表2-6　學生偏差行為內容出現率：自陳報告

（單位：％）

統計項目 偏差行為內容		總計出現率	嚴重程度出現率			
			從不如此	很少如此	有時如此	經常如此
違規行為	1. 無照駕駛	24.9	75.1	8.9	10.7	5.2
	2. 考試作弊	68.6	31.4	45.5	20.9	2.1
	3. 頂撞師長	34.6	65.4	20.9	10.7	2.9
	4. 抽菸	20.9	79.1	11.5	4.7	4.7
	5. 吃檳榔	5.8	94.2	2.1	2.6	1.0
	6. 飲酒過量	13.9	86.1	9.2	3.4	1.3
	7. 儀容不整	48.2	51.8	32.7	10.2	5.2
	8. 上課違規	61.5	38.5	34.3	17.5	9.7
	11. 對異性不禮貌	34.8	65.2	27.7	6.0	1.0
	13. 看色情刊物	31.9	68.1	23.0	6.3	2.6
	18. 徒手打架	22.8	77.2	16.0	3.9	2.9
虞犯行為	9. 曠課逃學	20.2	79.8	13.6	6.2	1.3
	10. 逃家	9.4	90.6	7.3	1.6	0.5
	12. 發生性關係	5.5	94.5	3.9	1.0	0.5
	14. 不良場所	24.1	75.9	15.4	5.5	3.1
	15. 與犯罪人交往	20.7	79.3	12.8	5.0	2.9
	16. 飆車	13.1	86.9	6.5	2.1	4.5
	17. 參加幫派	5.5	94.5	2.6	1.3	1.6
	19. 打群架	14.4	85.6	8.9	4.2	1.3
	20. 攜帶刀械	8.6	91.4	5.0	2.4	1.3
	22. 賭博性電玩	19.4	80.6	11.8	5.2	2.4
	23. 交通工具塗鴉	15.4	84.6	13.1	1.3	1.0
	24. 破壞公共設施	25.9	74.1	21.5	2.9	1.6
	25. 破壞汽機車	9.2	90.8	7.96	1.3	0.3
	26. 搭車未付錢	12.8	87.2	11.0	1.3	0.5
犯罪行為	21. 偷竊	14.4	85.6	11.5	1.8	1.0
	27. 勒索	2.1	97.9	1.6	0.0	0.5
	28. 搶劫	0.5	99.5	2.6	1.3	0.3
	29. 用武器打架	4.2	95.8	2.6	1.3	0.3
	30. 用麻醉藥品	0.8	99.2	0.5	0.3	0.0

第三節　當前少年犯罪之新近發展趨勢

　　從前述官方之少年犯罪資料來源中，我們瞭解少年從事犯罪行為之嫌疑人數十年間並未有明顯減少，反而仍有一定的比例數量。非官方之自陳報告或被害調查亦顯示，其從事偏差與犯罪行為之頻率與程度仍超乎吾人想像。換句話說，少年犯罪問題仍不容忽視。其次，從前述資料中，我們可觀察其犯罪變化情形，以作為擬定防治對策與方向之參考。綜合觀察近十年台灣地區少年犯罪之成長與變化及參考民國111年犯罪狀況及其分析（法務部司法官學院犯罪防治研究中心，2023），其具有下列之特色與趨勢：

一、少年犯罪嫌疑人數在民國90年以後犯案人數逐年下降，但民國99年以後人數復增加，並於101年達15,078人，目前維持10,000名左右。

二、少年犯罪類型中，108年前以竊盜罪占第一位，惟在109年開始，詐欺罪則開始成為少年犯罪的首要類型，需投注更多的正視與積極防治。

三、少年犯罪類型中，詐欺罪少年嫌疑人人數於103年後逐年攀升，相較十年前已超過2倍的人數成長。

四、少年犯罪類型中，少年毒品案件於民國97年以後大幅增加，但107年後大幅減少。在全國毒品案件並未明顯下降的狀況下，值得關注是否為少數年度亦或保持下降趨勢，另外亦需留意是否有更多的黑數存在。

五、集體少年犯罪，如打群架傷害等案件日受社會關注。

六、犯罪少年年齡有朝低年齡層增加之趨勢。

參考書目

一、中文部分

內政部警政署刑事警察局（2023）。中華民國刑案統計。內政部警政署刑事警察局。

法務部司法官學院犯罪防治研究中心（2023）。犯罪狀況及其分析。法務部。

二、外文部分

Bynum, T. E. and Thompson, W. E. (1996). Juvenile delinlquency (3rd ed.). Allyn and Bacon.

Elliott, D. S. and Huizinga, D. (1984). The relationship between delinquent behavior and ADA behaviors. Paper presented at the ADAMHA/OTTDP Research Conference on Juvenile Offender with Seriors Alcohol, Drug Abuse, and Mental Health Problems, Bethesda, MD, April 17-18.

Parade (1987). Tough for teenagers. March 22: 15.

Part Ⅱ

少年犯罪理論

第三章　少年犯罪生物與心理理論

　　理論乃研究之基礎，而少年犯罪之研究，需要根據少年犯罪有關之理論，才有可能作周延深入之探討。我國有關少年犯罪理論方面之論述並不多，且各種理論各自強調某種因素為犯罪之原因，而形成各種不同之論斷，或學派爭論不已之問題。然目前大多數犯罪學家認為形成犯罪的原因是多元的，尤以少年犯罪乃為一錯綜複雜之社會現象，自非如部分學者強調之單一因素所能解釋，更非單一學科所能獨立研究，故有學者提及，如僅從極專精的單一學科去研究犯罪問題，猶如以顯微鏡看世界，只能對其中一小部分（可能是不重要之部分）做透徹觀察，而無法考量犯罪整體的問題，且易陷入以偏概全之錯誤（林山田，1976）。因此，有關少年犯罪問題之研究，似不宜僅從單一學科的觀點去做單方面探討，而必須採取犯罪多元性理論，運用相關學科，以科際整合性的整體觀來研究，而求得對整個少年犯罪問題形成之相關因素，予以綜合探討，並提出防治對策，俾供有關單位參考（蔡德輝、楊士隆，2023）。

　　然值得特別強調的是：科際整合犯罪學之觀點並未反對單一學科之專精，因為單一學科除專精與科際整合不但沒有矛盾，反而有相輔相成之效果。我們可以喻每一專精之單一學科為一樹根，而科際整合比喻為樹幹，每一樹根紮得愈深，更能增加對問題研究之深度；樹根愈多，則更能擴張問題研究之廣度，因此，專精的每一學科即為科際整合之基礎。為此，筆者願先就少年犯罪生物與心理理論加以探討，然後再探討少年犯罪社會學理論，最後再從上述相關理論以科際整合之觀點綜合探討新近少年犯罪理論之發展。

第一節 早期犯罪生物學及龍布羅梭等學者之貢獻

　　少年犯罪生物學理論起源於十八世紀，而由其後之犯罪人類學派發揚光大。在十八世紀末期迄至十九世紀，學界開始強調實證主義（Positivism），著重以科學之方法與實證分析對行為加以研究。受到這些研究取向之影響，學者開始探討人類身體表徵與犯罪之關係。例如，人相學者（Physiognomist）拉法特（J. C. Lavater, 1741-1801）即致力於探討臉部構造及位置與反社會行為之關係，他發現沒有鬍鬚之男人、或者有鬍鬚之女人、狡猾的眼神、薄弱的下顎及傲慢之鼻子等表徵，為人類偏差行為之重要指標。其後，骨相學者（Phrenologist）如郭爾（Gall, 1758-1828）及其學生史柏芝漢（Spurzheim, 1776-1832）嘗試研究頭部之表徵與犯罪行為之關係。他們研究指出腦部之功能約可區分為下列三部分：一、低或活躍之特質（Lower or Active Propersities）；二、道德情操（Moral Sentiments）；三、知識功能（Intellectual Faculties），犯罪則與第一部分「低」特質，如好色、攻擊、秘密、奪取等有關。惟值得注意的是，這些特性卻可能為道德情操及知識功能所抑制。這些早期之研究為犯罪生物學之發展奠下良好之基礎（Vold and Bernard, 1986: 48-50）。

一、生理表徵

　　隨著達爾文（Charles Darwin, 1859）《物種原始》（*Origin of Species*）之出版，對人類起源與行為之科學探討開始進入新的里程。義大利醫生龍布羅梭（Cesare Lombroso, 1835-1909）以人類學觀點對犯罪人生理表徵之研究，則對犯罪生物學理論之發展有著卓越貢獻。他指出許多觸犯多次罪行之人係天生犯罪人（Born to be Criminal），其從事犯罪行為與其天生俱來之獨特生理表徵有關（Lombroso, 1968）。龍氏並進一步指出這些身體缺陷均是隔代遺傳（Atavistic），而使他們退化到原始動物之生活方式。犯罪人在生理上尤具有下列之特徵：

(一) 頭部之大小與同一地區之人種迥異。
(二) 臉部不對稱。
(三) 顎部及顴骨過度發展。
(四) 眼睛有缺陷及異狀。
(五) 耳朵之大小不尋常，類似非洲黑猩猩。

(六) 扭曲、向上或鷹勾之鼻梁。

(七) 肥胖、腫大及突出之嘴唇。

(八) 像某些動物之袋狀面頰。

(九) 上顎變形如過大、突起或凹陷。

(十) 不正常之齒系。

(十一) 下巴退縮、過長、過短或扁平，類似無尾猿。

(十二) 眾多、早熟、多樣之皺紋。

(十三) 頭髮之變形，尤其具有不同性別之髮型特色。

(十四) 胸膛之肋骨過多或過少，及多餘之乳頭。

(十五) 骨盤表徵與正常人迥異。

(十六) 過長之手臂。

(十七) 額外之手指與腳趾。

(十八) 腦半球之不平衡（Vold and Bernard, 1986: 50-51）。

　　龍氏之研究結果，雖激起甚大之迴響，然而卻因在研究方法上欠缺科學，因此引起學者抨擊，英國葛林（Charles Goring）主持之研究，對3,000名英國罪犯及牛津、劍橋大學學生及病人等身體表徵上比較發現，與犯罪行為較為相關者為「有缺陷之智商」（Defective Intelligence），此為遺傳結果，而犯罪人身體之表徵，諸如獨特手臂、眼睛、頭髮等，與非犯罪人之比較，並未達到統計上顯著水準（Goring, 1972）。

　　然而，葛林之研究卻仍然受到哈佛大學教授胡登（Earnest A. Hooton）質疑。胡登重新對葛林之研究加以驗證，他抽樣研究美國十州的男性犯罪人共13,873人，並取樣非犯罪人3,203人與之比較。同時亦對5,698個犯罪人做詳細的人類學研究，且將他們依種族分成九類，結果發現每一種族內那些體型及生物條件差的人較易發生偏差行為（Hooton, 1939）。胡登認為生理上的低劣會導致心理發展失調，而促使犯罪問題更為嚴重。胡登另在《犯罪與人類》（*Crime and the Man*）一書中主張用節育的優生計畫（Eugenic Programs of Steri-lization）來解決犯罪問題（Hooton, 1931）。

　　但胡登之研究亦遭受許多社會學家及犯罪學家批評，認為他的研究方法論有不切實際之缺陷，且無適當的控制組做比較，而且其犯罪組亦無代表性。同時，生物學家及人類學家亦批評其研究無法說明那些偏差是生理上的低劣所引起。因此，胡登之研究對一般犯罪及少年犯罪之解釋，於今已不具昔日之重要性。

二、體型論

犯罪生物學派另一發展為從身體之類型探討犯罪行為樣態。雪爾頓嘗試探討身體結構（Body Build）與犯罪行為之關係，尤以少年犯罪為最。雪爾頓於1949年在其專著《各種不同的少年犯》（*Varieties of Delinquent Youth*）一書中描述200個少年犯之生活、經歷，指出行為乃是身體結構之功能表現（Behavior is a Function of Body Structure）（Sheldon, 1949）。亦即說明身體結構與人格之間有直接關係存在。雪爾頓與葛魯克（Sheldon and Glueck, 1956）亦指出身體結構在使少年陷入犯罪行為過程中，扮演極重要之因素。他倆一致認為：(一)身體特徵之異常與少年犯罪具有相關性；(二)不同的身體特徵對環境之影響有不同反應；(三)身體特徵及對環境反應之差異均是促成少年犯罪之重要因素。

雪爾頓曾對1925年德國學者克萊茲穆之體型分類，進一步研究體型與少年犯罪之相關性。雪爾頓並對克萊茲穆所提之三種體型重新命名，如(一)細身型另稱為瘦弱型（Ectomorphs）；(二)運動型另稱為鬥士型（Mesomorphs）；(三)肥胖型另稱為矮胖型（Endomorphs）。雪爾頓認為每一種不同型均具有不同基本性情。如某些少年具有鬥士型之生理結構與性情，如再加上某些特殊社會因素影響，則易導致少年犯罪。雪爾頓曾對波士頓200名少年犯及200名控制組之非少年犯進行比較研究，發現鬥士型少年之生理與心理異常之特徵較易陷入犯罪。因為鬥士型少年較喜冒險、偏差行為以及他們生理之好勇（Physical Prowess），再加上對別人不關心與不敏銳，較易成為一位掠奪者。雖然雪爾頓亦體認到鬥士型少年精力如予適當輔導，亦不一定會陷入犯罪，但雪爾頓仍強調從生物觀點來解決犯罪問題，並提出選擇性養育（Selective Breeding）是減少未來犯罪之有效方法，然事實上這些方法並未能從雪爾頓之研究資料中獲得支持。此外，雪爾頓於1945年發表其研究後，於1951年即受到犯罪學家蘇哲蘭（Sutherland）等批評，並指出其研究上之缺陷，尤其雪爾頓對少年犯罪粗率地界定為所謂的「失望」（Disappointingness），更是無法評量。因為如按照雪爾頓評量少年犯罪之架構，某些少年實際上尚未犯偏差行為，即可能被界定為少年犯。柯恩（Cohen）於1966年認為雪爾頓這種少年犯罪原因之看法及結論沒有價值，同時亦影響研究效度（Validity）及信度（Reliability）（Thornton et al., 1982）。

美國葛魯克夫婦之研究：葛魯克夫婦（Glueck and Glueck, 1950）是對夫

婦檔的犯罪學家，曾用雪爾頓的身體類型來說明身體結構與類型和少年犯罪之相關性。他們於1956年，曾對500名少年犯罪與相同環境、相同年齡之500名非少年犯做比較研究，結果支持雪爾頓之理論，發現少年犯樣本之中有60.1%是屬鬥士型（Mesomorphic）之類型；此外，亦發現尚有下列因素與非少年犯有顯著差異：(一)在氣質上經常表現不安（Restless）、易衝動（lmpulsive）、侵略攻擊性（Aggressive）及破壞性的（Destructive）；(二)在情感或態度上經常表現出敵對的（Hostile）、挑釁的（Defiant）、怨恨的（Resentful）、頑固武斷的（Assertive）、不服從（Nonsubmissive）；(三)心理方面喜做直接具體的學習，而不喜象徵性之智能表現；四、社會文化方面，少年犯大都在父母不適當的管教下長大，家庭生活的素質較差，且無文化氣質。足見葛魯克夫婦亦進一步延伸雪爾頓之研究，對少年犯與非少年犯之人格與社會特徵進行比較研究。

葛魯克夫婦認為身體之結構因素（Constitional Factors）並非必須遺傳而來，而選擇性教養也不一定能遏阻少年犯罪。葛魯克夫婦較強調環境與文化方面之影響，這點與雪爾頓有很大之差異。他們認為鬥士型少年有過人之精力，較喜冒險與衝動性活動，具有較大潛力傾向犯罪，他們如再處於可能促進犯罪情況之環境，則陷入少年犯罪可能性更高。

第二節　現代犯罪生物學理論

1970年代受到社會生物學（Sociobiology）發展之影響，犯罪生物學理論開始強調遺傳、基因等生物上機制（Biological Mechanism）在偏差與犯罪行為促進上扮演重要之角色。尤其，諸如基因等生物上之機制在加上社會環境刺激下可能影響及行為之學習與認知。本節擬對現代犯罪生物學研究之主要範疇如遺傳影響（Genetic Influences）、神經生理學因素（Neurophysiological Factors）、生化學觀點（Biochemical Perspectives）等加以檢視並在最後予以評析，俾以瞭解其在少年犯罪上扮演之角色。

一、遺傳之影響

(一) XYY性染色體異常

在行為遺傳（Behavior Genetics）方面，很少問題像XYY性染色體異常與暴力行為之關係之研究，能夠引起社會大眾及學界如此重視。根據研究得知性染色體中有一個Y染色體，已具備男性特性，如果再多出一個Y染色體，則將呈現出暴力傾向（Witkin, 1978）。直到1956年，有關之研究才確立人類正常的染色體的數目。染色體是細胞之部分，它們含有基因及生物上之情緒，會影響遺傳特質之傳遞（Transmission）、發展及決定。因為1956年新的鑑定技術發現之前，人類均被認定細胞內有48個染色體，而新鑑定技術於1956年之後才正確地鑑定出有46個染色體。第1對至22對為體染色體決定身體的一般性狀，第23對（即XX或XY）為性染色體，決定性別。通常一個男人每一細胞核內具有22對染色體及一對XY性染色體；一個女人每一細胞內具有22對染色體及1對XX性染色體。亦即一個人從父母親各獲得22個染色體，然後固定從母親獲得X性染色體，再從父親獲得Y性染色體──即為男性；反之，如從父親獲得X性染色體，即為女性。遺傳因素影響異常行為（Abnormal Behavior）之主要關鍵在於性染色體。研究發現有些男性有3個性染色體，即所謂XYY性染色體異常症狀者，被譽為超男人（Supermale），較易有暴力性之行為。英國的醫學雜誌《Lancet》首先於1961年8月26日發表第一個具有XYY性染色體之犯罪人（美國人），後來澳大利亞一所監獄亦提出XYY性染色體與犯罪有極大之相關性（莊明哲，1971）。

英國學者傑克布（Jacobs, 1965）率領一個研究組在監獄醫院檢查191位心理異常之男性犯人，結果發現其中有7位是XYY性染色體異常者，而此7位均是暴力犯罪人。又根據麻蘭（Moran, 1978）之研究發現XYY性染色體異常者在犯罪人當中之比率是一般正常人口之2倍。同時，傑克布亦指出XYY性染色體異常者之身材均較高，平均超過六英尺。

自從英國傑克布發表研究報告之後，亦有許多相同之研究在監獄及心理衛生機構進行，諸如：1966年之布萊斯（Price）、1968年之尼爾森（Nielsen）以及1970年之貝克（Baker）等多項研究。他們均認為這項新研究可用來說明生物理論與犯罪之相關性，也可用此科學方法來鑑定一般人口中潛在性暴力犯人，但此研究尚未獲得一致結論。美國1970年全國心理衛生機構認為有關犯罪行為之XYY理論之結論尚未獲得證實（U. S. Department of Health, 1970）。

此外，1968年在芝加哥連續殺死8個護士的兇手史培克（Richard Speck）經分析研究亦具有XYY性染色體。1969年美國心理衛生機構之研討會卻指出XYY性染色體與犯罪並無實質相關性。

有學者認為目前尚缺乏證據來支持XYY性染色體異常，與犯罪行為發生之因果關係。然某些性染色體異常可能會影響人類生理與心理之功能（Shan and Roth, 1974）。

另有學者菲克里奧（Figlio, 1977）提出XYY性染色體異常研究最大困難，即在於研究方法方面之問題（Thornton et al., 1982）。很少研究能適切地指出到底XYY性染色體異常者在普通人口中所占之比率有多大？因為一般研究之樣本均取自犯罪矯治機構之犯罪人，以致其研究結果有問題。因事實上，我們不能用監禁之受刑人，來正確地描述代表一般普通人口；何況，我們也瞭解尚有犯罪黑數之問題，諸如：有些犯罪人未被查覺，有些犯罪人也未被逮捕移送監獄執行，故從監獄受刑人中抽樣研究是值得商榷的。

另有學者指出在監犯罪人之中，屬XYY性染色體異常者呈直線上升，此可能不是另一個Y染色體直接導致相關，而是XYY男人之生理特徵所影響。因為XYY男人有幾項特殊之生理特徵，包括較高之身材，較長之四肢，臉部有粉刺；此外，有些XYY男人之心理發展亦有障礙。通常生理上之異常，較易促成多一個Y性染色體的人，引起社會之反應而被逮捕入監。又生理異常的人如有較高之身材、較黑之皮膚、缺乏警覺性，亦較困難去適應正常的社會生活型態，尤其要謀職更為不易。我們並未指出這些人一定會陷入犯罪生涯，然而他們陷入犯罪之潛在性，以及被鑑定為犯罪人可能性總比一般人為高。通常XYY性染色體異常者之生理特徵及外表，較易被刑事司法體系標籤為特殊危險性之犯罪人。事實上，影響XYY性染色體異常者陷入犯罪之促進因素，有時來自社會上給予之標籤比其本身生理特徵影響更大。

有關XYY性染色體異常與犯罪之研究，雖然尚未獲得一致之結論與廣泛支持，但在犯罪防治方面已獲得廣泛重視與應用。1968年，哈佛大學精神醫學家華爾則（Stanley Walzer）開始對出生嬰兒加以鑑定並記錄其性染色體，此研究組進行至1975年時，遭到社會大眾及兒童防衛基金會等團體強烈反對，並呼籲其停止此項研究。亦有學者反對他們之研究，深恐此會對兒童有壞標籤及自我實現預言（Self-fullfilling Prophecy）之不良影響。但研究組不顧他們反對，仍繼續研究，尤其對有XYY性染色體異常者，特別注意記錄其行為，俾瞭解XYY性染色體異常與性犯罪以及侵略攻擊性行為之關係（Thornton et al.,

1982）。

1971年，美國前總統尼克森之醫學顧問赫次尼克（Arnold Hutschnecker）曾提出一項大規模研究計畫，準備對全國每一位6歲小孩進行性染色體之檢查，其目的在對那些有嚴重之潛在犯罪傾向者送往治療，俾能預防犯罪而成為社會有用之人。然此項研究計畫最後未被接受而停止進行（Thornton et al., 1982）。

迄今，如科學、法律及倫理觀點來看，尚無足夠證據來說明可由遺傳或染色體方面來控制犯罪。另方面如從憲法觀點來看，如何使那些被選為有潛在犯罪傾向的人受到法律妥善之保護是非常重要的。此外，1960年代以來，在美國曾有些被告企圖用XYY性染色體異常之缺陷來做自我防衛以減輕罪行，但未被法院接受。

我國精神醫學家林憲教授（1978）認為XYY性染色體異常在智慧發展上可能有障礙，且在體型與性格上有粗魯、暴躁之傾向，一般學者相信XYY型者有強型的犯罪傾向，但事實上此型染色體之遺傳並非他們破壞性與犯罪行為之主因，即性染色體之異常與犯罪並無直接關係，主要是性染色體異常所導致之智能及其他精神上之障礙與犯罪行為有關聯。

傑佛利（Jeffery, 1977）認為犯罪人與非犯罪人之差異，並不能僅用生物基礎觀點來說明。因為一個有XYY性染色體的人也可能成為犯罪人或非犯罪人，XYY性染色體並非影響行為之主要因素。值得強調的應是XYY性染色體這一變數（Variable）與其他變數之互動（Interaction）而後才產生行為。因為XYY性染色體在某一個案可能是影響犯罪行為之重要因素，而在另一個案可能就不重要。

(二) 雙胞胎與領養子女之研究

另一驗證遺傳因子對犯罪行為之影響可由雙胞胎之研究窺其端倪。其立論之假設是，如遺傳特質導致犯罪行為，那麼雙胞胎在反社會行為之呈現上應甚為相像。然而由於雙胞胎大多在相同的環境中成長，因此其行為係受生物、心理或社會因素所左右乃不易察知。犯罪生物學學者為克服此項難題乃對同卵雙生（Identical Twins）及異卵雙生（Fraternal Twins）雙胞胎行為之差異進行研究。所謂同卵生雙胞胎乃在受精過程中，一個卵子與一個精子結合受胎。而在細胞分裂過程中分成雙胞胎；而異卵生雙胞胎乃在受精過程中2個卵子與2個精子結合受胎而在細胞分裂過程中分成雙胞胎者。假如遺傳因素對犯罪行為有具

體之影響，那麼同卵生雙胞胎在反社會行為之呈現應比異卵生雙胞胎更為類似（Siegel, 1989）。

學者Mendick與Volavka對1929至1961年間之相關雙胞胎研究加以檢視後指出，大約有60%之同卵生雙胞胎具備（呈現）相同之犯罪行為型態，而異卵生雙胞胎則僅約有30%之類似性（Shah and Roth, 1974）。這些早期之研究提供了犯罪遺傳因素之強有力證據。另丹麥學者克利斯帝安生（Christiansen, 1974）對3,586名男性雙胞胎研究指出，對同卵生雙胞胎而言，其行為同時呈現之比率約為52%，異卵生雙胞胎則約僅占22%。其研究顯示同卵生雙胞胎由於在遺傳性上甚為相像，增加了其從事犯罪行為之相似性。最近學者Rowe與Osgood（1984）研究遺傳因素對雙胞胎偏差行為自陳報告亦指出，遺傳影響比其他因子更具決定性。上述研究大致顯示遺傳在促進少年犯罪之過程中仍扮演著吃重角色，忽略遺傳因子之影響恐無法周延的對犯罪行為之成因進行瞭解，及研擬妥適之少年犯罪防治對策。

其次，被領養者之研究亦有助於澄清遺傳因素在犯罪行為上所扮演之角色。其立論假設為，假如被領養者之行為與其親生父母（Biological Parents）較相似而與被領養者父母（Adoptive Parents）較不相像，那犯罪遺傳因素之影響即可被證實。相反地，假如被領者之行為與其領養父母較為相似，則犯罪環境因素之影響即應被採納（Siegel, 1989）。

部分研究會指出被領養者與其生父在許多行為樣態上甚為相像，即使彼此並不常接觸。例如學者哈群斯與孟倪克（Hutchings and Mednick, 1977）分析了1927至1941年在丹麥哥本哈根出生之1,145名男性被領養者。對其中143名具有犯罪行為之被養者，與另143名沒有犯罪之控制組比較後，哈群斯及孟倪克發現生父有犯罪紀錄時，被領養者犯罪傾向亦大增，即其指出生父對於少年犯罪行為具有相當高之預測力。他們更進一步指出當被領養者之生父及領養父母皆有犯罪紀錄時，其從事犯罪行為之可能性即大大地增加。因此，哈群斯與孟倪克最後認為生物、遺傳及環境皆可能對犯罪行為產生實質之影響。由此可見，被領養者之研究突顯了遺傳與環境之互動影響，尤其具有反社會人格特質取向之個人，倘在不良環境中成長（如父母犯罪之家庭），將更容易衍發犯罪行為（Fishbein, 1990）。

綜合前述XYY性染色體異常、雙胞胎、被領養者等之研究，吾人不可否認遺傳與少年犯罪確實具有某些關聯，可以說遺傳扮演著素質因素（Predisposing Factors）或前置變項（Antecedent Variable）之角色，對於少年犯罪影響

在與不良社會環境因子互動下，極可能即產生。因此，要防治少年犯罪，除致力於清除不良社會環境之因素外，亦應注意一般少年或犯罪少年是否具有先天之遺傳負因，期以早日預防並進行輔導，以防止其陷入犯罪之淵藪。

二、神經生理學之因素

犯罪生物學之另一重要範疇為從神經生理之因素（或腦部之活動）瞭解犯罪行為之發生。腦部之功能與犯罪行為有關乃因其具有下列功能：接受儲存（Store）、聯想（Association）以及接觸環境有關之信息（Information）；然後發出報訊（Message）給身體的內分泌（Endocrine）、荷爾蒙（Hormonal）以及運動系統（Motor System）。這些功能可再細分為知覺系統（Sensory System）、聯想系統（Associational System）、及運動系統（Motor System）。倘功能有缺陷或產生障礙，即可能併發攻擊行為。茲進一步探討一些與少年犯罪有關之腦功能失常型態：

(一) 腦部功能失調與犯罪

人體腦部遭受傷害引起腦部功能失調的現象，亦可能與犯罪行為有關。其立論主要是腦部受傷極可能導致腦機能不平衡，造成生化上之異常、情緒失控與性格劇變，而衍生暴力行為。

腦部顳葉（Temporal Lobe）及掌握人類情緒、動機、攻擊慾念主要部位之邊緣體系（Limbic System），倘受各類腦傷害（Lesions）、發炎（Inflammation）或長腦瘤（Brain Tumor），可能產生腦部控制失調症狀（Dyscontrol Syndrome），而失去對行為之控制，導致暴行之發生（Blackburn, 1993: 155）。例如：學者Mednick等（1982）在哥本哈根對一群少年之研究，即發現腦部受傷與暴力行為間具有某種程度之關聯。雖然如此，腦部邊緣體系因受傷或感染，對人類衍生暴力之必然關聯性並未完全獲得證實。學者Mungas（1983）之研究指出，這些腦部功能失調與暴行之關聯經常是間接的，依個人成長歷程之不同而呈現迥異之變化。

林瑞欽、吳銘庭及蔡宗晃（2004）曾對18至50歲之成年健康男性30名（暴力犯組10名及非暴力犯組10名假釋出獄人及10名警察及一般民眾）進行腦部磁振造影，發現「大腦功能表現存在著組間差異的情形。與控制組相較，暴力犯罪組的大腦右側上顳葉腦回，以及大腦右側後扣帶回顯現出活動較少的情形；非暴力犯罪組則在大腦二側的前扣帶回顯現出過度活動的情形；控制組則

在大腦額葉及眼框皮質的部位有較佳的功能表現」（鄭添成、林瑞欽，2006：1-2）。

　　陳巧雲、洪蘭（2005）從行為和腦波紀錄（ERP）等實驗，來探討衝動性暴力行為與額葉控制機之關係，發現衝動性暴力犯罪者在進行動態而即時地控制歷程時，實驗組之額葉神經活動和對照組有明顯地差異，實驗結果呼應腦傷研究及藥物研究的證據，而能進一步提供控制機制即時運作的認知神經心理學證據。另陳巧雲等人（2005）以衝動的暴力犯罪者不易控制自己的行為為假設，進行實驗測試，結果發現與對照組相比，確實反映了不同程度的抑制作用，衝動的暴力犯罪者之N2波幅顯著降低。

(二) 輕微的腦功能失常

　　輕微的腦功能失常（Minimal Brain Dysfunction, MBD）與犯罪相關的主要癥結在於腦的結構。輕微的腦功能失常會引發不能適應之行為，而擾亂個人之生活方式。嚴重的情況則會導致反社會行為發生，以及腦控制機能的不平衡和生化之異常。而輕微的腦功能失常，亦包括一些異常之行為型態，諸如：難語症（Dyslexia）、視力方面問題、過分活躍（Hyperactivity）、注意力不能集中、脾氣暴躁以及侵略攻擊性之行為。

　　輕微腦功能失常，有時會間斷地發生狂暴激怒，甚為犯罪生物學所關切。這種症狀有時會引發毆打妻子、虐待小孩、自殺、侵略攻擊性行為，以及其他沒有目的、動機之謀殺行為。然這種病患如果沒有病發，則能保持溫馨、健全、快樂之人格。

　　至於犯罪人口之中究有多少屬於輕微的腦功能失常？羅賓等（Robin et al., 1977）從企圖要自殺的少年樣本中經由心理測驗，發現有60%屬於腦功能失常。余達（Yeudall, 1977）研究60個有上述症狀之犯罪人，發現大部分均有腦側面功能失常之特徵。他認為以此來預測暴力犯之再犯情況，可獲得95%的正確性。

　　教育學家與犯罪學家共同關心之問題，即輕微的腦功能失常與兒童較為低劣之學習能力是否有相關性？然有些研究指出學習能力較差與較優之兒童，在違法比率上並無不同，但學習能力較差的兒童較容易被警察逮捕、移送法辦，而在官方犯罪統計上占較高之比率（Murry, 1976）。

(三) 腦波之異常（EEG Abnormality）

腦波乃用來測量記錄腦的電波律動。腦波之衡量可反應出腦皮層有關神經之活動。腦的活動性質是屬規則循環似的振動，然影響其活動最大的是腦的視丘（Thalamus）。腦波乃代表一些規則振動和短暫變換腦的電流信號，可由放在頭皮上之電極予以記錄。而振動之次數是以「赫」（Hertz）來衡量，通常每秒振動次數是0.5至30赫。

有關腦波異常與少年犯罪之關係研究，有學者曾隨機抽樣335位暴力少年犯，然後再將這些少年犯分為習慣性暴力犯和偶發暴力犯，研究結果發現習慣暴力犯中有65%是屬腦波異常，而偶發暴力犯中只有24%有腦波異常（Williams, 1969）。

其他研究亦指出腦波異常和兒童的反社會行為有相關，研究發現正常的少年當中僅有5%到15%有腦波異常；而行為偏差的少年當中有腦波異常則高達50%到60%（Yeudall, 1979）。而另外發現適應困難之兒童中，有半數患有腦波異常。與腦波異常相同之偏差行為尚有：不良的衝動控制、不適當之社會適應、敵對態度、暴躁脾氣與破壞性行為等（Aind and Yamanoto, 1966）。

但也有些研究指出腦波異常與暴力行為相關性不高。因為暴力傾向之人們中如有一半是屬腦波異常，而事實上，非暴力傾向人們之中也有不少是屬腦波異常，因此，研究者甚難下結論指出腦波異常是暴力犯罪之原因。

(四) 心跳之異常

此外，除前述腦波之測量外，心跳亦為測量生理機制變化之重要工具，根據李毓文（2005：13-14）彙整之文獻，「心跳是受自主神經之交感及副交感神經共同支配，某些情況下心跳會由迷走神經所控制。隨著自主神經的變化，心跳立即會產生增加或下降反應，所以心跳是一個偵測喚起狀態之良好工具（Raine, Venables, and Mednick, 1997）。由此可知，『高衝動—低喚起』個體受自主神經系統影響較少，故其心跳速率應偏慢；『低衝動—高喚起』個體受自主神經影響強，故心跳速率應偏快。Mathias等（2003）在其28位男性成年受試者中，也發現高衝動受試者之心跳顯著低於低衝動受試者。如此一來，便確認心跳與衝動為負關係，即高衝動個體心跳顯著低於低衝動個體。」李毓文（2005）對國中生之研究發現男生組高衝動國中生心跳顯著低於低衝動國中生，以及有違規行為國中生其心跳顯著低於無違規行為國中生。

(五) 注意力缺乏過動疾患

　　注意力缺乏過動疾患（Attention Deficit Hyperactivity Disorder, ADHD），亦稱過度活躍（Hyperactivity），罹患此症者極易分心，無法保持安靜，呈現不安，過度活躍，並伴隨著低自尊、學習困難與反社會行為（Lambert, 1988）。

　　學者比較罹患ADHD與無ADHD少年指出，有ADHD者，其有較高之違法行為（Satterfield, 1978）。研究復進一步指出，過度活躍症本身在與其他行為症候之互動下，更易衍生偏差與犯罪行為。例如，Lambert（1988）之研究即發現，兒童期有過度活躍情形，在同時具有攻擊性之導引下，極易衍生犯罪行為。

(六) 腦邊緣體系之缺陷

　　在腦部之構成部分如小腦、視丘、下視丘及皮質中，以下視丘與暴力行為較為有關，因為下視丘是引發動機及學習部門，而且下視丘內一部分即為邊緣系統，此系統涉及人類之飢餓、性慾、憤怒及侵略攻擊性。而我們腦感覺快樂、痛苦、情感及動機的中心亦在於邊緣系統，故此部門足以控制人類之行為。

　　有些科學家認為犯罪人的腦與正常人不同。如1940年代之後，有學者對暴力性犯罪人進行研究，認為他們的腦在結構及功能方面有缺陷。然這些研究尚無法提出足夠證據說明腦的功能缺陷與犯罪有相當之關係。但此研究卻顯示出腦的邊緣系統部分對人類之感情、攻擊性行為、性行為等之規範與控制有很大之影響。

　　邊緣系統位於腦周圍之結構，與腦的新皮層（Neocortex）相溝通，而此新皮層是控制人們知覺及記憶之器官。

　　邊緣系統如長有腦瘤（Brain Tumor）以及各種腦傷害（Lesions）或發炎（Inflamations），則較易產生偏差行為。另外，如頭部受到傷害，以及腦部受傷害等會造成邊緣系統地帶缺氧，而易產生反社會性行為。有些案例顯示：邊緣系統長有腦瘤，較易產生侵略攻擊性行為、殺人及其他型態之暴力行為。

　　歐特斯（James Olds）於1954年發現人類的邊緣系統，此是腦中最重要之部門，與一般犯罪行為有極密切關係。美國人懷特（White）曾殺害21人，後來被執行死刑之後發現其邊緣系統中長有一個大的腦瘤（Brain Tumor），傑佛利（Jeffery, 1977）為此深信腦瘤與犯罪行為有絕對的相關性；此外亦發現許

多暴力犯均由於邊緣系統過度刺激所引起。

其他有關邊緣系統之病症，諸如：次皮層之癲癇（Subcortical Epilepsy）的病狀，經常在暴力犯罪人、無動機犯罪人以及行為困擾之兒童間發現。他們發生侵略攻擊性行為及縱火等暴力行為之時間，通常是在癲癇發作時，或發作後產生暴力行為，但這方面之研究迄今尚無定論，因為癲癇症有許多不同型態，而且事實上尚有許多癲癇患者並未發生暴力或其他犯罪行為。

三、生化學之觀點

某些生物化學因素（Biochemical Factors）亦可能與犯罪行為有關，包括生化上之不平衡、內分泌及荷爾蒙之影響、環境污染等。

(一) 生化上之不平衡（Orthomolecular Imbalances）

生化學家認為某些偏差行為可能歸咎於身體內生化之缺陷或不平衡或者腦的中毒所引起。有人批評這類研究亦顯示出高度的純推理玄想而已，而有別於一般犯罪學家常用之研究模式。

有關生化理論之重點在於相信腦的功能是受腦內許多分子構成之本質的影響。而每個人腦內這些本質之最妥當的集中安排，乃隨每個人不同之飲食習慣及遺傳上之缺陷而有所不同。反之，如腦內這些分子構成之本質異常不足或過剩，均會導致各種不同病態之心理與行為上之問題，較嚴重者則會產生反社會性之行為（Hippchen, 1978）。

又根據生化醫學創始人胡佛（Abraham Hoffer）之看法，少年在體內生化異常者有二組主要症狀，可能導致偏差行為。第一組症狀即因營養的缺乏（如維他命缺乏）與腦的過敏所造成，第二組症狀即因營養缺陷或低血糖症（Hypoglycemia）所造成之過分活躍（Hyperactivity）。茲分別扼要敘述如下：

1. 維他命與礦物質缺乏問題之研究

社會生物學家認為人類腦的成長、發展，需要相當程度之維他命與礦物質支持，尤其少年時期更為需要。人們如缺乏必要之維他命與礦物質，則易發生偏差行為。少年如果未能獲得足夠之維他命，即患了所謂的維他命缺乏症；有些少年由於遺傳關係，需要更多維他命與礦物質，即患了所謂的維他命依賴症。

上述患了維他命缺乏症及維他命依賴症之少年，較易顯現出生理、心理以及行為之問題。同時，也會有視覺、聽覺以及其他感覺發生嚴重困擾之問題。

通常酗酒者易患有缺乏維他命B1之症狀，因他們沒有良好之飲食控制所致。

有關維他命缺乏以及依賴維他命之病症與少年犯罪相關之研究，似乎發現缺乏維他命B（B3及B6）以及缺乏維他命C與反社會性行為有顯著相關。亦有研究指出大多數精神分裂症之患者（Schizophrenics）以及行為學習有困擾之兒童均患需要依賴維他命B3及B6之病症。又著名的犯罪生物學家希布罕（Hip-pchen, 1978）認為缺乏維他命B3易導致少年過度活躍。如果這種病患在25歲之前，未能予以適當治療，則可能導致嚴重心理疾病。希布罕認為當前許多少年常感不安，而從事抽菸、喝酒、濫用藥物、逃學、離家出走、破壞公物之偏差行為，以及其他較嚴重之暴力行為。此外，人們身體之礦物質（如銅、鎂、鋅等）如太多或不足，均可能導致偏差行為發生。

最近亦有學者從事飲食控制與犯罪相關性之研究，如德阿薩羅（B. D'Asaro）、克羅斯貝克（C. Crossback）與尼克羅（C. Nigro）三人曾於1975年研究受刑人之飲食控制，發現他們比控制組（非犯罪人）飲用更多之咖啡與糖。另有學者史阿斯（Alexander Schauss）研究指出一些接受保護管束者，經過營養治療處遇之後，已顯著降低再犯率。目前，尚有許多犯罪生物學家正研究如何運用維他命來處遇治療少年偏差行為之問題。

2. 過敏症問題之研究

有研究指出過敏症（Allergies）會影響知覺，而導致發生偏差行為。通常較易發生過敏之食物，如牛乳、麥、玉米、蛋、巧克力、柑橘等，這些食物與知覺之病態有關，亦有學者研究受刑人，發現至少有三分之一受刑人患有嚴重知覺病態，且影響視力而易發生偏差行為。

生物犯罪學家也開始研究大腦過敏與神經過敏對偏差行為之影響。通常過敏症是指身體對外來物質之不尋常或過度反應。如花粉熱（Hay Fever）過敏症之發生，乃因花粉細胞進入人體，然後人體內的自然防衛機構對花粉加以抵抗中性化之結果，而使眼睛變紅、變癢或呈下陷之情況。通常大腦之過敏症會引起腦的過度反應，而神經過敏則會影響神經系統之過度反應（Siegel, 1989）。

一般學者認為大腦之過敏症，會引起腦的膨脹，並引起許多心理、感情及行為困擾之問題，諸如：發生過度情感化之行為、侵略攻擊性之行為以及暴力行為。大腦與神經過敏也會引起兒童之過度活躍，造成反社會行為之前兆，而成為日後潛在性少年犯之標籤。

3. 低血糖症問題之研究

當少年血液之糖分，低於腦正常有效運作功能所需之標準時，會發生低血糖症之問題。低血糖症患者之症狀包括易怒、焦慮、沮喪、痛苦、嚎哭、頭痛、困惑。

有些研究指出低血糖症與反社會行為有相關性。早在1943年，希爾（D. Hill）與沙晉特（W. Sargent）即曾指出謀殺案與低血糖症有關。另有研究指出侵略攻擊性行為、性犯罪與低血糖症有關。此外，低血糖症也和葡萄糖之混亂失調以及腦的功能失常有關。而有些研究發現犯罪人亦比非犯罪人有較高之低血糖症（Siegel, 1989）。

通常小孩過分活躍（Hyperactivity）亦被視為少年非行或反社會之行為。過分活躍是一種症狀，會引起過分之活動（Overactivity）、精神錯亂（Distractability），以及侵略攻擊性行為（Aggressiveness）。有些學者認為過分活躍乃由於營養之缺陷及低血糖症所引起。這些問題起因於糖與澱粉之高度消耗以及食用有毒之添加物所引起。如兒童食用太多含糖及澱粉之食物，可能會造成血糖層次之變動，這種變動會引起下列之症狀，如：昏睡而無感覺（Lethargy）、沮喪（Depression）、對刺激過敏症（Irritability）、猜疑心重（Suspiciousness）、奇異思想（Bizarre Thought）、幻想（Hallacinaions）、極端狂躁（Extreme Mania）、焦慮（Anxiety）以及暴力之行為。

過分活躍之小孩，較易被父母及老師標籤為有問題之小孩。而這些小孩無法集中注意力去學習，較易傾向逃學，長大成人缺乏知識與技能，而易陷入偏差行為。生化學家認為少年如患有低血糖症，較易發生偷竊、強姦、縱火、侵略攻擊性及殺人之行為。另有生化學家也指出：監獄內殺人犯當中有90%，患有低血糖症或缺乏維他命症。

然迄今有關生化因素與犯罪之相關性，有部分證據曾指出：營養及維他命之缺陷，會影響生理與心理之安寧。但此研究仍無法說明大部分犯罪與生化不平衡有關。有一點可接受的是過於活躍之小孩，較易被標籤為問題的製造者，這些症狀也可能是促成逃學之誘因，但我們願強調：並非單純的生物因素缺陷引起偏差行為，而生物缺陷所造成之社會反應也是主要促成因素。目前雖然有關生化不平衡尚無法說明大部分犯罪行為，但生化學家仍強調應用維他命治療以及改變飲食習慣，可協助治療處遇犯罪人之問題。

(二) 內分泌之異常（Endocrine Abnormalities）

另一個生物學方面研究為有關內分泌腺之異常與少年犯罪行為關聯。基本上，內分泌腺由荷爾蒙之分泌激素會影響身體之成長、身體之型態以及人類飲食之方法。

早在1928年，史拉布（Max G. Schlapp）與史密斯（Edward Smith）即開始研究內分泌異常與犯罪之關聯。他們認為荷爾蒙的失調、不均衡會造成情緒上之困擾而發生犯罪行為。然他們之研究由於只憑臆測，並未獲得犯罪學家支持。在上述史拉布與史密斯二位之後，也有許多類似研究，但乃未獲得決定性結論。所謂內分泌腺包括腦下垂體分泌（Pituitary）、甲狀腺（Thyroid）、腎上腺（Adrenals）以及生殖腺（Conads）、荷爾蒙分泌等，這些內分泌均會影響身體功能，諸如：新陳代謝（Metabolism）、緊張、情感以及性的過程。內分泌之異常會引起結構上之缺陷，如產生高血壓等之問題。一般研究者均認為內分泌影響個人之情感與行為至鉅，有必要進一步研究內分泌異常與少年犯罪之相關性（Thornton et al., 1982）。

波曼（Louis Berman）曾於1938年進行成年犯比較研究，一組為犯罪人，另一控制組為非犯罪人，結果發現犯罪人組有內分泌之缺陷與阻礙者係非犯罪人組的2至3倍。此外，有關少年犯之比較研究，亦得到相同結果。但波曼並未對其如何比較研究做詳細說明，也未說明如何選擇控制組之樣本。此外，他並未用具體的統計數字來說明，以致後來許多精確研究均未支持他的看法。

另有研究對動物進行實驗，發現雄性比雌性動物較具侵略攻擊性，乃因雄性荷爾蒙分泌之影響。後來許多研究均朝此方向以期遏阻人類的侵略攻擊性行為，例如對性犯罪者注射雌激素荷爾蒙，可阻止其性衝動，並進一步遏阻其對異性之侵略攻擊性行為。但此研究實有必要進一步做較精密控制之研究（Thornton et al., 1982）。

有關女性犯罪之研究，曾提出女性內分泌腺控制之月經前及月經期間會影響他們之犯罪行為。默登（Morton et al., 1953）列舉說明58位女暴力犯（如犯殺人、侵略攻擊性行為等）之中有62%是在月經來潮前犯的，另17%是在月經期間犯的。此外，根據達爾頓（Dalton, 1978）之研究，指出學校女生在月經期間之學業與行為均陷入較差之表現，而一般女性於此期間亦較易發生意外事故或心理疾病。

達爾頓（Dalton, 1978）利用六個月時間，調查訪問監獄新收女受刑人共

386位，其中有49%女受刑人之犯罪發生在月經期間或月經來潮之前。然如按常態分配，正常情形應只有29%女受刑人在月經期間或月經之前犯罪。因此，達爾頓之調查研究結果顯示月經與犯罪有顯著相關。但這些研究並未指出那些荷爾蒙層次之不同會發生犯罪，也未指出女性在月經之前及月經期間之症狀，較易引起發怒、興奮、緊張之情緒等是導致犯罪之誘因。而事實上，我們必須強調女性犯罪除上述因素外，尚有其他社會或心理之變項可用來說明。因為如只用內分泌之不平衡來說明犯罪原因是不完整且不周延的，亦即不能用單一因素來說明犯罪。至於討論內分泌與犯罪之相關性問題，生物學家蒙特克（Ashley Montague）認為我們在這方面尚處在一個未知之世界，但我們之毛病卻常常用一些未知之事物來說明已知之犯罪現象。

(三) 環境污染方面之研究

近年來犯罪生物學家已開始研究有關環境污染對少年犯罪行為之影響。當前社區自然生態環境內，已發現逐漸增加鉛、銅、鎘、水銀以及無機氣體諸如：氯和二氧化氮等之含量，而這些含量如高到某些程度，則會引起感情與行為上之困擾，更嚴重則會引起疾病或死亡。

最近亦有研究指出：食物之添加劑與犯罪行為有關。如合利（C. Hawley）與布克型（R. E. Buckley）認為人工色素和香料也會引起年輕人之敵對態度，衝動和其他反社會行為。

此外，也有研究從事評估針對青少年行為之影響。大衛（David, 1976）等曾對一些行為困擾與反社會行為之兒童進行研究，發現兒童血液中鉛之含量對於偏差行為之影響，扮演非常重要角色。

另外，燈光輻射也是影響反社會行為之重要環境因素。許多研究指出日光燈與電視等之螢光輻射，也會影響反社會及侵略攻擊性之行為。曾有實驗報告指出將一些兒童置於沒有窗戶之教室內，予以日光燈照射後，易產生過度活躍及困擾之行為；然後進行第二次實驗，將上述教室之日光燈管用鉛紙罩住，以吸收X光之輻射線之後，兒童會產生與上述顯著不同之行為，亦即行為會有改善之現象。

第三節　犯罪心理學理論之觀點

少年從事偏差與犯罪行為之探討亦可從心理層面著手。目前國內外解釋少年偏差與犯罪行為之心理學理論甚為繁多（參閱Hollin, 1989；楊士隆，2023），鑑於心理因素強調之人格、認知、思維、學習等概念，因此本章擬從心理分析、人格特質、行為主義與學習、認知與道德發展等觀點，對少年偏差與犯罪心理層面因素做一剖析。

一、心理分析之觀點

心理分析理論以佛洛伊德（Freud, 1856-1939）之作品為代表，佛洛伊德雖然未明確指出偏差與犯罪行為之原因，惟其提出之許多概念對日後之研究卻影響至鉅。首先，佛洛伊德認為人類人格之結構包括三部分：本我（Id）係人格中最原始壓抑的一部分，遵循追求快樂（Pleasure Seeking）原則；自我（Ego）為人格結構中較實際、理性之成分，隨著少年在現實社會中成長而發展，可協助少年管理其本我之欲求；超我（Superego）則屬人格結構中良好之部分，反映出社會之道德標準，係由個人在成長中與其父母及其他重要關係人互動所產生之道德規範結構。佛洛伊德指出本我意味著慾望與需求，超我則藉著道德規範而對本我加以抑制，自我則對前述二者加以理性評估。假如這些人格結構適當的調和，則個人可以走向一個正常的生活型態；相對地，假如個人為任何前述人格傾向所駕馭，而犧牲了其中任何人格傾向，則個人將呈現異常行為型態。

佛洛伊德另提及潛意識（Unconscious）之概念，他認為人之原始趨力如性（Sex）、慾望、仇恨或攻擊行為（Agression）即本我人格結構之部分因經常受到壓抑，因而轉入所謂潛意識（即自己無法意識到）的部分，而某些攻擊行為很可能即為這些潛意識行為之具體表現。

佛洛伊德復指出每一個人在幼年成長當中皆須經歷下列影響及人格發展之階段：(一)口腔期（Oral Stage），新生之嬰兒經常以食用，吸吮、咀嚼等行為獲得滿足；(二)肛門期（Anal Stage），1至3歲之嬰兒以大小便之排泄為獲取快樂之主要來源。此一時期，對小孩之大小便訓練，為促使其遵循社會規範之壓力；(三)性器崇拜期（Phallic Stage），3至6歲之小孩以玩弄自己之性器官獲得滿足，此一時期男性兒童對其母親發展戀母情節（Oedipus Complex）之潛意識感情，女孩則對父親產生戀父情節（Electra Complex）。佛洛伊德復指出性

器期（Genital Stage）及潛伏期（Latency Stage）之概念，惟因人格之形成大致在小孩子5歲前決定，故其重要性遠不如前面三個階段（Siegel, 1985: 96）。幼兒在經歷這些階段倘未能順暢適應，將影響及其人格發展與未來行為樣態。

因此，以佛洛伊德心理分析觀點觀之，吾人瞭解犯罪或偏差行為之來源如下：

(一) 超我之功能不彰，即個人無法以道德良心、規範對本我之欲求加以約束則，即可能犯罪。

(二) 幼兒成長時期未滿足需要，如在口腔期未能滿足（如早期斷乳），很可能以酗酒或抽菸代之；如在肛門期大小便訓練不當，可能影響及個人之偏執個性。

(三) 減輕罪疚感，例如，對父母有不正常之戀父、戀母情節，產生罪疚感。為減輕罪疚感，可能以接受懲罰（如犯罪）之方式為之。

佛洛伊德之心理分析理論為其後之學者加以引用到詮釋犯罪行為。例如，學者艾秋宏（Aichorn, 1925, 1955）即首先運用之。其認為單僅環境因素並無法適當的詮釋犯罪現象。相反地，其發現個體某些之潛在物質（傾向）（Predisposition）即潛伏性偏差行為（Latent Delinquency），為促使少年走向未來犯罪生涯之重要關鍵。潛伏性偏差行為泰半係天生的，惟亦可能係由小孩早期之情感關係所決定。艾秋宏認為在小孩初與社會接觸時，顯現非社會（Asocial）之態度；換句話說，小孩子以追求快樂為最高指導原則，僅關心其生活舒適與否。隨著社會化之過程，小孩慢慢依據現實原則而遵循社會規範。然而，艾秋宏指出，部分小孩在社會化之過程中卻迷失了自我，而允許「潛伏性之偏差行為」成為生活型態之主流，犯罪行為即是心理發展過程失敗之結果，而促使潛在之偏差行為駕馭了正常行為。

其次，學者艾利克森（Erikson, 1968）指出許多少年在成長當中經歷了生活危機，這些危機使他們感受到情緒的困擾及角色扮演之不確定感，為瞭解決這些危機許多少年達成自我認同（Ego Identity）──即清楚「我是誰」及「將來要做什麼」。然而某些少年卻不能適當地處理其角色衝突之問題而產生了角色模糊（Role Diffusion）、受制於人之現象，甚至迷失自己。根據艾利克森之見解，自我認同以及角色模糊之衝突在認同危機（Identity Crisis）──即「個人檢視內在價值及生活角色扮演時所產生之混亂狀況」之促使下，更加之惡化。以藥物成癮者為例，其可能即為其對個人在社會上之角色定位產生混淆，而無法導引其行為至正常之途徑。

二、人格特質之觀點

　　瞭解少年之犯罪心理亦可從其人格特質之觀點探討。基本上，人格係由個人的認知結構、動機結構、興趣、態度與價值觀、自我觀、品格、情感方面的基礎，情緒經驗和對刺激連結的習慣反應（適應機能）等各結構的混合調配，經由統整而形成。它是一個人內在的感受，體會（生理的與心理的反應）和外顯的行為舉止，兩方面調和、統合而一致的特有模式。這可以由個人的生活中較穩定和固著的行為上看出來。人格有其一定的內涵，有著一套有組織、有系統的行為模式（余昭，1982）。歐波特（Allport）認為每一個人的人格結構中，均包含二種特質，一種是個人特質：是由個人在其獨有的遺傳和環境條件之下所形成；另一種為共同物質：是屬於同一種族、文化、生活方式的人，所具有共同人格特質。他強調人格的個別差異，而人格個別差異的主要決定因素為個人特質（葉重新，1980）。

　　一般臨床心理學者，甚至犯罪學學者大致支持人格特質理論（Personality Trait Theory），認為少年犯之人格特質往往是不成熟的，缺乏自制、過於侵略攻擊性、低學業成就、外向、叛逆、敵對、退縮、逃避現實亦或具備社會病態（Sociopaths）、或心理病態（Psychopaths）等病態人格症狀。在過去五十多年來，心理學家利用多種人格項目來衡量與反社會行為有關之人格特質，而集中於鑑識犯罪人與非犯罪人人格。例如，葛魯克夫婦（Glueck and Glueck, 1950）在對500正常少年與500非行少年加以配對後比較其人格特質之異同，發現非行少年較外向、邪惡、衝動，更具敵意、怨恨、猜疑心、破壞性。犯罪學者渥德及丁尼茲（Waldo and Dinitz, 1967）對1950至1967年之少年犯人人格特質相關研究加以檢視後，發現大約有80%之研究顯示少年犯與非行少年在人格特質變項上之差異達到統計上之顯著水準。國內學者張華葆（1991）對203名犯罪少年及226名正常少年之人格特質加以比較，發現犯罪少年有較多之緊張、焦慮、慌張、自卑、憤恨、冷漠、疑心、破壞性、孤獨感、缺乏責任感、虐待狂、外向等。

　　其次，行為規範障礙症（品行疾患，Conduct Disorders, CD），近年亦受關注。根據DSM-5，其係指違反他人基本權力或年齡層相稱的主要社會常規或規定，成為重複而持續的行為模式，於過去十二個月中，至少出現以下類別中15項準則中的三項行為，並且在過去六個月內至少呈現一項者。

　　症狀包括：

(一) 對人或動物攻擊

1. 常霸凌、威脅、恐嚇他人。

2. 常先引發打架。

3. 曾使用武器嚴重傷害別人。

4. 曾對他人施加冷酷的身體凌虐。

5. 曾對動物施加冷酷的身體凌虐。

6. 曾竊取他人之物（搶劫、搶奪、勒索）。

7. 曾逼迫他人進行性行為。

(二) 破壞財物

8. 故意縱火。

9. 故意毀損他人所有物。

(三) 欺騙或偷竊

10. 闖入他人房子、建築物、汽車。

11. 說謊已取得財物或好處，或以逃避義務。

12. 曾在未直接面對受害者的情況下，竊取值錢之物品。

(四) 重大犯規

13. 不顧父母的禁止，經常夜晚在外，且開始於13歲以前。

14. 與母或父母代理人同住時，曾逃家至少兩次，或曾有一次逃家不歸。

15. 13歲以前經常逃學，導致社會、學業、職業功能上的顯著障礙（台灣精神醫學會，2014）。

　　另一個主要的學者Beck，則明確以「認知扭曲」來說明認知上的謬誤，將認知扭曲分為七個類型，分別是「隨意推論」、「選擇性斷章取義」、「過度概括化」、「擴大與貶低」、「個人化」、「亂貼標籤」與「極端化思考」（Beck, 1976; Corey, 2005）。分別簡述如下：

　　(一) 隨意推論：個體無法綜觀事物，只憑恃幾個有限的資料或資訊，即做出主觀的推斷與判斷，無法客觀地接受其他駁斥的證據或資訊。

　　(二) 選擇性斷章取義：選擇性摘錄指的是個體僅能著眼於與自己偏差信念相符的情境，而會主動將其他分歧的資訊排除。

　　(三) 過度概括化：指個體將所遭遇到的單一反對行為視為通則而非例外，即將自身所經歷之特殊事件或經驗過度類化至所有情境之中。

　　(四) 擴大與貶低：認知固著於負面或不好的結果，將事情的後果過於誇大，與現實狀況產生極大不符與矛盾的扭曲。

(五) 個人化：所謂的個人化是個體會將他人之行為以自我中心的觀點來解釋，像是覺得他人的所作所為都是針對自己的挑釁、藐視與對抗，解釋為與外界無關的現象事物。個體的這種想法會導致其對客觀的事件進行自我參照（Self-reference）時的思考方式。

(六) 亂貼標籤：獨斷將他人貼上對自己不利或是具有攻擊性的標籤。

(七) 極端化思考：將事情以兩極化或兩分化的方式做極端的分割。

根據李昕翰（2007）之介紹，Beck對於針對個體認知扭曲與情緒困擾之間的研究，發現認知扭曲的觀念會內化到個體之認知中，當遇到相對應的情境時，此種認知上的錯誤會以自動化的方式出現，個體自身會無法察覺。簡單來說，Beck認為一個受到情緒困擾的人，會以自我輕賤的方式來進行思考，扭曲了客觀存在的現實，而且即使這種負面的想法已經與客觀證據兩相矛盾，還是會固執地存在。由此可知，Beck所提出的認知扭曲，是從憂鬱的觀點來探討與認知偏差兩者之間的關聯，對於偏差行為則較少提及。

三、行為主義與學習之觀點

探討少年犯罪之心理層面因素亦可從行為主義（Behaviorism）與學習之觀點為之。對行為主義之發展貢獻較大者為心理學者史基納（Skinner, 1938, 1953）提出之操作制約學習理論（Operant Learning Theory）。基本上，此項理論強調行為樣態係由外界環境（刺激）所塑造，如果有機體與環境發生互動，而造成有機體行為的增加（Increase），此種過程叫作增強（Reinforced）或報償，因為此增強會更加強化行為；如果有機體與環境發生互動，而造成有機體行為之減少（Decrease），此種過程即為懲罰（Punished），懲罰乃用來削弱其行為，使其不再發生。

行為可能是正面的（Positive）或反面的（Negative）；所謂正面即行為能產生刺激來影響有機體，而反面即行為移去影響有機體之刺激。而增強亦可分為正面的增強（Positive Reinforcement）及反面的增強（Negative Reinforcement）。分述如下：

(一)正面之增強作用：係指行為因獲得報酬而增強，例如拿取糖果放入嘴裡或竊取及搶奪財物獲得物質之報償。許多財產性犯罪，白領階級犯罪經濟犯罪等均屬正面增強之類型。

(二) 反面之增強作用：係指行為避免負面之結果，例如吸食藥物毒品、或以暴力行為以去除或解除內心之痛苦、焦慮、挫折等厭惡之刺激。傑佛利

（C. R. Jeffery）曾指出部分強姦犯為滿足性需要而犯罪，雖可用正面增強作用來說，然根據研究大部分強姦犯均是為了除去內心之痛苦而引起。換言之，如果強姦犯與被害者是朋友關係，而且強姦行為在計畫下進行，被害人是導致強姦犯罪的促成者，強姦時所使用之暴力及抵抗力很小，則應用正面增強來解釋；反之，如果強姦涉及暴力之使用，則應用反面的增強來解釋較妥。另方面，大部分之殺人罪、傷害罪皆可用反面增強作用來說明。如果某人因經常受太大辱罵造成內心無比之痛苦與壓抑，後因不堪再度忍受憤而在廚房取刀予以殺害，其動機顯然是為解除其內心痛苦焦慮等厭惡刺激，而發生暴力行為。

蘇哲蘭（Sutherland）的不同接觸理論（Theory of Differential Association），強調犯罪行為之學習是與哪些支持反社會行為的人發生互動之結果而成為導致犯罪之重要因素。然傑佛利（Jeffery, 1965）反駁蘇氏之理論，認為蘇氏理論忽略犯罪行為所獲得物質方面的增強作用，同時亦忽略某種程度的社會增強。

傑佛利乃以制約學習理論之原理將該理論重新組合，稱之為差別增強理論，此理論基本上主張犯罪行為，是經由學習而來，並且藉制約行為，予以維持（Jeffery, 1965）。制約的行為不僅包括親密接觸之學習，同時亦涉及與環境之互動。制約行為的核心為增強作用。換句話說，行為必須被強化後始可能被個人所接受。以犯罪之活動為例，此類行為的發生常因被強化的結果。例如，一個小孩很可能偷了糖果，並在品嚐後發現非常好吃。假如他沒被逮住並接受懲罰，下次即很可能再犯。此效果乃是一種正面的增加作用（Burgess and Akers, 1966; Jeffery, 1965）。個人被約制（Conditioning）的歷史恰可解釋犯罪之不同（Jeffery, 1965: 296）。換句話說，生長於高犯罪區域之二個人很可能具有不同的制約過程。其中一個人很可能在偷竊後逃而無蹤，另一個人很可能被逮住並加以懲罰。逃離者很可能被該食物之甜美或者其他人之稱讚其勇敢而強化偷竊行為。被逮住者很可能在被處罰後而放棄偷竊行為。此外，美國心理學者班都拉（Bandura, 1973）倡導之社會學習理論（Social Learning Theory）對於瞭解犯罪亦有相當大之貢獻。基本上，社會學習理論認為行為的發生主要是向環境學習而來，而個體在行為的學習過程當中，受到下列體系的影響與支配：(一)賞罰控制：假如個人行為的結果，得到獎賞，包括物質、精神酬勞、符號、自我實現感等則該行為將獲得增強，個體極願重複出現該行為。反之，若行為後果受到懲罰或痛苦則會抑制該行為之重視；(二)認知控制：指個人透

過經驗，有能力在從未出現某種行為之前，即能判斷行為之後果；(三)抗拒誘惑：是指在具有誘惑力的情境中，個人能依社會規範禁忌，對自己的衝動、慾望加以抑制，透過自我控制而避免出現違反社會規範的行為；(四)楷模學習：是指個人因為看到他人的行為受到酬賞或懲罰，因而學習到自行增強合乎社會規範的行為，並抑制自己違反道德的行為（馬傳鎮，1983：35-36）。根據班德拉（Bandura, 1973）之看法，行為之觀察學習（包括犯罪行為），主要是從(一)家庭；(二)友伴團體；(三)電視、書籍等大眾傳播媒體學習而來。

　　類似地，犯罪學者波格斯及艾克斯（Burgess and Akers, 1966）將制約學習原理融入差別接觸理論中，構成差別接觸—增強理論，經艾克斯（Akers, 1977）重新命名為社會學習理論，以對偏差與犯罪行為做詮釋，此理論基本上強調犯罪行為係根據操作制約原理而習得，且習得之犯罪行為的主要部分在哪些具有強化個人行為來源之團體中較易發生。吾人願進一步指出，以此社會學習之觀點為例，控制個人生活之增強團體對個人之行為有鉅大的影響力。換句話說，個人之家庭、朋友、學校、宗教皆很可能強化個人之某些行為。例如，倘家庭是個人誠實行為最大之支柱與強化體，很顯然地，這個人將受其影響而顯現誠實的特質。其次，假如係為了朋友而從事偷竊行為，這項非法活動乃經由對友誼的需要而被增強，完全依賴那一個團體控制了這些強化體而定。再次，無論是提供了快樂（如父母之情愛）或者痛楚之來臨（如友伴的離棄）（Aders, 1985, 1977），假使父母之情愛比友伴的喪失更加地被強化，那麼誠實的行為即可能被增強。而小孩即不太可能從事偷竊行為，除非飢餓強化了偷竊行為。應值得一提的是，行為強化物可能包括金錢，性的需求與物質的擁有等，而不僅侷限於人際之強化者（Interpersonal Reinforcers）（Jeffery, 1965: 296）。雖然如此，人際之強化者仍最具影響力。

四、認知與道德發展之觀點

　　認知與道德發展之觀點亦有助於瞭解少年犯罪之成因，基本上，認知（Cognition）涉及記憶（Memory）、想像（Imagery）、智力（Intelligence）及推理（Reasoning）之概念（Hollin, 1989）。然而，認知亦可從思考（Thinking）之意義加以解釋。學者Yochelson與Samenow（1976）之研究發現許多犯罪人具有「犯罪思考型態」（Criminal Thinking Patterns），為認知與犯罪之聯結關係提供重要之佐證，這些包括不合乎邏輯、短視、錯誤、不健康之人生價值感等偏誤之認知型態等。類似地，學者羅斯與費比諾（Ross and Fabiano,

1985）之研究亦指出犯罪人具有下列獨特之思考型態，包括凝固之思想、分離、片斷，未能注意及他人之需求，缺乏時間感，不負責任之決策，認為自己是受害者等。在這一些偏誤之認知下，許多犯罪人不僅無法瞭解自己，同時亦未能適當地處理人際事務，解決、化解衝突，因而為未來之犯罪與非行奠下無可挽回的局面。

學者瓦特斯（Walters, 1990）進一步建構出八類犯罪人思考型態，頗具有參考價值，扼要敘述如下（引自蔡邦居，1998）：

(一) 自我安慰：自我安慰（Mollification）係指犯罪者企圖把自己從事犯罪行為之責任歸到外在環境的不公平與不適當之條件上。例如長官或長輩給我的錢，能不收嗎？大家都在飆車，只不過是跟著他人的步伐在走等。自我安慰常以「受害者之想法」（Victim Stance）、淡化及常態化（Normalizing）三種形式出現。

(二) 切除斬斷：切除斬斷（Cut Off）係指犯罪者常用各種方法來消除阻礙其從事犯罪行為之制止力（Deterrents），如藉由酒精、藥物來降低恐懼，增加膽量，或使用三字經與髒話，如「幹！」（Fuck It）等之助燃，瞬間達成自我解放之目的。

(三) 自恃特權：自恃特權（Entitlement）係指犯罪者具有孩童時期之自我中心思想，認為自己較優越、聰明與強壯，即可享有特權，並操控他人，掠奪他人之財物。具有自恃特權認知思考型態者，就好像是一張提供犯罪者去從事犯罪行為的許可證明，其常以所有權（Ownership）、獨特性（Uniqueness）及錯誤識別（Misidentification）三種型態呈現，而企圖逃脫規範與法律約束。

(四) 權力取向：權力取向（Power Orientation）係指犯罪者對於這個世界採取簡單的二分法觀點，將人區分為強與弱兩個類別，然後運用此原則去面對他所遭遇的人與物。其常透過以下三種形式表現出來：1. 身體上的形式（Physical）：攻擊性、破壞性等屬之；2. 口頭上的形式（Verbal）：與人爭辯，認為自己較優越；3. 心理上的形式（Mental）：心中編造一個自己可掌握的情境，而於其中，一切劇情皆按照自己的意思來發展。

(五) 虛情假意：虛情假意（Sentimentality）係指犯罪者個人強調以較為正向或軟性的一面來替自己的行為辯護。由於犯罪者之行為可能與原具有之正面形象有所矛盾，因此必須尋求調和之道，以消除已存在之矛盾與差異，虛情假意之表現則為其中的一種方式，一般係透過沉溺於文學、藝術創作或音樂等呈現，惟一旦出獄，自我縱容行為（含犯罪行為）容易再次出現。

(六) 過度樂觀：過度樂觀（Super Optimism）係指犯罪者對於自己與從事之犯罪行為所帶來之可能不良後果之判斷往往不切實際，過度樂觀。例如，許多犯罪者認為其終究有被逮捕的一天，但絕對不可能是這一次。

(七) 認知怠惰：認知怠惰（Cognitive Indolence）係指犯罪者在思考上呈現怠惰狀態，其最初在從事犯罪行為時，可能審慎之評估成功之機率，但因在「快速致富」（Get-rich-quick）之想法下，變得懶散，而無法周延地構思犯罪內容與計畫。

(八) 半途而廢：半途而廢（Discontinuity）係指犯罪者常忽略長遠的目標，而去追求可立即滿足的機會，對於自己所許下的承諾、立定的計畫與目標往往在缺乏恆心、毅力下無法實現。

另一派從認知之觀點來解釋犯罪之代表為屬學者Cornish與Clarke（1986）之理性抉擇模式（Rational Choice Model）。此派基本上強調犯罪之決意乃為獲取快樂，避免痛苦，而犯罪經常是對行動及事件做成本效益分析之結果。進一步說，許多行為人從事犯罪行為經常是透過理性之思考與決策之過程，此涉及個人認知（Cognition）之思考層面，而並非完全為環境之外在影響。目前，此派已被廣泛地應用至解釋順手牽羊、搶劫、濫用藥物等行為，甚至包括放棄犯罪之決定等（Hollin, 1989）。

而道德發展（Moral Development）之觀點對於瞭解少年犯罪之成因亦有貢獻。其中以瑞士心理學者皮亞傑氏（Piaget, 1932）與美國學者柯伯格（Kohlberg, 1969）二氏之見解最具代表性。基本上，皮亞傑認為道德判斷的發展是經由無律、他律及自律三個發展階段，循序漸進。無律時期，約在4至5歲以前，行為以單純之神經感應為主，以自我為中心。他律時期約在5至9歲間，此期兒童係以服從權威避免懲罰為主。自律時期，約在10歲以後，小孩對事理之判斷較具獨立、理性、道德判斷更富彈性。因此，倘道德之成長未能循序發展，或停留在早期之無律階段，皆可能因而違反社會規範，形成犯罪或偏差行為。

哈佛大學教授柯伯格（Kohlberg, 1969）曾將道德發展理念應用到攻擊行為的解釋上。他認為人類在成長過程中經歷不同的道德發展階段，包括三個層級六個階段，每一層級包括二個階段，依序發展：

第一層級：道德成規前期（Pre-morality）。
第一階段：避免懲罰與服從：行為取向為遵守（服從）權威，避免遭受懲罰。

第二階段：功利主義導向：以實利為出發點，追求滿足自己之需求，不在乎別人之感受。

第二層級：傳統服從期（Conventional Conformity）。

第三階段：人際和諧導向：順從傳統之規範，獲取他人之贊許。

第四階段：法律與秩序維護：服從社會與宗教權威，遵守法律規定。

第三層級：自律期（Autonomous Principles）。

第五階段：社會契約：承認個人之權力及民主化之制定法律過程。

第六階段：普遍性倫理原則導向：道德判斷係基於正義感、尊重與信任，並且超越法律規定。

　　根據柯伯格之看法，許多攻擊行為與個人之道德認知能力發展停滯密切相關，概此項結果將促使個人無法做自我控制並抗拒誘惑。

　　此外，Rest認為道德行為產生包含四個部分：一、社會認知：對情境的解釋，包含瞭解狀況與可能採取的各種行為；二、社會思慮：情境下哪些行為是合乎道德的，及道德可能的正確選擇；三、動機：價值判斷，道德價值高於其他價值，選擇道德正確的行為；四、外顯行為：有足夠堅持與自我強度，將決定之道德行為貫徹。（傅寶玉、雷霆，1991，1993；Rest原著，呂維理等譯，2004）前述四者間會交互影響，Rest將道德發展視為連續複合的歷程，道德發展與提升是逐漸地發生，而非跳躍式的進行（趙中平，2008）。

結　語

　　犯罪生物與心理學派之觀點受到各方重視，尤其生理之機制會影響及心理因素之發展。近年包括神經傳導物質如Serotonin及腦部邊緣體系之腦傷均受到各方之關注。而相關之犯罪心理研究仍然持續不斷，並有著豐碩之成果。例如，在研究個別犯罪人、犯罪矯治處遇、觀護與社會工作、分析證詞等層面仍貢獻至鉅。而考慮及生物與心理層面因素與大型環境之交互影響，亦使得此部分相關犯罪研究有著更寬廣之研究空間。最後隨著腦神經科學之發達及心理學研究方法與統計技術之精進，生物與心理學派之研究亦能對犯罪行為做較有科學實證與系統之觀察與評鑑，因此，欲使少年犯罪研究更加地發展，更多生物與心理學研究之投入是必須的。

參考書目

一、中文部分

台灣精神醫學會編譯（2014）。精神疾病的診斷與統計（5版）。合記圖書。（原著
　　American Psychiatric Association出版於2013）

余昭（1982）。人格心理學。自版。

呂維理、林文瑛、翁開誠、張鳳燕、單文經等譯（2004）。James R. Rest原著。道德
　　發展：研究理論之進展。心理出版社。

李昕翰（2007）。青少年認知扭曲量表編製及其相關因素研究。國立台東大學教育學
　　系（所）碩士論文。

周震歐（1987）。犯罪心理學。自版。

林山田（1976）。犯罪問題與刑事司法。商務印書館。

林憲（1978）。青少年個案之精神醫學剖析。觀護簡訊。

馬傳鎮（1983）。少年犯罪心理學理論之探討。警學叢刊，第14卷第1期。

張華葆（1991）。少年犯罪預防及矯治。三民書局。

莊明哲（1971）。染色體異常與犯罪之關。載於周震歐（主編），犯罪心理學。中央
　　警官學校。

莊耀嘉（1986）。心理病態性格與犯罪行為。法務部。

傅寶玉、雷霆（1991）。社會思慮發展在港、台，中國人・中國心——發展與教學
　　篇。遠流。

黃宣範（1976）。基因與社會行為——社會生物學中的新爭論。中央日報。

楊士隆（2023）。犯罪心理學（9版）。五南圖書。

葉重新（1980）。不同家庭社經水準青少年人格特質之比較研究。大洋出版社。

趙中平（2008）。社經地位、教養方式與青少年道德發展之相關研究。國立成功大學
　　教育研究所碩士論文。

蔡邦居（1998）。犯罪少年犯罪嚴考型態與偏差行為之研究。國立中正大學犯罪防治
　　研究所碩士論文。

蔡德輝、楊士隆（2023）。犯罪學（修訂9版）。五南圖書。

二、外文部分

Abrahamsn, D. (1944). Crisis and the human mind. Columbia Univ. Press.

Aichhorn, A. (1955). Wayward youth (trans.). Meridian Books. (Original works published in 1925)

Aind, R. W. and Yammamoto, T. (1996). Behavior disorders of childhook. Electroencephalography and Clinical Neurophysiology, 21: 148-56.

Akers, R.L. (1977). Deviant behavior: A social learning approach (2nd ed.). Wadsworth.

Akers, R. L. (1985). Deviant behavior: A social learning approach (3rd ed.). Wadsworth.

Bandura, A. (1973). Agression: A social learning analysis. Prentice Hall.

Beck, A. T. (1976). Cognitive therapy and the emotional disorders. International Universities.

Burgess, R. L. and Ronald, L. A. (1966). A differential Association-Reinforcement Theory of Criminal behavior. Social Problems, 14: 128-147.

Christiansen, K. O. (1974). "Seriousness of criminalities and concordance among danish twins. In H. Roger (Ed.), Crime, criminollogy, and public policy. The Free Press.

Corey, G. (2005). Theory and practice of counseling and psychotherapy. Brooks/Col.

Cornish, D. B. and Clarke, R. V. G. (1986). The reasoning criminal: Rational choice perspectives on crime. Springer-Verlag.

Dalton, K. (1978). Menstruation and crime. In L. D. Savitz and N. B. Johnston (Eds.), Crime in society. John Wildy & Sons.

David, Oliver et al. (1976). Lead and hyperactivity. Behavior response to chelation: A pilot study. American Journal of Psychiatry, 133: 1155-1158.

Erikson, E. H. (1968). Identity, youth and crisis. Norton.

Fishbein, D. H. (1990). Biological perspectives. Criminology, 28(1): 27-72.

Freud, S. (1963). An outline of psychoanalysis (James Strachey trans.). Norton.

Glueck, S. and Glueck, E. (1950). Unraveiling juvenile delinquency. Harvard Univ. Press.

Goring, C. (1972). The english convict: A statistical study. His Majesty's Stationery Office. (Reprinted by Patterson Smith)

Halleck, S. (1971). Psychiatry and the dilemma of crime. University of California Press.

Hippchen L. (1978). Ecologic biochemical approaches to treatment of delinquents and criminals. Van Nostrand Reinhold.

Hollin, C. R. (1989). Psychology and crime: An introduction to criminological psychology. Routledge.

Hooton, E. A. (1931). Crime and the man. Harvard University Press.

Hooton, E. A. (1939). The American criminal: An anthropological study. Harvard University Press.

Hutchings, B. and Mednick, S. A. (1977). Criminalities in adoptees and their adoptive and biological parents: A pilot study. In Mednick and Christiasen (Eds.), Biosocial bases of criminal behavior. Gardner Press.

Jeffery, C. R. (1965). Criminal behavior and learning theory. Journal of Criminal Law, Criminology, and Police Science, 56: 294-300.

Jeffery, C. R. (1977) .Crime prevention through environmental design. Sage Publications.

Jeffery, C. R. (1978). Criminology as an interdisciplinary behavioral science. Criminology, 16: 161-162.

Kolberg, L. (1969). Stages in the development of moral thought and action. Holt, Rinehart and Winston.

Kretschmer, E. (1925). Physique and character (english translation, 2nd ed.). W. J. H. Sprott.

Lombroso, C. (1968). Crime: Its causes and remedies. Patterson Smith.

Morton, J. H., Addition, R. G., L. Hunt, L., and Sullivan, J. J. (1953). A clinical study of premenstrual tension. American Journal of Obstetrica and Gynecology, 65: 1182-1191.

Murry, C. (1976).The link between learning disabilities and juvenile delinquency. U. S. Government Printing Office.

Piaget, J., (1932). The moral judgement of the child. Kegab Paul.

Ross, R. R. and Fabiano, E. A. (1985) Time to think: A cognitive model of delinquency prevention and offender rehabilitation. Institute of Social Sciences and Arts.

Rowe, D. and Wayne, O. D. , (1984). Heredity and sociological theories of delinquency: A reconsideration. American Sociological Review, 49: 526-540.

Shah, S. A. and Roth, L. H. (1974). Biological and psychological factors in criminalities. In D. Glasser (Ed.), Handbook of criminology. Rand McNally.

Sheldon, W. H. (1949). The varieties of delinquent youth: An introduction to constitutional psychiatry. Harper and Bros.

Sheldon, W. H. and Eleanor, G., (1956). Physique and delinquency. Harper.

Siegel. L. J. (1989). Criminology (3rd ed.). West Publishing Company.

Siegel, L. J. and Senna, J. J. (1985). Juvenile delinquency: Theory, practice, and law (2nd ed.). West Publishing Co.

Skinner, B. F. (1938). The behavior of organisms. Appleton-Century-Crofts.

Skinner, B. F. (1953). Science and human behavior. Macmillan.

Thornton, W. E., James, J. A., and Doerner, W. G. (1982). Delinquency and justice. Scott,

Foresman Company.

U. S. Department of Health (1970). Education and welfare. NIMH.

Vold, G. B. and Bernard, T. J. (1978). Theoretical criminology (3rd ed.). Oxford University Press.

Waldo, G. and Dinitz, S. (1967). Personality ttributes of the criminal: An analysis of research studies, 1950-65. Journal of Research in Crime and Delinquency, 4: 185-202.

Walter, G. D. (1990). The criminal lifestyle: Patterns of serious criminal conduct. Sage Publications.

Williams, D. (1969). Neural factors related to habitual agression consideration of differences between habitual aggressives and others who have committed crimes of violence. Brain, 92: 503-520.

Witkin, H. A. (1978). XYY and criminality. In L. D. Savitz and N. Johnston (Eds.), Crime in Society. John Wiley and Sons, Inc.

Yeudall, L. (1979). A neuropsychosocial perspective of persistent juvenile delinquency and criminal behavior. Paper Presented at the New York Academic of Science, 26 September.

Yohelaon, S. and Samenow, S. E. (1976). The criminal personality, vol. 1: A profile for change. Jason Aronsen.

第四章　少年犯罪社會學理論

少年犯罪生物學理論與少年犯罪心理學理論較著重於少年個人原因之解釋與探討；而少年犯罪社會學理論則強調社會原因之解釋與探索。通常犯罪社會學之研究，可區分為三大理論學派，即社會結構理論（Social Structure Theories）、社會過程（Social Process Theories）以及社會回應與衝突理論（Social Reaction and Conflict Theories）（Siegel and Senna, 1985；周震歐，1993）。屬於社會結構學派之理論有文化偏差理論（如芝加哥學派、文化衝突理論、下階層文化衝突理論）、緊張理論（如梅爾頓之無規範理論、次級文化理論，機會理論）等。而屬於社會過程理論者有社會學習理論（如不同接觸理論、不同增強理論及中立化理論）、控制理論（如赫西之控制理論，雷克利斯之抑制理論）。屬社會回應及衝突理論之範疇包括標籤理論、馬克思理論、多元化衝突理論及激進衝突理論等（蔡德輝、楊士隆，2023）。

第一節　社會結構理論

社會結構理論強調，低社經地位、鄰里、社區獨特之文化、風俗及規範等影響及甚至促使少年違反法律，產生偏差與犯罪行為。社會結構理論可區分為文化偏差理論（Cultural Deviance Theory）及緊張理論（Strain Theory）二大範疇（Siegel and Senna, 1985），茲分述如下：

一、文化偏差理論

一般而言，芝加哥學派之少年犯罪地帶理論、雪林（Sellin）之文化衝突理論以及米勒（Miller）之下階層文化衝突理論等均屬文化偏差理論（Siegel and Senna, 1985）。文化偏差理論學者認為貧民區居民之所以犯罪，乃因他們只遵行其下層社會地帶獨特之價值體系與規範，而他們獨特之價值體系及規範卻與大社會中產階層之價值體系與規範相違背衝突，他們不但不否定排斥偏差行為，反而加以肯定讚賞，而且將此價值體系傳遞至下一代。

(一) 芝加哥學派

美國芝加哥大學教授派克與波格斯（Park and Burgess et al., 1925）於1920年代領導創立芝加哥學派（The Chicago School），從事生態學方面之研究而提出少年犯罪地帶（Delinquent Area）之理論。此派即由環境學（生態學Ecology）之觀點來分析犯罪，亦即運用社會學方法，分析社區環境生態，特別注意人與社區環境之相關性以及人們對於社區環境的反應。

派克及波格斯等教授以芝加哥市為例，將該城市構想為圓形，其發展結果形成了五個界線分明的同心圓地帶理論（The Concentric Zone Theory of Urban Development）（見圖4-1）（Park and Burgess et al., 1925；謝文彥，1986）。

第一圈是中心商業區（The Main Downtown Area）：此區內有百貨公司、摩天大廈、火車站、大飯店、電影院、博物館、市政廳。

第二圈是過渡區（Transitional Area）：成環狀圍繞中心商業區，此區有貧民住宅區、移民聚居所、小商店、房租區和一些輕工業區。居住此一地區之居民，往往是已被拒絕參與競爭者（如罪犯、失業者、或被遺棄的人），或沒有機會參與競爭之美國黑人或少數種族分子。

第三圈是工人住宅區（Working People Housing Area）：此區主要是工廠、工人住宅區，其房屋均很小且古老，第二圈的人常居住此地區。

第四圈是中上級住宅區（Upper Middle-class Housing Area）：此區標準房屋型態是獨家住宅單位，住此區的人均是商人、專業人員、佐理及中產階級者。

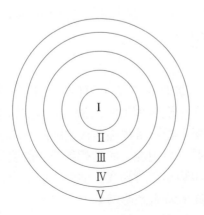

Ⅰ：中心商業區

Ⅱ：過渡區

Ⅲ：工人住宅區

Ⅳ：中上級住宅區

Ⅴ：郊區及通勤區

圖4-1　都市同心圓模式

　　第五圈是郊區及通勤區（The Suburbs and Commuter Areas）：此區是最外圍地區，環繞著中上級住宅區，居民多半為中等階級居民，他們也多半於市中心工作。

　　並非所有都市之發展型態均如上述之同心圓地帶模式發展，因為其他都市發展可能有其他型態之模式來解釋，而非亦比照此種模式而形成。然這種同心圓地帶模式之理論在犯罪社會學內非常重要，許多研究者尤其是蕭氏與馬凱（Shaw and Mckay, 1942, 1969）引用此理論來說明芝加哥的少年犯罪率。

　　根據蕭氏與馬凱之研究，少年犯罪集中地區之特性，乃因其接近工業區、商業區、環境惡劣地區、城市全面急劇成長而某一時期減少人口之地區、屬領地、租屋地區、黑人地區、新近外來移民區、缺乏建設性機構促進福利及預防失調之地區。蕭氏與馬凱（Shaw and McKay, 1969）之研究進一步認為某一地區之犯罪率是與城中心及工業中心之距離愈遠而愈減少；犯罪地帶通常靠近工業區、百貨中心或城市等，主要是由於鄰居關係之頹廢而不再能發揮社會控制之功能，因而引起較高的犯罪率。在美國城市中之犯罪大都集中於貧民區及城中心區，分析其原因主要是這些地區自然環境之衰頹，人口過於擁擠、經濟過度依賴，租來之住宅，以及外來種族及黑人較多之因素，亦即這些地區人們大都是流動人口，且是異族人口雜居處，較無法凝聚而無一致性倫理道德行為。蕭氏與馬凱之研究提出五點結論：1.某些地區少年犯特別多而形成少年犯罪地帶；2.少年犯集中於靠近市區之低房租地區，然後愈離市區愈少；3.小孩逃學率高的地區，少年犯較多；4.某一地區1900年少年犯罪率高，而上述同一地區1930年仍然有高的少年犯罪率。雖然該地區經過三十年人口組成員已有很大的變動，但犯罪率仍然維持不變，顯示社區環境對人類行為之影響，亦甚重要；5.各個種族均有相同趨向——即市中心的少年犯罪行為發生率較高，而愈向郊區則愈低。

　　塔福特（Taft, 1964）擴大蕭氏犯罪地帶之研究，而提出七種型態的鄰近地帶促進少年犯罪情況的聚合：1.有不正常家庭組織之貧民地區；2.無規範及異種族雜居一處之貧民區；3.與傳統社會脫離且發生文化衝突之空隙地區；4.缺乏人際關係之住宅區；5.單一民族居住，且有人口擁擠、低級住宅區及貧窮等特徵之地區（Ghetto Area）；6.娼妓及賭博聚集之地區；7.供犯罪人藏匿之鄉村衰頹地區。

　　另一代表人特崔錫爾（Thrasher, 1927）在稍早發表其專著——幫會（The Gang），亦為此項少年犯罪之聚合提供重要註腳。其研究芝加哥1,313個幫

會，認為地理上及社會上之過渡地帶（社會控制力薄弱之區域），即大部分位於工廠區、城中心、大建築物、百貨公司之後街，有很高的犯罪率。由此犯罪地帶可知犯罪均存在於一切城市中心等富麗堂皇繁榮地帶之後面，另方面犯罪則存在於人際隱匿性高與異質性加大的社區裡頭。尤其，許多貧窮地帶，由於其生活方式的特殊，可能轉移為少年犯罪地帶。

我們由芝加哥學派之探討，可知此學派之理論已漸取代以個人為主的生物學或心理學理論來探討少年犯罪之形成因素，因為此派認為貧民區、擁擠及衰頹之住宅區均可能導致少年犯罪之形成。此外，此理論亦指出必須發展區域性的少年犯罪防治計畫，來改善整個地區之生活環境，以及促使此區域之民眾來共同參與少年犯罪防治工作。

如蕭氏（Shaw）於1932年發起「芝加哥區域計畫」（The Chicago Area Project），是由芝加哥市六個地區中23個鄰里中心所組織，這些中心有兩項基本功能：1.他們協調各個社區資源，如教會、學校、工會、工廠及其他團體，來解決社區有關問題；2.他們必須贊助社區舉辦之各種活動，以幫助居民關心社區福利，瞭解社區的問題，及企圖以共同行動來解決他們之問題。芝加哥區域計畫持續實施二十五年，直至蕭氏過逝為止。雖然此一計畫在這些地區防治少年犯罪之成效未被明顯地評估，但它被認為已使各種犯罪顯著地減少，凡此均已顯示區域性防治計畫已發揮其功能。

芝加哥學派之研究與應用，亦使美國人逐漸重視社區區域防治犯罪之重要，1972年美國全國警察局長協會創設了「全國性鄰里守望相助計畫」（National Neighborhood Watch Program），其目的在喚起民眾之社區意識及共同參與社區防治犯罪活動。

芝加哥學派之研究，除可應用於上述區域防治計畫及鄰里守望相助之推展外，我們亦由芝加哥生態學之研究，瞭解都市之工業區、商業區由於社會之瓦解及解組，而造成比其他地區有較高之犯罪率、娼妓及其他社會病態之現象。因此相當可確定的是：如小孩在不健全的家庭環境出生，在一少年犯罪地帶長大，而參加的又是少年犯幫會，則其將來與法律衝突之可能性甚大。雖然芝加哥學派對犯罪行為之形成原因說明過於簡單，且對部分生長於犯罪地帶者之不犯罪，以及生長於非犯罪地帶者陷入犯罪，無法解釋。但有一點可肯定的是：雖然犯罪地帶不一定會製造犯罪，但犯罪地帶對於那些有潛在犯罪傾向的人，則有極大之誘導作用，因他本人潛在有犯罪傾向，加上不良環境之誘導，極易陷入犯罪。

(二) 文化衝突理論

文化衝突理論（Culture Conflict Theory）為學者雪林（Sellin, 1938）所提出之理論，強調文化的適應（Cultural Adaptation）與犯罪行為有關。並認為少年犯罪的形成是與文化的內部衝突，傳統社會關係的解體，有問題的社會結構以及一般價值觀念的改變等等有關；由於文化的差距（Cultural Gap）而造成很多的衝突現象，包括對於規範制度的接受與價值判斷標準等的衝突，均與少年犯罪的發生密不可分。

雪林認為社會成長過程中一定會造成規範混淆之情況，而下階層的文化與價值體系往往會與傳統的中上階層優勢文化價值體系相衝突而致發生犯罪行為與少年犯罪。雪林認為芝加哥學派蕭氏（Shaw）之研究亦是文化衝突問題之最佳案例。

文化衝突可分為二種型態來說明少年犯罪形成：

第一種型態的文化衝突即指移赴國外居住的上一代移民，他們已深受其自己國家文化、社會行為規範之約束、指導，而他們原有之規範與移入國之文化及行為規範，不僅有異而且引起甚大的衝突，自己面臨文化衝突之結果產生適應困擾，其第二代更是無法適應。此種型態的文化衝突很適宜解釋移民及第二代之犯罪，近年來在以色列的犯罪學研究，亦證實此一理論的適用性，因為這些研究發現移民抵達以色列出生的第二代，均有較高之犯罪率（Shoham, 1970）。

第二種型態的文化衝突即指某些少年，來自國內的農村社會遷移至都市工商業社會，由於文化的衝突而產生許多不適應之困擾，亦易產生偏差行為。

文化衝突理論可用來說明移至國外居住之第二代少年，及由農村社會移入工商業都市社會之少年有較高之犯罪率，主要是因其父母原居社會之規範與移入國之新文化發生衝突，而且個人的適應能力有限，面臨新文化之適應困擾或文化衝突之結果，造成價值觀念思想體系的改變與分歧，以及情緒、態度、管教方法等之失調，亦極易引起子女行為的偏差，凡此足見文化衝突與少年犯罪亦有很大的相關性。

(三) 下階層文化衝突理論

米勒（Miller, 1958）提出下階層文化衝突理論（Theory of Lower-class Culture Conflict），旨在說明下階層社會環境與少年犯罪之關係。亦即下階層的文化本身可能為偏差行為之代名詞。米勒不認為少年犯罪是因為心理的偏差或病

態人格所引起，而認為少年犯罪行為是對獨特的下階層社會文化的價值與規範的正常反應行為。米勒之理論仍然是屬於文化偏差方面之探討，但與蕭氏與馬凱（Shaw and Mckay）之研究有所差異，米勒認為少年犯罪行為是下階層社會文化中根深蒂固之規範與價值的必然產物；而蕭氏與馬凱則認為在下階層社會之少年沒有得到適當之輔導，為獲得錢財以及社會地位而發生犯罪行為。然相同的是他們均認為這一代下層社會的犯罪行為會傳遞到下一代。

米勒認為下階層文化社會內之少年在合法的社會秩序中，很少有機會獲得成功，因而只在其自己下階層文化中追求個人的地位與滿足。米勒認為下階層文化社會少年，接受下列六種主要關懷（Focal Concern）的價值觀念影響及其行為，而被中上階層認為是偏差與犯罪行為。

1. **惹事生非（Trouble）**：製造問題與是非以及如何避開這些麻煩，是下階層文化社會少年所最關心的事，這些麻煩包括打架、酗酒以及性的偏差行為。在下層社會裡，他們以是否會打架及製造是非來衡量其地位，但這些行為與中上階層社會之法律規範相牴觸。

2. **強硬（Toughness）**：下層社會的少年常因其勇敢，強壯之身體而獲得地位之認同。對他人之評價往往以身體之強壯、打架戰鬥之能力以及運動之技巧為標準。少年如不具上述能力則會被恥笑為弱者。

3. **詭詐（Smartness）**：下階層社會之少年如懂得賭博之技巧來贏錢，則會受到社會崇拜讚賞。

4. **尋找興奮、刺激（Excitement）**：下階層社會少年為追求享樂，刺激，而去賭博、酗酒、打架、性的滿足，這些少年在下階層社會認為是較活潑、時髦的一群。

5. **命運（Fate）**：下層社會之少年，認為他們的命運已由上天安排而自己無法去控制。偶爾碰到好運，那是可遇不可求的，下層社會少年較易有無力感及宿命論，也較易發生偏差行為。

6. **不喜別人干預（Autonomy）**：下層社會少年喜歡自由自在地為所欲為，以及自己管理自己，而不願意他人來限制其行為。對於接受警察、老師及父母之控制，則認為是一種懦弱之行為。因而反對及不滿外界所給予之行為控制。

由上述下階層文化主要關懷之價值觀念可知其與少年犯罪關係至深，因為少年如具有上述六種觀念愈強，則表示與中上階層規範衝突愈大，則愈可能成

為少年犯，這一論點與雪林之文化衝突看法相同。如他們愈追求享樂、刺激，則愈可能淪落於藥物濫用、酗酒、賭博。因此，少年愈順從下層社會文化價值，愈可能成為少年犯，而且內心亦沒有挫折或與大社會疏離之感覺。故米勒不從中等階層社會之觀點來看少年犯罪，而是從下階層文化社會本身來看少年犯罪問題。因為下階層文化社會有它自己獨特之規則、價值與規範，這些均有別於中上階層社會，下階層社會裡之少年為得到該文化所支持之目標與價值，則會利用非法之方法或偏差行為去達到目標。為此，下階層文化社會本身自然會產生少年偏差與犯罪之問題。

二、緊張理論

緊張理論（Strain Theory）亦屬於社會結構理論之一種，緊張理論著重於少年無法獲得合法的社會地位與財物上之成就，內心產生挫折與憤怒之緊張動機與壓力，而導致少年犯罪行為發生。中上階層社會較少有緊張與壓力存在，乃因他們較易獲得較好教育與職業的機會，而下階層社會少年由於其個人之目標與其能實現之方法之間有矛盾而產生緊張壓力，易導致其發生偏差行為。

(一) 梅爾頓之無規範理論

最著名的緊張理論乃屬美國社會學家梅爾頓（Merton, 1938, 1968）之無規範理論（Theories of Anomie）。

梅爾頓之無規範理論源自於法國社會學者涂爾幹（Durkheim, 1897, 1965）所提出之無規範（Anomie）概念。涂爾幹指出人類一直在追求無法滿足之目標，且其慾望是貪得無厭的，在這種狀態下，社會如無明確規範加以約束，則此種社會將造成混亂不可忍受之局面。因此無規範產生之問題癥結所在，乃在於社會體系因急速變遷、分化沒有提供清楚的規範（Norm）來指導人們行動，以致人民無所適從而形成無規範產生偏差行為。梅爾頓將涂氏之理論重新發揚光大，而強調社會結構過程（Social Structure Processs）為所有社會問題之根源。梅氏之論點後來成為犯罪社會學派中緊張理論之主要代表。

基本上，梅爾頓認為各階層人們在渴望目標與實現目標之方法之間如產生矛盾，將會造成社會行為規範與制度之薄弱，人們因而拒絕規範之權威而造成各種偏差行為。因此社會秩序之所以能夠維持，乃因文化目的（Goals）與社會方法（Means）之間沒有衝突分裂而產生均衡。然目的與方法之間所以能夠維持均衡狀態，主要是二方面獲得滿足：一是自己所運用之社會方法沒有問

題，且促進外在目標的達成而獲得滿足；二是文化之目的沒有問題，且促進其遵循規範而獲得內在之滿足。亦即大多數民眾皆有良好之整合或社會化，接受社會一致性之規範所致。因為大多數人皆有合法之預定目標，然後遵從社會一致同意之規範方法，且成功地將規範方法內化，而運用適當的方法去達成目標。如果每一社會均有一致性之文化（Uniformity of Culture）及成功的社會化（Success of Socialization），則社會不會有偏差行為發生。

社會結構之所以會對某些人造成壓力而致產生偏差行為，梅爾頓認為除了涂爾幹之無規範理論，他亦指出文化結構（Cultural Structure）或社會目的（Social Goals）及社會結構（Social Structure）或社會所認可之手段（Institutionalized Means）之間如產生衝突，則會產生偏差行為。所謂文化結構，即指目的、意圖、利益等值得我們追求之一切事務，這些目標包含一些不同程度之威望（Prestige）和情感（Sentiment）。而社會結構乃指那些能達到目的且為社會所接受之規範手段。故文化結構與社會結構二者交互作用之下，文化結構如能控制（決定）那些能獲取目標且為社會所接受之模式，則不會產生偏差行為。茲詳加論述如下：

文化結構（Cultural Structure）目的→社會結構（Social Structure）方法：

1. 如用社會所允許之方法去達到預定目的，則為守法行為，亦即文化結構與社會結構之間能保持均衡，沒有衝突分裂，則會有良好社會秩序。
2. 如個人所選擇之行為模式，是一種非法手段，亦即文化結構與社會結構之間發生很大之衝突，則發生偏差行為。

梅爾頓使用表4-1說明個人適應模式之型態：

表4-1　個人適應模式

個人適應模式型態	文化結構（目的）	社會認可之手段（方法）
1.守法（Conformity）	接受（＋）	接受（＋）
2.標新（Innovation）	接受（＋）	拒絕（－）
3.偽善者（Ritualism）	拒絕（－）	接受（＋）
4.逃避（Retreatism）	拒絕（－）	拒絕（－）
5.叛逆（Rebellion）	接受（＋）／拒絕（－）	接受（＋）／拒絕（－）

一般社會中守法者（Conformity）占絕大多數，他們的文化結構（目的）及規範方法均為社會所接受，成為社會穩定及持續之主流力量；標新（Innovation）者之目的為社會所接受，然其方法並非為社會所接受，例如下階層工人為賺取更多錢財成為富翁，此目的為社會所允許，然他不以合法方法達到上述目的則將被社會排除；精通儀式者（Ritualist），亦即社會陽奉陰違之偽善者，他們內心存有不法之意圖、目的，然外表之行為表現儼然一個守法者，這種人一旦社會規範瓦解，則極易陷入偏差行為；逃避者（Retreatist）之目的與方法均為社會所拒絕，如吸食麻醉藥品之逃避現實者；叛逆（Rebellion）者與上述四種截然不同，這種人採取選擇性或批判性地過渡方式，對於社會之目的或方法有時接受有時反對，甚至改採新的目的或方法，他們通常喜歡與傳統的目的或方法作對，並喜標新立異、譁眾取寵為社會帶來許多新的問題。

(二) 一般化緊張理論（General Strain Theory）

社會學學者Robert Agnew於1992年間提出隸屬於微觀層級之一般化緊張理論（General Strain Theory, GST），其嘗試解釋遭遇到緊張及壓力的個人容易觸犯犯罪行為。Agnew（1992）也對犯罪活動提供了社會各個面向的解釋，而非侷限在低階層之犯罪。一般化緊張理論之核心的觀念為「負面情緒狀態」（negative affective states），指的是當個人面對負面或是具有破壞性的社會人際關係時，極易產生憤怒、挫折、感覺不公平等情緒，而此將會影響一個人是否去從事犯罪行為。一般而言，負面情緒狀態係由各種情狀而衍生（引自Siegel, 2006；蔡德輝、楊士隆，2023）（詳見圖4-2）。

圖4-2　一般緊張理論架構

資料來源：Siegel (2006: 198).

1. 未達到正向價值之目標（Failure to Achieve Positively Value Goals）：這種類型與梅爾頓的迷亂理論較為接近，認為壓力是由於期望或目的與實際情況有落差而造成。當青少年希望獲得財富或名譽，但卻缺乏經濟或教育的資源時，就會因為感到自己的目標無法達成而產生緊張。

2. 期望與成就之差距（Disjunction of Expectations and Achievements）：在期望與成就有差距時也會產生緊張。當人們將自己與那些在經濟與社會上較為優秀的同儕比較時，即使自己的表現已經很好，仍然會感到緊張，例如一個高中生即使已經申請到一間好大學，但他仍然會因為自己的學校不如其同儕的有名氣而感受到壓力。當個人有不公平的感覺時，可能會引發某些負面的反應，藉著身體攻擊或任意破壞他人財產，來降低對方的優勢。

3. 正向價值刺激之移除：當個人在實際上或預期上移除或失去了某個正向價值的刺激時，緊張也會隨之而來。例如失去了男女朋友、自己所愛的人去世、搬到一個新的社區或學校，以及與伴侶分居或離婚等。正向價值刺激之移除（Removal of Positively Value Stimuli）可能會導致行為人做出某些偏差行為，以用來重新拾回失去的東西、取得替代品，或對需要為此事負責的人進行報復。例如在早期經歷到父母離婚或分居的兒童，可能會因為要填補其情感需求而尋求偏差的同儕，但同時也增加了他成為犯罪者的機會。

4. 負面刺激之出現：緊張也可能因為令人嫌惡的刺激出現（Presentation of Negative Stimuli）而造成，這些刺激包括某些導致痛苦的社會互動，如兒童的虐待或忽略、犯罪被害、身體的處罰、家庭與同儕的衝突、在學校的失敗經驗，以及與其他生活中壓力源的互動，從言語暴力到空氣污染都可涵括。舉例來說，Agnew預測在個人成為種族主義與歧視行為之目標的情況下，可能也會獨發其憤怒與攻擊的行為；此外，青少年的被虐可能會因為其盛怒而與偏差行為連結，在家中被虐待的兒童也可能把憤怒發洩在年紀較小的同學身上，或是轉而投入暴力偏差行為。

Agnew之一般化緊張理論有別於梅爾頓之解釋各社會階層犯罪率的差異。其微觀層級之緊張（Strain）觀點對於犯罪行為（不侷限低階層）之衍生提供了另一項值得重視的解釋，目前國內在此項理論之測試上較聚焦於少年偏差行為之解釋，亦提供了另一解釋之重要方向。

(三) 柯恩之次級文化理論

美國社會學家柯恩（Cohen, 1955）以非行少年次級文化理論（Delinquent

Subcultural Theory）來說明少年犯罪之形成原因，柯恩之次級文化理論（Subcultural Theory）乃綜合蘇哲蘭（Sutherland）之不同接觸理論（Differential Association）及梅爾頓（Merton）之無規範理論（Anomie Theory）而形成其次級文化理論。

　　柯恩認為犯罪次級文化的發展過程主要是對另一種特殊的行為規範加以建立、維持及再強化，而此特殊行為規範與一般社會的優勢價值體系（Dominant Value）相反且發生衝突矛盾之現象。

　　次級文化理論乃指某些人認同其同輩團體或小團體特有之價值體系，而這些特有價值體系與一般社會所能接受之價值體系不僅有異，且不容於一般社會。亦即這些人僅隨著其周遭同輩團體之價值體系發展其特有之價值觀念，而未接受整個大社會之價值標準。

　　筆者（1993）運用因果過程來說明下層社會之青少年較易形成次級文化及陷入犯罪，分述如下：

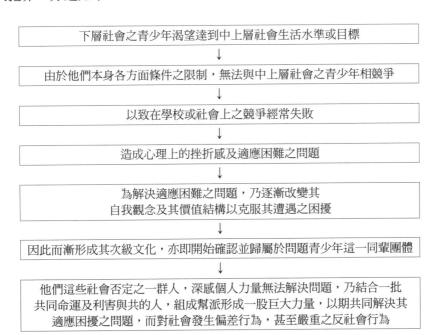

這些少年之言行無法符合一般社會標準，因而他們在社會上之身分地位被否定或被貶低為問題少年，而產生適應困擾之窘境，他們面臨此種困境乃深感

「此處不留人，自有留人處」，因而在「物以類聚，臭氣相投」之下，結合一批面臨相同命運及利害與共之少年，且認同一套他們能接受之價值體系，而漸形成其次級文化，以解決共同面臨之問題。

柯恩在其次級文化理論中曾說明少年犯之特徵如下：

1. 下層社會或工人階層之青少年所遭遇之適應問題，與一般中上階層的青少年不同；亦即下層社會之青少年最大的困擾是身分地位挫折（Status Frustration）產生不能適應之問題。

2. 下層社會青少年的社會化（Socialization）遭遇到甚多阻礙及困難。反之，中上層社會的青少年社會化過程則較為順利。

3. 下層社會的少年參與社會競爭的各種條件較差，且從父母、師長獲得之指示及激勵較少，因而產生較多之挫敗。

4. 次級文化中的少年犯較為短視，只求眼前短暫之享樂、滿足，並沒有長遠的計畫或目標去執行。

5. 少年犯對於所屬之小團體講究自治、盡忠、團結，然對於別的團體則表現漠視或敵對之態度。

6. 少年犯反社會行為之型態經常在變，不像成年犯犯罪之專業化。

7. 少年犯竊盜行為不一定為獲取物品，有時是為在同輩團體中逞勇獲得威望而行竊。

8. 不少犯罪少年來自犯罪的家庭，有他們自己之次級文化；且對父母、師長、警察、牧師均持有敵對感。

9. 少年犯之犯罪行為經常是非功利的（Nonutilitarian），有惡意的（Malicious）及反抗性的（Negativistic）。

柯恩之次級文化理論認為下層社會之少年亦渴望達到中上層社會之生活水準，然由於本身種種條件之限制，致其在學校或社會之競爭經常遭到失敗、挫折，然其本身又無法忍受或妥善處理這種挫敗，而產生適應困擾之窘境，他們面臨此種困境乃深感「此處不留人，自有留人處」，並產生有別於普通社會之另一套價值體系，以克服其社會適應之困擾，為此而結合一批面臨相同命運及利害與共之少年，共同認定他們不歸屬於普通正常之社會，而歸屬少年犯的特殊團體，並進一步合理化其偏差行為，形成次級文化甚至組成幫會，共同以反社會行為來應付，解決其遭遇的適應困擾問題。

(四) 機會理論

克拉法德與奧林（Cloward and Ohlin, 1960）提出少年犯罪與機會理論（Delinquency and Opportunity Theory），認為少年之所以發生偏差行為，有其不同機會結構（Differential Opportunity Structure）接觸非法之手段，造成犯罪機會不同；有些因他們之正當機會被剝奪，沒有機會合法地達成其目標，而使用非法方法達成以致陷入犯罪；有些少年仍需有機會來學習如何犯罪；有些從事犯罪行為是因為目標與方法之間矛盾產生壓力所引起。

克拉法德與奧林認為少年會趨向不合法之機會而犯罪也是經由次級文化同輩團體之影響，亦即次級文化造成一種氣氛誘導其學習犯罪行為。少年犯罪與機會理論所強調之重點，仍認為下階層社會之青少年渴望達到中上階層之生活水準目標，然由於自己的階層以及機會阻塞致無法獲得公平與平等之機會，造成身分地位的挫折與失敗，認為其使用合法方法絕不可能達到此目標，而逐漸偏離合法的社會規範，且開始運用集體之力量（如組成少年幫會）以克服其不能適應之困擾，並進一步使用非法方法逃避其罪嫌，逐漸發展其少年犯次級文化及少年犯罪行為。

克拉法德與奧林強調社會環境影響個人之行為，並認為少年偏差行為及其次級文化可分成三種型態：

第一種幫會是犯罪集團（Criminal Gang），是以犯罪手段實現其慾望及目標，如少年竊盜集團。此種犯罪集團常依賴成年犯罪技術老練者指導，如何以犯罪方法達成及獲得目標與成就。又犯罪之後使用何種方法逃避警察逮捕，對這些成年慣犯學習模仿，對社會反抗與不信任，而逐漸形成犯罪集團的次級文化。

第二種幫會是衝突集團（Conflict Gang），喜好械鬥滋事生非之暴力幫派。他們較喜使用暴力及破壞性之侵略攻擊行為。並強調其屬於「硬漢」聲譽之價值集團，亦即喜藉暴力獲取其地位與名譽。此種次級文化集團並無如上述犯罪集團社會內有成年慣犯指導、唆使，只能靠個人單鬥去掠取，成年犯不願涉足這種集團社會，乃因為這些少年喜用暴力較易引發警察注意，以致一般合法及非法集團均不太敢涉足此地帶。而衝突集團多數出現於解組的貧民區內。

第三種幫會是逃避集團（Retreatist Gang），這種集團之少年是屬「迷失」型態，他們無法以合法及非法方法獲得目標，為解除其憂慮及逃避現實競爭，乃藉吸食強力膠、施打速賜康等麻醉藥品來逃避，並暫時獲得享樂之目的。

　　由上述可知克拉法德與奧林之機會理論，亦綜合蘇哲蘭之不同接觸理論與梅爾頓之無規範理論而成。他們一再強調少年犯之行為，乃因受少年犯次級文化所賦予及支持之社會角色的扮演之結果所造成；少年在次級文化社會內，合法獲得目標之機會已被剝奪，而他們之行為很容易為刑事司法體系標籤為犯罪行為，乃退縮而求得次文化規範之支持，而進一步發展其犯罪行為。筆者再就克拉法德與奧林之機會理論用因果過程來說明如下。

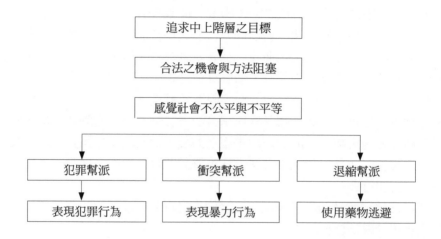

第二節　社會過程理論

　　社會過程理論主張少年犯罪之發生乃不良社會化學習之結果，並與個人未能與社會其他重要機構如家庭、學校、司法體系維繫適當關係有關。其另一主要特色為在所有社會階層中，大多數人擁有相似之目標、價值與信仰，然而實際上許多人在很多情況皆有可能成為犯罪者，只因受法律與道德之約束而無法或不願達成目標。根據社會過程理論，少年犯係因忽略社會規範或與社會的聯結（Social Bonding）降低之結果，而不受道德規範約束。因此，社會過程理論嘗試從社會團體中找出促使少年從事偏差行為之原因，或者維持守法型態之因素（Siegel and Senna, 1985）。學習理論（Learning Theory）及社會控制理論（Social Control Theory）為社會過程理論之二大範疇。

一、學習理論

　　以前，解釋人類行為之理論一向著重人體內在之因素，如本能、驅力、慾望、需要等，這些內在因素不為人類意識所感受，不受意志支配，而促使人類行為。這些傳統理論支配人文科學界，直至十九世紀末葉才發生演變。在十九世紀末期，由於自然科學突飛猛進，傳統人文科學理論遭受嚴厲之批判及挑戰，新興學者認為傳統理論之最大缺失是缺乏實證依據。直至十九世紀末葉，以美國心理學家桑代克（Thorndike）以及俄國生物學家巴卜洛夫（Ivan Pavlov）為主的行為學派理論興起，取代以前傳統本能學派之地位，強調外界環境對於個人行為之影響及重要性。個人行為被解釋為對於外界刺激之反應。但此行為學派之缺失乃否定人類思考能力，否定人類內在因素在學習過程中之價值及意義。故行為學派有失偏頗之嫌，在其極力強調環境因素之下，忽視動物內在因素以及人類思考，心靈對於人類行為之重要性。社會學習理論是針對上述行為學派之缺失而產生之理論，不僅強調外在因素之重要性，而且更強調人類心靈在學習過程中扮演重要角色（張華葆，1986）。

　　基本上，學習理論特別強調態度、道德、行為、技巧學習在維繫少年犯罪生涯之重要性。茲將與學習理論最具相關性之不同接觸理論，不同增強理論、中立化理論加以探討。

(一) 不同接觸理論（或稱差別交往理論）

1. 不同接觸理論之歷史發展

　　美國犯罪學家蘇哲蘭（Sutherland, 1939）在其犯罪學的原理（Principles of Criminology）第三版中提出其不同接觸理論（The Theory of Differential Association）。

　　不同接觸理論是第一個用個人部分來討論犯罪行為形成的犯罪社會學理論。亦是第一個著重於頻度（Frequency）、強度（Intensity）以及社會關係意義等研究之犯罪社會學理論，而較不著重個人特質或外在環境特徵之問題。蘇哲蘭進一步用其理論解釋芝加哥學派生態學研究中，犯罪地帶產生較多的少年犯，主要是由於那些少年在生活過程中與較多的犯罪少年接觸，而學到偏差行為的傾向。我們可用此理論來解釋少年幫會產生之原因，乃因他們與更多少年犯接觸的結果。

　　蘇哲蘭不同接觸理論曾受奎克（Quakers）及塔德（Gabriel Tarde）之影

響。奎克提出不良夥伴之理論（The Theory of Bad Company），認為不良的朋友足以感染犯罪之惡習，猶如一個爛蘋果會導致整籃蘋果爛掉。而塔德於1890年提出犯罪行為是經由接觸學習而來，同時亦提出他的模仿法則（Law of Imitation）。塔德雖亦屬犯罪學實證學派，但他不同意龍布羅梭（Lombroso）之生物學研究，乃以其犯罪行為學習理論來取代龍氏之研究。犯罪是一種正常的學習行為，有別於十九世紀末期及二十世紀初期的生物及心理觀點之研究。

蘇哲蘭於1930年代在美國印第安那大學任教曾與實驗心理學派接觸甚繁，且受上述二種理論之影響，而有助於他用學習法則或學習理論來說明犯罪行為之形成。

蘇哲蘭於1939年首先提出不同接觸理論，1947年曾做修正而包含學習法則。蘇哲蘭之學生克烈西（Donald R. Cressey）於1960年再修正蘇氏之書，蘇氏及克烈西於1978年增訂出版該書第十版，致使該書在犯罪學教科書中盛行長達近五十年之久。

2. 不同接觸理論之內容

蘇氏於1939年提出其理論，認為犯罪主要緣於文化的衝突，社會的解組以及接觸的頻度和持續的時間而定。而社會解組主要是由於社會流動、社會競爭，及社會衝突之結果。但社會解組亦會造成文化衝突，產生不同的接觸，為此個人接觸到不同的社會價值，而產生不同的行為型態。而其中那些與犯罪人發生接觸的就容易產生犯罪行為，與犯罪人接觸次數愈多，愈容易犯罪。故蘇哲蘭否定犯罪傾向之遺傳。

蘇哲蘭於1947年修正其理論，主要內容如下：

(1)犯罪行為是學習得來。

(2)犯罪行為是與其他人溝通過程中（Process of Communication）發生交互作用（Interaction）學習得來。

(3)犯罪行為主要是與親密團體（Intimate Personal Group）的互動生活過程中學習的。

(4)犯罪行為之學習內容包括：(a)犯罪的技巧——有時非常複雜，有時非常簡單；(b)犯罪的動機、內驅力、合理化及態度之特別指示。

(5)犯罪動機與內驅力學習之特別指示，乃從犯罪的法律定義去考慮犯罪對他有利還是不利。

(6)一個人之所以犯罪，乃認為犯罪比不犯罪有利。主要是長久與犯罪團

體接觸學習之結果。

(7)不同接觸之學習，亦隨其接觸次數的頻度（Frequency）、接觸時間的長短（Duration）、優先順序（Priority）、強度（Intensity）等不同而異。

(8)犯罪行為學習的過程主要是看他們與犯罪型團體，或反對犯罪型團體接觸所發生之學習結果，如經常與犯罪團體接觸，而與反犯罪團體隔離，則易陷入犯罪。此與其他學習相同。犯罪行為之學習不僅限於模仿（Imitation），尚有接觸（Association）之關係。

(9)不能用一般需要與價值來解釋犯罪行為，因為非犯罪行為亦是為了一般需要及價值而為的。

克烈西（Cressey）修正蘇氏理論，認為蘇氏理論僅強調「壞同伴」（Bad Company）之學習，未免過於簡化，亦即不侷限於模仿、接觸、頻度、期間、強度、順序、動機、內驅力、合理化、態度，尚有其他足以影響「接觸」效果之因素或其他有關之過程所導致。因此克烈西主張不同接觸理論最好改為文化傳遞理論（Cultural Transmission Theory）。

3. 對蘇哲蘭不同接觸理論之評估

霍克斯（Fox, 1976）認為蘇氏理論之一大困難，即並非每一個人與犯罪人接觸即會犯罪。另有些批評：指出一個人之所以犯罪，除了受接觸人的影響之外，他個人本身的生物，心理因素對其影響感染亦有很大之影響。凱得威爾（Caldwell, 1956）指出蘇氏理論之優點在於喚起大家重視犯罪之社會因素，而其缺點即其理論未考慮每個人均有其自由意志（Free Will）以及我們無法瞭解蘇氏所指的犯罪行為為何？因為蘇氏僅提出系統性的犯罪行為來說明，而無法瞭解他所指確切的犯罪行為為何？何況他對所謂的系統性（Systematic）亦未做確切之界說。

亞當斯（Adams, 1971）曾綜合各家對不同接觸理論之批評如下：

(1)在有效驗證方面，不同接觸理論很難用實證的方法做研究。

(2)部分學者誤解不同接觸理論。例如蘇哲蘭特別強調應與犯罪行為型態過多之接觸，而非單純的與犯罪人接觸。

(3)不同接觸理論並未解釋為何會有「接觸」（Association）發生？

(4)不同接觸理論無法說明所有的犯罪型態。

(5)不同接觸理論並未考慮人們之人格及其接納能力（Receptivity）之不

同。

(6)不同接觸理論並未特別說明決定犯罪之行為型態的準確性之比率。

昆尼（Quinney, 1975）認為蘇氏理論之形成過於抽象，而無法用實證的資料及方法去實驗，僅能對接觸之變數方面諸如頻度、期間、順序、強度等做部分研究實驗而已。就此說明與犯罪人接觸較易犯罪，則其可靠性是有限的。

克拉塞爾（Glaser）主張用不同的仿同（Differential Identification）來取代不同接觸理論，因為不同接觸理論強調經由接觸才發生學習之效果，然不同仿同認為不一定要人與人（Person to Person）或面對面（Face to Face）之實際上的身體接觸才能發生仿同之效果（Reckless, 1961）。

雖然蘇哲蘭不同接觸理論受到上述學者之批評攻擊，然蘇氏理論已成為近代犯罪學家思想體系中極重要且亦是最基本之理論。我們如以蘇哲蘭理論來印證台灣地區十多年來少年犯之心態已有很大之轉變，以前有些犯罪人是因饑寒起盜心，而今許多歹徒均是年富力強之少年，絕無被逼於餓寒而鋌而走險，而是基於要成為「暴發戶」以及「犯罪划得來」之心理作祟，無視於法律之重罰制裁。蘇哲蘭在其不同接觸理論裡分析犯罪人之所以犯罪，乃基於理性之考慮，即在犯罪之前，已事先審慎研究犯罪對他們是否划得來，尤其著重於犯罪成功之機會有多大，而較不在乎被逮捕之後會被判多長刑期。此外，蘇哲蘭特別強調犯罪行為是學習而來，如因犯罪得逞可獲暴利，則會對歹徒及其他旁觀潛在性犯罪人有很大之傳染誘導作用。蘇哲蘭理論另一成就，乃其理論不但盛行幾十年且引起諸多學者對此理論作進一步之探討。史基納（Skinner）之社會學習理論（Social Learning Theory）及傑佛利（Jeffery）之生物社會學習理論（Biosocial Learning Theory）均源自蘇氏理論。此外，蘇哲蘭更進一步用白領階級犯罪（White-collar Crime）來說明不同接觸理論；因為我們一般犯罪統計上所出現的犯罪人口幾乎全為社會低階層人們，因而誤解中上階層的人不會犯罪，而事實上中上階層犯罪的人亦不少，只因其運用高度智慧犯罪且有足夠的社會關係為其脫罪，因而造成不少「犯罪的未知數」，白領階級之犯罪諸如經濟性的犯罪型態亦是經由接觸學習，而容易走上犯罪之途。

(二) 不同增強理論

不同增強理論（Differential Reinforcement Theory）也認為犯罪行為是學習而來，但他們修正蘇哲蘭（Sutherland）之理論，並融入史基納（B. F. Skinner）以及班迪拉（Aebert Bandura）之社會學習理論。不同增強理論最早是由

波格斯及艾克斯（Burgess and Akers, 1966）提出。後被重新命名為社會學習理論（Akers, 1977, 1985）（參閱霍夫曼、楊士隆，1990）。

　　此派學者認為犯罪行為既為快樂與痛苦所控制，則應從少年行為本身來探討未來之增強，而不應由少年行為本身以外那些間接且與行為本身不同之變因來解釋少年犯罪行為。如少年與環境發生互動，而造成少年行為之增加，此種過程叫作增強或者報償，因此增強會更增加強化行為。

　　根據此派學者之論點，少年是因為操作制約作用（Operant Conditioning）而學習其社會行為，亦即少年行為亦為刺激所控制。而所謂操作性的制約作用乃源於史基納（B. F. Skinner）把老鼠放在史基納箱內實驗，老鼠按到橫木時，則可得到食物（報酬），如此一再反覆，則此食物（報酬）會增強老鼠按橫木之行為，而促老鼠亟願重複出現該按橫木行為。反之，如果老鼠做某一行為會受到懲罰，則老鼠會抑制避免此行為出現。因此，少年之行為形成，亦是基於相同道理，認為少年之行為結果，可得到精神與物質之積極正面報酬，則會增強其再度表現此行為；另方面如少年之行為結果可避免某種懲罰，也會得一種反面之增強（Negative Reinforcement）。亦即行為結果會受到反面之刺激（正面懲罰）或者得不到報酬（反面懲罰），均會減弱其行為之再出現。凡此皆是不同增強理論之重點。

　　波格斯及艾克斯將蘇哲蘭之九項命題修改為下列七項命題：

1. 犯罪行為係根據操作制約原理而習得。
2. 犯罪行為乃在較為獨特或者經強化之非社會情境（Non-social Situation）中及在其他人之犯罪行為獲得強化之社會互動中學習而來。
3. 習得之犯罪行為的主要部分在那些具有強化個人行為來源的團體中較易發生。
4. 犯罪行為之學習如獨特的技術、態度與規避的程序乃具效率，可採用之增強體（Reinforcers）與現存之偶發增強體的函數。
5. 習得之特殊層級的行為加上其出現的頻率乃具效率並可採用之增強體（蘊涵著規則與規範）的函數。
6. 犯罪行為係獨特犯罪行為規範的函數。當犯罪行為比非犯罪行為被強化（增加）時，犯罪行為之學習即可能發生。
7. 犯罪行為的強度係增強總合、頻率與機率之函數（Burgess and Akers, 1966）。

艾克斯與其研究助理（Akers et al., 1979）曾調查3,065名少年藥物濫用情形，驗證其不同增強理論和社會學習理論。結果發現少年藥物濫用與社會學習變項及不同增強有顯著相關性。此外，艾克斯理論之其他二大貢獻，其一將社會變項與心理變項聯結使用解釋少年犯罪；其二運用古典學派之犯罪學理論於其社會學理論上，以建議適當地運用刑罰來懲罰犯罪行為，可達到減少犯罪行為之目的。

(三) 中立化理論

塞克斯與瑪特札（Sykes and Matza, 1957）認為柯恩（Cohen）在次級文化理論僅就下層社會青少年基於身分地位的競爭挫敗，而形成另一套與之對抗的價值體系和規範，來解釋少年犯罪行為之形成是有諸多缺點，而提出另一理論─中立化理論（Neutralization Theory）。

中立化理論旨在探討少年犯對其偏差行為合理化（Rationalization）之技巧或者對其偏差行為持著自以為是之態度。

依據塞克斯與瑪特札（Sykes and Matza, 1957）之見解，少年犯對其偏差行為之合理化，約可區分五種型態之中立化技術，分述如下：

1. 責任之否認（The Denial of Responsibility）

少年犯否認應對其行為負責；他自認亦是當前社會環境下之犧牲者，他在這種環境下是無助的，他的行為完全受外在不良社會環境之影響所致，例如家庭的不溫暖、父母的管教方式不當、壞朋友的感染等。

2. 損害之否認（The Denial of Injury）

少年犯否認其行為造成損害，亦即不認為他們行為所造成的損害是損害，如汽車竊盜犯認為偷車載女友到野外郊遊，只是暫時借用而已，將來用畢棄之某地，被害人仍可由警方通知領回。此外，少年幫派發生集體械鬥，認為打架是他們解決問題之最佳方法，警方不應出面干涉。

3. 被害人否認（The Denial of Victim）

少年犯發生偏差行為之後，反認為其偏差行為是一種正當的反應，亦即正確的報復和懲罰。例如竊盜是針對那些不誠實的商店而行竊，對女人猥褻之行為乃是針對那些服裝不整有被害傾向之婦女而發。如此犯罪行為，在犯罪人看法，是屬於痛擊或教訓「犯人」之正當行為。

4. 對非難者之非難（The Condemnation of the Condemners）

少年犯對其犯行不自我檢討、反省，反而責備那些責備或懲罰他們的人。如宣稱老師、牧師或警察均是表面偽善者，少年犯責罵警察集腐敗、貪污和殘忍於一身；教師之管教方法有偏私或不允當；或父母並未給他們充分的溫暖等。

5. 高度效忠其團體（The Appeal of Higher Loyalties）

通常少年犯之犯罪行為乃為遵守幫規、效忠幫會而犧牲普通社會規範或法律之規定。他們並不認為其違法行為不對，反而認為這些遵守幫規所作之犯行，是效忠幫會領袖最高情操之表現，值得讚揚。

少年犯解決困境的方式，經常堅持不論如何定要幫助自己的夥伴，一旦犯罪行為為他人察覺，亦不揭發共犯之罪行，縱然如此作為會使其在優勢的社會秩序中陷入更大之困難與危險，仍在所不惜。另方面少年犯較不尋常，乃因他們之自我認知，以為自己代表其歸屬之某一小團體，並且極力為其惡行強詞奪理式地辯護。

上述次級文化及中立化理論雖然無法解釋所有犯罪行為，但可用來說明下層社會或勞工階層之少年的適應問題及解釋少年為何組成幫會。因為下階層社會青少年之文化、目的及策略均與一般正常的社會不同，且發生衝突，他們為除去這些衝突，乃公然拒絕中上層之社會行為標準；此外他們自有其一套生活方式、特殊價值體系、嗜好、偏見以及關心自己特有之問題，因此他們雖能適應自己次級文化之生活型態，然卻違反整個大社會之行為規範。又少年犯對其犯行經常使用下列合理化之技巧：「我只是順手拿一下或者暫時借用，並沒有偷竊之意」、「他們自作自受，罪該應得」、「他們的麻煩是自己找上門來的」等等，他們這些合理化口語在其次級文化內非常盛行，深感自然而無罪惡感，然這些合理化技巧又顯示出對一般社會優勢之價值體系的侵犯和攻擊，且有高度危險性的，因為他們足以削弱社會控制力量之有效性，如果多數少年均持有這些合理化技巧而不自知，則將來對社會的危害性更大。

次級文化及中立化理論亦提出諸多論點及證據來支持其理論，並為少年犯罪之研究導出另一方向及假設：即勞工階層的少年陷入犯罪的比例比中上層社會之少年為高，因為少年在其社會化過程中，常隨其社會階層地位之高低而有所不同，這些不同常阻礙下層社會少年之社會化，而無法與中上層的少年做適當之競爭而產生適應之困難。例如下階層社會之少年其文化及周遭環境並不支

持、接受中上層社會之倫理道德價值標準，亦即他們只重眼前短暫之享樂，工作精神及紀律均較鬆散，而易陷入偏差行為。然我們要去輔導這些少年，則應瞭解他們次級文化之特性，以及中立化技巧，亦即少年犯之價值體系雖不為我們正常社會所接受，然卻能在其少年犯幫會同輩團體中有適應、及被接受之感覺；而少年最需要的是友情，少年朋友之間均是同輩團體，彼此極易溝通而沒有所謂「代溝」存在。為此，我們應善用社區中優秀同輩團體（Peer Group）橫的動力，主動協助他們消除客觀的阻力，使他們「迷失」已久的自尊心與榮譽感，又「泛」上心裡，漸為他們剖開不能適應之困擾，使他們從自我形成之「繭結」次級文化裡解脫、尋回自我，而將偏頗的心理導向平衡並改正其自以為是之中立化（合理化）技巧，以為重新適應正常社會生活之起步。

二、社會控制理論

社會控制理論強調犯罪與偏差行為之發生導源於社會之急速變遷與解組，因而使得傳統機構之社會控制功能降低，鬆懈了傳統社會規範之約束力，在個人未能適當地接受價值之洗體之同時，導致不良之社會化並以自我利益為考量中心，影響及犯罪與偏差行為之發生（Kornhauser, 1979）。社會控制理論以涂爾幹（Durkheim, 1897, 1965）之無規範理論（Anomie Theory）、雷克利斯（Reckless, 1967）之抑制理論（Containment Theory）及赫西（Hirschi, 1969）之控制理論（Control Theory）最具代表性分述如下：

(一) 涂爾幹之無規範概念

法國社會學家涂爾幹（Durkheim）提出之無規範（Anomie）概念為社會控制理論之發展奠立重要基石（Vold and Bernard, 1986）。他認為社會由於工業革命以後，工藝技術的突飛猛進，社會在急劇變遷之下，導致了職業的極端分工。而當分工變得過分複雜時，社會的團結即開始轉弱，因而使得社會的均衡發生了動搖。社會解組的結果，引起了各式各樣的經濟危機與階級鬥爭，並使個人、家庭及社會之道德轉趨腐化，造成了一種病態與紛擾的狀態，使得社會中的個人與制度彼此之間無法協調與配合，造成了無規範狀態（Anomie）。由於在急劇變遷之下，傳統社會規範逐漸喪失其控制與支配的力量，加上社會功利主義與純粹個人主義的作崇，極易導致個人偏差行為的發生。涂氏之控制理論在其職業分工（The Division of Labor）、自殺（Suicide）與道德教育（Moral Education）中得到充分的發揮。

涂爾幹（Durkheim, 1893, 1965）認為傳統的社會係一機械凝聚（Mechanical Solidarity）的社會，具有強烈而明顯之集體意識（Collective Conscience）。而工業化的社會則是一種有機凝聚（Organic Solidarity）的社會，表現於個人意識的獨立，與個人需要間的互賴互補。但不幸的是，由於極端分工的結果，社會組織無法自動發揮功能性之分工，反而導致不良後果——即無規範現象。無規範現象意味著社會結構之崩潰，個人呈現疏離、隔閡之現象。在此種狀態之下，社會體系缺乏共同規範（Norm），同時社會規範呈現衰微、衝突、含糊、不明確，或呈現混亂狀態，因而導致價值觀念混淆或規範執行困難，結果人們不知道該做什麼，怎麼做，孰是孰非，甚至無法控制自己之慾望。涂氏（Durkheim, 1897, 1965）在其著名之《自殺》（Suicide）一書中，詳述、分析無規範現象對於自殺行為之影響。他認為一個人整合於（Integrated）於社會團體之程度，決定了一個人是否有自殺之意圖。因此他認為自殺並非單一個人現象，而與社會解組有極大關聯。同樣地，對於偏差與犯罪行為之詮釋上亦同。即個人倘與社會缺乏整合，個人即可能愈少依賴（信任）社會規範，而致力於尋求個人自我之利益與滿足，導致偏差與犯罪行為發生。

此外，涂氏對於犯罪現象有其獨特看法。例如：

1. 其認為有社會就有犯罪問題存在，犯罪是一種內涵性的（Immanent），甚至一定限度的犯罪是整體社會活動不可避免的正常現象。
2. 犯罪行為與正常行為相同，皆是社會結構之產物。只是犯罪型態隨著社會結構之改變而有所不同。
3. 社會之變遷，常必須對抗集體意識，而倡議者常被標示為犯罪人或反叛者，因此犯罪常是社會進步之代價，即一定之社會變遷產生一定之犯罪。
4. 認為犯罪在分清是非，維持社會秩序上占有重要角色，蓋犯罪人為社會團體標示為低劣者，而使得社會其他人士感覺到其是聖賢、正義的，有助於價值觀念之澄清。

(二) 抑制理論

經常少年問題一發生，一般人即有一種錯誤觀念，把問題少年之行為過失歸咎於其他方面：例如家庭把此責任推給學校和社會，而學校卻認為是家庭和社會責任，社會則認為是家庭與學校疏忽所致。家庭、學校與社會各推其責，殊不知除了家庭、學校、社會之外，少年本身也應該負一部分責任（甚至大部分責任），乃因其問題發生，常因其自我控制能力薄弱所造成。

犯罪行為之發生，如從心理學觀點解釋，可分為二方面：一方面是為正面之增強作用（Positive Reinforcement）而起，即犯罪人為滿足自己內心之需求和獲得某種報酬之享受，不知自我控制及循正當途徑取得，如竊盜犯、搶奪犯等。另方面則為反面之增強作用（Negative Reinforcement）而起，某些犯罪人為祛除內心一時之痛苦、挫折、焦慮，不知自我控制或用其他適當方法處理而觸犯法網，如某少年因不甘他人之責罵侮辱，乃意氣用事動刀殺人，以解除被辱罵內心所引起之痛苦。

美國犯罪學家雷克利斯（Reckless, 1967）乃根據內在控制系統與外在控制系統之交互作用而提出抑制理論（Containment Theory）。亦即用個人人格之變數以及社會環境之變數等交互作用，來說明少年犯罪行為形成之相關因素。

雷克利斯發展其抑制理論，主要是受雷斯（Reiss, 1951）及尼亞（Nye, 1958）之影響，因為他倆強調人格與社會環境交互作用之不良結果，極易陷入犯罪。雷斯於1951年曾提出犯罪行為之發生，乃由於個人與社會之控制失敗而起。外在的社會控制環境惡劣，但如個人內在阻止或控制能力極強，則亦能預防偏差行為發生；同理，如外在社會控制環境極強（如警察及司法力量能發揮高度的刑事追訴能力等），則對那些自我控制能力較低者，亦能發生遏阻之效果而不敢犯罪。尼亞於1958年亦指出社會控制因素可抑制少年犯罪之傾向。社會控制因素有四種即：

1. **直接的控制**：係指來自紀律、限制或刑罰之直接控制。
2. **內在的控制**：即來自內在良心之控制。
3. **間接的控制**：即發展其個人意願，使其不要令父母、師長、親友等失望。
4. **運用其他合法的取代方法去達到既定之目的、意願。**

尼亞進一步指出有缺陷之社會控制往往是促成犯罪之有力因素，而且抑制理論亦不能用來說明所有犯罪型態，例如強迫性的行為或為少年犯次級文化所影響之行為。

雷克利斯認為一個人如有良好之自我觀念（Self-concept），則生活在一個足以誘導其犯罪的社會環境中，亦能發生絕緣之作用，亦即能排斥外在不良社會環境誘導。他進一步指出犯罪社會學理論缺乏自我因素（Self-factors）方面之探討，然事實上，這些自我因素正是構成無規範、少年犯次級文化以及促

進少年犯罪之有力因素。所謂自我因素即包括下列諸因素：1.自我觀念、自我印象、自我認知；2.對於有限機會之認知；3.合理化之技巧；4.疏離的型態；5.責難的接受或拒絕。上述這些自我因素如均能發揮正面之功能，則必能加強一個人之內在自我控制力量，而協助他不做出違法之行為。

　　外在社會環境之誘惑即相當於外在之拉力，而內在的傾向或抵制即相當於內在推力。如外在拉力與內在推力均傾向於犯罪，則最後必會陷入犯罪而無法自拔。通常良好的內在控制能力即指下列諸項：1.健全的自我觀念；2.良好的自我控制；3.良好的超自我觀念；4.對挫折有高度的忍受力；5.高度的社會責任感。而健全的外在控制環境即指下列諸項：1.健全的家庭生活；2.居住社區有正當之娛樂活動；3.參與社區組織活動；4.結交益友。而上述內在之控制能力極易受外在控制環境影響，有時二者交互影響，甚至發生相輔相成之效果。如一個人生長於健全的家庭環境、接受良好的教育，則易產生良好的自我觀念；同理，一個人有良好的自我控制能力，則不會涉及不正當場所或結交不良朋友。

　　比利（Beeley, 1945）曾論述促使內在自我控制能力減弱之個人因素及促使社會控制環境轉壞之社會因素如下：

1. 促使內在自我控制能力減弱之個人因素

(1)先天遺傳或後天患得之身心殘障。

(2)由於意外事故造成之身體傷害或生病。

(3)心神耗弱、病態人格、癲癇症等之心理障礙。

(4)由於酗酒、麻醉藥品等造成個人人格解組。

(5)精神病等之心理困擾。

(6)疏忽的個性。

2. 促使社會控制環境轉壞之社會因素

(1)病態的社會環境。

(2)經濟秩序的缺陷，如貧窮、失業。

(3)都市化所造成的高度人口流動及社會控制的薄弱。

(4)性觀念改變所造成之困擾、衝突。

(5)破碎家庭的家庭解組。

(6)鄰近社區之解組：如貧民區、犯罪地帶。

(7)刑事司法體系之腐化。

(8)不正確之教育活動。

(9)不正當之消遣娛樂。

(10)個人之間、個人與團體、團體之間倫理、宗教之衝突。

雷克利斯（Reckless, 1961）之抑制理論有七項優點分述如下：

1. 它比其他犯罪學理論更能適切地說明大多數之犯罪或少年非行。

2. 它可說明對人的犯罪（殺人、傷害等）及財產犯罪（竊盜、搶奪等）。

3. 精神醫學家、心理學家、社會學家或刑事司法體系實務人員均能妥善運用此等系統性之理論。

4. 任一個案研究，均可分析其內在與外在控制之強弱。

5. 抑制理論亦有助於受刑人之處遇。因為此理論指出一方面加強受刑人內在心理重建，另方面改善外在社會環境，並協助受刑人重新適應社會生活。

6. 抑制理論在犯罪預防方面亦有其貢獻。

7. 內在與外在控制之強弱，可訂定標準加以評估研究。

雷氏認為如外在環境有誘發其趨向犯罪之因素時，而少年本身又無法抑制其內心慾望，則極易導致犯罪行為發生。因此，預防少年犯罪之探本追源，一方面加強社會各種措施，健全社會環境，減少外在不良環境之誘惑；另方面應加強少年之自我觀念、自我控制力、健全發展之超自我、強烈之責任感，以及願望不能滿足或遭遇挫折時，應如何轉化尋求其他合法之替代和培養高度之自我控制能力。

(三) 赫西之控制理論

一般的少年犯罪理論（如次級文化理論，機會理論等），均在探討人們為什麼不遵守社會規範而犯罪，而控制理論（Control Theory）則從相反的角度來探討人們為什麼要遵守社會規範而不犯罪。因為控制理論學者認為犯罪問題是社會無可避免之現象，如果少年順從社會規範而不犯罪，則需要進一步加以解釋說明。

控制理論之代表人物赫西（Hirschi, 1969），認為當人們與社會維繫（Bond）薄弱或破裂時，則可能會產生偏差行為。換言之，當人們與社會維繫堅強時，則來自本我之衝動或慾望，就能受到控制而產生順從社會規範之行為。個人順從社會規範不致犯罪之四個社會維繫包括：1. 附著（Attachment）；2. 奉獻（Commitment）；3. 參與（Involvement）；4. 信念（Belief）。分述如下：

1. 附著（Attachment）

赫西同意涂爾幹所言：「我們個人達到社會化的程度，決定我們是否為道德之人」。亦即當我們內化（Internalized）了社會規範以後，我們即為道德之人。因此，假如一個人不在乎他人的期待與看法，即對他人不具感應性（Sensitivity），因而他即不為社會規範所繫屬，即有陷於犯罪之可能。赫西因而認為對他人情感的附著（Attached to Others）乃嚇阻犯罪之主要工具。赫西之基本假設為：「愈附著於父母、學校、同輩團體及傳統的社會，愈不可能犯罪」。茲再詳述如下：

(1)附著於父母（Attachment to Parents）

赫西認為，假如附著於父母的鍵減弱時，犯罪的可能性即大增，假如強化此鍵，犯罪發生可能性即可降低。學者Nye（1958）稍早之研究支持赫西的主張。Nye認為父母對子女的理想與期望可以藉著父母與子女間情感的鍵而溝通。假如孩子與父母間有了距離，孩子將不能習得道德規範的約束，因而不能適當地發展出所謂的良心（Conscience）與超我（Superego）。

赫西因而認為，倘若與父母建立強有力的鍵，犯罪即不太可能發生。因為愈附著於父母，孩子愈習慣分享父母之精神生活，他愈會向父母親徵求對他有關活動的意見，他愈認為父母是他們社會與心理活動的一部分，因而當他考慮著違反法律的行為時，他愈不會忽視他人的意見，亦即降低了犯罪可能性。

(2)附著於學校（Attachment to Schools）

赫西認為，孩子愈附著（喜歡）於學校，孩子愈不可能犯罪。赫西特別強調，孩子在學校的表現與犯罪之發生，有某種程度相關性。他認為孩子在學校的表現不佳，減低了對學校的興趣，因而傾向於犯罪之途徑。托比（Toby, 1957）之研究亦支持赫西之觀點，他認為孩子在學校的表現愈好，愈不可能犯罪。因為他們對於未來有較高的期望，而不願意冒險從事偏差行為。

因此赫西認為，一個人對於他人或團體缺乏情感的繫屬，那麼這一個團體的規範似乎不能約束或控制個人。所以孩子不喜歡學校，或者不在乎老師看法，較可能認為學校管教不合理，或沒有權力來約束他們，因此孩子陷於犯罪之可能性即大增。

赫西在研究個人與學校之附著與偏差行為之關係時，提出一項重要補充說明。他認為孩子若與父母未建立強有力的鍵，孩子似乎也較易漠視老師之意

見，並且似乎有不喜歡學校的傾向。因此關於個人與學校之附著，同時也必須考慮孩子與父母間的關係。

(3)附著於同輩團體（Attachment to Peers）

赫西認為，孩子愈附著於其同輩團體，並愈附著於父母，因而愈不可能犯罪。相反地，孩子愈不附著於其同輩團體，並且個人缺少奉獻（Committed）於有價值的目標，他與不良友伴之接觸亦趨頻繁，陷於犯罪可能性即大增。

赫西因而認為附著於同輩團體是遏阻犯罪之主要工具。因為孩子若較關切同輩團體的反應，則當其考慮從事偏差行為時，即可降低犯罪之發生。

2. 奉獻、責任感（Commitment）

赫西認為，一個人若投注相當時間、精力於特定一連串傳統活動，例如接受教育、創立事業，追求榮譽時，則當他考慮從事偏差行為時，他必須考慮偏差行為為他所帶來的代價。易言之，偏差行為之發生，除了將侵犯社會組織中大多數人的利益外，對於其本身亦將帶來不良的副作用。因此控制理論認為，奉獻於傳統的各類活動，可減低發罪之發生。

赫西認為一個學生對教育的抱負越高，不管是白人或黑人，他愈不可能犯罪。亦即一個學生愈奉獻於教育的活動，他愈不可能犯罪。當學生抱負愈高，且當其奉獻於較高地位之職業時，其犯罪的比率愈低。這說明了當一個人愈奉獻於團體或活動，則當他尋求偏差行為之途徑時，其考慮的範圍相對地增加，而陷於犯罪之可能性愈小。

托比（Toby, 1957）支持赫西的觀點，他認為「奉獻」特性為：「個人在順應於傳統活動的過程中，必須考慮偏差行為是否危及他人，同時他個人亦關切其聲譽」。所以控制理論倡議者認為，奉獻於傳統的個人、家庭、學校及社會團體的活動，個人較不可能從事偏差行為。

3. 參與（Involvement）

赫西認為，由於時間、精力的自然限制，因此一個人從事各類活動自然地遭受部分的限制。個人很可能因忙碌於某些傳統的活動而間接地降低了從事偏差行為的可能性。由於參與某些團體的活動，受其期約、工作時數、計畫等限制，因而從事偏差行為的機會相對地降低。

從事參與團體活動的程度，有明顯遏阻犯罪的功用。例如經由義務教育、徵募入伍、提供參與康樂活動或提早就業，可以暫時地終止根深蒂固或以犯罪副文化為取向的徵候。赫西因此認為，藉著時間的消耗、工作、運動、娛樂、

嗜好及參與各類活動的推展，將能有效地阻絕少年犯罪機會。

4. 信念（Belief）

赫西認為一個人對團體信念的減弱，可能導致偏差行為發生。事實上信念涉及個人對於其團體優勢價值體系之忠誠、信任，因此一旦缺乏此種凝固關係，個人即可能不受約束，而違反社會規範。

赫西認為社會上許多人並沒有尊重社會規範的態度，許多人覺得他並沒有什麼道德義務感來順從這個社會的要求。控制理論者因此認為：「一個人愈不信任團體的規範，愈可能犯罪」，這是藉著信仰的薄弱來解釋犯罪行為之發生（Hirschi, 1969: 25-26）。

赫西提及犯罪並非需要犯罪而引起，而是缺乏信念來抑制控制犯罪行為之發生。因此他同意無規範（Normless）是犯罪之根源，社會必須提供一明確的規範，同時個人更必須內化團體的規範，才能有效地遏阻犯罪之發生。

第三節　社會反應與衝突理論

雖然社會回應理論與衝突理論在內涵上呈現迥異，然而兩者與傳統偏差犯罪行為理論集中於探討少年犯為何違反社會規範，截然不同，但兩者卻有相當一致看法。亦即，他們著重於探討社會機構在製造偏差與犯罪行為中所扮演的角色，以及法律制定與規定如何影響偏差與犯罪行為之產生。換句話說，兩理論之核心看法認為社會之強權，有財勢者控制了經濟及社會居於低劣之人們，尤其這些強權、有財勢者對弱勢少年行為之看法與反應，決定了其成為合法或偏差／犯罪行為（Siegel and Senna, 1991）。

一、標籤理論

標籤理論（Labelling Theory）導源於現代社會心理學之人際交流理論，又稱互動理論，強調社會群體之反應對於個人人格、心態行為之影響。雖然標籤理論實用範圍廣泛，然而近年來，標籤理論主要應用於少年偏差行為之解釋，其對於偏差行為形成的過程，及對於瞭解社會標籤加諸於偏差犯罪者之影響，貢獻特多。

(一) 源起

早在二十世紀初葉，社會心理學家古力（Cooley）、米德（G. H. Mead）等人的著作，已一再強調社會解體對於個人行為之影響。古力「鏡中之我」（Looking-glass Self）的觀念，以及米德的理論，都強調個人自我形象，塑造於人際關係脈絡之中，反應社會群體對於個人態度之影響。中國俗語所說：「眾口鑠金」、「十目所視，十手所指」在在說明社會反應對於個人之影響。其後標籤理論在學者，田那邦（Tannebaum, 1938）、李瑪特（Lemert, 1951, 1967）、貝克（Becker, 1963）等努力下，逐漸發揚光大，雖然其在少年犯罪之詮釋並非完善、毫無問題（楊士隆，1989）。

(二) 標籤理論關切之焦點

1. 什麼被標籤為偏差行為？

傳統上，行為被判斷為正常或偏差乃以規範共識（Normative Consensus）為基準，因此對於社會規範源起與破壞之研究係傳統行為科學者的研究重點，然而標籤觀點與傳統之策略大相逕庭。大體上標籤理論的倡導者對於為何人們違反社會規範的問題缺乏興致，社會規範的浮現（Emerging）、改變（Changing）及衝突（Conflicting）才是其所關切的焦點。換言之，他們認為偏差行為定義本身就有問題，並且是社會定義的產物。有許多的行為被一社群視作偏差，但在另一社會或許可能被視作完美與正常，例如在我國共產黨徒被視作偏差行為者，但對於大陸的共產黨員而言，參與該組織卻當成躍升的關鍵。這意味著行為本身被視為偏差或正常在許多特殊場合是相互矛盾的，並因時空的變化而有不同的回應。然而標籤觀點的倡導者對於在何規範及標籤下，哪些類型行為被標籤或認定為非行或犯罪則特感興趣。

2. 誰被認定或標籤為偏差行為者？

對於標籤理論的提倡者而言，誰被認定為偏差行為者係涉及對現存規範破壞者描述的過程，以及其被應用於特殊的情境。換言之，偏差行為人的產生乃「被附上標籤、認定、分離、描述、強調、使其意識到自己是偏離行為者之過程……」（Tannenbaum, 1938: 19-20）。「偏差行為者是經他人刺激、建議、強調及召喚的結果……這個人成為他人描述下的產物」（Tannenbaum, 1938: 19-20）。贊同標籤觀點的學者認為只有那些不守規範並遭受特殊標籤或認定者才是偏差行為者；這些自我認可遭受毀損者（亦即為警察、心理衛生保健人員或社會大眾排擠者）乃面臨嚴重的適應問題（Gibbons and Jones, 1975）。亦

即偏差行為者係類似於審美乃情人眼裡出西施的結果（Simmons, 1969）。

(三) 偏差行為產生之過程

對於被標籤為非行為者的探討，某些早期的作品卻提供了探尋的途徑。例如田那邦（Tannenbaum, 1938）在其邪惡的戲劇化（Dramatization of Evil）中的描述，對於偏差行為的實現提供了相當戲劇性的詮釋。偏差行為者的主要特色為社會所給予的負性反應（Negative Reaction of the Community），並且在此情況下逐步修正自己的行為，對於現存傳統道德與權威挑戰、蔑視之形成反應（Reaction of Formation），終因發生效果而形成自我實現預言（Self-fulfilling Prophecy）。田那邦的觀點對於偏差行為的社會研究產生了鉅大的影響。其次，李瑪特（Lemert, 1951, 1967）的初級偏差行為（Primary Deviance）與次級偏差行為（Secondary Deviance）之概念對於偏差行為的社會實體亦提供了良好的說明；初級偏差行為乃指初次違反社會規範的行為，此類偏差行為對於行為者的心理結構與社會角色的扮演並未構成鉅大的威脅，但卻會引起他人的負面反應。次級偏差乃社會對初級偏差反應後，行為人所形成自我形象及角色的修正，而導致進一步之偏差或犯罪行為發生。依據李瑪特之見解，此對於第二階段嚴重犯罪之發生具有實質之效應，其影響順序如下：

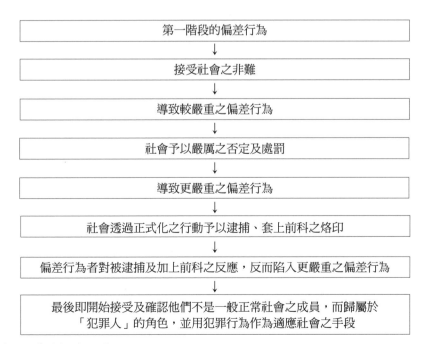

資料來源：蔡德輝（1993）。

李瑪特（Lemert, 1951, 1967）的概念對當前標籤非行的研究提供了整體性的參考。楊士隆（1989）以下分析的基準（Analytical Scheme）對標籤理論予以適度的分類描述，其中包含有個人、組織與社會的反應三部分。

1. 偏差行為是自我概念的反射

某些人因被控訴而遭受公共的烙印乃不爭的事實，然而亦有部分的人能免於社會性負性標籤的危機，且最後亦有某些人能成功地防禦自己，甚至將原有的控訴者予以反標籤。修宇（Schur, 1971）提出一套令人折服的論點，他認為人們並不因違反社會規範或因其特定身分而自動的被標籤為偏差行為者，甚至次級偏差行為者亦不象徵著終身都保持其為偏差者的特定身分，問題的最大關鍵在於「自我標籤」（Self-label）認同的改變（Change of Identity）及社會互動的自我設限。換言之，次級偏差行為的形成大部分在偏差自我概念或認同呈現的結果。

2. 組織或機構的標籤

瞭解標籤效果的重要依據之一為探尋成員在機構內的轉換情形（Transformation），人性處理機構（People Processing Organizations）如精神病院等提供了身分貶抑過程（Status Degradation Process）的最佳詮釋。郭夫曼（Goffman, 1961）將這些機構概稱為總體機構（Total Institution），被監禁者在此類機構內呈現許多監獄化的特色，其每日的活動均侷限於同一處所，並且緊湊地被控制住，正常人與病人間的互動亦被嚴格地限制。尤其羞辱及剝奪（Mortification and Stripping）的過程例行性地被執行，以迅速地將正常人轉化為病人或其他預期的角色與地位。而個人因此被迫扮演為機構所接受的模式。雪夫（Scheff, 1966）在從事精神病院病人的研究時發現，患者被鼓勵扮演病人的角色，當病人表現正常時則遭致嚴懲；電影飛越杜鵑窩即主動描繪出此種病態。另外當類似精神病院為重要的他人所認可，尤其是具身分地位的醫師，病人似乎毫無選擇地陷入已設好的「圈套」，並且逐步走向長期的偏差與病態狀況（Scheff, 1966）。

3. 社會反應觀點

貝克曾提出一個最為廣泛的犯罪定義：他指出：「犯罪……並不是個人違法行為的品質，而是一連串他人運用規則、制裁『違法者』的結果，偏差行為係標籤成功附上的成效；偏差行為乃人們標籤的行為。」（Becker, 1963）

　　貝克認為對偏差行為者的標籤過程與一個人的社會身分地位（Social Status）有密切的相關，在探尋社會身分地位之時，首先應將主要身分（Master Status）及職業生涯（Career）的概念劃分清楚；主要身分係指超越其個人所擁有的許多其他身分，並影響及人際互動的特質而言，例如人種、性別等。生涯則泛指一連串關聯的身分狀態而言，如博士、退伍老兵、理髮師等。貝克認為公共的身分或形象（Public-Identity）與社會身分相同，因為兩者都影響到社會互動與人際溝通，例如因為行為特異或其他原因而被附上標籤者，如藥物成癮者、娼妓、同性戀、酗酒者或精神病患等在就業上就經常遭遇困難，在傳統社會關係中亦甚難維繫。

　　從上述標籤理論內容之探討，筆者呼籲家長、老師、甚至刑事司法界的工作人員，不要隨意為偶爾犯錯之小孩加上壞的標籤（如壞孩子、問題少年、少年犯等）因為這樣隨意加上壞的標籤，不僅無助於少年行為之改善，反而有可能更陷深他們之偏差行為。此外，也儘量不要促使少年太早進入刑事司法程序。因為美國曾做許多實證研究指出少年愈早進入刑事司法程序，則其未來停留在刑事司法體系時間愈久（Fox, 1977）。一旦非進入刑事司法程序不可，則亦儘量運用社區處遇代替機構性的處遇，以避免其受機構性處遇前科紀錄之污染；其他有關不必列為犯罪加以刑罰制裁者，亦儘量予以除罪化（Decriminalization），改用刑罰以外之手段予以處理，較能獲得更多正面之效果。此外，標籤理論之學者亦強調將來研究少年犯罪之新趨勢，不僅注意少年犯本身之相關因素，同時，建議管理少年犯之有關機構亦應祛除歧視下階層少年之預存偏見與態度，並要注意防治中上階層之少年犯罪。

二、衝突理論

　　衝突理論（Conflict Theory）與傳統犯罪理論大相逕庭，衝突理論學者對中低階層少年之偏差與犯罪行為之個人與環境因素缺乏興趣，相反地，其重點著重於瞭解政府制法、執行法律及道德之規則。尤其對真正之犯罪，法律如何被充當社會控制之工具特感興趣。

　　衝突理論學派之興起與早期馬克思（Marx）及恩格斯（Engels）之理論存有密切相關。其後更發展成以團體利益衝突為主幹之「多元化衝突理論」及認為犯罪乃社會階級對立產物之「激進派犯罪衝突理論」二大學派（蔡德輝，1986）。茲分別敘述如下：

早斯馬克思理論

1. 馬克思（Marx）及恩格斯（Engels）理論

早期的衝突理論來自馬克思及恩格斯理論，他們藉階級的歷史關係來說明社會之組織，以及著重於對十九世紀西方社會資本主義之發展及附帶而來之政治、經濟變革以及勞資關係之研究。他們所提之社會模式，認為經濟利益是所有社會現象之主要基礎。

馬克思的基本理論概念是針對當時歐洲的資本主義社會而發的。他不同意黑格爾（Gerog Hegel）把思想和意識看成領導人類社會變遷的因素。同時，主張思想僅是物質的反映，因此物質力量才是決定歷史過程的決定因素。馬克思資本論裡的勞動價值論強調勞力本身是一種商品。資本家的利潤主要是靠剝削勞工的勞力而來。社會分子可分成二階段：資產階級和無產階級。資產階級是指那些擁有生產工具的資本家；無產階級是指那些沒有生產經濟工具只能依賴出賣勞力為生的勞工。因此，馬克思認為一個人的社會階級地位決定於他是否擁有生產經濟工具，而非在於他的思想或社會聲望的高低。經濟因素才是社會的真正基礎。人的行為、社會的意識以及所有的社會制度都是由經濟因素而發的（蔡文輝，1979）。

恩格斯（Engels, 1950）於1844年發表「英國工人階層之條件」（The Condition of the Working Class in England），內容涉及犯罪問題之探討。恩格斯認為酗酒及犯罪，乃因道德腐化及人格尊嚴墮落之結果。亦即資本主義社會工業化之結果產生道德腐化，再因道德腐化而引發社會混亂及暴力。馬克思指出政府、家庭、宗教及法律制度均是社會經濟產物。他們認為資本主義愈擴張，則刑法必愈會分殖發展，而將更多下階層之行為予以犯罪化。他們主張只有將現存經濟體系予以完全改變，社會的下階層才能處於一個沒有階級，沒有被剝削的社會之中。

許多學者批評馬克思並未創立犯罪學理論，只是對犯罪問題有興趣，而將犯罪視為人類行為之一部分而已，為此，馬克思對犯罪學之貢獻仍然有限。一般而言，激進派學者大致同意馬克思之主張，認為犯罪是社會衝突之產物，他們強調犯罪是資本主義社會結構固有問題，必須改革資本主義的社會結構，建立社會主義社會結構才能消滅犯罪。泰勒等（Taylor et al., 1973）引述馬克思之理論，認為犯罪人在工業資本主義社會下，是就業或失業受到剝削的另一種適應方式。

　　馬克思較少從事犯罪人之個別研究，他僅從政治及意識型態之鬥爭加以探討。馬克思（Marx, 1969）在剩餘價值理論（Theories of Surplus Value）曾提及犯罪人亦為社會帶來一些正面利益，他認為犯罪人使社會產生警察、刑事司法體系、法官、犯罪矯治人員、陪審團等。

　　馬克思反對孔德實證學派以及涂爾幹功能學派等均基於社會一致性之模式（Consensual Model of Society），馬克思反對上述傳統理論，因為傳統理論認為社會的所有一切活動，包括犯罪均是維持社會正面功能而產生的，涂爾幹甚至提出犯罪是社會無可避免的正常規則現象。馬克思認為犯罪雖有其正面功能，但仍強調可達到一個沒有犯罪之社會。馬克思也同意李瑪特（Edwin Lemert）之標籤理論，認為社會執法控制機構之社會反應，會製造更多犯罪。馬克思和恩格斯認為社會上的失業者較容易成為犯罪人，乃因他們是屬社會上之危險階層，在社會上寄生，沒生產性以及沒有組織之一群人，他們會仰賴竊盜、恐嚇、行乞或提供娼妓、賭博等服務來適應變遷的社會。馬克思理論在美國於1960年代末期及1970年代初期再度復活。

　　一般對馬克思及恩格斯理論之批判，認為他們並未真正探討偏差行為之理論。雖然激進派或非激進派學者均強調從社會組織來探討社會上一些明顯或不明顯的暴力，會傷害到社會內之個人或團體。激進派犯罪學者不願從個人因素解釋犯罪形成，反而運用普遍存於社會之歷史關係來加以說明，他們認為重新改造資本主義可解決犯罪問題，但許多學者均對此論點深表懷疑，因為已有許多明顯證據證明社會主義國家，仍然無法獲得馬克思所謂的沒有犯罪之烏托邦社會。

2. 邦格（Bonger, 1969）之理論

　　邦格是荷蘭阿姆斯特丹大學之教授，也是第一位將馬克思理論發展成犯罪理論的學者。邦格對犯罪之解釋有二點與馬克思不同：其一，邦格特別強調經濟與社會條件與犯罪有相關聯性；其二，邦格認為不僅工人階層犯罪，工業界之資產階級也一樣犯罪。邦格（Bonger, 1969）在其「犯罪與經濟條件」（Criminality and Economic Conditions）中特別分析犯罪的原因有三：(1)犯罪的思想與概念；(2)如何預防這些犯罪概念產生；(3)何種犯罪機會促成犯罪之發生。足見邦格強調用犯罪思想來說明犯罪，因為資本主義社會易產生自私、貪慾、自我本位主義，然後工人階層在被剝削之情境下容易產生犯罪之思想。邦格認為用犯罪思想來探討犯罪原因，等於用生物因素、心理因素、社會因素

等自變項來探討，而犯罪是依變項，凡此均屬犯罪實證學派理論之範疇。但德克（Turk, 1969）批評一般研究及解釋犯罪均在強調犯罪人與非犯罪人之比較研究，然事實上，犯罪人與非犯罪人並無顯著性之不同。因此，邦格之論點仍然在於環境決定論（Environmental Determinism），認為資本主義社會環境產生自私、自我本位主義，導致社會道德腐化而產生犯罪。邦格在其資本主義與道德腐化（Capitalism and Demoralization）文章中，分析歐洲資本主義國家犯罪之形成，乃因為資本主義社會帶來道德腐化之結果，導致有些人較為貪心與自私，資產階層利用其經濟與政治力量剝削工人階層，而且資產階級有各種機會合法地滿足其慾望，但勞工階層為獲得某些利益，勢必與資產階層衝突，則其行為易被犯罪化，而使得犯罪集中於勞工階層。

　　邦格自認為社會主義優於資本主義，一方面資本主義製造三種犯罪原因：(1)資本主義社會製造許多衝突；(2)資本主義社會貧窮階層缺乏文明及教育；(3)資本主義社會環境易導致酗酒之產生。另方面，邦格又認為社會主義社會能推展利他主義（Altruism）及消滅犯罪。有些學者認為馬克思只是約略提到犯罪之機會關係而已，並未探討個別犯罪人之研究，因而批評邦格將犯罪行為之原因過於簡化，因為人類之犯罪不能只以自我本位主義來說明（McCaghy, 1976），例如：少年幫派之間的械鬥，乃為爭奪其幫派之利益、威望以及地盤勢力範圍。此外，邦格贊成實證學派之決定論，認為人是被動的，犯罪受社會環境影響至鉅，邦格也反對古典學派之自由意志論（認為人是主動地去犯罪），但邦格主張之缺點則是將個人與社會合併討論，造成分析層次的混亂。儘管多位學者對邦格激烈批評，但有些學者認為至少邦格之犯罪理論是衝突理論的早期先鋒，其理論著重於不同社會與經濟利益團體之關係，而且將少年犯罪定義納入衝突學派探討之範圍。

三、多元化衝突理論（Pluralist Conflict Theory）

　　代表之人物如保爾德（Vold, 1958）、德克（Turk, 1969）等人。

　　上述學者均主張少年犯罪是社會不平等權力團體衝突之產物，但他們不同意馬克思將社會階級分成兩對立團體：即資產階級及勞工無產階級。他們認為社會除上述兩階級之外，尚有許多階層同時存在，並共同追求權勢。分述如下：

(一) 保爾德（Vold）之團體衝突（Group Conflict）理論

犯罪學家保爾德（Vold）於1958年發表「理論犯罪學」（Theoretical Criminology），此乃第一本強調社會衝突會引起某些型態犯罪的犯罪學教科書（參閱Vold and Bernard, 1986）。保爾德認為犯罪是社會衝突之產物。保爾德也用史梅爾（Simmel）之團體衝突理論來說明犯罪，認為犯罪之形成常因戰爭、勞資紛爭以及種族歧視所引起。因此，保爾德主張正常的對立（Normal Antagonisms）以及社會內團體之衝突可用來解釋一般犯罪及少年犯罪之成因，他認為社會內一些對立團體互相對抗，以爭奪政治與經濟之力量，當他們之目標與利益相互交疊會引起衝突。他進一步認為較強勢團體為保護其既得利益，會運用各種方法影響立法，而決定那些行為應予犯罪化（Vold, 1973）。

保爾德認為某些少年幫派行為是一種適應行為，少年幫派成員經常緊密聯結在一起，以發揮團體力量以保護幫派成員，他們自認是社會的一群弱者，是屬少數團體，他們因無法經由正常規範之途徑達到其追求目標，而用其他方法則會與社會已建立之團體價值體系及規範發生衝突，而發生犯罪行為。

保爾德之衝突理論與激進之犯罪理論不同，因為保爾德理論是用在某些社會關係限制之下，來解釋特定型態之一般犯罪及少年犯罪；保爾德認為團體衝突是正常的，在現存的政治，社會體系之下沒有必要進行激烈的改革。保爾德也說明在社會特殊條件之下，大多數團體成員均會遵守團體規範，僅少數人會偏離團體規範而犯罪。但其他純屬個人衝動之犯罪則不可用保爾德之團體衝突理論來解釋。

(二) 德克（Turk）對權威的衝突

德克（Turk, 1969）亦屬於非激進派衝突理論代表，強調犯罪是一種身分（Status）的犯罪，而非特殊的行為。他認為沒有一個人在本質上是犯罪的，犯罪之定義是由權勢階級加以界定。此外，德克不強調階級衝突（Class Conflict），而強調對權威（Authority）衝突。德克也認為社會不可能有一致性之目標，社會如果有一致性目標，社會為何有那麼多犯罪行為。德克將規範分為文化規範（公布之規範目標）和社會規範（實際運作之行為），而此兩種規範不一致時，則會產生衝突並被加上不良標籤，如社會優勢階級認為不可抽大麻，而予以禁止；然少年卻認為抽大麻是可接受的，則這兩團體會引起急劇之衝突，然於此情形之下，這些少年會被加上濫用藥物偏差行為者之標籤。

此外，德克認為某些社會變項，諸如：年齡、性別、種族等亦可決定其個

人與社會優勢規範是否會有衝突關係，同時個人對於組織及違法行為之合理化能力，亦會影響其是否會與優勢團體發生衝突而被標籤為犯罪人。德克亦解釋少年犯罪，認為某些少年由於心理不成熟，而易與權威衝突而發生犯罪行為。

(三) 雷格利與海威特之身分差別壓迫理論

新近雷格利（Regoli）與海威特（Hewitt）於2001年提出「差別壓迫理論」（Differential Oppression Theory），該理論認為青少年偏差問題，起源於幼年時期，並持續發展至青少年階段而達到頂點。該二學者認為「問題青少年」與「偏差行為」均是一種產物，而成年人是「製造者」，成年人對於子女的壓迫，即是指迫使子女變成「次級角色」的力量（壓迫是指權威的不當使用），而子女對於這種壓迫產生不適應或有問題的行為，其中之一即是青少年犯罪行為（Regoli and Hewitt, 2001；蔡德輝、楊士隆，2023）。

孩童因為社會與法律地位之故，對於社會影響力有限，而相較於成年人操控他人之能力，更相形見絀。因此，成年人具有操控孩童之能力，更是無庸置疑。尤其孩童對於父母及老師的控制，通常不僅無力更屈服於其權威之下；當這股「防止孩童獲取其有利因素的力量」或「防止孩童發展成一個獨立主體」的力量被操控，則會產生「壓迫」。雖然大部分的成年人壓迫孩童的程度均控制在有限的容忍範圍內，但亦有許多成年人因過度壓迫控制孩童，而造成問題青少年及其不良行為的產生。

成年人對於孩童的壓抑行為則視社會脈絡而定，最初的壓迫來自「隔絕」與「控制」，其源起出自成年人自以為此種壓迫均是有利於孩童，但這只是成年人為求一己之利而已，當成年人以「關心」為名而使用權威壓迫孩童時，實質上只不過是為了讓自己的生活更便利罷了（例如要孩童早點就寢是為了讓自己有多一點的休閒時間）。另孩童通常會接受「被壓迫者」的角色，因為這是一種瀰漫於社會的常態：孩童之所以被壓抑應是受社會普遍觀念造成。根據雷格利與海威特撰述，差別壓迫理論包括四大論點（Regoli and Hewitt, 2001: 131-132）：（詳圖4-3）

1. 成年人強調家庭與學校秩序：孩童被迫遵從成年人所訂的規定，成年人並經由這些規定來指導孩童應有的行為，由於成年人認為這些規定均有利於孩童，因此當孩童違反這些規定時，成年人會起而維護，甚至強烈地防衛這些規定。

2. 由於成年人認為孩童是較次等、需受監督的人，更是麻煩製造者：孩童

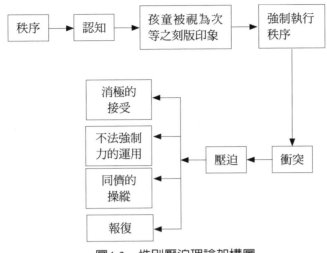

圖4-3　性別壓迫理論架構圖

資料來源：Robert M. Regoli and John D. Hewitt (2001: 132).

被視為對現有秩序具有威脅的人，因此他們需要被控制，「壞小孩」則表現叛逆。

　　3. **成年人為維持「秩序」而加諸孩童的懲罰可能會造成最大的壓迫力量：**在孩童時期，成年人在家庭、學校甚至遊戲場所建立「秩序」，並經常灌輸孩童「秩序」的觀念，形成壓迫的力量，有時以強制或高壓手段行事，造成良好的親子關係與孩童對於合法權威遵從信念的破滅。因而使「拒絕家長合理控制」的孩童，產生「成年人權力的運用只不過是一種高壓控制的工具」──僅為一己之私不惜犧牲孩童的權益。他們亦將認為同樣行使這種權力的商店老闆及警察，亦是基於此種自私的動機；另一方面，接受或已內化認同成年人價值觀之孩童，則表現出適應良好，較不會製造社會問題。

　　4. **壓迫導致孩童調適適應的反應：**孩童受壓迫會產生無力感與無能感，進而產生四種調適狀態，即消極的接受、不法強制力的運用、同儕的操縱以及報復。

　　(1)第一類適應是消極的接受：指消極地接受自己的地位與因恐懼而產生的服從性，類似奴隸、監獄受刑人與家暴婦女對於被虐行為的忍受。通常自認為／「次等人」的孩童會發展出對「加諸其壓迫力者」的負面觀感（即學會憎恨），產生憎恨卻不得不予以壓抑，進而產生負面行為，如酗酒、藥物成癮，

最後形成「低自尊」的人格發展。

(2)第二類適應是不法強制力的運用：許多青少年犯罪係因犯罪行為能幫助他們建立一種威權與控制的感覺，藉由立即發生並產生示威性的效果，從而恢復其原有的活力（其原本受到父母的壓迫）。如性偏差、違法使用藥物或酒類及以身試法等行為，更是孩童對於父母所加諸之控制表示反抗的重要表徵。

(3)第三類適應是同儕的操縱：係成年人為獲取更大的控制權力，對於孩童與同儕的互動關係中，施加更大的控制與干涉。

(4)第四類適應是報復：孩童或許對他們視為壓力源的對象（人們或機構）施予報復，例如許多學校發生藝術品遭破壞之情形，乃因學生對老師或校長不滿所致；有些孩童對父母會直接攻擊、暴力相向甚至殺害，另外亦會為了報復父母進而自殘，產生精神抑鬱或試圖自殺的行為。

基於前述主張，該理論認為成年人必須改變其對於控制孩童的想法及對親子關係的加強與改善。該理論指出傳統家長對於孩童之認知，實際上存在著親子關係中基本結構上的不平等，成年人必須學習平等看待孩童，亦即孩童應被同等價值的對待，正如其他的社會成員一樣。另該理論亦贊成立法通過「禁止體罰」之法律，禁止家長或老師在所謂維持紀律的大帽子下體罰孩童。此外，該理論支持讓孩童能完全參與地方的決策與社會化的過程，即他們的聲音應被傾聽，而非使他們沉默，但並非主張使他們有投票權或否決權等公法上的權力，而係主張孩童可以參與家庭裡各類例行的或重要的決定，另外在學校、鄰里組織或社區機構的決策成員應包含他們在內；該理論更呼籲國內應發展親子教育養成訓練——在父母尚未生育子女之前。

四、激進派衝突理論

犯罪學之衝突理論在犯罪學史上時盛時衰，自1960年代開始正值美國政治經濟不穩定之時，學術界再度興起以衝突為導向的偏差行為理論。從美國許多政治運動中，可發現激進衝突派之根源，諸如：人權運動、反戰運動、學生運動、婦女運動、兒童權利運動等。英國犯罪學家泰勒（Taylor）、華爾頓（Walton）、楊格（Young）於1973年合著：「新犯罪學」（The New Criminology），即根據馬克思之衝突法則來解釋一般犯罪及少年犯罪，並強調唯有消除財產與權勢之不均分配，才能消滅犯罪。

激進派犯罪衝突理論，後來由於權普利斯（William Chambliss）、普拉特（Anthony Platt）、史灣迪克（Herman Schwendinger and Julia Schwendinger）、昆尼（Richard Quinney）等學者之引證論述，使得美國部分犯罪學家在複雜情況之下，接受激進派衝突理論（Radical Conflict Theory）。但美國多數犯罪學家仍然持續地在批判激進犯罪學派，認為要減少少年犯罪，仍然要改善政治、經濟及少年司法體系，而不接受激進派要以急劇手段改革資本主義社會之理論。

　　大部分激進派犯罪學理論著重成年犯罪之探討，較少論述少年犯罪。論述少年犯罪學者，諸如：普拉特（Platt, 1977）研究美國早期救助兒童運動、史灣迪克（Schwendinger and Schwendinger, 1985）以馬克思之觀點研究少年次級文化與犯罪之相關。而昆尼在美國是一位多元化激進派犯罪學家，雖然他的研究著重於成年犯罪，然許多犯罪學家均認為他的理論亦可適用於少年犯罪。

(一) 昆尼（Richard Quinney）之激進衝突理論

　　昆尼（Quinney, 1975）在其《犯罪學》書中，強調犯罪基本上是屬物質問題。換言之，昆尼與其他激進派學者均主張犯罪受資本主義社會、經濟、政治結構影響；昆尼等認為社會上多數人為有限之社會資源競爭，必然會引起衝突，然權勢階級通常得到較優勢之利益，乃因他們能夠控制有關之決策來保護其既得利益。而昆尼認為上述之部分控制過程會暴露引發當前社會犯罪之現實問題，因為社會之權力、權威及利益結構會引發社會犯罪之滋生。昆尼（Quinney, 1970）提出六項原理來說明犯罪的社會現實（The Theory of Social Reality of Crime）。

　　1. 犯罪之官方界定：犯罪之界定，乃由法律定義之觀點認為係由政治組織內具有優勢之階層所制定之人類行為。

　　2. 犯罪定義之形成：乃將那些與上階層利益衝突之行為列為犯罪。

　　3. 犯罪定義之應用：犯罪定義之應用，乃由權勢階級制定刑法並予以執行。

　　4. 犯罪定義造成某些行為型態之發展：某些行為一旦被界定為犯罪之後，社會上之無權勢階級則較易發展某些行為型態而被列為犯罪人。

　　5. 犯罪概念之建立：權勢階級是利用大眾傳播工具說明犯罪之定義。

　　6. 犯罪定義形成及應用之後，會造成更多的犯罪事實。

　　昆尼強調社會有兩種階層，即有權階層及無權階層，他認為美國社會及政治組織中有許多不同的利益結構，某些利益團體可決定實質的公共政策，乃因他們控制生產工具，進而控制整個社會，為此資產階級較關心如何維持現存社

會之秩序。

昆尼的激進分析，仍然強調工人階層之少年發生較多的犯罪，而中上階層的少年涉及犯罪較少。以致一些社會學家認為少年犯罪之觀念，乃資產階層用來對付下階層少年犯罪之措施而言。

但昆尼上述對犯罪學之激進分析，亦受到相當程度批判，例如，昆尼認為解決犯罪問題之有效途徑，必須走向社會主義體制，然事實上，社會主義仍無法避免犯罪發生，何況馬克思理論根本無法解釋社會主義國家之暴力犯罪問題。因為共產國家仍舊有美國社會之少年犯罪問題，如蘇聯少年犯之年齡、犯罪型態、教育程度、家庭背景與美國少年犯之相關因素均無不同，為此，激進派強調社會主義可解決少年犯罪問題值得懷疑。此外，激進派強調社會下階層因對上階層不滿而犯罪的說法，亦有其缺點，乃他們的理論對社會下階層彼此之間的暴力犯罪，無法予以解釋。

(二) 普拉特（Anthony Platt）之激進派衝突理論

激進派之犯罪衝突理論認為少年犯罪亦是資本主義社會之產物。因為某些少年行為違反資產階層利益，則其行為易被界定及予以標籤為少年犯。

激進派衝突理論學者支持批判學派解釋少年法院產生原因，如普拉特（Platt, 1977）認為十九世紀革新刑事司法體系並創設少年法院之目的，乃期望能更人道地處遇少年犯罪問題，但並未達到其預期之目標。

普拉特認為美國於1890年代，因經濟不景氣發生產業上之風暴，故致力於資本主義社會之穩定。普拉特認為要控制社會，必須先平息犯罪之混亂情況。其進一步認為犯罪均來自下階層社會，而且犯罪者均具危險性且屬偏離社會傳統道德規範的階層。

普拉特批判救助兒童運動，認為此運動本來目的是為保護兒童，結果反而將以前未列為犯罪行為之行為予以犯罪化，如將一些僅違反道德、身分或無被害人之行為均列入犯罪。又少年法院立法之目的，乃為避免少年受成年犯感染而陷入嚴重犯罪，以免危害資產階層之社會秩序；為此，少年法乃擴大將少年犯（Delinquent）、疏於管教（Neglected）、依賴少年（Dependent）等均列入其管轄範圍。此外，國家扮演父母責任角色之觀念（The Parents Patriae），也使得少年法院有更大權力去處理干涉適應困難之少年。普拉特也批判早期的兒童救助計畫，也有相同之做法，其目的仍然在致力於控制或訓練工人階層之少年，使其成為守法者。

　　根據普拉特之激進看法，認為美國少年司法體系仍然維持著種族歧視、性別歧視以及對社會下階層歧視，使得大多數的少年犯均來自社會下階層或少數民族，而中上階層的少年均能避免刑事司法程序及監禁。為此，激進派學者認為目前之機構及臨時的改革措施，均無助於少年犯罪之減少，惟有真正民主的少年司法體系及機構，才能減少少年犯罪。

　　一般對激進派理論之批判，認為它的理論有些看法並不一致，因它一再強調少年犯罪來自下階層，然事實上，根據少年自我調查報告發現，社會各階層均有少年犯罪，可是激進派學者忽略中上階層少年犯罪之自我報告資料。

　　此外，激進派犯罪學家認為貧窮與失業亦是少年犯罪之原因，然事實並非如此，因有些研究顯示，社會經濟繁榮時，少年犯罪反而增加，並非經濟蕭條、失業率高時，才會有較高少年犯罪率。另有些學者認為社會經濟繁榮與就業機會多的時候，反而會帶來鬆弛的社會控制，這些因素與少年犯罪之關係比貧窮因素更為密切。

(三) 達倫道夫（Ralf Dahrendorf）之衝突理論

　　達倫道夫（Dahrendorf, 1959）之理論，在當代衝突理論中甚具代表性。他的論點乃秉承馬克思主義傳統而加以引伸，但他反對馬克思之社會衝突論點，並對馬克思之階級論加以批判，認為階級理論只不過是衝突理論的一個特殊例子而已。達倫道夫之理論對現代工業社會之詮釋有所貢獻，他強調用權威（Authority）的概念代替階級（Class）的概念來探討一般犯罪與少年犯罪，並認為擁有權威的優勢階層與隸屬於權威的下階層必須強制協調，然後才可以瞭解社會之衝突，此理論一般而言較優於馬克思之衝突理論。此外，達倫道夫也批判結構功能學派等之假設均以社會目標一致性為前提，此亦是烏托邦之想法而不切實際。達倫道夫認為社會應以衝突矛盾模式來取代社會整合模式。達倫道夫亦認為資本主義社會內有資方與勞工之衝突，但將來資本主義社會勢必為消費者與生產者之間的資本主義後之社會（Post-capitalist Society）所取代。

　　達倫道夫（Dahrendorf, 1959）對人類行為衝突理論，提出下列要點：
1. 每一社會均受普遍存在之社會變遷所支配。
2. 每一社會均普遍存在著紛歧及社會衝突。
3. 社會之每一要素均直接間接促成社會的分化（Disintegration）和變遷。
4. 每一社會均存在著某些社會成員對其他成員之強制支配，亦即強制性的權力關係是社會的基礎。

　　達倫道夫認為權力分配不均必然產生衝突，而且社會並非靠一致性、聚合或合作而結合在一起，而是靠對居民之強制壓力結合起來。任何社會之權力與權威均會有不同之分配，而造成有權力之人支配控制無權勢之人，於此情況之下，社會定會產生團體之衝突。達倫道夫雖未直接專論少年犯罪問題，但其衝突模式（Model of Conflict）已是現代衝突犯罪學之重要理論。

　　總之，衝突理論學派（尤其是激進衝突學派）強調少年犯罪是資本主義社會之產物，由於中上階層掌握控制社會經濟條件，以致下階層少年較易發生偏差行為而被標籤為犯罪。早期的非激進派衝突理論學者強調在複雜社會內，不同團體之規範會有衝突，然激進派犯罪學者認為僅就現存之少年司法體系予以改善，並無多大效用，只有改變資本主義社會才是解決少年犯罪之唯一方法。但傳統的犯罪學者則認為如此急劇之變革，並不能有助於少年犯罪減少，因為此時此地唯有就目前社會狀況、少年司法體系以及少年犯處遇方式予以改進，才是最實際有效途徑。

　　雖然，衝突學派在某些方面提供少年犯罪起因及其特性之重要觀點，如將吾人之注意力導引至注意社會之不公平現象及法律之起源與效果等，但從另一方面來說，衝突理論（尤其是激進學派理論）亦有許多缺點與矛盾之處，例如它的論點經常是迂迴的，因而無法予以證實。而它又認為古今社會一直是在鬥爭中，某一階層在壓迫另一階層，因此之故，激進派衝突理論亦無法描述一個完美的社會秩序中，其法律是否不會被一些特殊利益團體所濫用。其最終結果，衝突理論所描述的一個能滿足所有社會問題的社會主義時，事實上，他們可能是在形容一個空想而無前例可循，亦可能是一個空洞不實際且無法實現之幻夢（張大光譯，1985）。

　　此外，激進派衝突理論強調少年犯罪是政治及經濟影響下之產物，而否定了個別決定論或動機理論，為此而遭到許多犯罪學者之批判責難，諸如史帕克斯（Richarch Sparks）、托比（Jackson Toby）、克拉卡（Carl Klockars）等均批判馬克思衝突理論之研究是錯誤的，只是感情用事卻不能面對社會現實，而且對所有權及階級利益之探討均患嚴重基本上之錯誤。此外，功能學派犯罪學家均同意犯罪是社會無法避免之規則現象，許多證據已說明社會主義仍然無法達到馬克思所謂的沒有犯罪的烏托邦社會，何況衝突學派著重在批判，如果他們批判之外也提出烏托邦似的解決方法，顯然他們已失去其原來批判之立場。

參考書目

一、中文部分

周震歐（1993）。犯罪社會學。黎明文化。

張大光譯（1985）。少年犯罪原因之探討。觀護選粹（二）。

張華葆（1986）。社會心理學。三民書局。

楊士隆（1989）。標籤（互動）犯罪觀點之評判。警學叢刊，第19卷第4期。

蔡文輝（1979）。社會學理論。三民書局。

蔡德輝（1986）。衝突理論與少年犯罪。警政學報，第9期。

蔡德輝（1993）。犯罪學——犯罪理論與犯罪防治。五南圖書。

蔡德輝、楊士隆（2023）。犯罪學（9版）。五南圖書。

霍夫曼、楊士隆（1990）。差別接觸理論之發展與評判。警學叢刊，第21卷第1期。

謝文彥（1986）。犯罪區位學之研究。載於許春金等著，犯罪學。

二、外文部分

Adams, R. (1971). An experimental evaluation of the adequacy of differential association theory and a theoretical formulation of a learning theory of criminal behavior. Doctoral Dissertation, Florida State University.

Agnew, R. (1992). Foundation for a general strain theory of crime and delinquency. Criminology, 30: 47-87.

Akers, R. L. (1977). Deviant behavior: A social learning approach (2nd ed.). Wadsworth.

Akers, R. L. (1985). Deviant behavior: A social learning approach (3rd ed.). Wadsworth.

Akers, R. L., Krohn, M. D. Lanza-Kaduce, L., and Radosevick, M. (1979). Social learning and deviant behavior: a specific test of a general theory. American Sociological Review, 44: 638-655.

Becker, H. S. (1963). Outsiders: Studies in the sociology of deviance. Free Press.

Beeley, A. L. (1945). A socio-psychological theory of crime and delinquency: A contribution to etiology. Journal of Criminal Law, Criminology and Police Science, 45(4): 394-396.

Bonger, W. (1969). Criminality and economic conditions (Abridged ed.). Indiana University Press.

Burgess, R. L. and Akers, R. L. (1966). A differential association-rrinforcement theory of criminal behavior. Social Problems, 14: 128-47.

Caldwell, R. G. (1956). Criminology.

Cloward, R. A. and Ohlin, L. (1960). Delinquency and opportunity. Free Press.

Cohen, A. K. (1955). Delinquent boys: The culture of gang. Free Press.

Dahrendorf, R. (1959). Class and class conflict in industrial society. Stanford University Press.

Durkheim, E. (1893/1965). The division of labor in society. Free Press.

Durkheim, E. (1897/1965). Suicide: A study in socology. Free Press.

Engels, F. (1950). The condition of the working class in England in 1844. Allen and Unwin.

Fox, V. (1976). Introduction to criminology. Pentice Hall, Inc.

Fox, V. (1977). Community-based corections. Pentice Hall.

Gibbons, D. C. and Jones, J. F. (1975). The study of deviance. Perspectives and problems. Prentice-Hall.

Goffman, E. (1961). Asylum. Doubleday Anchor.

Hirschi, T. (1969). Causes of delinquency. University of California Press.

Kornhauser, R. R. (1978). Social sources of delinquency. University of Chicago Press.

Lemert, E. M. (1951). Social paghology. MacGraw-Hill.

Lemert, E. M. (1967). Human deviance. Social problems, and social control. Prentice Hall.

Marx, K. (1969). Theories of surplus value, vol. 1. Lawrence and Wishart.

Siegel. L. J. (2006). Criminology (9rd ed.). Thomson and Wadsorth.

第五章　少年犯罪科際整合趨向之發展

　　上述各種少年犯罪學理論大都強調某一類犯罪因素之存在，諸如：少年犯罪生物學理論從遺傳、體型、XYY性染色體異常、腦的功能失調、內分泌異常、生化上之不平衡、神經生理學、過敏症狀、低血糖症、男性荷爾蒙、環境污染等方面來探討少年犯罪形成之原因；少年犯罪心理學理論從精神醫學、心理分析、人格、潛意識及心理上之增強作用等來探討少年犯罪行為；而少年犯罪社會學理論中的文化偏差理論：芝加哥生態學研究從生態環境之觀點來分析少年犯罪，認為居住鄰近地區環境之特性與少年犯罪有關；雪林（Sellin）之文化衝突理論認為少年犯罪形成與文化衝突、社會解組有關；米勒（Miller）之下階層文化衝突理論認為下階層的文化與社會環境和少年犯罪發生有關。蘇哲蘭（Sutherland）的不同接觸理論強調犯罪行為是與親近團體之人群，在溝通過程中發生交互作用而產生犯罪行為學習之效果；愛克斯（Akers）修正蘇哲蘭理論，並融入史基納（Skinner）之社會學習理論，提出不同增強理論，強調少年與環境之互動發生犯罪行為，會造成精神與物質之正面報酬，則此增強會更增加強化其犯罪行為；屬於緊張理論之梅爾頓（Merton）無規範理論，強調少年在渴望目標與實現目標的方法之間如產生矛盾，將會造成社會行為規範與制度之薄弱，對少年造成壓力與緊張而致發生偏差行為；次級文化緊張理論中：柯恩（Cohen）的次級文化理論特別用來說明下層社會少年犯罪及少年幫會之形成，亦即這些少年僅隨其周遭同輩團體之價值體系發展其特有之價值觀念，而未接受整個大社會之行為價值標準，克拉法德與奧林（Cloward and Ohlin）之機會理論，認為少年之所以發生犯罪，乃有其不同之機會結構，接觸非法手段，造成犯罪機會之不同，有些因他們之正當機會被剝奪，沒有機會合法地達成其目標，而使用非法方法達成以致陷入犯罪；控制理論中：赫西（Hirschi）之控制理論，強調少年與社會之維繫連結薄弱或破裂，則易產生偏差行為。雷克利斯（Reckless）之抑制理論，以個人人格變數及社會環境變數之交互作用來說明少年犯罪行為之形成；李瑪特（Lemert）及貝克（Becker）之標籤理論則強調家長、老師、刑事司法界人員隨意為少年加上壞的標籤，不但對偏差行為者的改善無濟於事，反而會助長其陷入更嚴重之犯罪行為。昆尼（Quinney）等之衝突理論認為少年犯罪並非歸咎於個人或環境因素，而是

團體或社會階級之間衝突之產物。上述少年犯罪理論各有其理由，然因立場各有所偏，未能把握全局。同時，上述犯罪學研究者，常以其本行之學科為出發點，而忽視其他與犯罪有關之學科，故其研究成果與理論之建立，常面臨侷限。近年來，犯罪理論隨著行為科學研究方法之更新及統計技術之精進而有突破性之發展，許多傳統理論在此激盪下面臨修正、重組或整合（Integration），此外嶄新且企圖更大之理論型態亦相繼出現，另有學者從發展之角度提出生活週期之解釋觀點，晚近更有學者從被害者學、犯罪機會之觀點探討少年被害之因素，這些犯罪理論之發展為少年犯罪之研究注入更多的活力。茲分述新近主要犯罪理論之發展如下。

第一節　少年犯罪整合理論

　　近年來，犯罪學學界由於眾多犯罪理論之興起，因而顯得豐碩，然而卻因各理論之獨特與侷限，而促使部分之學者要求犯罪理論之整合（Theoretical Integration）（Pearson and Weiner, 1985；楊士隆，1997）。理論整合基本上，係指將二以上之理論命題加以組合，以形成一較大型並且邏輯相關之命題，俾以提供對某一特殊犯罪現象之周延詮釋（Thornberry, 1989）。要求理論整合之動力，一般歸納可區分為下列二點：

　　一、理論競爭之替代：傳統理論彼此間之競爭經常形成你死我活之局面，例如雪爾曼與勃克（Sherman and Berk, 1984）之家庭暴力研究提出對施虐丈夫立即逮捕（即採威脅觀點）有助於減少其暴力行為，而非標籤（Labelling）後之再犯效應。此項研究明顯地支持嚇阻觀點而不贊同標籤觀點，艾利特（Elliott, 1985）特別指出這些結果並不是非常確定的，而且許多實證發現通常可以各類理論加以綜合詮釋。此外如認為對某理論接受即意味著對競爭理論駁斥，在學理上並不一定合邏輯。因此，為避免理論互相殘殺，造成偏誤，故有倡導理論整合之呼聲出現。

　　二、增加詮釋能力：理論整合倡議者指出，將各理論之精華部分予以整合之後，詮釋力不僅增加，且將更趨於周延。例如，許春金與楊士隆（1993）聯結鉅觀社區結構變項及屬個人分析層級之解組變項詮釋台北市少年偏差行為現象，即發現詮釋力（R平方值）由原先（社區解組變項為外因變項）之24%增

加至48.9%。艾利特（Elliott, 1985）指出，在犯罪之原因具有複雜多變之本質下，單一層面之原因論明顯地面臨許多侷限。相反地，理論或觀點之整合則提供較為具體、周延之解釋（Grove and Lynch, 1990）。

理論整合之類型可以多種形式呈現。犯罪學者赫西（1989）指出，雖然其不贊成理論整合之觀點，並認為理論基本上因基本假設、犯罪原因之不同而是不相容的，其指出理論整合具有上下整合（Up and Down）、重點抽離（Side-by-Side）及前加後（End to End）三類型。上下整合型基本上係指找出某一較具類推性（Generality）之主要理論概念層級，而將另一理論概念加以吸收、整合（類似大吃小）；重點抽離則略指找出理論間共通之部分（如以人口基本特徵、或解釋目的），適當地加以分類，並予抽離，形成目的一致之整合；前加後理論整合類型係指找出各理論之關鍵變項，並適當安置其因果次序，以做整合式之詮釋而言。根據麥斯那等人之看法此三類型可以分別應用至微觀（Micro）、鉅觀（Macro）及從鉅觀之跨越層級（Cross-level），而以九類型之整合形式呈現（詳表5-1）（Liska et al., 1989）。

表5-1　犯罪理論整合之類型

		分析之層級		
		微觀 （Micro）	鉅觀 （Macro）	鉅微觀跨層 （Cross-level）
整合之原則	重點抽離或水平型（Side-by-Side）			
	前加後型（End to End）			
	上下整合型（Up and Down）			

資料來源：Liska et al. (1989: 6).

本章茲引介目前較為國內學界熟悉之犯罪整合理論之類型代表提供讀者參考。

一、王湘雲之犯罪多元性模式

王湘雲（1979）於參加第一屆亞太地區少年犯罪會議時，提出其犯罪多元性模式（A Multivariate Causal Model）。王湘雲將機會理論（Opportunity Theory）、不同接觸理論（Differential Association Theory）、標籤理論（Labelling Theory）、控制理論（Control Theory）、抑制理論（Containment Theory）、

次級文化理論（Subcultural Theory）、衝突理論（Conflict Theory）、芝加哥學派（Chicago School）等理論整合成為犯罪多元性模式來解釋少年犯罪。

王湘雲（1979）所提之模式（參見圖5-1），認為居住環境之結構（Residential Structure）與個人之社會特質（Individual Social Characteristics）是屬外因性之變項（Exogenous Variables），居住環境結構乃指個人居住地區之社會結構，包括經濟、權勢、社會結構及機會結構之不平等及不穩定；而個人的社會特質包括社經地位、種族、人種、性別和年齡等之變項。上述這二組變項會直接間接地影響少年發生犯罪行為。而所謂間接影響即少年經由與犯罪人親密之接觸、被標籤為少年犯以及社會控制薄弱等中間變項，而後陷入少年犯罪。

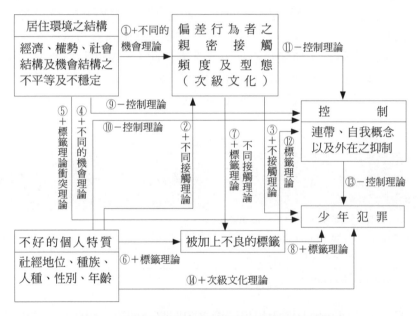

圖5-1　形成少年犯罪因果關係之多元分析模式

柯恩之次級文化理論，可介於機會理論及不同接觸理論之間而加以說明。因為機會理論探討不同幫會次級文化之原因，如犯罪幫會次級文化、衝突幫會次級文化及退縮逃避幫會次級文化。而不同接觸理論則強調次級文化對少年社會化過程之影響。王湘雲（1979）即運用不同之少年犯罪理論及有關下列假設，來說明少年犯罪之形成：

(一) 少年居住環境結構有關變項（如社經地位、種族、性別等）的平等性與

穩定性愈低，則其傾向犯罪的次級文化愈高（可用機會理論來說明此現象）。

(二) 少年的社會地位愈低，則其犯罪次級文化接觸的機會愈多（可用不同接觸理論來說明此現象）。

(三) 少年與犯罪之次級文化的團體或個人接觸愈多，則其成為少年犯的可能性愈高（可用不同接觸理論來說明此現象）。

(四) 少年的機會結構愈不平等，亦即正當機會被剝奪愈多的少年，愈可能成為少年犯（可用機會理論來說明此現象）。

(五) 少年居住環境結構之有關變項愈不平等，則其被標籤為少年犯之可能性愈高（可用標籤理論及衝突理論來說明此現象）。

(六) 少年的社會地位愈低，則其被標籤為少年犯之可能性愈高（可用標籤理論與衝突理論來說明此現象）。

(七) 少年與犯罪人之接觸愈親密，則其被標籤為少年犯之可能性愈高（可用不同接觸理論與標籤理論來說明此現象）。

(八) 被標籤為壞孩子之少年，比未被加上壞標籤之少年較可能成為少年犯（可用標籤理論來說明此現象）。

(九) 1. 少年居住結構之變項愈不平等，則其附屬及參與社會之維繫控制因素愈薄弱（可用赫西之控制理論來說明此現象）。

　　 2. 少年居住結構之變項愈不穩定，則少年抗拒成為少年犯壓力之控制力愈薄弱（可用芝加哥生態學派來說明此現象）。

(十) 少年之社會地位愈低，則其與社會之維繫連結愈弱，同時其自我概念愈不好（可用赫西之控制理論及雷克利斯之抑制理論來說明此現象）。

(十一) 少年與犯罪團體親密接觸機會多於正常團體，則其控制力量愈弱（可用控制理論來說明此現象）。

(十二) 少年被加上壞的標籤之後，則其控制力較弱（可用標籤理論來說明此現象）。

(十三) 少年之控制力愈強，則其愈不可能成為少年犯（可用控制理論來說明此現象）。

(十四) 少年之社會地位愈低，則其成為少年犯的可能性愈高（可用次級文化理論來說明此現象）。

　　王湘雲所提之犯罪多元性模式，不僅整合許多少年犯罪理論來說明各種不

同促成少年犯罪之現象,而且各少年犯罪理論之間可連貫起來,而這些理論均可同時予以測試印證。此外,一般少年犯罪理論均強調其直接影響,但此模式認為有些理論是可用來說明直接影響,有些只是間接影響而已。例如:少年居住環境之結構愈不平等,則其成為少年犯次級文化之機會愈大,然後易導致這些少年被加上壞標籤的可能愈大,結果少年之控制力較弱,而愈可能發生少年犯罪行為。此外,如果少年的社會地位愈低,則其愈有機會與犯罪人接觸,然後易導致其被加上壞的標籤,結果少年之控制力較弱,而發生少年犯罪行為的可能性愈大。

二、傑佛利之生物社會學習理論

美國當代最有名的犯罪學家之一傑佛利(C. Ray Jeffery, 1977, 1979, 1989)倡導科際整合(Interdisciplinary Approach)式之生物社會的學習理論(Biosocial Learning Theory)。傑氏認為犯罪行為主要是遺傳(生物)因素與環境因素交互作用之結果。在探討傑佛利之理論前,有必要對三種犯罪行為模式(Models of Behavior)加以探討,即(一)心智方面之內省模式(Mentalistic Introspection);(二)行為主義模式(Behaviorism);(三)生物社會的學習理論模式(Biosocial Learning Theory),茲將上述三種行為模式之扼要敘述如下:

(一) 心智方面之內省:認知與內省之心理學

此行為模式以蘇哲蘭的不同接觸理論為代表,認為人是理性動物,人擁有意志及心靈,人類之行為是學習而來,而行為之學習亦常隨經驗累積的反應而作修正。此行為模式之探討僅限於刺激與反應之關係,亦即強調有機體對環境刺激單方向之反應,在於身心二元論、心理過程、內省──主觀性、心靈上的決定主義以及社會闡釋主義。茲將此行為模式做一圖表說明如下:

```
          ┌──────────────┐
          │   環境(E)    │
          ├──────────────┤
          │   社會規範    │
          └──────────────┘
                 ↑
  ┌────────────────────────────────────┐
  │          有機體(O)                │
  ├────────────────────────────────────┤
  │ 身心二元論、心理過程、內省──主觀性、│
  │   心靈上的決定主義、社會的闡釋主義   │
  └────────────────────────────────────┘
```

(二) 行為主義

　　此行為模式以史基納（Skinner）之學習理論為代表，此乃源自帕布洛夫（Pavlov）之行為主義，藉行為主義來探討刺激與反應，並進一步提出反應乃制約於刺激，此在心理學方面又躍進一大步。然此行為模式否定遺傳方面之生物體系與行為之學習有關。亦即此行模式否認有機體、腦及中樞神經方面之影響，而強調社會學的行為主義及史基納的學習理論。茲將此行為模式做一圖表說明如下：

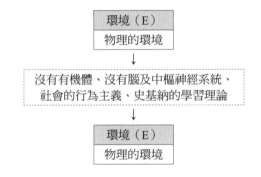

(三) 生物社會學習理論

　　傑佛利批判第一個行為模式——蘇哲蘭之不同接觸理論的最大缺陷，乃因它排斥生物及遺傳方面對行為之影響；因為蘇氏理論認為有關學習之增強完全是社會因素影響，而非生物因素，足見蘇氏理論不夠廣泛亦非科際整合性之理論。傑佛利於1971年出版其著作：《經由環境設計促進犯罪預防》（*Crime Prevention Through Environmental Design*）一書中亦採用第二個行為模式，行為主義，強調環境因素之影響，後來發現史基納學習理論之最大缺陷，即忽略腦、中樞神經系統等有機體之功能；同時，史基納亦否定遺傳基因及生物因素對行為之影響，因而史基納排斥刺激與反應之間尚有腦等有機體參與交互作用，而認為有機體是空的。然事實上，外來的刺激乃先輸入腦等有機體，由腦接收、整合後再輸出而產生行為的反應。因此傑佛利利用下列圖表來說明其生物社會學習理論之行為模式：

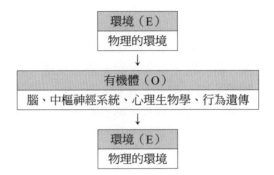

傑佛利認為中樞神經系統、腦，乃遺傳因子（Gene）與環境（Environment）交互影響之產物（G×E＝B）。而腦的接受部門、整合部門及動力部門乃是促成生物有機體（Organism）與環境發生互動行為之主要所在。由於腦與環境彼此發生互動影響，而導致彼此發生修正作用。因此，人類行為以及犯罪行為均是腦與環境發生互動之結果（Jeffery, 1990, 1993）。傑佛利贊同犯罪行為是學習而來，然行為之學習主要是遺傳因素、神經生理因素、心理因素及社會因素交互作用而引起學習之效果。然蘇哲蘭的不同接觸理論則忽略生物及心理方面之因素，尤其忽視腦方面之功能。傑佛利的生物社會學習理論則特別強調行為遺傳方面研究（Behavioral Genetics）及心理生物學方面之研究（Psychobiology）（蔡德輝，1993）。因此，刺激的制約、增強以及刑罰方面之增強等作用，均應經由有機體之經驗而定，而有機體之經驗又受行為人遺傳基因，過去經驗的歷史以及當時之心理狀況所影響。

第二節　一般性（共通）犯罪理論

犯罪學者蓋佛森與赫西（Gottfredson and Hirschi）於1990年企圖結合古典犯罪學和實證犯罪學之觀點，提出「一般性犯罪理論」（A General Theory of Crime），嘗試對犯罪類型（含對少年犯罪與偏差行為）進行詮釋。基本上，一般性犯罪理論係將目前少年犯罪研究中之犯罪因素推及家庭生活周期之趨勢的一部分（McCord 1991；Thornberry et al., 1991）。換言之，一般性犯罪理論與犯罪學者雪爾頓與葛魯克（Sheldon and Glueck, 1950）；瑪克等（McCord and McCord, 1959）所強調之概念相類似；同時，亦跟學者威爾遜與赫斯坦

（Wilson and Herrnstein, 1985）強調犯罪生物因素有異曲同工之妙。然而，蓋佛森與赫西並不提出解釋犯罪與偏差行為之生物與遺傳因素主張。相反地，他們將重點放在少年兒期在家庭內早期社會化過程。此早期社會化過程之不當將影響少年低度自我控制（Low Self-control）而為犯罪與偏差行為之主因。

此項理論強調犯罪原因乃在少年早期社會化過程，明顯地與犯罪學學者蘇哲蘭（Sutherland）不同接觸（Differatial Association）理論之犯罪原因解釋不同，惟與目前盛行之例行性活動理論（Routine Activity Theory）（Cohen and Felson, 1979）及理性抉擇（Rational Choice Theory）（Cornish and Clarke, 1986）並行。此外，蓋佛森與赫西強調低度自我控制之持續性特質，與犯罪生涯觀點（Criminal Career Perspective）之強調少年成長階段不同犯罪原因（含參與時間、頻率、持續性）相悖。

蓋佛森與赫西之一般性犯罪理論強調低度自我控制特質包括：衝動性、喜好簡單而非複雜的工作、冒險、喜好肢體而非語言的活動、以自我為中心、輕浮的個性。低度自我控制加上犯罪機會為犯罪之主因。他們將犯罪定義為「以力量或詐欺之行為追求個人自我利益」（Acts of Force or Fraud in Pursuit of One's Self-interest）。如同赫西（1969）在《犯罪原因論》（*Causes of Delinquency*）一書中所提，犯罪動機並非係一變項。相反地，所有的人類皆汲汲於追尋自我利益，包括犯罪。真正的差異乃在於個人自我控制之層級與觸犯犯罪機會之提供。然而既非低度自我控制，亦非犯罪機會之呈現本身，為決定犯罪之主因。相對地，必須兩者同時呈現或產生互動始導致犯罪行為之發生。（蓋佛森與赫西之一般性犯罪理論模式，詳如圖5-2）

總之，一般性犯罪理論指出犯罪是一群低度自我控制者，在犯罪機會條件之促成下，以力量（Force）或詐欺（Fraud）追求個人自我利益之立即滿足的行為。而自我控制之形成與兒童早期在家庭中所接受之教養密不可分。該理論之核心觀念在詮釋少年偏差與犯罪上初步獲得證實（林正弘，1993），雖然持續之實證評估尚待進一步觀察。

```
┌─────────────────────────────┐
│      低 度 自 我 控 制        │
│ 1.衝動性：即現在與此地之傾向，以│
│   對直接環境之刺激做回應。      │
│ 2.行動缺乏勤勉、執著與持續。    │
│ 3.喜好刺激，好冒險。           │
│ 4.偏好肢體活動，較不熱衷認知與心 │
│   智之活動。                  │
│ 5.以自我為中心，對他人漠不關心， │
│   對他人之需求與遭受不具感應性。 │
│ 6.挫折忍受力低，無法以口語溝通之 │
│   方式解決衝動。              │
│ 7.認知與學業技術之笨拙。        │
│ 8.追求非犯罪行為之立即滿足傾向。 │
│ 9.婚姻、友情與工作欠缺穩定。    │
└─────────────────────────────┘
```

┌──────────┐   ┌──────────────┐
│ 犯罪機會 │   │ 犯罪行為   │
│（武力及 │ →   │（以力量或詐欺追求個│
│ 詐欺最易 │   │ 人自我利益之立即滿│
│ 達成之情 │   │ 足）   │
│ 境聚合） │   │   │
└──────────┘   └──────────────┘

+

圖5-2　蓋佛森與赫西之一般性犯罪理論模式

第三節　犯罪整合、共通理論

　　澳大利亞犯罪學者布列斯衛特（Braithwaite, 1989）於最近出版《犯罪、羞恥、與整合》（*Crime, Shame, and Reintegration*）一書，大力倡導可詮釋各類犯罪行為（共通）之明恥整合理論（Reintegrative Shaming Theory），為犯罪學理論注入另一新血輪[1]。

　　明恥整合理論之發展有其緣由背景，包括一、部分犯罪學學者認為單一理論並無法適當詮釋複雜之犯罪現象，而擷取各理論之精華並加以整合較為周延；二、犯罪學者認為現存之犯罪理論在概化（Generality）程序上似嫌不足，僅能解釋某一特殊現象；三、許多研究顯示「羞恥感」在日本成功地控制犯罪上扮演著重要之角色，應可加以應用採行。

　　基本上，明恥整合理論，根據黃富源氏（1992：95-98）之歸納整理，其整合了標籤理論、犯罪副文化理論、控制理論、機會理論、學習理論等理論中互補而共存的部分。亦即以控制理論來探討初級偏差行為的產生，以標籤理

1　有關明恥整合理論之中文版詳細介紹，請參考黃富源著，明恥整合理論：一個整合、共通犯罪學理論的介紹與評估，警學叢刊第23卷第2期，民國81年12月，頁93-102。

論來瞭解次級偏差行為何以形成，並以犯罪副文化理論說明次級偏差行為因何可以持續，再以其他理論加以補充說明、潤飾。在該理論中「羞恥」的概念居於核心地位，認為決定個體是否從事犯罪的關鍵在於「羞恥」。除了「羞恥」概念外，布氏另亦有兩個自創的概念，即「互賴」與「共信」。「互賴」是指「個體在所處的生存網路中，其依賴別人以達成有價值的目標，及他人因相同目的而依賴此一個體的程度」。「共信」則是「一種社會狀態，分子間有著極高度互助與互信的特色，個體因而十分互賴」。在人類的生活環境裡有許多的因素會增加個體「互賴」的程度，其中最重要的因素是年齡低於15歲或高於25歲者、已婚者、有職業者，和具有高教育、職業抱負者。高「互賴」個體也較易受「羞恥」的社會控制影響。更重要的，一個擁有許多高「互賴」個體的社會，將會是一個高「共信」的社會，這樣的社會「羞恥」的社會控制力會既廣泛而強大。「都市化」和「居住流動性」愈高，社會「共信」的程度將愈低。「羞恥」的非難方式可以在個人層面或社會層面轉化成「烙印羞辱」或「明恥整合」。在高共信中的社會，「羞恥」較可能轉化成「明恥整合」，這樣的社會會有較低的犯罪，因為社會對犯錯者的非難不是排斥羞辱個體，而是令其知錯能改而重新接納他的悔改而重新整合於社會。

　　相反地，在低互賴和低共信的社會裡，「羞恥」則多次以「鯨印羞辱」形式出現，由於這種非難排斥犯錯者，相對地增強了犯罪副文化的吸引力，促使犯錯者參與犯罪副文化，學習犯罪行為和合理化其罪行的藉口，更衍生了更多的犯罪機會以誘發這些參與者更多的犯罪動機。

　　此外社會上某些特定的人口群組，由於合法成功的機會被剝奪，這些原已被標籤的團體成員，便易形成犯罪副文化團體，支持其成員的犯罪行為，互習犯罪行為的技巧而導致更高的犯罪率（詳圖5-3）。

　　綜合言之，明恥整合理論係目前犯罪學界走向整合理論策略之具體顯現，惟值得注意的是，該理論不僅借用現存理論之精華部分，同時加上其從日本成功控制犯罪之心得，引用互賴（Interdependency）、共信（Communitarianism）、烙印羞辱（Stigmatization）、明恥整合（Reintegrative Shaming）等概念，發展其獨特之理論。該理論，根據布氏（Braithwaite, 1989）之見解，其理論之概化、類推能力甚佳，可詮釋大部分之犯罪現象，屬共通理論（General Theory）之範疇，可預見之未來，其對犯罪理論界將有可觀之影響。

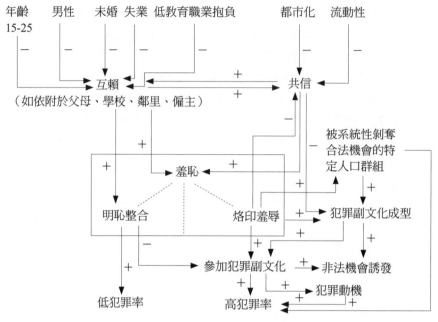

圖5-3　明恥整合理論模式

資料來源：Braithwaite（1989: 99）；黃富源（1992：95）。

第四節　生活週期觀點之發展理論

　　少年犯罪如何肇始與持續？此派認為影響犯罪之發生包括多重之社會、個人、經濟因素等，而這些因素隨著少年之成長而發生變化，偏差與犯行亦跟著改變。例如，美國紐約州立大學Thornberry教授（1987）指出，在少年初（早）期，健全的家庭是促始少年與傳統社會連結（Bonding）之最重要因素，並為減少少年犯罪最重要之關鍵。當少年隨著歲月之成長而趨於成熟走向少年中期時，友伴、學校及次文化團體成為影響少年行為之重要參考變項。而當少年進入成年期時，嶄新之變項，尤其是傳統活動以及家庭之奉獻（Commitment）等，對於個人與社會繫帶之影響則產生實質之影響。茲分述如下（Siegel and Senna, 1997: 65-77; Siegel, 2006: 287-327；另引自蔡德輝、楊士隆，2012：177-186）：

一、相關研究及其發展

(一) Glueck夫婦之拓荒研究

　　1930年代美國哈佛大學Sheldon Glueck及Eleanor Glueck夫婦（1950）為犯罪少年生涯生活週期之拓荒研究。其進行一系列之追蹤研究嘗試確定預測犯罪少年持續犯行之重要因素。Glueck夫婦在《少年犯罪闡明》（*Unraveling Juvenile Delinquency*）一書中，其配對500名犯罪少年與500名非犯罪少年，進行比較研究以預測反社會行為之個人因素。其研究特別聚焦於犯罪生涯之早期肇始，發現兒童時期之適應不良行為與成人期之適應密切相關。換句話說，兒少早期徵候為犯罪生涯之孕育港口。此外，Glueck夫婦亦發現犯罪生涯具有穩定性，在早期呈現反社會行為者，罪犯可能持續其犯罪生涯至成年期。Glueck夫婦之研究兼重視生物、心理、社會各層面因素，其中發現少年智力較低、具心智缺陷背景與鬥士體型者，最容易形成持續犯罪者（Persistent Offenders）。而家庭關係不良、父母教養品質低劣、與父母情感之繫帶最容易陷入犯薄弱之少年，如在經濟情況惡劣之單親家庭中成長，並且有低學業成就之情形。Glueck夫婦之拓荒研究，為少年犯罪生活週期研究奠立良好之基礎。

(二) 早期問題行為徵候研究

　　在犯罪生活週期相關研究中，研究並發現犯罪行為可能是所有「問題行為徵候」（Problem Behavior Syndrome, PBS）之一部分，這些行為包括許多非傳統之非行之雜聚，包括早期性經驗、性雜交、抽菸、酗酒、學業適應不良、未婚懷孕、偷竊、瘋狂冒險行為等。學者Farrington與Loeber之研究曾發現許多問題行為徵候與自陳報告非行及官方統計具有密切關聯，其曾比較Loeber之匹茲堡研究，發現兩者間具有共通性。問題行為聚集一起者包括家庭相關問題，如管教的衝突、家庭人口過多、低收入、破碎家庭等。個人層級問題行為包括：注意力不集中、過度活躍、衝動性。比較不同之時間（1960及1990年代）地點（匹茲堡及倫敦）發現：問題行為徵候具普遍性。楊士隆（1999）在從事少年殺人研究時，以回溯的方式調查台灣地區75名少年殺人犯過去之偏差與犯罪行為，發現其中以無照駕車（占92%）、抽菸（88%）、深夜在外遊蕩（82%）、觀賞暴力影片（80%）、吃檳榔（80%）、與人口角爭執（72%）、進出聲色場所（60%）、與他人打架（58%）、飲酒過量（56%）、頂撞師長（54%）、攜帶刀械或其他危險物品（50%）、打賭博電

動玩具（50%）等所占比例較高。

(三) 朝向犯罪之路徑研究

部分生活週期之學者認為進入犯罪生涯可能存有不同之路徑，而非單一之路徑。Loeber及其同事（1993）分析匹茲堡（Pittsburgh）同生群少年追蹤研究之資料時，曾發現以下三類少年之犯罪路徑朝向：

1. **權威衝突路徑**（The Authority Conflict Pathway）：此項路徑在少年較年少時即伴隨頑固行為（Stubborn Behavior）出現，進而藐視他人（以自己之方式做事，拒絕別人要求，不服從），進而逃避權威（Authority Avoidance）（很晚回家、逃學、逃家）。對父母不在意及逃避權威之結果，導引更嚴重之犯行，包括藥物濫用等。

2. **內隱之路徑**（The Covert Path）：此項路徑從較輕微之行為開始（如說謊、順手牽羊）而導致對財物之損害（縱火、破壞財物），而最終提升至更嚴重之少年犯罪型態，如偷竊、支票／信用卡詐欺、偷車、買賣毒品及非法入侵等。

3. **外顯之路徑**（The Overt Path）：此項路徑係從騷擾、欺凌他人等行為開始提升，進而導引至具暴力性質（包括對個人之攻擊、刀械武裝）之肢體衝突（如打架、幫派鬥毆）。

Loeber指出前述任一路徑均將促使少年持續犯罪行為型態，許多甚至進入二以上之路徑，這些多重路徑少年係非常頑固、經常對老師及父母說謊、並且欺凌他人、屢有偷竊行為，而走向更嚴重之犯罪行為型態。除Loeber之研究發現外，少年犯罪防治實務工作亦顯示，部分少年因好奇心而吸毒，之後因缺錢購買毒品而有對父母及他人偷竊之行為出現，進而提升至販賣毒品之行動，呈現單一路徑。當然亦有少年因父母本身即屬偏差或犯罪行為團體，如經營應召站、賭場等，在耳濡目染情況下而自然涵化成偏差行為價值觀與行為型態，顯然此類路徑與前述截然不同。

(四) 從少年非行至成人犯罪之研究

倡議犯罪生活週期觀點之學者嘗試記錄持續犯罪者之犯罪生涯，以便確認促成犯罪與減少犯罪之相關因素。此派學者認為少年呈現非行與犯罪生涯間具有密切關聯，即形成所謂Delinquent-criminal Career Patterns。亦即早期之偏差行為預測未來之犯罪行為；犯罪基本上呈現其持續性（少年犯最有可能成年

犯）；而常習犯觸犯了大部分的犯罪。

在此項觀點上，美國賓州大學Wolfgang、Figlio與Sellin等教授（1972）以縱貫型追蹤研究方式，深入瞭解少年成長期間觸犯嚴重罪行之成因與重要相關因素最具影響力。Wolfgang等曾對1945年出生之9,945名青少年追蹤至18歲止，統計發現占所有樣本數6%，累犯5次以上之所謂「常習犯」（Chronic Offender），或稱「核心犯罪者」（Hard-core Criminal）卻觸犯51.9%之所有罪行。此外，Wolfgang、Thornberry與Figlio（1987）在追蹤原來樣本之10%至30歲為止（總計974位），進一步發現成年後之「持續性犯罪者」（Persistent Offender）有70%來自原來的少年常習犯；少年時期無犯罪紀錄者，成年後只有18%的犯罪可能性；少年犯有80%的可能性成為成年犯：並有50%可能於成年後被逮捕4至5次；「常習少年犯」的犯行占全部逮捕次數之74%和嚴重暴力罪行（如殺人、強姦、搶劫）的82%。其研究明確指出「常習少年犯」長大後大多仍持續其犯行，同時犯罪的嚴重性也隨著年齡的成長而大增。除Wolfgang等對1945年出生之9,945名青少年追蹤至18歲之研究外，其為進一步瞭解往後同生群少年之行為是否有變化，因此其與Paul Tracy與Robert Figlio（1995）重新選擇另一較大樣本之同生群進行研究，其係出生於1958年之費城少年總計27,160名，追蹤至18歲止，其中13,160名係男性少年，14,000名係女性少年。研究發現在男性樣本中，常習犯罪少年（被逮捕4至5次者）占樣本之7.5%（1945年則占6.3%），此982名常習少年犯總計有9,240次遭逮捕紀錄（全部之61%）。他們同時觸犯了高比例之各類犯行，包括61%之殺人、76%之性侵害行為、73%之搶劫及65%之攻擊行為。在女性少年犯罪樣本中，則發現約7%（147名少女）可歸類為常習累犯（Chronic Recidivists）。在此新之同生群樣本中（1958年出生），確立了常習犯之徵候仍然存在於小於13歲之樣本中（1945年），同時其犯罪行為更形暴力。

此外，除Wolfgang等（1987）之研究發表「從孩童至成年人，從非行至犯罪」（From boy to man, from delinquency to crime）具有實質影響外，英國劍橋大學Farrington教授從事之縱貫型追蹤研究，亦提供了另一最佳佐證。Farrington教授追蹤411名於1953年倫敦出生之同生群少年，以自陳報告非行資料，深度訪談及心理測驗方式，在二十四年中訪談八次，從8歲開始至32歲為止。Farrington（1992）發現持續犯罪者之特質在8歲即可察覺，其大多數出生於功能不健全之家庭，並在8歲左右即有不誠實及攻擊等反社會行為出現。在18歲左右離開學校後工作欠缺穩定，甚至失業，且經常從事各類偏差與犯罪

行為。在走向32歲期間期多數積欠許多債務並獨自居住於髒亂的環境裡。Farrington之研究證實常習犯之存在、犯罪行為之持續性，及偏差行為之早期肇始將導引持續性之少年犯罪行為。

二、生活週期相關理論觀點

Thornberry之互動理論

學者Thornberry於1987年提出互動理論（Interaction Theory of Delinquency）（1987: 863-891）為生活週期相關理論之代表。Thornberry指出，當代之犯罪理論具有下列三大缺失：

1. 具單一方向因果結構之犯罪理論對於犯罪之詮釋過於呆板，缺乏動態之描述。
2. 傳統之犯罪理論並未能檢視少年成長之可能變化，即成長中不同階段行為之呈現。
3. 傳統之犯罪理論並未能將少年發展過程之概念適當的與其在社會結構中的角色相連結。

互動犯罪理論即針對前述之弱點而加以改進、測試發展而言。基本上，互動犯罪理論認為犯罪行為之發生乃個人與傳統社會聯結變弱之結果，並且在互動之團體中經由增強與學習而來，更重要的是這些聯結與學習變項與犯罪行為發生交互影響（Reciprocally Related），並伴隨一個人成長之生涯而行，而有不同階段之偏差行為與犯罪呈現。

宋氏進一步說明互動犯罪理論之內涵如後：

促使少年犯罪之首要趨力為與傳統社會之聯結繫帶削弱之結果，這些聯結繫帶包括與父母之附著程度（Attachment to Parents）、就學之奉獻專注（Commitment to School）及對傳統價值之信仰（Belief in Conventional Value）。一旦這些傳統繫帶被削弱時，個人從事偏差行為之可能性即大增。

對於偏差行為或犯罪行為之進一步發展，乃須要一強化少年犯罪之團體為中間媒介，俾以促使犯罪行為進一步學習與強化。此團體係由下列二個變項，與非行少年同輩之接觸（Associations with Delinquent Peers）及少年偏差行為價值觀念之接觸（Associations with Delinquent Values）所呈現，伴隨著偏差與犯罪行為本身，形成交互影響之環節，並隨著時間之演化而導致偏差與犯罪行為之發生。

更進一步的，互動之過程伴隨著個人之生活週期而發展，而重要之變項亦隨著個人的年齡不同而有差異之呈現。在少年初（早）期，家庭是促使少年與傳統社會聯結（Bonding）之最重要因素，並為減少犯罪之關鍵。當少年隨著歲月之成長而趨於成熟，走向少年中期時，友伴、學校以及少年次級文化乃成為影響少年行為之重要參考變項。最後，當少年進入成年期時，嶄新之變項，尤其是傳統活動以及家庭之奉獻（Commitment）等，對於個人與社會繫帶之影響更具效能。

值得注意的是，互動犯罪理論進一步指出，這些過程變項相當有系統的與個人在整體社會結構中之地位互相關聯。包括社會階層（Social Class）、少數團體之地位（Minority Group Status）及居住鄰里之解組（Social Disorganization of the Neighborhood of Residence）等不僅影響及互動變項之最初表現，同時影響及行為之運行軌道。少年從最具劣勢之背景環境中開始其與傳統社會聯結最低之生活歷程，並且與犯罪之世界初步接觸。同時，在互動之過程中增加了其持續參與犯罪生涯之機會。相反地，來自中上層社會家庭之少年則進入順從社會規範之軌道，並遠離犯罪。

但是，根據宋氏之看法，無論行為之肇始或最後之結果如何，互動犯罪理論最重要觀點之一為其主張互動之因果過程並伴隨個人生涯而發展，而犯罪行為是此過程中重要的一部分；其不僅影響及社會鍵以及學習變項，同時亦受這些重要變項之影響。不同階段的少年犯罪行為互動模式如宋氏在美國Rochester Youth之縱貫型研究中初步證實少年犯互動理論觀點（圖5-4、圖5-5、圖5-6），其發現少年犯罪原因比吾人想像中來得複雜，不僅與家庭及學校繫帶之削弱導致少年犯罪，這些犯罪行為亦進一步的削弱其與家庭、學校之繫帶強度，而形成走向犯罪型態之行為軌道。

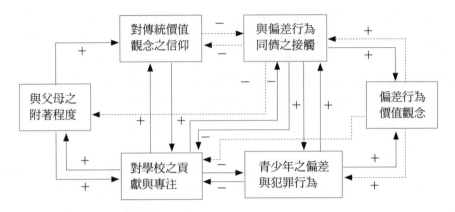

實線表示影響力較大
虛線表示影響力較小

圖5-4　少年青春初期犯罪行為參與之交互影響原因模式

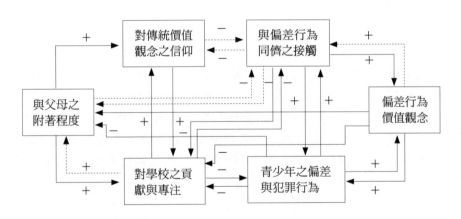

實線表示影響力較大
虛線表示影響力較小

圖5-5　少年青春中期犯罪行為參與之交互影響原因模式

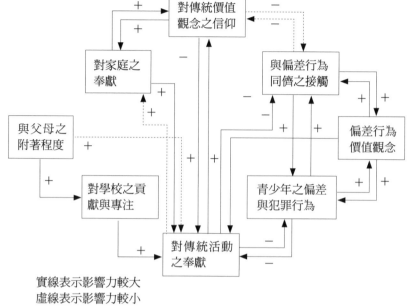

實線表示影響力較大
虛線表示影響力較小

圖5-6 少年青春晚期犯罪行為參與之交互影響原因模式

第五節 少年犯罪被害相關理論

除了前述少年犯罪理論之發展外，另一支與傳統犯罪理論著重於犯罪原因探討截然不同之研究取向為從被害之觀點，探討加害人與被害人之互動關係。揆諸文獻，少年被害之相關理論已漸發展（參閱鄧煌發，1988），而其中以辛德廉、蓋佛森與葛洛法洛（Hindelang et al., 1978）提出之生活方式暴露被害理論（A Lifestyle/Exposure Model of Personal Victimization）及柯恩與費爾遜（Cohen and Felson, 1979）倡導之日常活動被害理論（Routine Activity Theory of Victimization）最具代表性，茲分別敘述如下：

一、生活方式暴露理論

個人生活方式暴露被害理論係由辛德廉等氏於1978年提出，此理論旨在說明一個人之所以可能遭致被害，與其「生活方式」之某些特色有關。根據辛德

廉等氏之見解,生活方式(Lifestyle)係指日常生活之各項活動,包括職業活動(如工作、就學、持家)及娛樂休閒活動等。個人因這些生活方式、型態不同,而影響及其被害風險。辛德廉等氏(Hindelang et al., 1978: 243)之理論架構如下:

辛德廉等氏指出,個人在社會中適應情形,受角色期望(Role Expectations)與社會結構(Social Structure)的限制與約束。而角色期望與社會結構的結束則依個人基本人口資料特性而定,例如年齡的不同,男女性別的差異,種族的不同、收入的多寡、職業、婚姻狀況及教育程度的不同,社會對其角色的期望與要求亦有所差異。

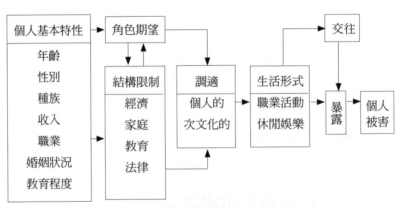

圖5-7　生活方式暴露被害理論模式

此外,社會上既定的各種制度,如經濟、家庭、法律及教育制度等「社會結構」上的約束,限制了個人對其行為的選擇權,譬如經濟因素嚴格限制個人對居家環境,娛樂休閒生活方式,受教育機會及交通工具的選擇。核心家庭或小家庭取代大家庭時,也影響了家庭組成分子的行為模式,教育制度使人必須依循其體系循序漸進,且大部分的人均受法律之約束。個人在社會化(Socialization)過程中,逐漸習得所屬團體之規範、態度及適應角色期望與社會結構之限制後,自然而然產生一套適應的行為模式,如上學、就業、持家及休閒娛樂等。日常生活活動,此類活動即辛德廉等氏所稱之「生活方式」(Lifestyle),即為個體安排其職業與休閒等活動的生活方式。這種生活方式關係著個人是否於特定地點、特定時間與具有特殊人格之特定人接觸;而生活方式的不同,與具有某種特性之人在特定時空點上相遇的機會也有所不同,因加害者

與被害者並非隨機分布在時空向度上，因而導致某些特性之人在某些時空點上較易成為被害對象。亦即不同的生活方式，蘊涵著不同的被害危險性，常與具有犯罪特性之人接觸交往者，其暴露於危險情境的機會愈多，被害的可能性也就愈大，故個人生活方式暴露理論指出，生活方式除直接影響個人暴露於危險情境之機會外，亦間接透過加害者與被害者之間的相互接觸，而影響被害可能性的大小（張平吾，1989）。

辛德廉等氏認為個人之被害必須具備下列條件：

(一) 必須有加害者與被害者，且兩者的生活步調在特定時空上須有互動機會。

(二) 加害者與被害者必須有所爭執或對抗，使加害者以為被害者是下手的適當目標。

(三) 加害者必須有所企圖，且有能力去實施恐嚇威脅等暴力方式，以遂其所求。

(四) 情境必須相當有利於犯罪，使加害者認為在此種情形下，能訴諸暴力威脅手段來達成其犯罪之目的。

上述為個人被害的促成條件，凡符合此四個條件者，被害的可能性自然較大，生活方式在此一理論中之所以重要，即因它與暴露在危險情境的機會有關，個人被害並非呈現機率式的均勻分布現象，而是集中在某特定時間、特定地點及特殊環境上，而加害者也傾向於具有某些特性，即潛在被害者與加害者有關，常存有某種特殊關係，由於生活方式的不同，加上特殊地點、時間及情境下而與特定類別的人互動接觸結果，遂產生不同的被害可能性。

辛德廉等氏（Hindelang et al., 1978: 251-266）提出八項命題，藉以說明暴露被害與特殊生活方式間之連帶關係：

命題一：個人被害的機率與其暴露在公共場所時間多寡成正比，特別是夜晚的公共場所。

命題二：個人置身公共場所可能性隨其生活方式的不同而有所差異，尤其夜晚較為明顯。

命題三：類似的生活方式者，其彼此接觸互動的機會較多。

命題四：個人被害的機率，端視其是否具有與加害者相類似之人口特性。

命題五：個人與家人以外成員接觸時間的多寡，隨其生活方式不同而異。

命題六：個人被害的可能性，隨其與非家人接觸時間的多寡而定，尤其是竊盜罪。

命題七：生活方式的不同與個人阻絕和具有犯罪特性之人接觸能力的差異有
　　　　關，即個人愈常與有犯罪特性之人接觸，其被害可能性也就愈大。

命題八：生活方式的差異與一個人成為被害的方便性（Convenience）、誘發
　　　　性（Desirability）及易於侵害性（Vulnerability）的差異有關。

　　綜上所述，個人生活方式暴露理論之主要內容，在於基本人口特性資料背
景不同的個人，因角色期望、社會結構及生活調適之不同，而形成不同之生活
方式，而不同的生活方式決定了暴露於被害危險情境的高低，而是否常與有犯
罪特性之人接觸交往，也決定個人被害之可能性（張平吾，1989）。

　　由於辛德廉等氏之生活方式暴露被害理論模式仍未完全臻於完善，葛洛法
洛（Garofalo, 1983）對生活方式暴露理論模型做了修正（如圖5-8）。Garofalo
指出，該修正後之模型適用於解釋直接接觸掠奪性犯罪，其增加了四個因素於
新模型中，說明如下：

　　(一) 加入結構限制對暴露之直接影響，此主要指經濟地位與房屋市場限
制了居住環境的選擇，因此而使低社經地位者較多暴露於有傾向犯罪者的機
會，造成較高之被害率，而此非日常活動所引起的。

　　(二) 加入對犯罪反應此一因素。葛氏認為對犯罪不同的認知，會影響日
常活動的行為，而對犯罪的反應，係依據個人對犯罪的認知態度，如避免晚上
單獨外出，家中防盜設備增加等。

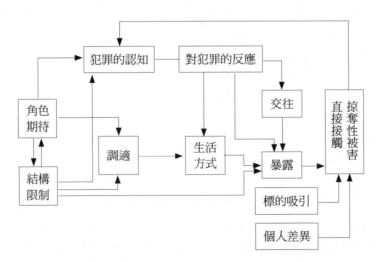

圖5-8　直接接觸掠奪性犯罪生活方式暴露理論修正模型

(三) 加入標的吸引的因素。標的吸引指該人或物對加害者所象徵的價值（Worth），標的物吸引力愈大，被害危險性應愈高。

(四) 加入個人特質因素。葛氏指出，並非所有的被害危險均可由社會層面因素來說明，應該還包括個人生理的、心理的相關因素，如心理特質傾向、生理缺陷等等（許春金、馬傳鎮，1990）。

二、日常活動被害理論

日常活動被害理論（Routine Activity Theory of Victimization）係由柯恩與費爾遜（Cohen and Felson, 1979）所提出。此項理論強調犯罪等非法活動之發生在時空上須與日常生活各項活動相配合。換句話說，日常生活活動型態影響及犯罪發生之「機會」，而導致「直接接觸掠奪性犯罪」（Direct-contact Predatory Violation）發生。

柯恩與費爾遜（Cohen and Felson, 1979）認為犯罪之發生，必須在時空上三項因素聚合：

(一) 具有能力及犯罪傾向者（Motivated Offender）：係指社會急速變遷，人類活動型態改變，造成犯罪機會增加及潛在犯罪者發生，而此為犯罪被害發生之啟動者。

(二) 合適之標的物（Suitable Target）：合適被害標的物之選擇隨著標的物價值（Value）、可見性（Visibili-ty）、可接近性（Access）及其慣性（Iner-tia），如物之大小、重要及是否上鎖等而定。

(三) 足以遏止犯罪發生之抑制者不在場（Absense of Capable Guardian Against Crime）：非單指執法人員之不在場而言，泛指足以遏止犯罪發生控制力之喪失型態，如被害時無熟識之人在場等。

此外，林曲（Lynch, 1987）探討日常活動被害理論，認為下列四變項為其核心要素：

(一) 暴露（Exposure）：被害者是否暴露於危險情境，即潛在犯罪者可看見或可身體接觸之情形，如工作地點與較多人互動，為決定是否被害之重要前提要件。

(二) 抑制者（Guardianship）：抑制係指能預防或阻止被害人是否在場，包括人與物在內，如警衛及警鈴等。一般而言，如至外界單獨活動，抑制者不在場時，其被害之危險性即增加。

(三) 對危險之認知（Perceived Dangerousness）：係指是否常接近潛在犯

罪者，而有否警覺性而言，倘無此認識，被害可能性即可能增加。

(四) 吸引性（Attractiveness）：指犯罪被害標的物是否因某些特性而引起加害者特別注意而言，例如錢財露白，女性具有魔鬼般身材並穿著暴露衣服等（參閱張平吾，1989）。

總之，日常活動被害理論提供了少年被害之重要詮釋。尤其該理論指出被害之發生，往往有其時空特定之因素，並且係許多因素聚合之結果。為免成為犯罪之被害人，少年（少女）必須有警覺性，減少單獨外出並多結伴而行，避免成為合適之被害對象。

結　論

綜合言之，目前少年犯罪理論已呈現百花爭艷之熱鬧局面。部分學者鑑於傳統理論之侷限，開始從事理論整合（Theoretical Integration）的工作，企圖提出較周延、詮釋力較佳之理論。另一派學者則固守已見，堅強頑抗到底，認為許多犯罪理論由於基本假設不同，根本無法加以統合，而強調理論各自發展。在此一同時，另有學者致力於發展理論，而提出可詮釋各種犯罪類型並跨時空之一般性（共通）犯罪理論（General Theory）（無論以原型創新或整合之型態呈現與否），強調其類推能力。而亦有學者另主張對犯罪理論加以精心推敲（Elaboration）、修正，並提出可跨越不同年齡層之互動犯罪理論，以嶄新的縱貫型研究設計，加以考驗其詮釋能力。最後，部分學者另從犯罪機會、被害之觀點提出「生活方式暴露被害理論」及「日常活動被害理論」，以詮釋少年犯罪被害之可能情況，此與前述探討犯罪原因之理論截然不同。無論如何，這些新的嘗試已為未來犯罪（含被害）理論發展奠立良好基石，再經適當實證評估、測試，必可精粹出可適當的詮釋少年犯罪之理想理論。

參考書目

一、中文部分

林正弘（1983）。城鄉少年偏差行為成因比較分析——Hirschi and Gottfredson一般化犯罪理論之實證研究。中央警察學校警政研究所碩士論文。

張平吾（1989）。簡介被害者學之發展及其兩個相關理論。警政學報，第16期。

許春金、馬傳鎮（1990）。暴力犯罪被害者個人特性與日常活動型態之實證研究。行政院國家科學委員會。

許春金譯（1989）。一般性犯罪理論對犯罪預防的啟示。警學叢刊，第20卷第1期，頁145-150。

黃富源（1992）。明恥整合理論：一個整合、共通犯罪學理論的介紹與評估。警學叢刊，第23卷第2期，頁93-102。

楊士隆（1997）。犯罪理論整合：一個犯罪理論建構策略之介紹與評析。警學叢刊，第27卷第5期。

楊士隆（1999）。青少年殺人犯罪問題與防治對策。法學叢刊，第44卷第4期。

蔡德輝（1993）。犯罪學——犯罪理論與犯罪防治。五南圖書。

鄧煌發（1988）。被害者學相關理論之探討。警政學報，第13期。

二、外文部分

Braithwaite, J. (1989). Crime, shame, and reintegration. Cambridge University Press.

Cohen, L. E. and Felson, M. (1979). Social change and crime rate trends: A routine activity approach. American Sociological Review, 44: 588-608.

Cornish, D. B. and Clarke, R. V. (Eds.) (1986). The reasoning criminal. Rational choice perspectives on offending. Springer-Verlage.

Elliott, D. S., Huizinga, D., and Ageton, S. S. (1985) Explaining deilnquency and drug use. Sage.

Farrington, D. (1992). The development of offending and antisocial behavior from childhood to adulthood. Paper presented at the congress on rethinking delinquency. University of Minho, Braga, Portugal, July, 1992.

Garofalo, J. (1983). Lifestyles and victimization: An update. Paper presented at He Thirty-Third International Course in Criminology. Vancouver, British Columbia.

Glueck, S. and Glueck, E. (1950). Unraveling juvenile delinquency. Commonwealth Fund.

Gottfredson, M. and Hirschi, T. (1990). A general theory of crime. Stanford University Press.

Groves, W. B. and Lynch, M. J. (1990). Reconciling structural and subjective approaches to the study of crime. Journal of Research in Crime and Delinquency, 27: 348-375.

Hindelang, M. J., Gottfredson, M. R., and Garofalo, J. (1978). Victims of personal crime: An empirical foundation for a theory of personal victimization. Ballinger Publishing Company.

Hirschi, T. (1969). Causes of delinquency. University of California Press.

Hirschi, T. (1979). Separate and unequal is better. Journal of Research in Crime and Delinquency, 16: 34-38.

Jeffery, C. R. (1977). Crime prevention through environmental design. Sage Publications.

Jeffery, C. R. (1979). The prevention of crime and juvenile delinquency. In The First Asian-Pacific conference on juvenile delinquency (p. 380).

Jeffery, C. R. (1989). An interdisciplinary theory of criminal behavior. In W. S. Laufer and F. Adler (Eds.), Advances in criminological theory (pp. 69-87). Transaction Publishers.

Jeffery, C. R. (1990). Criminology. Prentice Hall.

Jeffery, C. R. (1993). Genetics, crime, and the cancelled conference, The Criminologist, The Official Newsletter of the American Society of Criminology, 18, 1.

Jessor, R., Donovan, J., and Costa, F. (1991). Beyond adolescence: Problem behavior and young adult development. Cambridge University Press.

Liska, A. E., Krohn, M. D., and Messner, S. F. (1989). Theoretical integration in the study of deviance and crime: Problems and prospects. State University of New York Press.

Loeber, R. et al. (1993). Developmental pathways in disruptive child behavior. Development Psychopathology, 5: 103-133.

Lynch, J. P. (1987). Routine activity and victimization at work. Journal of Quantitative Criminology, 3(4): 283-300.

Part Ⅲ

少年犯罪相關因素

第六章　家庭與少年犯罪

　　家庭在少年犯罪行為上具有關鍵性影響已廣為學界證實。學者大致指出，兒童成長早期在家庭所接受之教養與關愛品質之良窳，對未來少年犯罪行為具有相當高之預測力（Hirschi, 1969）。家庭不僅是奠立少年健全人格發展，及適當社會化之最重要機構，同時其功能發揮與否與少年反叛及偏差行為有著顯著密不可分之關係（Gove and Crutchfield, 1982）。在功能健全的家庭中，少年人格與行為較能獲得正常發展，尤其在行為態樣較趨於成熟、理性。相反地，在破碎家庭或缺乏關愛品質之家庭，少年較容易產生仇恨、衝動、挫折感、不尊重法律、退縮、缺乏理性甚至攻擊行為。換言之，少年時期之偏差行為往往是兒童時期缺乏適當家庭教養與關愛所致（許春金，1992）。法務部出版之犯罪狀況及其分析復指出，台灣地區各地方法院審理少年刑事案件暨管訓事件犯罪原因，家庭因素中，以父母管教不當、破碎家庭、父母不睦、親子關係不正常等所占之人數及比率最高。因此，本章擬依據各項研究心得對少年犯罪之家庭層面因素加以探討，並研擬適當對策。

第一節　少年犯罪之家庭層面因素分析

　　許多研究指出家庭功能失調為少年偏差與犯罪行為之決定要因。尤其，在不良家庭負因影響下，許多少年因而未能接受較為適當之社會化歷程，甚至學習到不良行為樣態與模式，而促使觀念產生偏差，影響未來偏差與犯罪行為。綜合國內外各項研究，瞭解少年犯罪行為產生之家庭層面因素似可從下列層面著手。

一、管教態度不當

　　研究大致證實父母管教態度之不當與少年偏差與犯罪存有密切相關，尤其父母對子女管教之嚴苛、鬆散、不一致、不公平、冷淡、武斷或期望過高，均易使子女身心遭受傷害，影響及未來偏差甚或犯罪行為。例如，學者希利與布爾納（Healy and Bronner, 1926）在其芝加哥與波士頓之少年犯罪研究中即發現

在4,000名之少年犯中，約有40%之少年認為其雙親未給予適切與良好之管教，且雙親對這些少年多具有拒絕與剝奪關愛之傾向。

葛魯克夫婦（Gluecks, 1943, 1950）之少年犯罪研究亦相繼發現少年犯的成因，以父母管教不當為主因。葛魯克夫婦（1962）之另一綜合研究更進一步指出，父母對子女之拒絕、冷淡、敵對以及過分嚴厲或放任，導致子女敏感、多疑、情緒衝動、精神不穩定、缺陷感、無助感、孤獨感、不被需要（愛）感等傾向，乃是形成少年犯罪之主要原因（張華葆，1991）。威廉與瑪克（William and McCord, 1959）之研究則指出，父母親對子女採冷淡管教態度與少年未來偏差與犯罪具有密切相關。

國內研究亦大致顯示父母管教不當與少年偏差與犯罪行為形成具有密切關聯。例如蘇發興（1971）之研究顯示，台北地區犯罪少年家長較一般少年家長有更多拒絕管教態度。而犯罪少年的母親比一般少年之母親有嚴苛管教態度，犯罪少年之父親常有矛盾管教態度，犯罪少年父母親管教態度較不一致。陳小娥（1976）之研究則指出家庭教育方式不協調、縱溺子女、疏於管教或過度嚴格等因素，極容易導致少年產生犯罪行為。黃文瑛（1978）之研究指出父母管教態度若前後不一致或彼此矛盾時，則子女往往因此無所依從，對於自己的行為後果無法預測，而導適應不良、攻擊或反社會行為。馬傳鎮（1978）之少年犯比較研究，指出犯罪少年與一般少年在管教態度上大多具有顯著差異，尤其少年犯之父母在拒絕、嚴格、矛盾、紛歧等四種態樣上，顯著地較一般少年之父母更為偏異。張華葆（1991）亦指出其1989年之研究顯示少年犯之父母在管教督導各方面有許多缺失。綜合言之，父母管教態度對子女犯罪行為主要之影響至少包括下列層面：(一)父母嚴厲的態度將剝奪子女在交友與娛樂需要方面之滿足，而產生攻擊性或補償性之反社會行為；(二)父母放縱態度將妨礙子女自我控制行為，無法遵守社會規範，而形成反社會人格；(三)父母的偏愛與不公平態度將使子女對父母產生消極性與報復性行為，並產生轉移攻擊現象（Nye, 1958；謝文彥，1992）。這些不當管教態度，將直接或間接影響少年未來的偏差與犯罪行為。

二、破碎家庭

破碎家庭略指配偶之一方婚變、死亡、失蹤、離家不返，而無法履行諸如管教子女、教養關愛子女等家庭功能而言（Rosen, 1970）。破碎家庭成為造成少年偏差與犯罪行為重要因素在許多早期之研究中被證實。蕭氏與馬凱

（Shaw and Mckay, 1931）雖曾質疑破碎家庭在形成少年犯罪之重要性，然而在學者葛魯克夫婦（Gluecks, 1950）、尼亞（Nye, 1958）以及社會控制理論倡導者赫西（Hirschi, 1969）大力倡導下，破碎家庭之重要性乃再度被重視。惟值得注意的是，破碎家庭對女性少年犯罪之影響似乎較大於男性少年犯（Weeks, 1940; Toby, 1957; Monahan, 1957）。蓋男性依附於家庭之程度較女性為低，女性則由於依附程度較高，因此，一旦家庭破碎則極容易受到其影響。

　　國內研究，如林憲與林信男指出，破碎家庭為少年犯罪之重要變項，若再計入犯罪家庭、解組家庭，其所占比率更高（汪履維，1981），惟值得注意的是，周震歐卻指出一般人均認為破碎家庭是犯罪主要原因之一，其實，形式上的破碎家庭並不比完整家庭中存有傾軋、不和、爭吵加之於子女的影響嚴重。有職業的母親外出工作忽略了子女的管教，常認為係導致趨向少年犯罪，若母親外出工作將子女妥為安排，要比母親未外出工作並不照顧子女情形可靠得多。

　　綜而言之，在結構以及功能皆破碎的家庭，由於無法促使家庭發揮教育、經濟、生物、心理上之功能，因此較易導致少年偏差與犯罪行為發生，然而值得注意的是，家庭不和諧，缺乏溝通與關愛比父母實際上分居、離婚或死亡因素等影響少年偏差行為更大（宋根瑜，1981）。因此，破碎家庭對少年產生負面影響似以在與其他因素（如管教態度之良窳等）之互動下更易產生效應。

三、犯罪家庭或非行傾向之家庭

　　在具犯罪或非行傾向成長之少年由於極易受到親人偏差思想與行為態度之耳濡目染影響而合理化其許多之行為（即較無罪惡感及違法意識），因而較正常家庭之少年容易產生偏差與犯罪行為。例如，學者道格岱爾（Dugdale, 1910）在《犯罪、貧窮、疾病及遺傳》（*Crime, Pauperism, Disease, and Heredi-ty*）一書中曾描繪Jukeses家庭之犯罪史。在以Ada Jukes母親為首之犯罪家庭中，其追蹤其1,000位後代子孫，發現其中有280位貧窮者，140位犯罪者，包括60位小偷，7位謀殺犯，50位屬娼妓，40位罹患性病及其他偏差行為者。另外，學者Aukeses Estabrook亦對Jukes家族做深入研究，其追蹤該家庭2,000名成員後發現額外170名貧窮者、118名犯罪、378名娼妓及其他偏差行為者。在類似之研究中，學者郭達德（Goddard, 1927）對Martin Kallikak後代子孫480名心智愚頓少女結婚之後代加以研究亦證實此類犯罪家庭之存在。發現其中有36名非婚生子女、33名為娼妓、24名為酗酒者、3名為癲癇病患、82名夭折、3名為罪犯、8名有不良名譽。

這些早期犯罪家庭研究為其後之研究再度證實。例如，謝文彥（1992）之報告指出，葛魯克夫婦調查麻州感化院之少年，發現84%成長於犯罪傾向之家庭；Bart在英國所從事少年犯罪研究亦發現不道德或犯罪家庭之犯罪者較無犯罪者多出5倍（張甘妹，1995）；衛斯特（West, 1982）之英國少年犯罪研究則發現有8.4%父親未曾犯罪之少年有多種犯罪紀錄，然而有37%父親曾犯罪之少年有多種犯罪紀錄。據此，吾人瞭解不良家庭負因如犯罪父母或家族，的確為少年偏差或犯罪行為添加更多之變數。對此類具非行或犯罪傾向之家庭進行適切輔導與重整（或干預）似有其急迫性。

四、貧困家庭

在貧困家庭成長之少年由於多屬低社會階層，許多良好之教養品質及生活資源較為匱乏，因而亦可能對少年產生不良影響，甚至及其於未來之偏差與犯罪行為。學者Trajauaurcz（1973）之研究指出，家庭社經地位是與少年偏差與犯罪行為相關上最具意義的一個因素，而惟有和其他因素發生互動時，其影響力才會顯著。貧困對偏差與犯罪行為之影響可從直接與間接層面觀之。例如貧困狀態可直接促成諸如竊取他人財物之犯罪行為。貧困亦可間接造成偏差與犯罪行為：

(一) 貧困家庭之父母，其所受教育不高，吸收管教子女新知能力薄弱，對子女常有極端之管教方式呈現，因而容易造成子女之偏差行為。

(二) 貧困家庭往往子女數目眾多，且住屋狹小。兒童留在家中缺乏專屬活動空間，在此無秩序及雜亂環境中，對兒童教養自有負面之影響。

(三) 貧窮常與失業、居住、飲食、醫療問題有惡性循環現象存在。

(四) 貧困家庭多半居住鄰近環境差，如違章建築，私娼館附近，或攤販雲集之老舊市場等無秩序之地區，由於長久處於此種環境中，孩童所接觸者，多為道德觀念弱及智識低下者，對孩童健全之自我發展相當不利。

許春金、楊士隆（1993）在一項台北市社區解組與少年偏差行為之研究中發現，家庭之經濟情況對少年偏差行為之影響並未達到統計上之顯著水準。換句話說，在該項研究中，家庭經濟情況對少年偏差行為之直接影響並未獲得證實。惟該研究卻發現，家庭經濟情況經由「傳統組織活動之參與」，與「偏差行為同輩之接觸」變項對少年偏差行為產生間接效應。亦即，該項研究證實家庭經濟情況對少年偏差行為之直接效果並不明確，大部分之效果係間接的。

五、親子關係不良

親子關係互動之良窳與少年犯罪亦有密切相關，蓋父母與子女之關係倘未能親近與和諧，並產生較佳之互動，將影響及少年正常人格發展與行為態度，進而衍發偏差行為。廣義之親子關係，依據廖榮利（1984）之見解，係指父母對子女教養態度與親子之間的心理交互反應；而狹義之親子關係，係指特殊性格傾向之父母對子女性格或生理健康狀況之影響。無論採何者定義，作者認為由國內、外之相關研究結果可初步證實，親子關係之良窳為預測少年犯罪之重要指標。安德略（Andry, 1971）之研究發現，犯罪少年感覺到父親缺乏關愛，彼此間常存有敵意。葛魯克夫婦（1950）研究500名犯罪少年及一般少年則發現父母親之冷漠與敵對，對少年犯罪具有相當程度之負面影響。另西德犯罪學者葛品格與施耐德（Goppinger and Schneider, 1980）亦指出，親子關係不和諧所形成之家庭功能不健全，影響大於破碎家庭結構不健全之影響（林山田、林東茂，1990）。

國內學者周震歐等人（1982）以133名犯罪少年及120名一般少年為研究對象，發現犯罪少年較少和父母親（尤其是和父親）溝通，較少一起參加活動與父母親在一起之時間較短，且對於父母親之溝通持拒絕態度。由於親子關係之不良，影響家庭氣氛，進而造成家庭成員之凝聚力較差及子女行為反應與表現，因而促成少年偏差與犯罪行為發展。另外，黃富源（1986）以382名犯罪少年及538名一般少年從事比較研究，結果發現親子關係之良窳對少年犯罪傾向深具影響力，尤其親子關係較差之少年，其犯罪傾向愈嚴重。因此，親子關係在詮釋少年犯罪上之效力似已不容置疑。

第二節 家庭預防少年犯罪之防治對策

前面已對影響少年偏差與犯罪之家庭層面因素做介紹，這些負面因素不僅使得正常家庭功能無法發揮，同時直接或間接影響少年之人格成長與行為態度，甚或對身心造成無可挽回之傷害，因而衍生更多偏差與犯罪行為。綜合學者、專家與實務工作之意見，既然家庭在少年犯罪行為上扮演著如此重要角色，則採行必要手段清除阻止其功能正常發揮之各項障礙，並積極地強化家庭功能，甚至採行輔助性措施，以提升家庭生活品質並促使少年在充滿溫暖、開

懷與健全之家庭中成長似有必要。作者認為預防少年發生偏差與犯罪行為之家庭防治層面似可從下列四個方向著手：

一、加強親職教育

　　加強親職教育為預防少年犯罪之重要措施。親職教育即「藉著教育功能以改變父母角色的表現，使父母明瞭在現代社會裡，如何吸收有關的專門知識，才能善盡父母的職責。如何改變自己的行為和習慣，才能教養子女，做一個堂堂正正的好國民」（陳光輝，1983：40）。

　　至於親職教育訓練的方式，張華葆（1991：178-179）認為大致可劃分為：

　　(一) 父母效率訓練：父母效率訓練（Parent Effectiveness Training, P. E. T.）係由美國兒童撫育專家Thomas Gordon所倡導，他提出一套培養孩子負責任的方法。P. E. T.技巧中有二個核心，一個是「主動的傾聽」（Active Listening），此可以幫助父母成為孩子們的好聽眾而更瞭解孩子。另一個是「共同參與解決問題」（No-lose Problem Solving），透過這些技巧可以減少家庭衝突而協助解決問題。

　　(二) 父母共同參與的課程：由威廉葛雷塞博士發展出的理論架構，目的在建立子女與父母間的友善關係，達到改善行為的目的。葛拉賽的訓練課程可分為七個步驟：

1. 建立並且維持參與感，參與子女的生活。
2. 強調現在，不要追溯過去的許多原因，重視當前的行為、人際關係及情境。
3. 重視社會道德及價值規範，這些是正常人格之基石、維持正常心態的支柱。
4. 擬定計畫，決定現在及未來生活規律及目標。
5. 承諾。要求子女，包括父母本身承諾，一定去遵行既定之計畫與諾言。
6. 絕不允許以任何藉口破壞承諾或計畫。
7. 不處罰。子女有錯誤時，以不處罰為原則。

　　(三) 行為式的父母訓練過程：其著重的方向並非認知方面，而是直接使其行為改善，其中有兩個重要步驟：觀察與記錄，獎勵與處罰，增強作用來改善子女行為。

　　(四) 阿德勒團體：由阿德勒提出，反對家庭權力的操縱，父母應以鼓勵、輔導代替紀律。

　　此外，作者認為親職教育內容尚可分述如下：

(一) 父母應示範建立正常的家庭生活：犯罪少年中，有不少是因父母失和或生活不正常所引起的，因此父母有責任建立健全的家庭生活，以身教代替言教，宏揚家庭倫常，使少年有從屬性和被愛感，建立起健全的人格。

(二) 父母必須使子女有隸屬感：子女於家庭生活中，除生理需求應予滿足之外，心理需求如愛與溫暖，也應得到滿足。愛的具體表現是受父母重視、接受，在父母心目中有地位，才能獲得真正的安全感。如果在家裡有被拒絕的感覺，則心理上將遭受無法負荷的打擊，嚴重者將產生恐懼、妒忌、憤恨、孤獨之心理，在此情況下，子女將難以發展健全的性格。

(三) 父母應培養子女一種或多種正當嗜好：這不但可以作為個人合理的情緒發洩方法，減除個人挫折壓迫感，同時亦可增加其與良好社會接觸的機會，擴大眼界，增其智力，亦可調劑身心，而不致以菸酒、嫖賭來作為排遣休閒活動之方法。

(四) 發現子女有適應困擾時，應及時輔導：少年時期在成長過程中，面臨各種轉變、反抗、競爭及適應困難。在此過程中，子女不免遭遇學業、行為、思想、人際關係的困擾。為父母者，應體諒子女的困難，隨時主動對子女加以關心，並給與適當的鼓勵，而非責罵。若子女不願說出原因，可透過朋友或老師的協助，以解決其問題。

(五) 父母對子女不要要求太高：對子女期望水準要依其能力與興趣而定，不可苛求，否則易使子女好高騖遠，操之過急，一旦希望破滅，則將葬送其美好前途。因此父母應注意觀察其潛在能力及其心理發展，設法使少年依其興趣、性向、發揮其潛力，而知樂觀進取。

(六) 勿輕易給子女加上不良標籤：根據美國犯罪學家貝克（Becker H. S.）及李瑪特（Lemert E. M.）所提標籤理論，勿輕易給偶爾犯錯的子女加上不良的標籤，如「壞孩子」、「笨小孩」、「問題少年」等，因任意給子女加上不良標籤，非但無助其改過遷善，反將使子女改變其自我形象，認同於此一不良標籤的期待角色，極易促使其陷入更嚴重的偏差行為。

(七) 父母應改變升學主義的教育價值觀念：目前，由於升學主義引導我國教育方針，父母期望子女學有所成及接受高等教育，自是無可厚非。但如果子女對讀書或升學缺乏興趣，則不可過分勉強，並勿期望過高，免因子女無法達到父母要求而遭受挫折，產生自暴自棄，無法適應及心中充滿苦悶與挫敗感，遂以逃學、逃家、打架及吸食迷幻藥等偏差行為來宣洩內心的苦悶心緒。

(八) 建立適當的獎懲觀念：對子女獎勵與懲罰是良好社會化的必要手

段,如果一味懲罰而缺少獎勵,子女可能對父母產生懷恨或敵意,而日漸疏遠;如果獎懲模糊不清,子女便不知何者當為,何者不當為。

二、加強親子溝通

親子溝通之親近與和諧,為奠立健全家庭並促其發揮功能之不可或缺要件。因此,預防少年偏差與犯罪行為有必要促使父母加強親子溝通,摒除權威、高壓式之管教。根據張華葆(1991:165-166)之見解,在親子溝通方面,父母應注意的是:

(一) **傾聽孩子說話**:父母儘量留在家裡晚餐,不要太沉迷連續劇,多分點時間給孩子,耐心聽孩子講話,細心於孩子談話內容,專心於孩子的問題,讓孩子多表達意見,然後給予適當的反應。

(二) **強調重要的,忽略不重要的**:父母要就事論事,從大事上強調,小事不要一再囉嗦;即使是不能疏忽的小事,要糾正也要找個適當的時候,才不會造成孩子的不愉快甚至反抗。

(三) **溝通要具體,言詞要合理**。

(四) **尊重與採納**:尊重孩子獨立的人格,及其不同的意見,不要在公眾面前批評孩子的意見,若其意見不適合,私下予以勸導。接納孩子,鼓勵孩子發表他心裡的想法,鼓勵孩子作適當的情緒反應。要求孩子勇敢,但若真的很傷心時,就讓他痛哭一場,以發洩情緒。

(五) **以身作則**。

(六) **非語言的溝通比語言的溝通更有力**:即善用身體語言(Body Language),如父母說「好」時,用點頭或微笑等姿勢配合以表示願意。

(七) **可發脾氣,但不可羞辱人**:孩子犯了錯,可以糾正他,但不要用不當的言語、體罰,或當眾羞辱子女。

(八) **適當的讚美**:心理學家指出,獎勵的效果優於懲罰,故能用獎勵的,就少用懲罰,但注意不可過度。

(九) **切忌陳詞和說教**:以「疏導」的方式較好。

(十) **多運用建設性的討論,不要用惡劣的爭吵**。

(十一) **不找藉口,不可遷怒**:父母最好不要以孩子為「出氣筒」。有困難時,用孩子聽懂的方式說出來,而不要以孩子為「代罪羔羊」,遷怒於孩子;孩子也要體諒父母因困境而產生的壞情緒。

(十二) **適當的許諾,合理的限制**:父母對孩子不要「有求必應」,而要

加以選擇，給予合理的限制。父母最好不要輕於許諾，但既許諾後，必要實現。

至於促進和諧親子關係，父母親應該：

(一) 積極傾聽：所謂積極的傾聽，就是聽者嘗試瞭解說話者的真正感覺或訊息的涵義。這位聽者並不插入其個人的意見，如批評、勸告、邏輯分析，只將他所理解的不折不扣地反映回去。父母與子女雙方都應學習聽的能力。

(二) 盡可能表達好的溝通：孩子不是天生就會表現好的行為，這需要大人用愛心、細心和耐心去呵護培養。好的行為需要得到讚賞，不論用的是一個微笑，一個讚美的動作，甚至物質上的獎勵，每個孩子在表現好的時候，都需要被承認、被接納。

(三) 溝通時要清楚、具體：稱讚孩子的時候，要注意針對具體的行為，表現和進步，不要做一般泛泛的誇讚。

(四) 採平衡的，雙向的溝通：在這種溝通模式裡面，溝通是雙向的，你來我往，是一種相當平衡和諧的溝通。

(五) 不要以自己的尺度來衡量孩子：許多父母慣於設立一套公式，將孩子套入自己所期望的模式，殊不知時代變遷之後，有很多事情也改變了。做父母的應該接納子女是一個獨立完整的個體，尊重子女的看法，並且願意進入對方的感受裡面，從對方的立場來看事物。因此，父母與子女之間有了代溝，並不是最嚴重的問題，如何彼此欣賞，彼此接納才是最重要的。

(六) 父母要注意子女身心的正常發展：父母平時須對子女的身心健康狀況加以關注，若發現生理、心理殘缺或精神異常，應及早延請醫師治療，並加以指導正確的性知識與生活習慣。

(七) 努力培養家庭和睦的感情：父母之間的情感要融洽，不在子女面前吵架。子女不良行為，偏差行為，甚至犯罪行為，有來自父母的不道德、違法、犯罪的看法與想法的內化結果。

(八) 鼓勵子女參加正當娛樂活動及家庭娛樂：以愛心多加關懷，以期子女在潛移默化中養成正常的人格，舒展其過剩精力及過分的壓抑情緒（張華葆，1991：170-171）。

三、教養子女之基本原則

父母是子女成長過程中最重要的人物，而其教養方式無論是拒絕、嚴格、溺愛、期待、矛盾或分歧型，將直接影響子女之人格與行為樣態，因此，管教品質之良窳實不容忽視，依據張華葆（1991）之見解，教養子女的基本原則如下：

(一) 充分的愛心和關懷，適度的要求和約束。西諺：「僅只有愛是不夠的」
　　 （Love Is Not Enough），愛子女必須配合適當的管教。愛是要協助子女，
　　 不是代勞；父母應該提供子女較少威脅性、挑戰性的工作情境，並不是讓
　　 孩子事事順遂，完全舒適。
(二) 對子女應一視同仁，不可厚此薄彼；宜因材施教，因勢利導。
(三) 顧及子女對父母教養態度的知覺與感受。
(四) 父母應該成為一面反映子女真正形象的平實鏡子。
(五) 父母教養子女的態度與方式須協調一致，相輔相成。
(六) 善用獎懲原理，以協助子女建立正確的道德標準和價值觀念。

　　犯罪學者赫西（Hirschi, 1969）亦認為良好之管教子女方式，父母必須：
(一) 關注子女。
(二) 監督瞭解子女之行為。
(三) 當子女發生偏差行為時，要承認其存在，勇於面對。
(四) 處罰或譴責子女的偏差或犯罪行為。（許春金，1992）

　　雖然管教子女並無一定之金科玉律，然而，前述原則仍可作為父母教養子
女之參考，避免因教養不當導致無可挽回之局面。

四、強化寄養之家（Foster Home）服務

　　當父母本身因對兒童加以虐待、遺棄，或因生理、心理疾病，婚姻衝突、
酗酒、情感問題，亦或行為偏差犯罪，無法做子女之模範，擔負起教養之責任
時，亦或兒童本身具偏差，攻擊性行為或生、心理問題而需要另一恰適環境以
協助其成長時，寄養之家（Foster Home）可提供這項服務。根據我國「兒童
寄養辦法」第2條規定：兒童有下列情形之一者，得經由其家長或利害關係人
之申請，由當地兒童福利主管機關調查許可後，辦理家庭寄養：
(一) 家庭經濟困窘或生活無依者。
(二) 非婚生或被遺棄者。
(三) 家庭嚴重失調，無法與親生父母共同生活者。
(四) 父或母患嚴重疾病必須長期療養者。
(五) 父或母在監服刑無法管教子女者。
(六) 父母無力或不適教養子女者。

　　依據郭美滿（1992）之見解，寄養家庭可區分為下列幾個類型：

　　(一) **收容之家**（Receiving Home）：最初是針對嬰兒或幼兒設計，當他們在緊急情況必須由家中移出，但即使極短的期間內也不適合安置於機構時，即將嬰、幼兒暫時送往收容之家安置。

　　(二) **免費寄養家庭**（Free Home）：當兒童被期望將來由該寄養家庭領養時，機構通常也不需要付給寄養費。

　　(三) **工作式寄養家庭**（Work or Wage Home）：通常適合年齡較大的兒童，兒童必須於寄養家庭工作，以補償他們所獲得的照顧。

　　(四) **受津貼寄養家庭**（Boarding Home）：是現在一般寄養家庭的型態，由機構或兒童的親生父母按時付給寄養家庭一筆寄養費。付費的優點是可以使得機構在選擇寄養家庭時有較多的選擇權，對寄養家庭也可以給予較嚴密的督導。

　　(五) **團體之家**（Group Home）：可視為一個大的寄養家庭單位，也可視為一小型機構，它是在正常社區中，提供一個由一群無血緣關係兒童所組成的家庭。團體之家是家庭寄養服務領域中逐漸被重視的一種類型。美國兒童福利聯盟說明團體之家的標準為「團體之家最好不要少於5人，也不要多於12人，6人至8人是最好的情況，因為小得足以重視個人的個別化需求，而且又大得如果當中某位成員缺席時，仍可維持成一個團體」。

　　一般而言，工作員在決定是否給予家庭寄養安置時，應做下列評估：
(一) 家庭最近的生活狀況，是否對兒童在生理、社會、情感上的發展造成不良影響？
(二) 兒童父母的能力如何？他們對於做有利家庭改變的動機和能力如何？
(三) 家庭是否有可利用的正式或非正式支持系統，可以幫助兒童不受傷害而繼續留難自己的家中？
(四) 瞭解兒童的能力和受傷口程度如何？如此可以瞭解兒童承受壓力的程度，有助於他們處理壓力時，不會產生反效果（郭美滿，1991）。

　　我國「兒童寄養辦法」第4條規定：受寄養之家庭應具備下列條件：
(一) 受寄養父母年齡均在30歲至55歲之間，具有國民中學以上教育程度者。
(二) 受寄養父母結婚三年以上相處和諧者。
(三) 受寄養父母及其子女品行端正、健康良好、無傳染疾病者。
(四) 有固定收入足以維持家庭生活者。
(五) 住所安全整潔，有足夠活動空間者。

除了以上客觀條件的審查外，郭美滿（1992）認為社會工作員必須透過會談的程序以瞭解寄養家庭內的社會、情感因素、例如：

(一) 寄養家庭中的子女，對接受寄養兒童的反應如何？

(二) 申請者接受寄養兒童的動機如何？他對家庭寄養服務有何期望？

(三) 申請者為人父母的經驗如何？如無子女則應視其與其他孩子相處經驗如何？

(四) 申請者在養育子女過程中所遭遇的問題有哪些？

(五) 申請者的婚姻史及最近的婚姻互動情形？

(六) 申請者對於未來寄養兒童親生父母的拜訪，所持的態度如何？

(七) 寄養結束，寄養兒童離開時，申請者可能會有什麼反應？

(八) 申請者在寄養期間是否能與機構合作？

此外一個合適的寄養家庭，不僅要選擇具有最佳調適能力的寄養父母，並且要考慮寄養父母與寄養兒童是否能滿足彼此的需求。根據郭美滿（1992）下列幾項因素應予考慮：

(一) 人格因素：對於有易怒傾向的兒童應避免安置在寄養父或寄養母也有相同傾向的寄養家庭；具有神經質傾向的兒童應安置在家庭氣氛較為平靜的寄養家庭；具有好動、攻擊性傾向的兒童則應安置在較自由、民主的家庭。

(二) 年齡因素：有些寄養家庭可能在寄養兒童年齡較小時很合適，但寄養兒童年齡稍大時，由於彼此需求衝突，而變得不合適。

(三) 寄養家庭中親生子女的性別與年齡因素：如果寄養兒童與寄養家庭中親生子女的性別與年齡相同，則可能產生彼此競爭的情況，極易導致寄養失敗。

結論

學者、專家大致認為家庭為決定少年偏差與犯罪行為之關鍵所在，尤其在犯罪（含非行）傾向濃厚、破碎、貧困、親子關係不良或父母管教失當之家庭成長之少年，其更易走向偏差與犯罪之生活型態。所幸，目前學術與實務工作者已針對前述影響少年行為之家庭負因提出部分對策，包括強化親職教育、親子溝通，提供父母教養子女之基本原則並加強補助性之寄養家庭服務等，以積極強化家庭功能，避免家庭成為蘊育少年偏差與犯罪行為之溫床。除前述措施外，作者認為似可再行大力倡導優生保健，並針對貧困與非行（犯罪）家庭提供必要之服務與諮商，積極排除各項家庭負因，促使少年人格與行為獲得適當之成長。

參考書目

一、中文部分

宋根瑜（1982）。破碎家庭與少年犯罪。觀護選粹。

汪履維（1981）。社會變遷中我國少年犯罪之演變及其成因之探討」一項「有關文獻之整理與分析。師大今日教育，第39期，頁45。

周震歐（1969）。少年犯罪與觀護制度。台灣商務印書館。

周震歐、簡茂發、葉重新、高金桂（1982）。台灣地區男性少年犯罪與親職病理的研究。桂冠圖書。

林山田、林東茂（1990）。犯罪學。三民書局。

馬傳鎮（1978）。台灣地區犯罪少年與一般少年之比較研究——人格特質及父母管教態度之差異。中國行為科學社。

張甘妹（1995）。犯罪學原論。三民書局。

張華葆（1991）。少年犯罪預防及矯治。三民書局。

許春金（1992）。家庭是預防犯罪的另一個重心。中國時報，10月。

許春金、楊士隆（1993）。社區與少年偏差行為：社區解組犯罪理論之實證分析。警政學報，第23期。

郭美滿（1992）。寄養服務。載於周震歐（主編），兒童福利。巨流圖書。

陳小娥（1976）。由青少年之身心需求談犯罪問題及其預防之道。家政，第8卷第2期。

陳光輝（1983）。少年不良行為的成因與防治。載於陳英豪（主編），青少年行為與輔導。幼獅文化。

黃富源（1986）。親子關係人格適應與內外控取向對少年犯罪傾向影響之研究。

廖榮利（1984）。親子關係。載於蔡漢賢（主編），社會工作辭典（頁785）。

謝文彥（1992）。家庭與少年犯罪。載於犯罪防治。中央警官學校犯罪防治系系學會。

蘇興發（1971）。台北地區正常與犯罪少年父母管教態度之比較研究。政治大學教育研究所碩士論文。

二、外文部分

Andry, R. G. (1971). Delinquency and parental pathology (Revised ed.). Staple Press.

Dugdale, R. (1910). The jukes. Putnam.

Glueck, S. and Glueck, E. (1943). Juvenile delinquents grown up.Commonwealth Fund.

Glueck, S. and Glueck, E. (1950). Unraveling juvenile delinquency. Harvard University Press.

Glueck, S. and Glueck, E. (1962). Family environment and delinquency. Houghton Mifflin Co.

Goddard, H. H. (1927). The kallikak family: A study in the heredity of Feeble-Mindedness. Macmillan.

Gove, W. R. and Crutchfield, R. D. (1982). The family and juvenile delinquency. Sociological Quarterly, 23: 301-319.

Healy, W. and Bronner, A. L. (1926). Delinquents and criminals: Their making and unmaking. Macmildan.

Hirschi, T. (1969). Causes of delinquency. University of California Press.

Nye, F. I. (1958). Family relationship and delinquent behavior. Wiley.

Rosen, L. (1970). The broken home and male delinquency. In M. Wolfgang, L. Savitz, and N. Johnson (Eds.), Sociology of crime and delinquency. Wiley.

Shaw, C. and Mckay, H. (1931). Report on the causes of crime, vol. 2, social factors in juvenile delinquency. U. S. Government Printing Office.

Toby, J. (1957). The differential impact of family disorganization. American Sociological Review, 22: 505-512.

Weeks, H. A. (1940). Male and female broken home rates by types of delinguency. American Sociological Review, 5: 601-609.

West, D. J. (1982). Delinquency: Its roots, careers and prospects. Harvard University Press.

第七章　學校與少年犯罪

　　在前一章節，已針對形成少年偏差與犯罪行為之家庭因素等進行探討，另一可能影響少年偏差與犯罪行為之因素為屬學校（學校教育病理）之範疇。尤其，倘使學校在行政、制度及教學取向上有所偏差，即很可能導致教育機能產生障礙，使教育目標難以達成，甚至造成少年各項偏差與犯罪行為（Bachman et al., 1978; Gottfredson, 1984; Hawkins et al., 1985）。本章即著重於探討當前學校教育具有之病理現象，並據以研擬適切之改善計畫與建議，以期減少少年在就學、成長過程中可能遭遇到之負面學校教育病理影響，發揮學校應有之教育機能。

第一節　學校教育病理

　　學校教育病理因素甚多，日本學者河野重男將其區分為四類。包括：第一類教育機能病理（如偏重學歷、升學競爭、補習等）；第二類教育機會病理（如擁塞的班級、城鄉落差、階層落差等）；第三類教育內容病理（如升學或聯考體制、考試主義等）；第四類教育團體病理（如升學班對後段班、教育改革組織對教育部等）（林世英，1993）。學者張華葆（1991）認為我國學校教育之缺失包括：一、偏重知識之傳遞、形式化、忽略德育、體育、群育；二、班級過大，學生人數過多；三、強烈升學主義；四、專業輔導人員不足。楊國樞教授（1993）引述國外學者之研究指出下列各項學校因素，可能促使學生產生不良之學校經驗，進而導致犯罪及問題行為之發生，包括：一、學生自家庭與社區（往往為較低下階層者）所習得的價值觀念，與學校中的價值觀念（往往為代表中產階層者）不合，導致學生心理或行為的衝突；二、校內所流行的假設是少數種族學生及來自低社會階層的學生，能力很差，難以教育。在此假設下，教師可能因而不肯努力教導此等學生，而且此等學生會將這種觀念加以內化，也認為自己注定失敗，所以不肯再去努力。這種「自我實現預言」（Self-filling Prophecy），不僅產生在對學生能力的看法上，而且會發生在對不良行為發生率的看法上，因為教師假設來自低社會階層的學生易於產生不良

行為,因而其態度與作為不知不覺促成這些學生產生不良行為;三、教師所採用的教材與學生的能力、經驗及生活需要不合,致使學生失去學習興趣,並自學校疏離;四、教師所採用的教學方法有欠適當,未能有效配合學生的個別差異,致使學生厭煩不耐,易於引起破壞教室紀律的不良行為;五、教師自身有適應上的重大困難,其不當的情緒變化會助長學生的問題行為;六、心理測驗的結果運用不當,及能力分班的實施欠佳,使教師對測驗或成績不佳(如智力分數甚低)的學生或分在「壞班」的學生產生偏見,進而導致「自行應驗的預言」之不良後果。

以下,經原作者同意,節錄自林世英(1993)整理之文獻,進一步介紹學校教育病理內容如下:

一、學科教育的病理

高學歷取向及升學為中心的教育是導致學校教育,特別是學科教育顯著產生歪曲現象的主要因素。就學科教育的病理現象,有下列重要事項:

第一就是偏重智育的教育。學校最基本的機能應是促進每個少年學生的「全人格發展」;再者,因為每個學生都具有其各個固有的能力,所以,學校應該追求諸學科間的均衡、綜合評價學生的能力及促使其發揮固有的特性。但是,就實際狀況而言,重視智育學科而判斷學生能力的傾向,卻占著極強烈的支配性。儘管我們不應該否定知識教育的重要性,但是,過度偏重知識教育則是學校教育的反機能。

很明顯地,這反映出「高學歷取向導致升學主義」的現象。譬如高中或大學聯考有關的學科教育就受到重視,但是,其他學科則成為「副科」。少年學生的能力亦存在個人差異,智育學科有優異的,必也有低劣的;然而,智育學科低劣的學生往往就會被貼上「劣等生」的標籤。

根據研究結果顯示,非行少年(具偏差行為經驗的少年)的學業成績是較低劣的。另有研究報告指出,非行少年不僅討厭需要正確推理理論能力的學科和必須孜孜不倦努力學習學科,也厭惡需要正確記憶力的學科。但是,卻喜好體育或技藝的學科。

第二就是教育內容的病理。教育應該是相對應於學生的發展,並組織成得以促其健全發展的教育課程(Curriculum);但是現行的教育課程難度顯然是相對性偏高。學生的智育發展具有個人差異,有較早發展的,也有較晚發展的;當然,其發展的限界亦各有不同。所以就會產生無法適應偏高難度知識內

容所組成之教育課程而成為「後段班」的學生。據報導，仍有七成的學生是無法理解教育內容，而這般無法適應學習進度的現況，實可謂是其產生偏差行為的溫床。

第三就是教育方法的病理。現在的學校都是重視知識量，因而成為只是以追求記憶力為中心的「記憶教育」。但是，人類的智力有各種的層面，雖記憶亦是其中之一，係屬無庸置疑，惟仍有其他思考、判斷、推理等諸層面，依個人差異其能力即有所不同。所以，對於記憶力優異的學生即評價為「好學生」的現象，其本身就是培養健全學生的反教育機能。

事實上，現代的少年（兒童）也許較一世代前具有更多的知識量，但是，其知識大抵和現實有所脫節，並沒有成為生活或行為的指標。為了培養健全且具知識的國家未來主人翁，學校教育實有必要從訓練強化記憶轉為培育創造思考力的教育。

二、考試體制的病理

現代誠可謂學歷主義的時代，前已述及；基本上，隨著升學率的上升，若人類的智力得以增進，社會得以發展，自是值得欣慰的事。但是，現在的升學率、高學歷取向，莫如說是個人為了冀求榮華富貴、經濟安定而作為出發點的；諸如這般的利己性學歷主義風潮，反而將阻擾個人的幸福，更讓教育病理現象層出不窮。

第一個現象就是在考試體制之下，不升學班（就業班）被忽視疏離的問題。而不升學班（就業班）學生對於以升學班學生為中心的教學及進路指導等持有不滿情感且萌生自卑感，此乃屬至極當然。對於這般考試體制的不滿反應，就是顯現逃學、中途輟學、校園暴力，乃至於偏差的犯罪行為等。

第二個現象就是即使是升學班學生也被階層化的問題。學生與其說是依志願或能力，莫如說是依學業成績而被階層化分配著；即依學業成績順序，被分配為公立明星高中、公立普通高中、私立普通高中、公立職業學校和私立職業學校等。當然，只能升學到公私立職業學校的學生，自然會苦惱於不能升學普通高中的自卑感。

第三個現象就是準備考試所需準備教育過度殘酷的問題。在少年的青春期，其身心的鍛鍊是必要的；但如前所述，現在的學校教育只是以記憶為中心的智能訓練，人格受到嚴重忽視及歪曲。在嚴酷的考試體制中，考試成為少年學校生活的重心，這現象對身心正值發展中的少年而言，實在過度殘酷。因為

長期的緊張將導致人格的崩潰，而人類（少年）遂在潛意識中逃避這些緊張場面，以避免人格的崩潰。最顯而易見地，就是在低年級的兒童會出現拒絕上學、逃學、腹痛等身心病症，而高學年級的少年則會出現逃避現實的情形。

第四個現象就是在考試體制下，無法培育國高中學生真正友情的問題。就國高中的少年而言，毗桌而坐的同學都是競爭對手的意識將隨時存在，而致無法培養出真正的朋友關係和友誼。基本上，培育人類之社會性和人格的基礎團體就是家庭、同儕團體和近鄰團體。而青春期是少年歸屬於團體的需求和同儕團體對其人格形成的影響力最為強烈的時期。儘管如此，現代的少年學生若必須意識到友人是為競爭對手的話，誠為一不幸的現象。

三、人際關係的病理

在現在各級學校的人際關係，尤其是老師和學生間的信賴關係，可說是脆弱貧乏。教育亦是一種「教化」，師生的人際關係則是重要因素，而師生間的信賴關係缺乏的話，則教育的效果自是無法發揮。其理由乃因老師和學生間缺乏溫馨的人性接觸。現在的老師被太多的雜務所困擾，以致無法和每一個學生保持密切的接觸。在現在的學校裡，老師和學生間心靈溝通的場所和機會缺乏，所以只追求班級的形式課業，其心靈的交流是困難的；據此，學生對老師的親切感不得不謂為是相當缺乏的。

根據調查結果顯示，國中學生在遭遇到困擾時，有79%表示會向朋友求助；其次，有49.83%會向父母親求助，這可說是國中學生心理的最佳寫照。相反地，向學校輔導室或老師求援者只有3.5%。依此可窺知，現在的老師和學生間，與其說是「教」和「被教」的關係，莫如說是「評價」和「被評價」的關係；一旦有了種種麻煩或困擾而向老師求助的話，在學生心中或許會存在將受到老師的「負面評價」，而有影響學業成績，成為升學障礙之虞的憂慮。如此這般，今日的老師和學生間實存在著相當地社會性距離，缺乏心靈間的溝通交流，這些現象自然就成為許多學生偏差行為層出不窮的原因。

第二節　學校教育病理、缺失之改善

學校教育之各項缺失、弊病如同前述已對少年之成長帶來許多負面影響，為發揮學校之正面教育機能，減少少年偏差與犯罪行為之發生，我們提出以下

之改進建議：

一、教育政策層面

　　教育機會均等為學校教育之重要政策。過去國中教育偏重升學考試，「升學班」和「後段班（放牛班）」的區分，不僅有違教育機會公平原則，更使得被淘汰者因無機會繼續接受教育，致素質無法提高，甚至造成許多少年問題之產生。為使少年身心獲致正常發展，教育行政當局應致力於強化教育機會均等之措施，最近教育部推行之「國中畢業生自願就學方案」、「邁向技藝教育的十年國教方案」及「補習教育」等即為確保教育機會均等，正常化之部分改革方案。

二、教育制度層面

　　教育主管當局應隨著時代之推移，配合社會之需要，檢討修正現行之學制，以充分滿足各類學生之需求，朝多元化教育之方向邁進。其次，在師資培育方面亦應朝多元化之管道前進，以使更多之人才投入教育之工作，並加強其專業教育及評鑑。

三、教育內涵層面

　　在教育內涵方面之努力方向包括：

　　(一) 加強學校之倫理道德教育：倫理道德教育在道德觀念日趨薄弱的今日倍覺重要而不可輕忽，舉凡對父母的孝順，對師長的尊敬，對同輩團體的支持態度等均甚重要，對品德的陶冶、意志的鍛鍊、氣度的培養及行為的指導等均可發生重大之影響。

　　(二) 加強學生法律常識：促使學生充分明瞭法律之相關規定，使其知法、守法、明白什麼所當為，什麼所不當為。

　　(三) 強化學生民主教育：促學生明瞭民主之真正內涵、意義，從團體生活中逐漸養成。

　　(四) 德智體群美五育並重：教育之內容不僅侷限於知識之灌輸傳授，應講求德智體群美五育並重，以使學生獲得健全之發展。

四、教育方法層面

　　在教育方法上首重因材施教，尤其須充分瞭解學生之興趣、能力、態度，以充分掌握學生需求，以從事最恰適之教導。其次，在教學方法上除力求靈活

外，必要時以實地之考察，現場說明指導，以增加學生印象，避免流於空談。最後，教材亦應隨著社會之進步與變遷而詳加調整，往往陳舊、僵化、無法適合時代需求之教材，為青少年學生厭惡上學之重要因素。

五、強化學校輔導工作

(一) 各學校亟應成立諮商輔導中心，積極推展學生轉導活動：敦聘具有輔導專業知能者擔任輔導人員，除可使學生來中心盡吐其所遭遇之困難外，並可主動地對情緒不穩定，或成績突然退步及犯錯之學生，儘早發覺，並對其性向及心理，予以測驗分析，對其家庭背景等予以調查探究，尋找其癥結所在，建立個案，以採取適當的處理及輔導措施，以導其走向正途；比較之動輒予以記過或勒令退學，在解決及預防少年犯罪方面應較能收到正面效果（蔡德輝，1993）。

(二) 加強學校與家庭間之溝通聯繫：學校教師除傳授知識之外，亦應扮演積極輔導人員之角色，對行為偏差或家庭環境特殊之學生應加強個別輔導，經常實施家庭訪視、舉行家長座談會或懇親會，藉以溝通導師與家庭間的管教及輔導意見，以有效輔導遭遇適應困擾之學生，避免陷入偏差行為。

(三) 加強親職教育：學校要預防學生犯罪，亦應加強親職教育之推動，因為根據許多實證研究發現許多學生或少年之所以犯罪，均與家庭父母之管教方式有關，因此，加強親職教育之舉辦，使父母有再教育之機會，使其能扮演好父母的角色，發揮家庭應有之功能，對於預防學生偏差行為發生很有助益（蔡德輝，1993）。

(四) 改進訓導工作，採取輔導的立場與學生坦誠討論：學校訓導工作是否有效推展，影響學生行為及生活態度甚鉅；學校不宜經常使用嚴格禁止或責備之方式，應客觀地瞭解學生行為之動機、態度及適應能力，以採取適當之輔導措施，使其趨於正軌。

(五) 強化學校與社輔單位之聯繫：學校應強化與社輔單位及警政司法部門如救國團張老師、各縣市政府輔導中心、少年警察隊（組）、心理治療輔導機構等，密切聯繫，凡偏差行為嚴重而無法妥適處理時，可依個案予以轉介輔導，避免偏差行為進一步惡化。

(六) 結合運用各類社會資源、培養少年正確社會人生價值：學校應運用社會之各項資源，讓學生體驗社會生活，同時教導學生為服務社會所應採取之積極性態度，因此，定期邀集學校外諸社教機構、司法機關、民間團體及其他

機關等，讓少年學生瞭解其活動情形，並請其提供少年活動場所，配合辦理有益身心健康的休閒活動等，或有助於少年輔導工作之推行。

前述已就學校如何強化學生輔導工作做扼要介紹，至於學校有關少年本身之輔導工作，茲敘述如下：

(一) 學校應輔導學生建立正確人生觀：學生身心尚未健全發展，極易陷入迷惘、苦悶，甚至迷失其努力方向而感困惑，要減緩及解決此一問題，首需建立正確人生觀，天下沒有不勞而獲的事，把握人生的價值取向，使其認知行行出狀元，只要肯努力，各行各業均能獲得成就，而知人生的價值並非物質可以衡量，亦應著重在精神生活的充實與否，然後才能從自我形成之「繭結」裡解脫，尋回自我，而將偏頗之心理導向平衡，向光明之人生大道邁進。

(二) 加強學生自我控制能力：學生發生偏差行為或犯罪，常因其自我控制能力薄弱所造成。因此，學校當局應明訂校規，並要求教師及職員確實執法，使學生瞭解行為之後果，不致懷僥倖心理，而對自己之偏差行為有所約束。此外，亦可透過幹部訓練及學習方式，使學生親身參與學校生活管理，而加強自我控制能力。

(三) 加強訓練學生之溝通能力與他人建立良好人際關係：一般學生適應環境困難，大致源於溝通不好、人際關係不良之結果，於是感到寂寞，以為能夠理解並撫慰其複雜苦悶心理的人愈來愈少，於是對家庭與學校產生疏離感。而人際關係不良及無法適應之原因，主要是自我本位主義太重，過分主觀、而人際關係的本質在互相尊重、互相幫助、彼此滿足需要，因此，觀念上與做法上應多替別人著想，多用誠摯的感情與別人溝通，如此必能為他人所接受，得到他人情感上的支持，然後進一步與他人交換意見，則周圍的陌生人亦會成為友善的知己。

(四) 輔導學生面對現實解決心理之衝突：當一個人的慾望無法滿足時，就易產生心理的衝突，而心理衝突往往是一切犯罪或反社會行為之預兆或象徵。但事實上，個人在各種不同之生活過程中均會遭遇或大或小、或輕或重之心理衝突。因此，重要的是我們以什麼方法來應付、解決心理衝突，成功則心理健康，失敗則心理疾病，故在此喚醒學生審慎處理，使內在衝突之根源能獲得適當之出路，則緊張的情緒自然會消失，衝突也就化為無形。如遇魚與熊掌不可兼得之情況，往往無所適從而產生衝突時，可先滿足一目標再滿足另一目標或者審慎衡量哪一目標較為重要，可本著「兩利相權取其重，兩害相權取其

輕」之原則,取其一而棄其他。

(五) **輔導學生瞭解父母之苦心,努力縮短代溝之差距**:子女成長到少年期,隨著觀察能力與批判能力之增加,有能力看出父母的弱點,而且父母無法像以前一樣的滿足他們的要求,為此,可能對父母產生失望,結果常一反以前作風,反抗父母、批判父母。首先是與父母頂嘴,進而離家出走,殊不知反抗父母的結果可能會造成反抗一切權威,如校規、社會規範、法律等,而做出違法行為。因此,學生應瞭解天下無不愛子女之父母,更應設身處地為父母著想,不要讓父母失望,並盡力去縮短代溝之差距(蔡德輝,1993)。

綜合言之,學校教育在少年成長過程中扮演著知識技能傳授、道德之陶冶以及促使學生學習未來社會生活等多重功能。然而,令人遺憾的是在學校教育之範疇中卻因多方面因素影響,而存有許多病態現象。這些弊病、缺失不僅影響教育目標之達成,同時亦與青少年之偏差與犯罪行為有關。因此,作者認為除應強化學生輔導工作外,教育當局亦應妥善規劃學校教育,致力於消除不良之學校因素,使少年(女)學生在充滿溫馨、關愛、祥和之環境中學習與成長。

參考書目

一、中文部分

林世英（1993）。學校教育的病理現象和少年偏差行為。觀護簡訊。

張華葆（1991）。少年犯罪預防及矯治。三民書局。

楊國樞（1993）。青少年問題行為的研究。法務通訊，第1618、1619期。

蔡德輝（1993）。學校教育與犯罪防治。載於中國教育協會國立中正大學成人教育中心（主編），文化變遷與教育發展。

二、外文部分

Bachmar, J. and O' Malley, (1978). Monitoring the future, national institute of education, "violent schools-safe schools: The safe school study report, vol. 1," U. S. Department of Health, Education and Welfare, U. S. Government Printing Office.

Gottfredson, D. C. (1984). Environmental change strategies to prevent school sisruption. John Hopkins University, Center for Social Organization of Schools.

Hawkins, J., David, H. D., and Lishner, D. M. (1985). Changing teaching practices in mainstream classes to reduce discipline problems among low achievers. Center for Social Welfare Research, University of Washington.

第八章　學生中途輟學與少年犯罪

「中途輟學與少年犯罪」的議題，經常引起各界的熱烈討論。根據司法院之調查，教育程度為「肄業」者（含在校及離校）占犯罪少年與兒童之近八成，而近年中輟學生大約占全體學齡人口的0.3%左右。商家昌（1995）在其「中輟與青少年犯罪」的研究報告中證實，65%的犯罪青少年曾有過輟學經驗，更有90%受訪的犯罪青少年對中輟會導致犯罪表示贊同。又依據學者蔡德輝（1993）調查少年監獄及少年輔育院犯案少年在學與非在學背景，發現非在學（即輟學）少年犯罪率約為在學少年犯罪率的3至5倍。其他的研究亦多認為中輟與少年犯罪存有部分關聯性，故本章彙整文獻予以探討。

第一節　中途輟學之意涵

中途輟學的意義，眾說紛紜，如聯合國教育科學與文化組織（UNESCO）界定為：「中途輟學係指任何一階段的學生，在其未修完該階段課程之前，因故提早離開學校者」。教育百科全書對於中途輟學的定義乃「在學中、小學生在完成學業之前，除死亡與轉學外，因各種緣故退出學生身分者」（Carter, 1973）。教育部在「國民小學與國民中學未入學或中途輟學學生通報及復學輔導辦法」中，將輟學生界定為：「指國民小學及國民中學學生有下列情形之一者：一、未經請假、請假未獲准或不明原因未到校上課連續達三日以上。二、轉學生因不明原因，自轉出之日起三日內未向轉入學校完成報到手續。」惟學者們對於此項界定，仍認為存有爭議，如不易與逃學、缺席行為區分、三日期限太短、此三日之日程，係屬某期限內之「累計」，抑或「連續」（鄧煌發，2001）。此外，衍生之問題尚包括僅納入國中、小，未涵蓋高中，階段不同難以比較；同時以離校三天以上來界定，易流於形式，難以反映真實狀況，且對輟學原未加以分類殊為憾事（吳芝儀，2000），亟待修正，以確實掌握中輟學生之動向。

第二節　學生中途輟學之現況與犯罪統計

根據教育部民國109年8月16日最新統計資料——全國國民中小學中輟生通報及復學系統之資料顯示，108學年度新增中輟生總數為3,086人，其中男生1,690人（76%），女生1,396人。

107學年國中、小輟學率為0.18%，其中國中生為0.44%，按縣市別觀察，以花蓮縣、台東縣及基隆市較高，分別為0.45%、0.37%及0.29%。

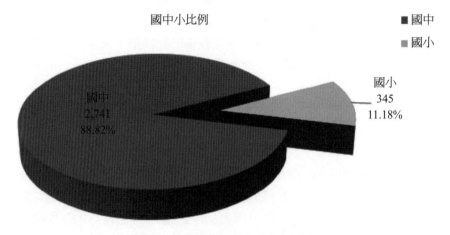

圖8-1　全國中輟國中小比例分析

資料來源：108學年度教育部全國中輟統計數據分析。

第三節　中途輟學學生之類型

中途輟學學生在實務上因中輟成因之不同，而呈現各類型態。學者Kronick與Hargis（1990）則依中輟學生的在校表現，將中途輟學的學生區為分為高成就的被退學生（Pushouts）、低成就的被退學生、安靜的輟學者（Quiet Dropouts）及在校的輟學者（In-school Dropouts）等四類型，分述如下：

一、安靜的輟學者：以「安靜的輟學者」所占比例最多，這些學生是屬於低成就的一群，在學校中經歷一連串的失敗，在沒有機會嘗到成功果實的情況

下，一旦到可以輟學的年齡，他們就會離開學校。他們主要的特徵是：不引人注目、沒什麼突出的表現、或嚴重的外顯性行為問題。

二、低成就的被退學者：「低成就的被退學者」與安靜的輟學者一樣飽嘗失敗的學校經驗，但兩者間最大的區別，在於前者會對長期的失敗做出公開的回應，即以干擾及喧鬧的方式來表現，所以在學校是醒目的一群，會藉由逃避就學的方式來避免課業上的失敗，所以在得以離開學校之前，通常會產生缺席的狀況。

三、高成就的被退學者：「高成就的被退學者」是數量最少的，這些學生在課業的適應上並無問題，通常缺席時數過多或個人行為方面的問題，是造成他們被退學主要原因。而缺席或行為問題的發生並非由於其缺乏能力或失敗所致，有可能是因為他們自認能力強又具創造力。與學校僵化的課程顯得扞格不入；或者認為學校的課程太過枯燥；抑或是自己本身因具有健康、經濟或家庭方面的問題，而導致其行為上的問題。

四、在校的輟學者：「在校的輟學者」通常不被列在輟學的名單中，因為他們一直留在學校中，也接受了完整的教育過程，然而卻具有輟學的實質，因為他們雖身在學校，但事實上卻已中斷學習。這類型的學生在學校中不斷遭遇學習上的失敗，但卻因為學校別具補償性的因素，使得他們雖然學業表現差又屢遭失敗，卻仍願意留在學校中等待畢業之日的到來。這些報酬因素有可能是運動技能，使得他們覺得學校仍具吸引力，並藉由運動得以獲得成就感；或是因為好朋友都留在學校中，基於人際的吸引，才決定留校就讀。

上述的中途輟學類型，如高成就的被退學者其問題通常來自於學校範疇之外，所以要處理其問題最可能的方式是透過人力服務網路；而「在校的輟學者」雖不在中途輟學名單之列，但很有可能成為未來的輟學者，而且他們在學校的學習活動幾近停頓，不但對學生個人而言是一種損失，亦不啻是教育資源的浪費，是以教師切不可因其尚未離校就加以忽略（轉引自陳玨君，1995）。

第四節　中途輟學之成因分析

學生中途輟學之成因比想像中的複雜，根據108學年度「全國國民中小學中輟生通報及復學系統」之分析，中輟原因為個人因素1,704人（55.22%）、

家庭因素675人（21.87%）、學校因素289人（9.36%）、社會因素363人（11.76%）、其他因素55人（1.78%）。綜合專家學者研究、實務工作者經驗、教育部各項報告，中輟發生的可能原因包括個人、家庭、同儕、學校、教育政策、社會文化等六項因素，茲陳述於後（引自楊士隆、程敬閏，2003：3-6）。

一、個人因素

(一) 智能偏低，學習效果不佳，成就低落，造成學生自暴自棄。
(二) 健康欠佳，需要長時間在家休養，如：身體殘障、遭受意外傷害或重大疾病、精神異常等。
(三) 在學校與同學溝通不良、相處不愉快或被排斥，造成不喜歡上學。
(四) 對於學校的學習科目不感興趣，成績低落。
(五) 因懷孕或結婚被迫中輟學業。

二、家庭因素

(一) 家庭社經地位低落，影響子女的學習意願與成就。
(二) 家庭經濟不佳，子女必須出外工作。
(三) 家庭關係不正常。
(四) 親屬失和，造成子女無法安心上學。
(五) 家庭發生重大變故，子女頓時失去依靠。
(六) 家庭不重視其子女。
(七) 父母對子女的教育期望低。
(八) 父母管教方式不當、與孩子間溝通不良。
(九) 單親家庭。
(十) 舉家躲債。

三、同儕因素

(一) 受不良同學影響或誘惑。
(二) 與同學關係不佳。
(三) 同學或學長欺壓不敢上學。

四、學校因素

(一) 制度不當，如遇學生偶有過錯，屢犯不改者，即強令轉學，而這些問題學

生推至他校，往往成為輟學生。

(二) 學校缺乏輔導人才或輔導工作無法完全發揮。

(三) 學校訓輔功能不彰，對身陷黑幫及犯罪的學生，無法及時勸導。

(四) 學校對校園安全工作無做到嚴格的把關，致使校園事件頻傳。

(五) 訓導人員管教的方式不良，學生受處罰者遠多於鼓勵者，使學生榮譽感、自信心受到挫折。

(六) 能力分班的政策，造成後段班生嚴重的挫折感，導致學生自暴自棄。

(七) 師生關係不良，學生不敢上學。

(八) 教師管教不當或以責罵、體罰的方式教導學生。

(九) 教師教學枯燥乏味，引不起學生興趣。

(十) 教材及課程太艱澀、呆板、僵化及缺乏彈性。

(十一) 教師給予學生的考試壓力過大。

五、教育政策因素

(一) 鄉（鎮）（市）（區）公所強迫入學委員會係屬臨時編組，無專人及固定經費支援，且輔導績效未列入鄉鎮長政績考評，是以地方重視程度不一。

(二) 部分學校教師對於「時輟時學」學生常存觀望態度，報與不報時有延遲，對於整體輟學學生通報事務及權責規範亦不夠熟悉。

(三) 國家的社會經濟發展水準，尚未達到可資配合的充足條件，部分輟學學生父母依法接受強迫入學條例之處罰有其困難。

(四) 整體教育投資長期不足，學校的物理環境、心理環境及文化環境，尚難建立多元教育內涵，留住所有可能中途輟學學生。

(五) 中途輟學學生的追蹤與輔導復學亟待學校與社輔、社政、警政、司法單位合作，而學校與社會輔導資源整合不易。

六、社會文化因素

(一) 社會急劇變遷，社會價值觀偏差、道德蕩然無存，混淆青少年的觀念。

(二) 都市化和工業化，增加青少年適應的困難。

(三) 受到社會大眾傳播媒體誤導，以為求學無用論，進而逃學中輟。

(四) 社會充斥著犯罪率高的場所，五光十色的場所太多，如KTV、撞球場、PUB等，青少年流連忘返。

(五) 社會不良幫派太多，甚至入侵校園，誘使青少年誤入歧途。

第五節　危機樹理論：輟學與少年犯罪之危機理論詮釋

　　學者McWhirter（1998）曾指出輟學只是危機少年用以因應其危機狀態的一種行為手段，其他可能的手段還包括犯罪、藥物濫用、危險性行為和自殺等（吳芝儀，2000）。McWhirter（1998）以微觀和鉅觀的角度，提出「危機樹」（At-risk Tree）的系統性架構，嘗試將相關連的危機因素加以整合，從生態觀點來說明青少年行為之成因（吳芝儀，2000）分述如下：（引自鄧煌發，2001：68-69）

　　一、土壤（社會環境因素）：少年的家庭社經地位、政治現況、經濟現況、文化因素，及社會變遷、都市化、弱勢族群、貧窮等問題，都是危機問題所在。這些複雜的互動影響的環境，是危機樹所根植的土壤。其中，來自低社經地位的少年，其所能獲得的社會資源有限，加上現代化社會的相對剝奪下，亦使他們就學、就業機會及層級降低，土壤益加貧瘠。

　　二、樹根（家庭與學校）：危機樹有兩條主張：家庭與學校。家庭是影響個體人格發展及行為表現的最主要場所；而社會期許學校能提供少年安全且充滿生命力的學習環境，使少年獲得愉快的學習經驗與穩定的認知、情緒、技能之社會化。但當今家庭生態的重大改變，諸如離婚、家庭支持網絡的衰退、問題家庭與家庭問題、家庭教養等問題，造成許多家庭應有的功能無法發揮、功能薄弱或功能失調；學校教育則過於側重智能培育，缺乏以生活各層面為內涵之生活技巧課程、法治教育課程、生涯探索與規劃課程等，如此腐壞的根就難供給健康的養分給樹身。

　　三、樹幹（個人特質）：樹幹的功能是支持樹枝，並將養分從土壤經由樹根傳送到樹葉、花朵與果實。危機樹的樹幹是由少年個人的特殊行為、態度、技能及根深蒂固的本質所組成。與低危機少年相較，高危機少年的特質有五：(一)學習能力差；(二)低度自我肯定和負面的自我概念；(三)與他人溝通能力較弱；(四)處事能力差；(五)控制能力低劣等。

　　四、樹枝（危機行為）：樹枝代表少年適應社會的狀況。大部分的少年都能適應社會生活，順利發展成為有工作能力的成人、父母及成為社會一分子。而適應不良者常經由不良友儕的互動而習得不良態度和危機行為，如輟學、藥物濫用、危險性行為、犯罪等，終至成為社會的危機少年。

　　五、樹葉、花朵、果實（危機少年）：樹上的每朵花或每顆果實都代表著

個別的少年，受到不健康的枝幹所支撐的果實經常是受傷、腐壞的，因為適應不良的行為會增加危機行為發生的可能性。更令人感到憂心的是，危機少年本身就是一個種子，落在不良的土壤中，會再孕育出下一代的危機樹。

第六節 學生中途輟學與少年犯罪之關聯性

有關學生中途輟學與少年犯罪之關聯性，一向為少年犯罪研究者熱烈討論之焦點。一般認為學生在中途輟學後，頓失傳統機構聯結（Bonding），其偏差與犯罪行為必然因而增加（Thornberry, 1985）。

然而亦有研究指出在學生中輟前，已顯現許多偏差行為徵候與型態（法務部，2000），更有學者指出中途輟學與偏差行為間，並無任何關聯，兩者係源自於相似之成因。無論如何，仔細回顧相關文獻，大多數研究證實兩者間存有密切關聯，茲援引相關研究說明如下：（吳芝儀，2000：76-78）

首先，在商家昌（1995）之研究證實，65%的犯罪少年曾有過輟學經驗，更有90%受訪的犯罪少年對中途輟學會導致犯罪表示贊同。法務部（1997）曾針對全國九所主要少年矯正機構收容學生進行調查，顯示有四分之三的犯罪少年在犯案時正處於離校輟學階段。根據法務部（2012）的統計資料顯示，民國99年犯罪少年之教育程度以國中程度者最多，占54%，其中國中肄業者占了41.27%；而高中肄業的比例亦占全部犯罪青少年的近41%。法務部（2012）所完成的少年犯罪狀況調查，仍顯示台灣地區12歲以上18歲未滿之犯罪少年，教育程度以國、高中肄業或輟學學生居多。而在蔡德輝等人（1999）最近針對暴力犯罪少年所進行的調查中，亦發現暴力犯罪少年在進入矯正機構前有高達67.4%的比例經常不到校上課；而初次犯案被捕的年齡有61.9%在13歲到15歲之間，大約是國中的年紀。可見，逃學及輟學行為的確與偏差或犯罪行為有著極為密切的關係，大約六至七成的犯罪少年在學校中即有經常逃學或中途輟學的紀錄。

國外許多研究亦證實，逃學或退學常是青少年違法犯行的主要前兆。如美國伊利諾州的少年受刑人75%曾有中途輟學紀錄。英國某地方教育局發現年齡在11歲以上的被退學少年中，有58%在被退學當年的前後有違法犯行，42%被少年法庭判刑的學齡少年在犯行前已被學校退學，另23%的犯罪少年有嚴重的

逃學行為。

　　Thornberry、Moore與Christenson（1996）曾試圖檢視偏差行為到底是在輟學後減少，抑或在輟學後增加。結果發現，16歲及18歲輟學的青少年在輟學後因犯罪而遭逮捕的比例，遠高於他們之前尚在校求學時的被逮捕率。而Thornberry等人在控制社會地位、種族、婚姻狀況、職業等變項之後，結果仍證實：輟學對犯罪行為具有正向之影響。

　　Jarjoura（1993）分析全美青少年縱貫性調查（National Longitudinal Survey of Youth）資料，以探討偏差行為與輟學關係。結果發現，因為不喜歡學校，以及因為不良行為而遭學校開除的中輟學生，在輟學之後，從事竊盜、販賣違禁藥物的情形最為嚴重。被學校開除的青少年，其自陳報告亦顯示較畢業學生出現更多的偏差行為（引自鄧煌發，2001）。

第七節　學校輔導中輟學生面臨的困境

　　根據全國中輟學生防治諮詢研究中心（2002）以質性訪談的方式，訪問了十名實際從事中輟復學生的輔導人員，並綜合其多年的輔導經驗，提出以下幾點困境：（楊士隆、程教閩，2003）

一、學生方面的問題

　　(一) 學生無意願：中輟生復學的原因，大多數都是由於強迫入學條例的約束、家長的懇求或脅迫，以及教育替代役不斷的訪視與追蹤的結果，而並非中輟生真正有意願回校上課，因此他們會避開缺課三天就得報中輟的法律漏洞，缺課兩天後，第三天他們就會出現在校園，但即使到校，也因不喜歡上課，或缺課期間，長期與課程脫節無法銜接得上。而經常中輟的學生通常對自己輟學的原因都無法說出一個具體確實的理由，常常只是說「我不想讀書」。通常這類學生在校學科成績表現並不是最差的，但卻對學校內各項事務都沒有興趣，又缺乏耐心及挫折容忍力。

　　(二) 同儕的影響：中輟生大部分較常出入不良場所，或接近遊手好閒及不良青少年，因而容易沾染惡習，或學會幫派鬥狠的技倆與架式，這些現象都是校園內不好的示範，如何去遏止這些的蔓延或滋長是學校感到最棘手的問題。參加幫派與不良分子掛勾，遊手好閒，無法定心，不良行為無法改善，故

依然中輟。由此可知，大部分學生的輟學原因都與朋友的牽引有關。因為認識一些原本就在外遊蕩的朋友或是輟學生，自己也跟著遊蕩。學生本身若沒有極大的決心想復學，或是與那些朋友保持距離，多半很難留在學校。

二、家庭失能的問題

家庭失能的問題不勝枚舉，舉凡父母忙於工作無暇管教子女、單親家庭對問題子女的管教出現無力感、不理性的家長對學校師生造成困擾或威脅、越區就讀學生因沒有實際居住事實而追蹤困難、犯罪家庭或破碎家庭不易溝通。而親職教育又實施不易，家長關懷不夠，對子弟的管教，經常有心無力。家庭的嚴重問題若缺乏司法機關、社會局及社工的介入與協助，而使輔導人員的努力事倍功半，甚或徒呼負負，使不上力。根據輔導中輟生的第一線人員之觀察，輟學生與原生家庭大都不密切，同時親職功能也不健全，家長一味地把學生丟給學校，忘了自身是最重要也是最基本的責任。

三、學校方面的問題

(一) **學校硬體設備不足**：部分中輟生若迷上網咖而無心向學，像這些中輟生，在學校比較喜歡上電腦課，打打電腦遊戲或上網聊天，但因學校電腦教學設備的不足，而每周也只有一節電腦課程，似乎不能滿足他們的需求，所以他們也會經常翹課上網咖。

(二) **師生關係的問題**：學校部分教師對中輟生的包容與接納，有待加強。有些老師會認為有些學生中輟一段時間後返校，已經不適應學校單純的生活，反而會將社會上不良習氣帶回班上，影響更多學生。所以老師的態度就會較不積極，甚至不希望中輟生再回來，以免發生「回來一個，帶走三個」的情況。另外，學生若一而再地輟學、復學、輟學、復學，起初老師都會極力瞭解原因並勸導復學，多次後，學生依然時輟時學，老師也無可奈何，而且有些科任老師會對中輟復學生有歧視或刻意忽視的情況。學生覺得回到學校後，老師還是會認為他們就是「壞」學生，因此對他們來說等於是二度傷害。

(三) **相關資源不足**：中輟復學生之心態複雜，輔導中輟復學生在人力上亟需專業背景之介入，但轉介效果不彰。學校老師也很難或不願撥出足夠的資源，來提供給學生幫助。另外，中輟學園在資源上（經費、人力、行政支持、社會關懷）也倍感缺乏，因此工作推動會發生困難。而且輔導中輟個案通常需花半年甚至一年以上的時間，才可能會有一些成果，因此人才的培育與加入是

中輟輔導業務相當重要的影響因素。

四、政策與相關制度的問題

強迫入學條例法令不彰，徒具形式，未能發揮預期之效果。至於資源式中途班的實施，則是一個很好的方案，但是目前並非每個學校均接受教育部補助開班，所以成效面並不大。在輔導管教方面，對中輟生沒有約束力，輔導人員只能輔導一天算一天。

第八節　學生中輟之綜合性防治策略

鑑於學生中途輟學成因之複雜性與多元性，學者一般認為綜合性、多元向度之介入，滿足中輟學生之需求有其必要性（Dryfoos, 1990）。吳芝儀（2000：126-131）引述美國「全國中輟防治中心」（National Dropout Prevention Center）列舉出數項有效的中輟防治策略。頗具參考，分述如下：

一、在家庭方面

(一) 早期兒童教育（Early Childhood Education）

從中輟生的研究中發現，發展兒童早期的正向認同是有效的預防策略。中輟問題延至國中或高中階段才探討經常為時已晚。初生至三個月、學前、幼稚園照顧方案，可讓兒童獲得良好的語言發展、認知技巧和良好的自我概念。因此父母的參與及早期的幼稚園經驗，對兒童的學業成就及社會適應有舉足輕重之影響。

從裴利學前計畫（Perry Preschool Project）之研究與耶魯早期介入計畫（Yale Early Intervention Project）以及「照護」計畫（Project CARE）等，皆顯示兒童早期介入可以降低貧困因素的負面影響，避免兒童在學校和社會的競爭中「輸在起跑點上」。

(二) 家庭參與（Family Involvement）

家庭／父母如能以更多時間、心力參與兒童的成長過程，關心兒童的發展，對兒童的學業成就、行為表現等均有正向的助益。美國聯邦政府近十年來推動的許多方案，如Head Start、Follow Through、Chapter One/Title One等，均

大聲疾呼父母／家庭要更密切的參與。此外，學校和家庭的密切聯繫，亦被視為促成家長積極參與的有效做法。

部分家庭因處在社經環境不利的地區，阻礙了父母的教育程度，也阻礙了父母對學校教育的正向態度。此時，教育體系宜更積極地協助父母克服其教育上的障礙，協助父母發展聽、說、讀、寫的基本技能，學習有效的親職技能和溝通技能等。

明尼蘇達教育部的「兒童早期家庭教育方案」（Early Childhood Family Education, ECFE），旨在於提供父母各種參與機會。將地區性的「家庭教育中心」設立在低收入公寓、商店、小學附近，隨時提供父母有關子女教育與輔導之諮詢。舉辦父母自助團體，引導參與團體的父母討論有關子女教養、忽視和虐待、與配偶溝通、藥物成癮、兒童發展與訓練等廣泛的主題。同時也鼓勵教育程度較低的父母完成必備的高中教育與補習教育，以取得普通教育文憑（GED）。

二、在社區方面

(一) 協同合作（Coordinating）

由學校體系主動和學生家長、社區機構、工商企業等建立「夥伴關係」（Partnership），設立「委員會」，共同協商、發展、推動最有利於學生的中輟防治方案，以照顧危機學生的需求，降低中途輟學的情形，此即為「學校—家庭—社區協同合作」。結合家長團體、社區機構、工商團體，可在經費、人力、工作機會等三方面提供學校體系所需的支援，如擔任個別危機學生的認輔者，帶領學生進行社區服務學習等。

(二) 認輔（Mentoring）

許多從學校中輟的學生，常感覺到在家庭或學校中沒有人關心的孤單，父母、老師並未能提供他強而有力的支持系統，學生對家庭、學校的依附力顯得相當薄弱。這些學生通常也是社區中輟者。因此，如能藉由社區中志願服務者擔任「認輔者」（Mentors），提供危機青少年一個良好的角色楷模，成為其有利的支持系統，當能力挽危機學生於狂瀾之中。

認輔者多以一對一或一對多的方式關懷危機學生，和受輔者建立關懷、支持、信任的關係，在危機學生的關鍵發展階段扮演良師益友的提攜角色，協助其充分發展個人潛能、學習生活技能，並建立對未來的願景和目標，促進

受輔者的學業成就、職前準備、社會或行為調適、家庭與親職技能、及社會參與等。例如，已在許多地區實施均證實成效卓著的「大哥哥、大姊姊方案」（Big Brothers/Big Sisters），其成果有：降低藥物使用、降低酒精使用、減少攻擊次數、減少輟學頻率、減少對父母說謊等。國際上對「認輔方案」的研究報告，亦獲得相當正向結果（McLearn et al., 1998）：

- 62%學生增強其自我肯定；
- 52%學生較少蹺課；
- 49%學生較少惹麻煩；
- 48%學生學業進步；
- 45%學生降低藥物使用量；
- 35%學生改善其家庭關係。

三、在學校方面

多數關心少年中輟和偏差行為輔導的學者相信，在學校中為危機學生提供替代性的解決方案，遠比僅強迫學生就學或開除違規學生來得重要且有效。而改變學校組織結構、教學方法和課程內涵，被認為是最能預防危機學生輟學的有效做法。

(一) 選替教育

選替教育（Alternative Education）工作者大多對教育抱持一個堅定的信念，就是：每個學生都可以學習！每個學生都可以在最適合其學習的環境中，擁有最佳的學習表現。所以，教育應提供機會，讓每個學生能以自己的方式、自己的速度去學習，並追求自己理想的生活方式和品質。由於選替教育以滿足每位學生與家庭的需要為目標，有必要為不同學生的需求發展個別化、多元化的教育策略，不同於傳統的正規教育體系，所以美國許多州此刻正大力鼓吹立法，讓選替教育成為不適於正規教育體系學生的另類選擇。如德州（Texas）已成功地將選替教育納入其教育法案中。

選替教育為中輟生設計學校、生活、技藝、諮商服務等多元向的課程或方案，規劃適切的教育及輔導策略，建構理想的輔導服務網路，以達發揮潛能的目標（蔡德輝、吳芝儀，1999）。

(二) 服務學習

「服務學習」（Service Learning）是一種創新性的教導與學習方法，是選

替學校正式課程的一環，其目的在將有意義的社區服務經驗，連結於學業學習、個人成長、社會互動、民主責任等。是目前以危機學生為對象的學校革新行動中，被認為最具普遍成效的方案或策略。

服務學習方案奠基於John Dewey「由做中學」的經驗性學習理論。課程設計重心，在於引導學生思考和討論如何為社區中他人提供協助和服務，並省思服務學習經驗對自身的影響。在服務學習課堂中，學生需透過小組「合作學習」（Cooperative Learning）的方式，規劃並安排服務學習的機構，討論提供服務的對象、方式、內容、時間和地點等，演練提供服務的方法和態度，實際至機構進行服務學習，記錄服務學習的經驗和行動，分享與討論服務學習的心得、收穫和省思，以及撰寫服務學習的成果報告等。學生藉由主動參與有系統的服務性學習經驗，將學習領域擴充至校園教室情境之外的社區，促使學生在社區真實生活情境之中學習應用學校中所學的知能，學習參與社區事務、貢獻己力、關懷他人，並學習和同儕及其他社區成員共同思考問題、合作解決問題、並做出明智決定等。

因此，服務學習可促進青少年人格、社會、智能的成長，提供體驗公民責任及生涯準備的機會，對青少年成長為具有建設性的社會成員有莫大的益處。

根據吳芝儀（2000）之見解，綜合性中輟防治方案，是一個以學校教育和輔導為核心，且向家庭參與和社區合作延伸觸角的放射性支援網絡。能面面俱到地從青少年的個人、家庭、學校、社區等層面來滿足青少年的需求，防護青少年免於危機因素的侵害，協助青少年建立和家庭的密切聯繫，並培養對社區的公民責任，獲得個人情緒、心靈、社會、體能、智能等「全人」（Whole Person）發展。

參考書目

一、中文部分

吳芝儀（2000）。中輟學生的危機與轉機。濤石文化。

商家昌（1995）。中途輟學與青少年犯罪：以新竹少年監獄為例。國立政治大學社會學研究所碩士論文。

教育部（2020）。全國國民中小學中輟生通報及復學系統。

陳珏君（1995）。國民中學階段中途輟學學生的學校經驗與生活狀況之研究。國立台灣師範大學教育研究所碩士論文。

楊士隆、程教閏（2003）。國民中學學生中輟因素、復學型態與再輟學可能之研究。發表於向陽基金會研討會，2月。

蔡德輝（1993）。少年犯罪原因與輔導策略。訓育研究，第32卷第3期。

蔡德輝、吳芝儀（1999）。中輟學生的輔導與服務方式。訓育研究，第38卷第2期，頁57-62。

蔡德輝等（2000）。青少年暴力行為之成因與輔導對策研究。行政院國家科學研究委員會專題研究計畫。

鄧煌發（2001）。國中生輟學成因及其與偏差行為相關性之研究。中央警察大學犯罪防治研究所博士論文。

二、外文部分

Carter, G. V. (1973). Dictionary of education (3rd ed.). McGraw Hill.

Dryfoos B. (1990). Adolescents at risk: Prevalence and prevention. Oxford University Press.

Jarjoura, G. R. (1993). Does dropping out of school enhance delinquent involvement? results from a largescale national probability sample. Criminology, 31: 149-171.

Kronick, R. F. and Hargis, U. H. (1990). Dropouts: Who drops out and why and the recommended action. Charles C Thomas Publisher.

McLearn, K., Colasanto, D., and Schoen, C. (1998). Mentoring makes a difference. Findings From the Commonwealth Fund 1998 Survey of Adults Mentoring Young People.

McWhirter, J. J. (1998). Atrisk youth: A comprehensive response. Brooks/Cole Publishing Company.

Thornberry, T. P., Moore, M., and Christenson, R. L. (1985). The effects of dropping out of high school on subsequent criminal behavior. Crminology, 23(1): 3-18.

Thornberry, T. P., Moore, M., and Christenson, R. L. (1996). The effect of dropping out high school on subsequent criminal behavior. In J. G. Weis, R. D. Crutchfield, and G. S. Bridges (Eds.), Reading: Juvenile delinquency (pp. 87-89). Pine Forge Press.

第九章　社區與少年犯罪

　　近年來，社區在少年犯罪之蘊育及形成上亦扮演著重要之角色，學者紛紛強調社區防治之重要性，本章即參考國內外少年犯罪防治之實務經驗暨學術研究心得，從少年犯罪之成長地域——社區結構與環境層面探討少年犯罪防治之具體做法，以期減少少年犯罪之發生。

第一節　少年犯罪之社區結構與環境因素

　　最近，國外學者如Reiss與Tonry（1986）、Gottfredson等人（1991）、Simcha-Fagan與Schwartz（1986）及國內許春金、楊士隆（1993）、楊士隆（1995）等之研究相繼指出社區「結構」與「環境」因素在詮釋少年犯罪之重要性。茲將其重要內容扼要敘述如下：

一、社區結構因素

　　(一) 社區異質、疏離性：國外不少研究證實社區異質疏離性（Heterogeneity）之增加，可能阻礙人際之溝通管道，造成人際疏離，削弱社區居民共同達成共識與解決問題的能力，導致社會控制力降低，社區疏離感、隱匿性增大，進而影響及犯罪與偏差行為之發生（Byrne and Sampson, 1986; Sampson and Groves, 1989）。最近，國內由許春金、楊士隆（1993）進行之社區解組與少年偏差行為研究，亦發現社區異質疏離性（以語言、宗教、籍貫、政治信仰等之差異衡量）之增加，對少年偏差行為之發生產生影響。

　　(二) 社區貧窮程度：基本上社區之社經水準低、貧窮落後，不僅意味著社區家庭之貧窮程度，同時亦指出社區各類機構功能之不張，而無法充分照顧及社區居民。在此情況下，許多少年由於各項生活、就學條件之限制，缺乏像居住於高級社區家庭少年之社會競爭能力，甚至遭遇更多障礙與困難，在面臨這些生活壓力與適應問題下，極可能因此從事（或合理化）其偏差或犯罪行為。

　　(三) 社區流動性：在高度人口流動之區域，由於匿名性升高，人際關係

趨於表面、片斷，極易阻絕了社區人與人間社會關係之正常發展，而減弱社會控制之約束，影響及少年犯罪與偏差行為之發生。

二、社區環境因素

（一）**社區建築格式之改變**：當前各項建築物之規劃與建築格式有走向「立體化」、「高層化」、「密集化」及「地下化」之趨勢。雖然，其具有對建築物做高度利用之多元價值，但卻使得大樓之空間利用「多元化」，出入分子呈現「複雜化」，並造成管理上之「無人化」及「公共化」，空間死角增加，降低了社區之自然監控能力（黃富源譯，1985）。

（二）**社區環境之規劃不當**：部分社區由於：1. 違章建築物多，巷道狹小而不規則，視野狀況不佳，來往行人密度高；2. 缺乏公園綠地、運動場及其他休閒活動場所；3. 老舊眷舍與新建高樓呈現明顯對立，小廟、神壇林立（高金桂，1985），其為社區安寧秩序製造出許多不利因素。

（三）**社區生活品質惡劣**：部分社區為諸多社會病理現象入侵，造成生活品質低落，並衍生社會治安問題，包括：1. 色情與賭博業侵入社區；2. 遊民、乞丐、失業者四處流竄；3. 社區酗酒問題嚴重，酒後滋事者多；4. 青少年街角幫派、同性戀者活動頻繁等。

這些社區結構、環境不良因素，加上社區為色情、幫派等社會病理現象入侵造成社區秩序混亂（Disorder）現象，根據當代著名都市社會學家Skogan（1990）之見解，其極易影響及社區居民之認知，不願改變現狀，甚至亦不關心社區之居住品質。而此項「冷漠」之結果將遭來無數社會適應不良者（含罪犯）盤據社區，降低社會控制能力，影響及社區之生活品質，並造成社區進一步頹廢、腐化，衍生嚴重社會治安與少年犯罪問題。

第二節 少年犯罪社區防治工作之實例

少年犯罪社區防治之概念並非僅停留於學理探討層次，相對地，其已在國內犯罪防治實務上接受考驗，並獲得部分令人振奮之效果。

茲以台北市少年輔導委員會之做法加以說明。

台北市少年輔導委員會自民國68年經行政院核定創設以來，即相繼在台北

市各分區成立少輔組，進行區域少年犯罪防治計畫。此項區域少年犯罪防治計畫大致包括：

一、少年犯罪資料之統計分析。

二、製作斑點圖，瞭解少年犯罪之地點及空間分布概況，並根據區域特性研擬防治對策。

三、區域需求調查，徵求區域民眾意見，強化社區民眾參與，運用社區資源等。

此外，諸如家庭訪視、個案與團體輔導、親職教育推廣、法令宣導、文康活動之舉辦等亦為協助虞犯少年發展正面價值感，強化社會適應之重點工作（台北市少年輔導委員會工作報告，1994）。

台北市少年輔導委員會之區域少年犯罪防治計畫在市政府之贊助及少年警察隊之支援下，對於虞犯少年之輔導功不可沒。尤其，其工作重點係以社區防治之觀點，根據不同社區少年之犯罪特性，運用社區資源及各項輔導活動，減少少年犯罪之滋生，更屬難能可貴（趙雍生，1988）。此項計畫在學理之支持下，倘能普遍獲取社區居民之協助與參與，對於抑制少年犯罪之發生及強化少年社會適應將具有無可替代之功效。

在台北市少年輔導委員會之指導下，北投區少輔組於民國83年度起進行復興公園區域少年犯罪防治方案呈現豐碩之結果（陳貴英，1995）。其鑑於該區發展迅速有北投「西門町」之稱，遊樂場林立，為少年蹺課、流連、犯罪之危險地帶，故以其為少年犯罪區域防治實施之標的。透過瞭解該公園區域之居民與環境特性，擇定少年、家長及社區資源進行區域防治計畫。主要之防治策略包括：

一、同儕輔導：成立少年服務隊，以外展服務方式與在公園逗留之少年接觸，邀請少年參與服務行列，增加對正向團體之向心力，培養社區服務理念。

二、協助少年在活動中抒發精力，並學習法令常識：舉辦灌籃高手、新星人類歌唱舞蹈大賽等。

三、增進社區居民對少年犯罪之認識與瞭解，進而關心社區：辦理社區商家之訪談、宣導，並結合社區各公民營單位，共同關心社區青少年之成長。

其次，依據《性侵害犯罪防治法》之規定，過去對於有期徒刑或保安處分執行完畢、假釋、緩刑、免刑、赦免與緩起訴處分的性侵害加害人均需要接受輔導教育。2011年11月9日再次修正公告之後，於2012年1月1日起將少年性侵

害加害人納入輔導教育的對象。其目標是參照成人輔導教育模式經驗與少年性犯罪特性設計課程，以矯正少年性侵害加害人偏差的性行為表現，預防其再犯行為（蕭如婷、蔡景宏，2014）。課程內容單元有十二種，包括：

單元一：妨害性自主相關法律教育

單元二：性相關知識與法律常識

單元三：兩性關係與安全性行為

單元四：網路交友與網路犯罪預防

單元五：犯罪路徑

單元六：辨認警戒線

單元七：閃躲與逃離策略

單元八：酒精與藥物的迷戀

單元九：停止我的偏差想法

單元十：受害者同理心

單元十一：情緒與衝動管理

單元十二：父母溫情與管教

第三節　少年犯罪社區防治之做法

根據前述介紹，吾人瞭解社區結構與環境之不良，對於少年犯罪之發生亦將產生實質之重要影響，因此「社區」在少年犯罪防治上自然扮演更為吃重之角色。作者認為少年犯罪社區防治之做法可從下列四個方向著手：

一、頹廢社區之改善與重整

犯罪之地域（Deviant Places or Delinquency Area）概念在少年犯罪研究上一向占有重要之地位，蓋社區之頹廢、貧窮、落後、社會秩序紊亂等現象最易吸引社會適應不良者如乞丐、流浪漢、同性戀者，甚至罪犯之聚集，使該社區之生活品質降低，同時亦在治安維護上頻添變數（Skogan, 1990）。因此，少年犯罪社區防治之一項重要工作，為將蘊育少年犯罪之不良成長地域，予以改善與重整，消除不利之社區環境因素。

其次，由史丹福教授Zimbardo（1973）在美國加州從事實驗獲致之破窗理論（Broken Window Theory）心得，對社區頹廢區域之整修、維護與改善，有

助於減少社區治安進一步惡化,並維護良好之社區形象。而目前因社區之改善與重整而在社區治安維護上獲致卓越成就之例子不勝枚舉,因此,此項清除少年犯罪地域之工作,為減少少年犯罪之重要措施。

二、社區病理現象之清除

賭博、色情之入侵社區等病理現象,如同病菌侵蝕人體一般,皆對整體社區之生活品質與安寧秩序,構成鉅大威脅。因此除警政、社福等執法部門應加強查緝處理外,社區居民更應挺身而出,善盡一份社區居民之職責,注意此等社區之病理現象發展,並予剷除,為社區居民之共同利益而奮力不懈。蓋倘社區居民持冷漠之態度,不主動積極參與犯罪防治工作,將使社區成無政府狀態,缺乏抗制犯罪之免疫系統,而任由犯罪橫行,增加社區之不安全感。

三、社區環境之妥善規劃

學者在早期即曾指出社區環境之妥善規劃,不僅可提升社區居民生活品質,亦有助於社區安寧秩序之維護(楊士隆,1995)。因此,在進行都市社區環境規劃時,除應配合社區發展預留足夠之公園綠地、運動場所、青少年休閒活動遊憩場所外,並可在建築物及道路之設計與規劃上,儘可能具有「防衛空間」(Defensible Space)之特色,擴大視野,提高自然監控效果,減少治安死角,並增加居民之領域感,使社區居民在維護社區治安上,承擔更多責任。

四、強化社區意識,加強守望相助

隨著工商社會來臨,社會結構產生急劇轉變,不僅價值體系有顯著變化,人與人間之關係呈現表面化,人際隱匿性亦加大,為有效進行少年犯罪社區防治工作,有必要強化社區意識,並加強守望相助工作。強化社區意識之具體措施包括社區妥善規劃,加強居民歸屬感;強化社區活動中心之功能,並發行社區報紙;動員社區居民參與社區事務等。加強守望相助之做法包括鄰里守望相助推行,民眾參與巡邏,社區資源整合及社區警政策略(Community Policing)等(陳明傳,1992)。這些做法可促使社區居民更加團結,提升社區之生活品質,並改善社區治安。

結論

　　傳統有關少年犯罪之防治對策往往偏重於少年本身行為、價值觀之導正與輔導或貧窮、破碎家庭之協助與重整，以強化少年之學校與社會適應能力為目標。作者認為這些做法對於少年犯罪防治雖屬重要，但仍不盡周延，蓋其忽略了少年居住、成長與少年犯罪發生之最重要處所之一——社區結構與環境層面因素。因此，除前述傳統之少年犯罪防治策略外，應致力於改善、重整頹廢之社區，消除社區各項病理現象，妥善規劃社區環境，並強化社區意識、加強守望相助工作，始能促使少年犯罪防治工作更臻於完善。換句話說，少年犯罪防治工作須結合家庭、學校以及社區之力量，始能發揮應有功效。

參考書目

一、中文部分

台北市少年輔導委員會工作報告，1994年。

高金桂（1985）。少年犯罪社區防治之構想。社區發展季刊，第8卷第31期。

許春金、楊士隆（1993）。社區與少年偏差行為：社區解組犯罪理論之實證研究。警政學報，第23期。

陳明傳（1992）。鄰里守望相助之評析。警學叢刊，第23卷第2期。

陳貴英（1995）。區域少年犯罪防治行動評估——以北投復興公園為例。社區發展季刊，第72期。

黃富源譯（1985）。都市環境與犯罪之形成（平井邦彥原著）。警學叢刊，第16卷第1期。

楊士隆（1995）。社區解組與少年犯罪：多重層級評量之實證分析。行政院國家科學委員會。

楊士隆（1995）。經由環境設計預防犯罪之探討。警學叢刊，第25卷第4期。

趙雍生（1988）。芝加哥區域方案之沿用——台北市少輔會之實施。警政學報，第13期。

蕭如婷、蔡景宏（2014）。性侵害少年評估與處遇。亞洲家庭暴力與性侵害期刊，第10卷第2期，頁131-158。

二、外文部分

Byrne, J. M. and Robert J. S. (Eds.) (1986). The social ecology of crime. Springer-Verlag.

Gottfredson, D. C., McNeil III, R. J., and Gottfredson, G. D. (1991). Social area influences on delinquency: A multilevel analysis. Journal of Research in Crime and Delinquency, 28(2): 197-226.

Kobrin, S. (1959). The Chicago area project-25-year assessment. Annals of the American Ademic of Political and Social Science, 332: 20-29.

Reiss, A. J. and Tonry, M. (Eds.) (1986). Community and crime. University of Chicago Press.

Sampson, R. J. and Groves, W. B. (1989). Community structure and crime: Testing social disorganization theory. American Journal of Sociology, 4: 774-802.

Simcha-Fagan, O. and Schwartz, J. E. (1986). Neighborhood and delinquency: An assessment of comtextual effexts. Criminology, 24: 667-704.

Skogan, W. G. (1990). Disorder and decline-crime and the spiral of decay in American neighberhoods. Free Press.

Zimbardo, P. G. (1973). A field experiment in autoshaping. In C. Ward (Ed.), Vandalism. Architectural Press.

第十章　大眾傳播媒體與少年犯罪

　　近年來隨著戒嚴時代的解除，社會力迸現，我國大眾傳播、媒體在東西潮流之衝擊下，而呈現負面發展，不僅日趨於暴力、色情充斥，同時夾雜低級趣味，此對於身心正處於發展階段之狂飆期青少年不免造成影響。本章即從大眾傳播媒體之角度切入，探討其與少年犯罪之關聯。

第一節　大眾傳播媒體之內涵

一、大眾傳播媒體之意義

　　基本上，傳播係指「在一個情境架構中，由一個人或更多的人，發出訊息，並由一個人或更多的人收到噪音阻擾（或曲解）的訊息，產生一些效果，並在其中含有一些回饋的活動」（Devito, 1978: 8；李茂政，1984：13）。而大眾傳播（Mass Communication）則指利用傳播工作，如電視、報紙、廣播、雜誌等媒介，把一定的意識內容，傳播給「大眾」的活動（鄭貞銘，1976：35）。換言之，大眾傳播是傳播行為一種形式，其與其他傳播形式涵蓋著不同的行為層面及具備不同的功能（李茂政，1984）。傳播行為另可從私人及公共的層面加以探討，例如社會學者Deutschman認為大眾傳播所研究的對象，應該屬於「公共的，有媒介的傳播」，它包括了集合性（如電影）和非集合性的（如報紙、雜誌、廣播、電視）（李金銓，1982：8-9）。

二、大眾傳播媒體與認知、行為塑造

　　大眾傳播媒體對於人類個別與集體行為具有廣大影響力，尤其大眾傳播媒體經常透過選擇性呈現，對屬於極端之個案做渲染報導，極易在無形中造成民眾之刻板印象，塑造特定行為模式（楊孝濚，1981）。解釋此類行為塑造之理論大致包括：

　　(一) 魔彈理論（Magic Bullet Theory）：又稱皮下注射理論（The Hypodermic Needle Theory）或機械刺激反應理論（The Mechanistic S-R Theory），

其係以媒介效果強大之信念為基礎,強調效力廣大之刺激,不僅獲得大眾社會成員一致注意力,並且觸發了大眾之內心慾望、衝突或個人難以自我控制之其他過程。而在這些刺激下,深深影響個人之情緒,甚至思想、行為改變(De-Fleur and Ball-Rokeach, 1989)。

(二) 文化常模理論(Culture Norm Theory):文化常模理論倡議者認為,大眾媒介透過選擇性呈現,透過強調或刪減某主題的方式,以創造或塑造一般民眾對環境的不同角度印象,使人們相信情況之真實性,且毫不思索的接受傳播媒體所描述的一切,而認為媒體之報導內容(如暴力情節)為現有文化之常模(DeFleur and Ball-Rokeach, 1970;楊孝濚,1981)。

(三) 社會學習理論(Social Learning Theory):社會學習理論強調個人之行為(含暴力行為),除個人親身經驗(如受賞罰情形),決定行為增強與否外,其主要係觀察他人的行為所產生之「替代性學習」(Vicarious Learning)結果,即所謂示範作用。而其中傳播媒體所營造之示範作用,效果可能最大(Bandura, 1977)。

仔細再行檢視大眾傳播相關文獻,吾人發現大眾傳播媒體之影響似不侷限於改變個人行為層次,亦可能對民眾之認知、價值觀與世界觀造成影響。茲臚列相關理論說明。

(一) 社會現實建構理論(The Theory of Social Construction of Reality):此派認為傳播媒介能產生強大效果,是因為它所發生的訊息能協助建構社會現實,提供人們一種世界觀,久而久之,人們更依據媒介所提供的參考架構和規範來界定並修正個人的行為和價值。而對媒體依賴強時,媒介更有可能影響及人們之認知、情緒與價值觀(Ball-Rokeach and DeFleur, 1976;黃明明,1994:66)。

(二) 涵化理論(Cultivation Theory):涵化理論倡議者認為媒介的效果不在於讓我們產生什麼行為,而在於它賦予各種事物的意義。媒介之效果經常不是短期的,而係長期的效應,其在潛移默化之中建構社會現實;其並指出媒體之內容大多千篇一律地充滿暴力及刻板印象,並不符合真實世界。觀(聽)眾日積月累地接受此種訊息,久而久之便受其影響,對世界產生扭曲的印象,而受影響的程度深淺則視媒體暴露量而定。

三、大眾傳播媒體之功能

大眾傳播媒體對人類之認知與行為既可能有鉅大影響,其具備之功能乃不

容忽視，茲依正面與負面之功能說明。

(一) 媒體之正面功能

Schramm（1957）認為媒體有下列五種功能：

1. 守望人的功能：媒介負責報導環境中發生之事情，將消息傳遞給民眾，以協助人們認識複雜的環境事物，使能獲得充分調適。

2. 決策的功能：媒介決定了對重要社會問題的政策發表意見，喚醒社會大眾的注意，遂其勸服的目的。

3. 教師的功能：媒介的任務之一是教導民眾，把已經建立文化傳統傳衍給社會新參加的分子。

4. 大眾娛樂的功能：媒介可提供娛樂功能，調劑生活，緩和民眾生活緊張。

5. 經濟與商業之功能：媒介報導許多行銷行為與商業活動，促使商業發展更臻於熱絡（李茂政，1984：231）。

(二) 媒體之負面功能

媒體之內容倘不當，即可能產生負面影響：

1. 降低大眾的文化感覺：媒介夾雜各類聲色刺激，且商業氣息濃厚，易使文化一蹶不振。

2. 增加少年犯罪：媒介充斥色情、暴力與犯罪，此不利於身心成長中之青少年，極可能促其模仿學習。

3. 對於一般民眾產生道德腐化之過程：媒介內容除充滿暴力外，亦大多誇大，渲染且專挖人隱私，報導社會黑暗面，極易促使大眾道德腐化，並增加不信任感。

4. 降低創造力：媒介倘為特定組織、團體控制，極易以一貫之立場或內容報導，甚或扭曲內容，進而影響民眾之認知與創造力（楊孝濚，1984）。

第二節　大眾傳播媒體之報導內容與取向

如同前述，大眾傳播媒體是可能影響人類之認知與行為，至於其內容是否可能造成少年暴力與攻擊行為，則有必要對大眾傳播媒體之報導內容與取向進

行檢視，茲以相關文獻之記載與研究說明（楊士隆，1993）。

一、大眾傳播媒體之暴力、犯罪新聞報導頻率：以報紙為例，學者Graber（1980）之研究指出，在每日報紙上，至少有22%至28%之報導與犯罪事件密切相關。相類似地，其他研究亦發現暴力及犯罪之相關消息至少在報紙之篇幅上占5%至30%。此外，電視新聞報導亦提供許多與犯罪相關之焦點新聞。學者Graber（1977）之研究指出，在美國地方電視頻道與全國電視聯播網路上，犯罪新聞大約各占20%及10%。在對前項電視新聞報導追蹤三年後，Graber（1980）仍再度發現12%至13%之電視新聞報導不離開犯罪之主題。

二、大眾傳播媒體之暴力、犯罪新聞報導趨向：為迎合觀眾與讀者之追求感官刺激需求及賺取鉅額利潤，大眾傳播媒體對於暴力與犯罪新聞之報導往往以誇大、煽情之方式將案件膨脹處理。學者Marsh（1989）對美國1893至1988年之報紙加以分析後指出，新聞版面仍以報導暴力與煽情、色情新聞為主要內容。Marsh（1991）對橫跨五洲（歐洲、非洲、亞洲、澳洲、北美）十四個國家1965至1988年之報紙比較分析，再度指出前項事證。

三、大眾傳播媒體之暴力、犯罪新聞報導之正確性：大眾傳播媒體由於較強調犯罪之嚴重程度與對讀者之吸引力，且常做較主觀且不完整（片段）之報導，因此其新聞報導內容是否與真實犯罪情況相符不無疑問。許多研究指出，暴力犯罪（如殺人、傷害、擄人勒贖、搶劫等）在新聞上有過度渲染、誇大報導現象，而財產性犯罪（如竊盜）則有被低調處理之情形（Skogan and Maxfield, 1981; Marsh, 1991），而這些報導經常與官方之犯罪統計大相逕庭。以1993年我國之犯罪現況為例，暴力犯罪僅占所有犯罪類型之7.38%，卻占去許多報章雜誌之主要篇幅。

第三節　大眾傳播媒體對少年犯罪之負面影響來源

大眾傳播媒體涵蓋之層面甚廣，但其傳播行為大多以事件之新聞價值及商業利益為最高考量，也因此色情、暴力、犯罪或隱私等能激起民眾情緒反應者乃成為媒體之最愛。茲將可能激發學生暴行之傳播媒介來源扼要介紹。

一、電視：電視在現代人的生活當中占有重要的地位，其對青少年之影響力甚至超過家庭或學校（Gerbner and Gross, 1976）。根據調查美國兒童平均消

磨在電視的時間，大約是其清醒時間的二分之一至四分之一。在國內，家庭成員每天收看電視之時間亦約在四小時以上（台灣省政府新聞處，1990）。雖然電視內容具有許多娛樂與教育功能，但因電視內容涉及不少暴力衝突情節，故極易衍發副作用，學者Belson（1978）之研究即指出，喜歡觀看較具暴力傾向電視秀之受視者比暴露於暴力傾向較低之受視者，更易引發暴力攻擊行為。近年來，隨著歐美日節目之大量入侵，有線電視台之開放，加上電視台激烈之商業競爭，電視台對於暴力，色情之傳送似有日益惡質化之趨勢，內容充滿許多欺騙、虐待、殺戮、酷刑、暴亂、淫蕩情節，此對於少年極易造成負面影響。

　　二、報紙：報紙目前幾乎成為每一位國民每日不可或缺的精神食糧，尤其在電視無法對事件情節提供清晰之描述時，報紙則可詳細並栩栩如生地交待每一細節，滿足大眾之需求。惟令人遺憾的是，報紙之內容並非全部是正面的，其經常做誇大、渲染、不實、不道德、淫穢、暴力、色情之報導，而對成長中之少年帶來負面影響。例如，鄭蕙如（1964）在一項「大眾傳播的不良內容對少年犯罪的影響研究」中指出，不良的報紙內容，如犯罪新聞細節性地描繪犯案的經過，以及過度渲染的報導，極可能促使青少年發生積極模仿效果，而衍發「犯罪方法」教育之副作用。另外，楊孝濚（1981）在「台灣大眾傳播與青少年犯罪行為」的研究中亦發現，少年犯罪之傳播主成因以報紙上之犯罪新聞為主，占40%。因此，無疑的報紙之偏差、誇大報導，對於少年確可能帶來負面影響，極易造成其盲目的英雄崇拜及性觀念之偏差（楊孝濚，1978）。

　　三、電影：電影亦是促使青少年衍生暴行之重要來源。蓋在電影劇情之發展中，極易促使觀賞者進入另個幻想世界，並受其影響。值得注意的是，電影之內容經常與真實社會境況差距甚大，誇大、不實、戲劇性是其特色，再加上夾雜色情、暴力及犯罪情節，使得電影亦成為影響學生暴行形成之重要媒介。事實上，根據少年司法實務，犯罪少年不僅較正常少年常看電影，同時更有喜歡觀賞暴力、犯罪電影之傾向。在目前，除電影院外，一般錄影帶出租店及第四台租售、播放色情、猥褻、暴力影片之頻率甚高，此種發展勢必對好奇心大之青少年構成負面影響（江文宏，1993）。

　　四、不良書刊、圖畫：另一對學生暴力行為發生之大眾傳播媒體來源為不良書刊、圖畫，如黃色書籍、雜誌、暴力色情之連環圖畫等。這些書刊由於兼具兇殺、強暴、猥褻等內容，對於成長中之青少年極易激發其慾望並為其未來暴行帶來動機與方法（宋根瑜，1983）。學者Donnerstein（1980）之研究即曾指出，閱讀暴力性質之黃色書籍愈頻繁，愈有可能對他人（尤其是女性）產

生攻擊行為。美國司法部之黃色書籍調查委員會（The United State's Attorney General's Commission on Pornography, 1986）對1970年以後美國學者發表之相關論文檢視後，亦指出觀看色情刊物與其後之暴力、攻擊行為具有直接關聯。目前，隨著管制之放寬，許多雜誌大幅報導犯罪、色情情節，並專挖內幕消息，內容充滿暴力、淫穢，值得有關當局正視。

五、網路。

 結 論

本章從大眾傳播媒體之角度探討少年犯罪之成因，認為當前大眾傳播媒介對於成長中少年之認知、價值觀與行為具有不容忽視之影響力，而充滿淫穢、暴力與犯罪情節之媒體報導與播放傾向，則提供了少年暴行之重要模仿、學習動機與方法。因此，研擬妥適少年犯罪防治對策之同時，有必要責求有關主管當局淨化傳播內容，發揮媒體應有之社會教育、娛樂功能，以減少少年犯罪之發生。

參考書目

一、中文部分

大眾傳播事業（1990）。台灣省社會處。

江文宏（1993）。大眾傳播與犯罪及其預防方法。中央警官學校專題研究報告。

宋根瑜（1982）。大眾傳播與青少年犯罪。台北地方法院青少年法庭。

李金銓（1982）。大眾傳播學。國立政治大學新聞研究所。

李茂政（1984）。大眾傳播新論。三民書局。

黃明明（1994）。電視新聞暴力內容對兒童之涵化效果初探。新聞學研究，第48期。

楊士隆（1993）。大眾傳播媒體與犯罪預防。中警半月刊，第612期。

楊孝濚（1978）。龍子與浪子。幼獅文化。

楊孝濚（1981）。台灣大眾傳播與青少年犯罪行為。載於楊國樞、葉啟政（主編），當前台灣社會問題。巨流圖書。

楊孝濚（1983）。大眾傳播與社會。國立編譯館。

鄭貞銘（1976）。大眾傳播學理。華欣文化。

鄭蕙和（1964）。大眾傳播的不良內容對少年犯的影響。嘉新水泥公司文化基金會。

二、外文部分

Ball-Rokeach, S. J. and DeFleur, M. L. (1976). A dependency model of massmedia effects. Communication Research, 3(1).

Bandura, A. (1977). Social learning theory. Prentice Hall.

Belson, W. A. (1978). Television violence and the adolescent boy. Saxon House.

Cohen, S. (1975). The evidence so far. Journal of Communication, 25: 14-24.

DeFleur, M. I. and Ball-Rokeach, S. (1970). Theories of mass communication (2nd ed.). David Mckay.

DeFleur, M. I. and Ball-Rokeach, S. (1989). Theories of mass communication (6th ed.). David Mckay.

Devito, J. A. (1978). Communicology. Harper and Row.

Donnerstein, E. (1980). Pornography and violence against women. Annals of the New York Academy of Science, 347.

Gerbner, G. and Gross, L. (1976). Living with television: the violence profile. Journal of Communication, 26(2).

Graber, D. (1977). Ideological components in the perceptions of crime and crime news. Paper Presented to the Meeting of the Society for Study of Social Problems.

Graber, D. (1980). Crime news and the public. Praeger.

Marsh, H. L. (1989). Newspaper crime coverage in the U. S.: 1893-1988. Criminal Justice Abstracts September.

Marsh, H. L. (1991). A comparative analysis of crime coverage in newspaper in the United States and other countries from 1960-1989: A Review of the Literature.

Schramm, W. (1957). Responsibility in mass communication. Harper.

Skogan, W. G. and Maxfield, M. G. (1981). Coping with crime: Individual and neighborhood reactions. Sage Publications.

U. S. Attorney General's Commission on Pornography (1986). Final report. U. S. Government Printing Office.

Part Ⅳ

少年犯罪類型

第十一章
青少年殺人犯罪行為與防治對策

「新北市某國中發生校內喋血案，前日郭姓男學生受到『乾妹』唆使，跑到其他班級持彈簧刀狠刺楊姓男學生多刀，楊生經過兩日急救，今凌晨不幸去世……據瞭解，郭生乾妹25日中午吃飯時間至楊生的班級找熟識的女同學聊天，楊生則向其表示『妳不是我們班的』，質問為何她能夠進來，並要求她出去。郭生乾妹懷恨在心，於是向同校的乾哥，也就是郭生告狀，郭生於是帶著彈簧刀前往報復。……郭生抵達楊生班級，拿出彈簧刀就對楊生猛刺……楊生一共中10刀，其中正面含頸動脈、左胸計6刀，右下背靠近腎臟計4刀，均是重要臟器所在或是大動脈，下手凶狠……」（自由時報2023.12.27）

「基隆市15歲吳姓少年過去與14歲葉姓少年就讀同高職，吳因不滿葉經常對他出言諷刺，昨（29日）深夜便夥同16歲賴姓、17歲黃姓同夥將葉約出談判，雙方一言不合爆發口角，吳竟持西瓜刀追砍葉。警消到場，發現現場血跡斑斑，立即將吳男等人逮捕，並將葉送醫，所幸其並無生命危險，全案後續將依殺人未遂等罪嫌移送少年法庭審理。」（ETToday新聞網2024.3.30）

「新北市淡水區5日晚間發生凶殺案，42歲李姓裝潢工人與45歲陳姓前雇主疑因10萬元工程款衝突，李男持開山刀揮砍，混亂中卻遭折疊刀刺死，警方依殺人罪嫌將陳移送士林地檢署偵辦。檢方複訊時案情大逆轉，證人指稱持刀攻擊的是陳的17歲兒子……死者身上除10餘處刀傷，還有多處瘀青及鈍器外傷……沈姓員工翻供指證李是遭陳的兒子刺死，稍晚陳與其子亦坦承……據瞭解，案發後陳與在場的兒子及員工商議，因兒子還年輕，所以由他一肩扛下所有責任，並要求其他人口徑一致……」（中國時報2024.5.8）

以上所舉之三個在台灣最近甫發生之案例，呈現當前部分之青少年以暴力血腥的手段殺害他人或同伴的情形。根據法務部司法官學院犯罪研究中心之統計（2023），在少年犯罪類型方面，2022年少年嫌疑犯的犯罪類型以詐欺（17.4%）、竊盜（12.82%）、妨礙秩序（10.44%）、一般傷害（9.34%）及妨害性自主罪（9.16%）等犯罪為最多，占59.15%。其中觸犯故意殺人案件的少年嫌疑犯人數，也是近十年來最低（13人，0.14%）。同時，內政部警政署

（2023）之統計資料顯示，少年殺人犯罪在近十年間顯著減少，由2013年104人增加2014年之136人犯罪，減少至2015年67人後，增加至2017年之91人，之後逐年減少至2022年13人，為近十年之最低（減幅達87.5%）。雖然，少年殺人犯罪案件在近十年逐年減少，但其犯罪手法及原因都令民眾震驚，每每發生也造成民眾的恐懼，形成社會治安隱憂。同時，因少年殺人案件極具血腥與恐怖，對受害者造成永久、無可回復之傷害，同時亦影響及於社會暴戾風氣，亟待深入研究，有必要積極研擬對策因應。

此外，少年觸犯殺人重罪，除個人因此無法繼續就學、就業，斷送美好前程外，國家亦須付出執行長期監禁與感化教育之鉅額負擔，可謂成本甚高，不容發生。況且，晚近少年犯罪專家、學者一再呼籲，今日少年犯倘不及早輔導、介入，極可能成為明日之成年犯，為此，本文針對少年殺人犯罪行為進行探討，並於文後提供預防與處遇對策，俾供政府與民眾參考。

第一節　青少年殺人犯之人口特徵

一、澳洲

有關青少年殺人犯之人口特性，根據澳洲「國家殺人犯罪追蹤方案」（National Homicide Monitoring Program）之資料庫分析結果顯示（Miles and Bricknell, 2024），18至24歲是殺人犯罪的高峰期，2022至2023年間，10至17歲的殺人犯罪者有28人、18至24歲的殺人者有56人，兩者共占當年度殺人者的32.3%；而24歲以下的殺人犯罪者以男性為主（78人，92.3%）。

另外，根據澳洲統計局的最新資料（2024），加害者在30歲以下者占所有殺人犯罪者的54.5%（324人），其中18歲以下的殺人犯罪者有58人（9.3%）。

二、美國

在美國，根據美國司法部少年司法統計的資料（Ryan and La Vigne, 2022），自2000年代中期以來，估計青少年因暴力犯罪（包括謀殺、搶劫和重傷害）被逮捕的人數有所下降。到2020年，涉及青少年的暴力犯罪逮捕人數降至新低，較1994年的高峰值低了78%。整體而言，青少年在暴力犯罪逮捕中的

比例從2010年的14%降至2020年的7%。

在2020年，估計有424,300件逮捕涉及18歲以下人士，這比2019年減少了38%，僅為五年前逮捕人數的一半。在這些逮捕中，只有不到10%（8%）是因為暴力犯罪。重傷害占2020年所有青少年逮捕的5%，搶劫占3%，而謀殺則僅占0.25%。

2020年，男性占所有青少年暴力犯罪逮捕的80%，但在謀殺（92%）和搶劫（88%）的逮捕中，男性的比例更高。16至17歲的青少年占所有青少年暴力犯罪逮捕的超過一半（55%），而在謀殺的逮捕中則占76%。白人青少年占所有青少年暴力犯罪逮捕的近一半（49%），以及57%的重傷害逮捕。

尤其，涉及青少年的謀殺逮捕數量在2012年達到低點，隨後在2018年前增長了31%，但到2020年又下降了約2%。2020年涉及青少年的謀殺逮捕數量比2012年的低點高出29%，但比1993年的峰值低75%。

在加害者的年紀方面，自2000年以來，15至17歲青少年的謀殺逮捕率一直低於18至20歲和21至24歲年輕成人的逮捕率。在2020年，18至20歲年輕成人的謀殺逮捕率是15至17歲青少年逮捕率的2倍，而21至24歲年輕成人的逮捕率則比15至17歲青少年高出85%。

在謀殺被害者部分，在2020年，估計有1,780名青少年謀殺受害者，比2019年增加了30%，比2013年（該年青少年受害者最少）增加了46%。男性占2020年青少年謀殺受害者的74%。15至17歲的青少年占受害者的52%，而6歲以下的兒童占27%。白人青少年占受害者的40%，黑人青少年占55%。2020年，三分之二的青少年謀殺案件中涉及槍支。

三、台灣

此外，楊士隆從事國立中正大學專案研究「台灣地區少年殺人犯、暴力犯及非暴力犯犯罪危險因子之比較研究」，於1998年4月間分析台灣地區75名男性少年殺人犯罪行為所獲初步結果，在人口特徵方面有以下之發現：

(一) 年齡：受試少年殺人犯的年齡以18歲以上為最多（36名，占48.6%），其次為17歲以上未滿18歲者（28名，占37.8%），未出現14歲以下之受試樣本。

(二) 教育：以國中程度占最多數（43名，占58.1%），其次為高中（職）程度（28名，占37.8%），其餘為國小（3名，占4.1%）。

(三) 籍貫：以閩南籍占最多數（48名，占67.6%），其他外省籍、客家籍

及原住民各占約10%左右。

(四) 在入監（院）前的職業狀況：約有一半的青少年表示有固定職業（36名，占50.7%），其次為在學未就業（14名，占19.7%），失業半年以上者有16名（占22.2%）。

(五) 在入監（院）前的就學狀況：有32名表示已超過一年未上學（47.8%），其次為有固定上學者（17名，占25.4%）。

(六) 在入監（院）前的居住地：住在鬧區、市中心者較多（53名，占74.6%），其餘住郊區。

從前述國內累積之文獻觀之，青少年殺人犯以17歲以上男性中輟生為大宗。

第二節　青少年殺人犯罪之境況

Erbay與Buker（2019）分析土耳其一組已裁定的青少年的法院紀錄（n＝546），以分析青少年犯下的謀殺案件的特徵（如動機、使用的武器、受害者特徵等），有以下的發現：

一、被害者年齡：研究結果顯示，受害者大多數是陌生人，與犯罪者的年齡相近。

二、發生原因：大多數由青少年犯下的謀殺案件是由爭鬥／爭執引發的，並沒有任何犯罪預謀。尤其，這些爭鬥／爭執主要是由於對尊嚴、自尊或榮譽的衝突或被假設侵犯而引起的。具體來說，青少年殺人犯通常以受害者對他們的母親／伴侶詛咒（罵髒話）、盯著他們的女朋友／伴侶或試圖與他們的伴侶建立浪漫關係等理由，來為他們對受害者的攻擊行為進行辯護；僅有少述案件的少年殺人犯表示是因為物質爭議，例如借錢未還而引起的爭執。整體而言，Erbay與Buker（2019）發現大多數土耳其少年殺人犯的殺人行為並非預謀的異常行為，而往往是因當下情緒激動，立即升級至最高的暴力攻擊所致。

三、殺人方式：大多數殺人案件是使用刀具犯下的（75.8%，n＝138），其次是手槍（16.5%，n＝30），還有其他武器（例如錘子和步槍，7.7%，n＝14）。Erbay與Buker（2019）發現大多數由青少年犯下的殺人案件中，槍支並非首選武器後，他們進一步分析使用槍支和使用其他類型武器（如刀、鈍

器等）犯下的殺人案件的特徵，結果顯示，槍支最常被用於因幫派糾紛而犯下的殺人案件，而且被槍殺的受害者更可能是成年人（18歲以上）；再者，與選擇其他類型武器的少年殺人犯相比，使用槍支的少年殺人犯有過去的犯罪紀錄、父親有犯罪背景、是輟學生的比例較高。

四、物質的使用：僅有11%（n＝20）的少年殺人案件是在非法藥物的影響下犯下的，而10.4%（n＝19）是在酒精的影響下犯下。

在美國，Heide（2020）對一個東南部州被判謀殺並被送入成人監獄的59名男孩進行三十五年的追蹤研究，這些男性少年殺人犯最初在1980年代初接受了訪談，其中20名男子同意參與臨床訪談，反思他們作為未成年人參與殺人犯罪的原因（即動機、情況），研究有以下發現：

一、年齡：接受後續訪談的20名受訪者，在犯下謀殺或企圖謀殺時的年齡範圍從14至17歲，平均年齡為15.8歲（標準差＝0.8）。

二、種族：接受後續訪談的20名受訪者，60%是黑人，其餘40%是白人。

三、前科紀錄：85%的未成年殺人犯有過先前的逮捕紀錄，其中40%曾因暴力犯罪而被逮捕。先前的逮捕次數從0至16次不等，平均為4.4次（標準差＝4.9），總計20名樣本受試者的逮捕次數為89次。

四、共犯：在80%案件中，未成年殺人犯與一名或多名共犯合作，並造成了受害人死亡。

五、與其他犯罪的關聯：75%的謀殺事件與犯罪有關，其餘25%與衝突有關。

六、與被害者的關係：在這些事件中，55%的受害人是陌生人。

綜合前述發現，青少年殺人犯罪前酗酒比率偏高，其犯案多缺乏預謀，動機則以爭吵為最多，犯案方式常以刀械為之。

第三節　加害者與被害者之關聯

在殺人加害者與被害者關係之研究上，一般嘗試瞭解其是否屬朋友／熟識者間殺人（Homicide between Friends and Acquaintances）、陌生者殺人（Stranger Homicide），以及加害者所扮演之角、抑或由「被害者引發之殺人」（Victim-precipitated Homicide）（Wolfgang, 1958: 252）。

Carcach（1998）就澳洲犯罪學研究所資料庫殺人犯罪檔案分析發現，在加害者與被害者的關係方面，青少年殺人案件傾向發生於不相干的人間，加害者愈年輕，有愈大比例的被害者不是陌生人就是熟識的人；且隨著年紀的增加，發生於親密關係之間的殺人案件就會增加。Ewing（1990）之美國研究則顯示，當青少年殺人涉及團夥時，被害者以傾向於非熟識者居多。另外，楊士隆（1998）的研究指出，少年殺人犯罪加害者與被害者之關係以陌生人為數最多（62名，占83.8%），其餘為朋友（12名，占16.2%）；加害人與被害人平日的關係方面，大部分的少年回答平日並無時常爭吵（66名，占89.2%）；在問及案發前被害者是否有飲酒時，有29名少年回答「無」（占38.9%），回答「有」者有27名（占36%），其餘回答「不知道」（占25.3%）；另外，在案發之前被害者是否有攻擊加害者，回答「無」者占多數，有48名（占64.9%）。

學者Erbay與Buker（2019）分析土耳其青少年殺人犯罪者的法院紀錄，發現加害者與被害者年紀相近，亦即大多數被害者是年紀偏低的青少年。大多數案例的受害者都是陌生人（72%，n＝131），此結果與其他國家先前研究的結果相似（Ahonen et al., 2015; Hemenway and Solnick, 2017; Swart et al., 2015）。他們進一步以殺人動機分析加害者－被害者關係時，發現在榮譽殺人案件中，大多數受害者是認識的人；而在爭執或爭吵中，認識的受害者僅占總受害者數的28%（n＝51）。此外，肇事者與受害者的年齡接近性也是描述性分析的另一重要發現。

另外，Fox等人（2021）分析1976至2016年間在美國被捕的超過4萬名男性青少年殺人犯的資料，他們發現青少年殺人犯罪可以分成以下六種類型，而每一種少年殺人類型，其加害者與被害者之關係有所不同：

一、較年長的黑人持槍犯：年齡介於15至17歲之間，案件涉及槍枝，受害者和兇手大多是黑人，案件發生在衝突或幫派相關事件中。

二、與其他犯罪相關的團體犯：殺人案件與其他犯罪相關（例如有70%發生在搶劫中）大多團體作案，受害者是陌生人。

三、白人幫派與衝突相關犯：案件主要由幫派和衝突驅動，兇手是白人為多。

四、獨行的衝突相關犯：與衝突案件相關，但為單獨作案，受害者多為熟人或朋友。

五、獨行的白人親屬與家庭犯：兇手為白人且年齡較小，為單獨作案，發

生在父母、兄弟姊妹或其他家庭成員中。

六、脆弱受害者與犯罪相關的獨行犯：受害者多為女性、嬰幼兒、老年人，涉及強姦或性犯罪、財產犯罪等，約三分之二的兇手是獨自作案。

綜合前述發現，總體而言，青少年殺人犯罪者與被害者之關係以陌生者較多，但進一步考量到殺人動機或犯罪類型的不同，加害者與被害者的關係也有所差異。

第四節 青少年殺人犯早期之偏差行為

研究指出，實施殺人行為之前，通常會伴隨著犯罪和非犯罪（Disruptive Behavior，破壞性行為）的歷史，尤其當中涉及槍支擁有的情況時（Farrington et al., 2012），且青少年殺人犯早期之偏差行為亦為其犯行之重要相關因素。Carcach（1998）分析澳洲自1989至1996年共七年間所發生的殺人案件發現，有大約三分之一的加害者有犯罪前科紀錄。另有研究指出，很多的少年殺人犯有反社會行為的歷史，包括打架、傷害等，其反映在被逮捕及被定罪的紀錄上（Ewing, 1990）。而根據楊士隆（1998）對台灣地區75名少年殺人犯之調查研究，青少年殺人犯在早期即從事各項偏差行為，其中以無照駕車（占92%）、抽煙（88%）、深夜在外遊蕩（82%）、觀賞暴力影片（80%）、吃檳榔（80%）、與人口角爭執（72%）、進出聲場所（60%）、與他人打架（58%）、飲酒過量（56%）、頂撞師長（54%）、攜帶刀械或其他危險物品（50%）、打賭博電動玩具（50%）等所占比例較高。

在對少年殺人犯罪者進行的最詳細研究之一中，Loeber與Farrington（2011）進行了一項縱貫性分析，針對在青少年時期犯下殺人犯罪者進行研究。這項研究從童年到成年早期追蹤這些個體，因此能夠檢視區分殺人犯罪者與其他犯罪和非犯罪青少年群體的各種社會、環境和發展因素。他們的分析發現，與殺人犯罪有關的風險因素相對多元，包括：犯罪者所居住的社區、低社會經濟地位以及母親為年輕且失業者。這些因素在預測青少年殺人犯罪參與度方面比個人風險因素更為重要；另外，在行為風險因素方面，Loeber與Farrington（2011）的分析結果顯示，被學校停學、破壞性行為和對違法行為的積極態度是暴力行為的強烈預測因素。

　　另外，Farrington等人（2012）的同生群研究，針對殺人犯罪者的預測因素進行探究，結果顯示殺人犯罪的風險因素可分為解釋性和行為性兩類。在解釋性因素中，他們發現「居住在貧困社區」、「母親年輕且失業」及「屬於低社會經濟階層」等因素對於預測後續的殺人犯罪有顯著效果；而在行為性因素中，具有輟學、犯罪傾向、行為障礙、犯罪和暴力歷史的14歲以下個體，其對於殺人犯罪的預測效果更為顯著。

第五節　青少年殺人犯罪之成因

　　在少年殺人犯罪成因之探索上，傳統實證主義（Positivism）學派學者曾分別從單一理論學派觀點、多重成因（Multiple Cause）及科技整合方向（Interdisciplinary Approach）之角度進行研究，以瞭解形成少年殺人犯罪之重要前置因素（Antecedent Variable）（Megargee, 1966; Pittman and Handy, 1964; Wolfgang and Ferracuti, 1967）。除此之外，晚近學者Athens（1997）則一反傳統研究主張——人類的行為是被決定、促成的，提出行為者積極、主動之詮釋性研究策略（Interpretive Approach），並指出暴力、殺人行為之衍生經常是「被置於一定的境況（Situated）」，而殺人者為因應此衝突情況而扮演主角。茲分別從此二重要殺人犯罪研究方向說明之（詳圖11-1）。

圖11-1　青少年殺人犯罪行為之發展模式

資料來源：節錄自Athens（1997），並由作者彙整青少年殺人文獻後繪製而成。

一、青少年殺人犯罪之形成（前置因素）

根據作者回顧少年殺人犯罪之相關文獻暨從事專案研究之發現，青少年殺人犯罪形成之前置因素主要包括下列各點：

(一) 生物神經生理因素

研究指出，部分生物神經生理缺陷，如腦部功能失常、頭部受傷、遲緩之心理動作與語文發展，以及學習障礙、低智商等因素，影響及於青少年之自我控制與因應壓力能力，而容易衍生攻擊行為。例如，學者Cope等人（2014）使用神經影像學來檢視犯下殺人犯罪的被監禁男性青少年、非殺人罪的少年與一般青少年的腦灰質，研究結果顯示，與未犯下兇殺罪的被監禁青少年相比，犯下殺人罪的被監禁青少年大腦與白質的積較少，特別是在內側和外側顳葉（包括海馬迴和後端腦島）的灰質體積較少。另外，Chen等人（2015）針對中國的29名暴力犯罪少年（包含殺人犯罪及其他暴力犯罪者）與28名年齡相符的控制組，使用區域同質性（Regional Homogeneity, ReHo）方法分析靜息狀態下的磁共振影像，結果顯示與對照組相比，暴力少年犯罪組在右尾狀核（Right Caudate）、右側前額葉皮質和左顱骨前側的ReHo值顯著較低，而在右顳上回（Right Supra-marginal Gyrus）則較高。這些區域在區分兩組間具有高敏感性和特異性，顯示出這些功能異常可用於準確分類具有暴力傾向的個體。因此，右側前額葉皮質－尾狀核迴路（Right Medial Prefrontal-caudate Circuit）的功能異常可能是暴力青少年男性的重要生物標誌。

另外，母體懷孕期間酗酒、濫用藥物或受其他病毒感染，亦被證實與青少年未來之過度活躍及其他不良適應行為有關（Kelly, 1992）。而研究另顯示兒童期間呈現注意力缺乏、過動異常症（Attention Deficit Hyperactivity Disorder, ADHD），極易影響青少年與以後反社會行為（Biederman, 1991）。楊士隆（1998）之研究發現少年殺人犯屬ADHD群者占40%。

(二) 心理、人格層面因素

少年犯心理層面因素方面，楊士隆（1998）之研究發現青少年殺人犯具攻擊傾向、自我控制不佳、容易發脾氣，常有不考慮後果即採取行動之情形，且多數表示很想把社會上的各種活動都嘗試一下。另外，認知曲解（Cognition Distortion）亦為研究證實與青少年反社會行為或犯罪行為之形成有關（Helmond et al., 2015）。這些被扭曲的認知包括以自我為中心、歸咎他人、錯誤

之標示及做最壞的假設等（Goldstein, 1995; Goldstein and Glick, 1987）（楊瑞珠，1997）。

此外，殺人犯罪者常被認為是被激怒的個人在喪失理智與衝動的情況下，突發的殺人。然而，其他學者卻認為殺人犯具有某些獨特之心理與人格特性，容易在特定情境中以暴力方式反應。美國紐約州立大學犯罪心理學教授Toch（1969）在《暴力男性》（Violent Men）一書中即指出許多暴力犯罪之衍生係行為人從人際衝突中習得，以慣性之方式暴力相向獲益（楊士隆，2023）。另外，Megargee（1966）對少年暴力犯之研究則指出高度攻擊性者具有低度控制（Under-controlled）及過度控制（Overcontrolled）兩種心理人格特性。低度控制者無法抑制攻擊行為，當被激怒或面臨挫折時，即暴力相向。至於過度控制者基本上具有高度挫折忍受力，能經得起一般之挑釁，並接受社會規範約束，但超過其容忍度之情況下，其可能比前述低度控制者更具暴力反應。

另外，研究也發現少年殺人犯罪與心理疾患、攻擊性及自傷行為有關。例如，兒童早期倘呈現行為規範障礙症（Conduct Disorder）的現象，如持續性地違反規定、不尊重他人權益或行為樣態具攻擊性，常縱火或虐待動物亦為部分證實與往後之暴行有關（Kellert and Felthous, 1985）。學者Cope等人（2014）的研究顯示，殺人犯罪的被監禁男性青少年在行為規範障礙症特質（Traits）上的得分顯著高於非殺人犯罪之青少年，包括人際和情感特質以及生活方式和反社會特質；同時，殺人犯罪青少年在物質依賴、常規物質使用的年數，及過去／當前PTSD診斷數量上的得分也高於非殺人犯罪之青少年。

Baglivio與Wolff（2017）分析美國佛羅里達州少年司法系統的5,908名未成年犯罪者的數據（男性占70%，黑人占45%），這些人在12歲或更年幼時首次被逮捕，嘗試從前瞻性的角度探討了預測到18歲時被逮捕犯下謀殺或企圖謀殺罪的因素。Baglivio與Wolff（2017）發現在這些早發犯罪者中，男性、黑人青少年、生活在家庭中有精神疾病史的家庭成員、自我毀傷行為者以及表現出較高憤怒／攻擊性水準的人（所有這些因素在13歲時測量）更有可能在18歲前被逮捕犯下謀殺或企圖謀殺罪。且Erbay與Buker（2019）分析土耳其青少年殺人犯罪者的法院紀錄，也發現有34%的青少年殺人犯曾有自我傷害行為（自殘），21%的青少年殺人犯表示有已知的先前心理問題。

(三) 家庭成長負因

少年殺人犯罪之家庭層面因素主要包括：少年在成長階段遭受嚴厲的體

罰、虐待，轉而在往後之行為中呈現暴力（Lewis, 1992; Wisdom, 1989）。Pfeffer（1980）指出這些暴力與虐待重創了無辜的小孩，為駕馭、彌補這些創傷，因而其後之行為中，虐待、傷害，甚至殺害他人。許多研究證實此項觀點，例如，McCord（1991）對130個家庭樣本之研究指出，當父親本身既是罪犯又經常體罰時，少年犯罪之機率甚高。Widom（1989）之比較研究指出，少年殺人犯比其他類型犯罪人遭遇更多之各種形式的虐待。而學者Dutton與Hart（1992）之研究更指出，兒童時期接受虐待者長大後呈現暴力行為係未受虐待者之3倍。此外，新近之研究另指出少年殺人犯多數來自於具家庭病理的家庭，父母多數有酗酒及其他精神、情緒之問題（Ewing, 1990; Santtila and Hoapasal, 1997）。Ahonen等人（2015）針對匹茲堡青少年研究（Pittsburgh Youth Study）的縱貫性資料（N = 1,517）進行分析，結果顯示在童年晚期（11至13歲）的身體虐待、父母壓力、不良朋友和學校動機低等因素與後續的暴力攻擊行為有顯著的影響；早期風險因素的數量愈高，後來被定罪犯下暴力犯罪（包括殺人犯罪）的可能性愈高。

學者Erbay與Buker（2019）分析土耳其青少年殺人犯罪者的法院紀錄，發現大多數少年殺人犯的家庭沒有自己的住房（57%）、由其他城市遷移到犯罪地點居住（67%），且接近34%的少年殺人犯曾遭受家庭暴力，絕大多數無法與家人分享問題（65%）。另外，Erbay與Buker（2019）也發現少年殺人犯與其他少年暴力犯罪者存在顯著差異，尤其少年殺人犯通常年齡較大，較少來自其他省分遷徙、更可能輟學、具有有薪工作，並且家庭收入可能較高；和其他非暴力的少年犯罪者相較，少年殺人犯通常年齡較大，父親的犯罪紀錄較少、較不可能與父母分享問題、較不可能省外遷徙，較少有危險朋友、濫用藥物問題，並且更可能具有有薪工作。

此外，楊士隆（1998）對75名少年殺人犯之調查研究亦發現青少年殺人犯之父母有半數不住一起，且三分之一之家庭成員有酗酒（34.7%）及前科紀錄（27.1%）。

(四) 學校病理現象

在學校病理因素方面，一般認為部分師生關係欠佳、缺乏互動、少年呈現學習障礙、學業成績不良等為反社會行為之重要因素。例如，Ewing（1990）發現，雖然少年殺人犯一般說來智商並未有太大的問題，但有不少比率的少年具有學習困難的情形，且殺人案件發生前經歷到顯著的學業問題。國內學者賴

保禎（1988）對225名犯罪少年與1,170名正常少年進行調查，發現多數犯罪少年無法與教師溝通，師生感情無法建立。楊士隆（1998）之研究則發現多數少年殺人犯對課本不感興趣（72%），學校成績很差（86%），且較少與老師接觸、溝通及聊天（68%），並且認為多數老師不喜歡他（她）們（66%）。

另外，研究也顯示在校成績不良、留級或是中輟對於青少年暴力犯罪（包括殺人）都有密切關聯性。例如，學者Gerlinger與Hipp（2023）的研究顯示，輟學生與青少年重傷害和搶劫事件的增加有密切關係。而Diaz等人（2016）整合了2007至2014年間智利所有學生的學校行政資訊和青少年犯罪數據，分析結果顯示，留級會使青少年犯罪的機率增加1.8個百分點，相當於該機率提升了37.5%，此一影響在男性學生身上更加顯著，且對於低社會經濟地位的學生，此影響則為指標值的2倍。此外，Diaz等人（2016）還發現留級會使輟學的機率增加1.5個百分點。他們進一步指出，留級對犯罪的影響並非僅僅通過中輟的間接效果顯現；實際上，當學生在留級後立即轉學時，留級對犯罪的影響會更加顯著。

(五) 犯罪次文化與不良友伴、團體接觸之影響

Wolfgang與Ferracuti（1967）對費城殺人犯做系統研究後，提出「暴力次文化」（Subculture of Violence）之概念。他們認為某些社區或團體裡，可能因暴力次文化之存在，致暴力為現存之規範所支持，並滲入到生活方式、社會化過程及人際關係之中（Thomas and Hepbur, 1983），而殺人犯罪即為此類次文化之產物。少年犯罪相關研究上，研究顯示不論少年是否具有犯罪傾向，少年結幫之結果，其從事偏差與犯罪行為之頻率即大增（Thornberry et al, 1993）。一方面由於刀械槍枝等容易取得，另方面幫派中殺人等暴力行為之衍生往往被合理化，少年從事是項行為可減輕刑罰，對部分少年而言為效忠與可饒恕之行為。

此外，鑑於少年集團犯罪（Group Delinquency）之特性，研究甚至顯示約有60%至93%之少年犯罪行為係集體中進行（Erickson, 1971），因此，集團壓力（Group Pressure）下，少年可能從事許多非理性之暴力，甚至殺人行為。學者Erbay及Buker（2019）分析土耳其青少年殺人犯罪者的法院紀錄，發現大多數青少年殺人犯有危險的朋友（54%）、輟學（83%）、有工作（64%）。Heide（2020）針對美國未成年殺人犯的追蹤研究，也顯示其犯罪參與中最重要的四個因素是朋友／同儕壓力、酗酒和／或吸毒、犯罪「就這樣發生了」，

以及他們所處社區的犯罪普遍。

　　學者Cornell等人（1987）及Toupin（1993）提出少年殺人犯罪者的兩種類型：犯罪導向（Crime-oriented，因進行其他犯罪而殺人）及衝突導向（Conflict-oriented，因衝突而導致殺人），針對前述分類，Khachatryan等人（2018）針對一群在1980年代因殺人犯罪而被判進入成年監獄的少年殺人犯罪者，進行三十年的追蹤資料進行分析，以探究兩種少年殺人犯罪者的差異。Khachatryan等人（2018）的研究發現，犯罪導向的罪犯比衝突導向的罪犯更可能與共犯共同實施謀殺，而衝突導向的罪犯則顯著更可能在謀殺事件中使用槍枝為犯案武器。

　　以上的研究顯示，少年殺人犯罪的發生與不良同儕的接觸、同儕壓力，以及所處的團體文化、社區環境有很密切的關係。

(六) 媒體暴力、色情渲染

　　少年頻繁接觸暴力、情、淫穢媒體屢被證實與其暴力行為之衍生有密切關聯。根據學者Marsh（1991）對五大洲（歐、非、亞、澳、北美）14國1965至1988年之報紙進行比較分析，當前新聞媒體報導趨向以暴力、色情、犯罪為主要內容，並有誇大、渲染報導現象。而Graber（1977）之研究亦指出犯罪事件在電視新聞報導上過於頻繁，占盡重要時段。相對地，Goldstein等（1994）引述文獻指出，在美國一般青少年倘每週觀看三十五小時之電視，其16歲前將接觸20萬次暴力鏡頭，而其中的3,300次為謀殺或謀殺未遂案件。而無疑地，大眾傳播媒體大量出現暴力犯罪鏡頭，似乎導致攻擊行為的學習與發動（Comstock, 1983）。楊士隆（1998）之研究顯示在青少年殺人犯方面，有時及經常觀賞暴力影片之比率達八成（80%），值得密切注意。

　　學者Bushman與Anderson（2015）檢視接觸暴力媒體與攻擊性行為、暴力行為及其他不良行為（例如幫助行為減少、對他人的同情和同理心減少）之關聯性的相關研究，他們的結論指出，儘管接觸暴力媒體並不是攻擊性和暴力行為的「唯一」原因，但它是一個重要的風險因素，可能會促進更具攻擊性和暴力的行為，以及減少親社會行為。Kanz（2016）在德國進行的縱貫性研究，也發現父母暴力及接觸暴力媒體等兩因素，對於青少年的暴力認可有顯著的影響力，進而影響其暴力攻擊行為。

二、青少年殺人犯罪之情境詮釋因素

學者Athens（1997）針對58名暴力犯，收集犯案當時他們對情境解釋（Interpretation of Situations）的資料之後，發現暴力行為之發生主要為暴力犯對下列四種情境解釋之結果：

(一) **自我防衛詮釋**（Physically Defensive Interpretation）：此類解釋的特指於加害者對於被害者的態度做解讀，會假設對方可能會或已經對自己或親人產生身體的攻擊，對他或親人的安全產生一種莫大的威脅；而且他也會假設一般人的態度，認為自己應該用暴力的方式對被害者做回應，因為暴力行動是保護自己或親人免於受到身體攻擊的唯一方法。

(二) **挫折詮釋**（Frustrative Interpretations）：此類解釋的特指於加害人假設被害人會阻礙他想做的事或是要他去做他不想做的事，此時他認為處理他人對自己想做的事有潛在的或嘗試的阻礙時，最適當的方式即是用暴力反擊回去。

(三) **有害、邪惡的詮釋**（Malefic Interpretations）：此類加害人會假設被害人嘲笑他或惡意輕視他，他也假設其他人對被害者的態度，認為他是有害的、邪惡的，因此他判斷自己應該對他採取行動，而暴力即是最佳的反應方式。

(四) **挫折：有害之詮釋**（Frustrative-malefic Interpretations）：此類加害人對於被害者的態度會解讀成對方阻礙他去做他想做的事或要他去做他不想做的事，然後推測一般人對此人的看法，認為他的態度令人討厭，是個邪惡、有害的人；再推測一般人的想法，會覺得這個邪惡的人嘗試阻礙他去做想做的事或要他去做不想做的事時，最適當的對付方式即是暴力行動。

國內楊曙銘（1999）對國內11名少年殺人犯之質性訪談研究曾就其研究發現與Athens進行驗證比較，基本上其證實少年殺人犯自我防衛與有害、邪惡的情境詮釋，即多數少年殺人犯認為如果不這樣做，就會沒面子或是被欺負，因此他所採取的是自我防衛，畢竟如果別人不先來打，他們也不會打起來；有時是對方先來挑釁的，例如對方口出穢言、或是對方騎車故意來撞他們，因此必須採取暴力的手段來阻止對方（p. 88）。

但楊曙銘之研究卻發現Athens之挫折解釋較少在這些少年殺人犯中呈現，少年殺人事件之發生多為臨時起意、意外或是團體壓力下所促成。

第六節　青少年殺人犯罪之防治

　　鑑於青少年殺人犯罪行為之潛在威脅與衝擊，故有必要採行積極措施展開防治。然而防治少年殺人犯罪行為之工作如前述分析可知其成因與相關因素至為複雜，必須從多層面（Multi-faceted）之角度切入，即早的介入（Early Intervention）始能展現具體防治之效能（Loeber and Farrington, 1998）。茲援引學者Naud'e（1985）之犯罪防治模式分類，說明青少年殺人犯罪預防策略如下：

一、生物心理模式（Biopsychic Model）

　　此一預防模式，著重於找出促成個體犯罪之生理、心理病態因素：性染色體異常、心智障礙、內分泌失調、人格違常等，並且針對這些因素予以防治。就少年殺人之防治對策有：改變基因，如考慮對缺少MAO-A基因者，注射降低Serotonin神經遞質之藥物，以減少攻擊性；對有礙優生保健之遺傳性、傳染性或精神疾病患者（如患唐氏症、精神分裂病、重度智能不足等），應依優生保健法第9條、第10條之規定，加強勸導其施行人工流產及結紮手術，或可透過修法禁止其濫行婚配，以避免生物遺傳負因傳給下一代，形成惡性循環。此外，特殊教育如啟智教育、聾啞教育、低成就補救學習等，可以提供種種的事後補強工作，並且可以針對各種孩童的需要，給予不同的啟發及訓練。

二、社會模式（Sociological Model）

　　這個模式較注重改善可能犯罪者的社會環境，如貧窮、失業、家庭破碎、父母管教態度失當、種族衝突、學校教育體系失當等，這些問題導致人格發展不健全、無法達到良好的社會化、且無法得到公平合理的機會等。這些不良的環境，間接導致犯罪的產生，而可以採取的因應之道有：

　　(一) 加強親職教育、落實兒童保護工作：部分青少年殺人犯來自破碎與欠缺和諧之家庭，同時其家庭成員亦有酗酒及犯罪前科，而這些不稱職之父母不僅不瞭解子女之問題與需要，同時亦不知如何對子女施予正確管教，不是過分溺愛、寵愛、不然即是過分嚴厲、鬆弛或拒絕，甚至虐待子女。因此，社政機關應依兒童及少年福利與權益保障法第56條的規定，暨少年事件處理法第84條，對於未獲適當對待、教養或遭受迫害的兒童及少年，予以緊急安置、寄養或收養，同時加強親職教育，促使其妥適地扮演父母的角，發揮家庭的功能，給予孩子一個良好的生長環境，此為防止青少年殺人犯罪發生之根本工作。

(二) **強化師生溝通，並重視休閒輔導工作**：除了家庭以外，孩子每天花最多時間待的地方就是學校，而學校也是青少年第二個社會化的場所，學齡時期，學校對他們的影響僅次於家庭，有的時候甚至超越家庭的影響力。而目前的學校教育中，暴露出來的問題有師生溝通不良：部分老師不習慣以平等態度與學生對話，並且在升學主義掛帥的社會中，老師也沒有時間去傾聽孩子的內在需要，常此以往，師生之間未建立起良好的互動，以至於即使有什麼困難，學生也不敢向老師反應、求助。休閒輔導不足：因為學業被過分的強調，相對地，也就忽略了其他種類的教育，其中尤以休閒輔導的不足造成最嚴重的後果。因此，建議學校應加強師生間之互動與溝通，並致力於教學多元化及休閒教育與輔導工作，以減少非行之發生。

(三) **學校加強人際溝通與憤怒情緒管理課程**：少年殺人犯遇有不禮貌的動作常和別人理論，並有不考慮後果及率而採取行動的情形（楊士隆，1998）。而研究相繼指出暴力行為與暴力犯本身具有低責任感、高神經質、非理性的認知、認知扭曲、人際溝通拙劣與憤怒情緒之缺乏控制及管理有密切關係（楊士隆，1997; Kamaluddin et al., 2014），此點可由少年殺人犯罪發生的主要動機為爭吵上獲得驗證。因此有必要就家庭及就學階段強化社交技巧訓練（Social Skills Training）及憤怒控制訓練（Anger Control Training），讓青少年在面臨憤怒等負面情況時，能控制自己當下的憤怒及激動，用更具建設性的方式來處理，以免因為太過衝動而犯下不可磨滅的錯誤。再者，因為有很多的少年犯罪行為當時並未考慮後果或是不知自己的行為會觸犯法令，因此也應該加強青少年之法治教育。知道的愈多，犯下錯誤的情形應可減少。

(四) **淨化大眾傳播媒體**：少年殺人犯接觸不良傳媒的頻率頗高，由於目前許多電影、電視及錄影帶中充斥著暴力及色情文化，市面上常見的少年刊物及漫畫中，亦隨處可見色情、殘暴的場景，加上報紙、雜誌及電視新聞對於犯罪新聞、犯罪技術及犯罪過程過分渲染描述。無意中傳播了一些不正確的觀念（如暴力是解決問題的最好方式），也提供青少年模仿的對象（如青少年會模仿節目中的犯罪情節來犯案）。為了避免此項負面影響持續下去，建議新聞局應該依據廣播電視法第21條及第45條之規定，加強對煽惑他人犯罪或違背法令、妨害公共秩序或善良風俗、傷害少年或兒童身心健康之傳播內容加強警告、罰鍰、停播暨吊銷執照之行政處分，必依廣播電視法第36條之相關規定，加強對維護社會安全暨社會教育推廣績效優良之傳播業者予以獎勵。此外，相關單位也應該加強取締販賣或出租不良書報、書刊、錄影帶等不法商家，並提

倡業者自律，使青少年的生活空間恢復純淨。

三、機械物理環境模式

此模式認為，犯罪的發生端賴犯罪之機會而定，且強調大部分的犯罪集中於少數的特定地點、範圍及可預測的時間內。因此，透過情境預防措施（Cornish and Clarke, 2003），以各種有系統常設的方法對犯罪可能衍生之環境加以管理、設計或操作，降低犯罪機會，即屬防範暴力行為發生之有效方法之一，其具體措施包括增加犯罪的困難（Increasing the Efforts）、提升犯罪的風險（Increasing the Risks）、減少犯罪的酬賞（Reducing the Rewards）、減少犯罪刺激（Reducing Provocations）、去除犯罪的藉口（Removing the Excuses）等25種防範犯罪之方法。諸如極易衍生暴力事件（如酗酒鬧事）之海邊渡假據點，要求酒店經營者取消部分優惠措施，如不再提供折扣售酒期間傾銷販賣酒類，改採酒精含量少之飲料，訓練酒吧服務人員應對酗酒者等；球場或其他具暴力性質比賽之場合不准販賣酒精類飲料；加強出入口之管制，強化自然監控效果等。

四、法律制裁懲處模式

係以18世紀古典犯罪學派之論點為基礎，認為犯罪人之所以決定犯罪，係經過犯罪危險性的衡量，其次為獲利之多少。因此，若能提昇犯罪之刑罰與確定性，增進嚇阻力，並減少犯罪酬賞。可能有助於降低犯罪。依此觀點，少年殺人事件多發生於深夜，發生的地點以市街商店居多，因此，可加強警察之巡邏，持續執行暑期保護「青少年－青春專案」，以減少犯罪發生的機會，達到嚇阻及預防的目的。

其次，就少年事件處理法超過半世紀的演變而言，考慮到兒童與青少年腦部及身心發展尚未成熟，其立法和修法的精神逐步從「教罰並重」轉向「宜教不宜罰」。對於行為偏差和觸法少年的處理，也從懲罰的角度轉向預防犯罪與再犯，並強調兒少的主體權。在法規設計上，採取了許多輔導和教育為先的措施，以避免兒少過早被貼上司法標籤，因此學校及少年輔導委員會擔負更為重要的角色。戴淑芬、李佩珊（2024）建議學校行政應深入瞭解少年事件處理法修法後對學生輔導及管教的影響，並提出相應的應對措施。首先，應注重青少年的自我發展，理解其個人特質、特殊障礙及家庭環境，以建立正向關懷和容錯機制。其次，要致力於降低偏差行為的發生，針對風險因子進行關注與緩

解，同時提升保護因子，以促進青少年正向發展的可能性。此外，需落實行政輔導，少年輔導委員會應整合福利、教育、心理和醫療資源，對涉案少年提供輔導，協助其回歸正軌，必要時可請求少年法院介入。最後，學校應進行跨網絡合作，與社區資源、精神醫療機構、警察系統及民間組織建立聯繫，共同運用外部資源，以促進青少年的健康成長。

　　青少年殺人犯罪行為之形成因素至為複雜，大多數實證主義學派學者同意其成因乃由下列因素所決定，包括生物神經生理缺陷、人格特質與認知之扭曲、早期家庭之負面影響（如父母之虐待、體罰與不當之教養）、學校求學挫折感、社會因素等（如交友不慎、接觸不良媒體、為社會失勢團體成員）（DeLisi et al., 2016; Tarling, 1993），而實際犯罪行為之發生則往往與加害者及被害者間因故發生爭執（Disputes）、口角（Altercations），加害者對衝突情境做詮釋（Athens, 1997）後，進而提升至致命之殺人行動（Carcach, 1998; Erbay and Buker, 2021; Heide, 2020）。因此筆者同意Carcach（1998）之看法，認為防治青少年殺人犯罪發生之努力方向主要應包括致力於消除青少年成長之不良家庭、學校、社會環境負因，早期辨識潛在暴力高危險群少年（含兒童）並予及早介入輔導與矯治；教導少年解決人際衝突之技巧（如憤怒情緒管理、人際溝通課程等），並可藉由親職教育提早實施；最後，鑑於當前青少年生活形態轉變，外出時間增加，因而涉及暴行之機會大增，因此，對少年群聚之場所，透過警察人員之出現（Presence）、勸導或取締，以及採行環境設計（CPTED）與情境犯罪預防措施（Situational Crime Prevention Measures），應有助於舒緩少年殺人犯罪之發生。

參考書目

一、中文部分

內政部警政署（2023）。警政統計年報。https://www.npa.gov.tw/ch/app/folder/594

司法官學院犯罪防治研究中心（2023）。中華民國111年犯罪狀況及其分析──2022犯罪趨勢關鍵報告。https://www.cprc.moj.gov.tw/1563/1590/1592/40644/post

楊士隆（1997）。殺人犯罪問題與防治對策。當前台灣地區犯罪問題研討會，中華民國犯罪學學會、台北忠孝扶輪社、國立中正大學主辦。

楊士隆（1997）。認知處遇在暴力犯罪者矯正之應用。法學叢刊，第42卷第3期。

楊士隆（1998）。台灣地區少年殺人犯、暴力犯及非暴力犯犯罪危險因子之比較研究。國立中正大學教師學術研究計畫。

楊士隆（2023）。犯罪心理學。五南圖書。

楊瑞珠（1997）。偏差行為之初期癥候與輔導。法務部。

楊曙銘（1999）。少年殺人犯罪之研究。國立中正大學犯罪防治研究所碩士論文。

蔡德輝、楊士隆（1995）。飆車少年暴力行為之研究。犯罪學期刊，第1期，頁1-30。

賴保禎（1988）。青少年犯罪預防與矯治。台灣省政府印行。

戴淑芬、李佩珊（2024）。《少年事件處理法》修法對兒少偏差行為輔導與管教之挑戰與因應。學校行政，第150期，頁203-228。

二、外文部分

Ahonen, L., Loeber, R., and Pardini, D. (2015). The prediction of young homicide and violent offenders. Justice Quarterly, 33(7): 1265-1291.

Athens, L. (1997). Violent criminal acts and actors revisited. University of Illinois Press.

Australian Bureau of Statistics (2024). Recorded crime: Offenders. https://www.abs.gov.au/statistics/people/crime-and-justice/recorded-crime-offenders/latest-release#youth-offenders

Baglivio, M. T. and Wolff, K. T. (2017). Prospective prediction of juvenile homicide/attempted homicide among early-onset juvenile offenders. International Journal of Environmental Research and Public Health, 14(2): 197-209.

Biederman, J. (1991). Attention deficit hyperactivity disorder (ADHD). Annals of Clinical Psychiatry, 3: 9-22.

Bushman, B. J. and Anderson, C. A. (2015). Understanding causality in the effects of media violence. American Behavioral Scientist, 59(14): 1807-1821.

Carcach, C. (1997). Youth as victims and offenders of homicide. Trends & Issues in Crime & Criminal Justice, 73: 9-14.

Chen, C., Zhou, J., Liu, C., Witt, K., Zhang, Y., Jing, B., Li, C., Wang, X., and Li, L. (2015). Regional homogeneity of resting-state brain abnormalities in violent juvenile offenders: a biomarker of brain immaturity? The Journal of Neuropsychiatry and Clinical Neurosciences, 27(1): 27-32.

Clarke, R. V. and Cornish, D. (2003). Opportunities, precipitators and criminal decisions: A reply to Wortley's critique of situational crime prevention. Crime Prevention Studies, 16: 41-96.

Comstock, G. (1983). Media influences aggression. In Center for Research Aggression (Ed.), Prevention and control of aggression. Peregamon Press.

Cornell, D. G., Benedek, E. P., and Benedek, D. M. (1987). Juvenile homicide: Prior adjustment and a proposed typology. American Journal of Orthopsychiatry, 57: 383-393.

DeLisi, M., Piquero, A. R., and Cardwell, S. M. (2016). The unpredictability of murder: Juvenile homicide in the pathways to desistance study. Youth Violence and Juvenile Justice, 14(1): 26-42.

Díaz, J., Grau, N., Reyes, T., and Rivera, J. (2016). The impact of grade retention on juvenile crime. https://econ.uchile.cl/uploads/publicacion/71d36765383d8ff2fed69006bf5c4926edac502a.pdf

Dutton, D. G. and Hart, S. D. (1992). Evidence for long-term, specific effects of childhood abuse and neglect on criminal behavior in men. International Journal of Offender Therapy and Comparative Criminology, 36: 129-137.

Erbay, A. and Buker, H. (2021). Youth who kill in Turkey: A study on juvenile homicide offenders, their offenses, and their differences from violent and nonviolent juvenile delinquents. Journal of Interpersonal Violence, 36(15-16): 7326-7350.

Erickson, M. L. (1971). The group context of delinquent behavior. Social Problems, 19: 114-129.

Ewing, C. P. (1990). When Children Kill: The dynamics of juvenile homicide. Lexington books.

Farrington D. P., Loeber R., and Berg M. T. (2012). Young men who kill: A prospective longitudinal examination from childhood. Homicide Studies, 16: 99-128.

Fox, B., Heide, K., Khachatryan, N., Michel, C., and Cochran, J. (2021). Juveniles arrested for murder: A latent class analysis of male offenders. Behavioral Sciences & The Law, 39(4): 470-491.

Gerlinger, J. and Hipp, J. R. (2023). Schools and neighborhood crime: The effects of dropouts and high-performing schools on juvenile crime. The Social Science Journal, 60(3): 415-431.

Goldstein, A. P. (1995). New directions in aggression reduction. In J. Yang (Ed.), Symposia proceedings of counseling and guidance in Taiwan and U. S. A. (pp. 25-46).

Goldstein, A. P. and Glick, J. C. (1987). Aggression replacement training: A comprehensive intervention for aggressive youth. Research Press.

Goidstein, A. P., Harootunian, B., and Conoley, J. C. (1994). Student aggression: prevention, management, and replacement training. The Guilford Press.

Graber, D. (1997). Ideological components in the perceptions of crime and crime news. Paper presented to the Meeting of the Society for Study of Social Problems.

Heide, K. M. (1999). Young killers: The challenge of juvenile homicide. Sage Publications, Inc.

Heide, K. M. (2020). Juvenile homicide offenders look back 35 years later: Reasons they were involved in murder. International Journal of Environmental Research and Public Health, 17(11): 3932-3947.

Helmond, P., Overbeek, G., Brugman, D., and Gibbs, J. C. (2015). A Meta-analysis on cognitive distortions and externalizing problem behavior: associations, moderators, and treatment effectiveness. Criminal Justice and Behavior, 42(3): 245-262.

Hemenway, D., and Solnick, S. J. (2017). The epidemiology of homicide perpetration by children. Injury Epidemiology, 4: 1-6.

Kamaluddin, M. R., Md Shariff, N. S., Nurfarliza, S., Othman, A., Ismail, K. H., and Mat Saat, G. A. (2014). Psychological traits underlying different killing methods among Malaysian male murderers. Malaysian Journal of Pathology, 36(1): 41-50.

Kanz, K. M. (2016). Mediated and moderated effects of violent media consumption on youth violence. European Journal of Criminology, 13(2): 149-168.

Kellert, S. R. and Felthous, A. R. (1965). Childhood cruelty toward animals among criminals and non-criminals. Human Relations, 38: 1113-1129.

Kelley, S. J. (1992). Parenting stress and child maltreatment in drug-exposed children. Child Abuse and Neglect, 16: 317-328.

Khachatryan, N., Heide, K. M., and Hummel, E. V. (2018). Recidivism patterns among two types of juvenile homicide offenders: A 30-year follow-up study. International Journal of Offender Therapy and Comparative Criminology, 62(2): 404-426.

Kolberg, L. (1969). Stages in the development of Moral Thought and Action. Holt, Rinehart and Winston.

Lewis, D. O. (1992). From abuse to violence: Psychobiological consequences of maltreatment. Journal of the American Academy of Child and Adolescent Psychiatry, 31: 383-391.

Lewis, D. O., Moy, E., Jackson, L. D., Aaronson, R., Restifo, N., Serra, S., and Simos, A. (1985). Biopsychosocial characteristics of children who later murder: A prospective study. American Journal of Psychiatry, 142: 1161-1167.

Lewis, D. O., Lovely, R., Yeager, C., Ferguson. G. Friedman, M., Sloane, G., Friedman, H., and Pincus, J. H. (1988). Intrinsic and environmental characteristics of juvenile murders. Journal of the American Academy of Child and Adolescent Psychiatry, 27: 582-587.

Loeber, R. and D. P. Farrington (Eds.) (1998). Serious and violent juvenile offenders: Risk factors and successful interventions. Sage.

Loeber, R. and Farrington, D. P. (2011). Young homicide offenders and victims: Risk factors, prediction, and prevention from childhood. Springer.

Marsh, H. L. (1991). A comparative analysis of crime coverage in newspapers in the United States and other countries from 1960-1989: A review of the literature. Journal of Criminal Justice, 19(1): 67-79.

Megargee, E. (1966). Undercontrolled and overcontrolled personality types in extreme antisocial aggression. Psychological Monographs: General and Applied, 80: 1-29.

Miles, H. and Bricknell, S. (2024). National homicide monitoring program--Homicide in Australia 2022-23. Australian Institute of Criminology, Australian Government. https://www. aic.gov.au/publications/sr/sr46

MoCord, J. (1991). Questioning the value of punishment. Social Problems, 38: 167-179.

Naud' e C. M. B. (1985). The field of crime prevention: In criminology-study guide I for Krm205-E (crime prevention). University of South Africa.

Pfeffer, C. (1980). Psychiatric hospital treatment of assaultive homicidal children. American Journal of Psychotherapy, 2: 197-297.

Pittman, D. and Handy, W. (1964). Patterns in criminal aggravated assault. Journal of Criminal Law, Criminology and Police Science, 55: 462-70.

Ryan, L. and La Vigne, N. (2022). Trends in youth arrests for violent crimes. Juvenile Justice Statistics: National Report Series Fact Sheet. US Department of Justice.

Santtila, P. and Haapasalo, J. (1997). Neurological and psychological risk factors among young homicidal, violent, and nonviolent offenders in Finland. Homicides Studies, 1 (3): 234-253.

Swart, L., Seedat, M., and Nel, J. (2015). The situational context of adolescent homicide victimization in Johannesburg, South Africa. Journal of Interpersonal Violence, 33: 637-661.

Tarling, R. (1993). Analysing offending. Data, hodels and interpretations. Home Office.

Thomas, C. W. and Hepbur, J. R. (1983). Crime, criminal law and criminology. Wm. C. Brown Company Publishers.

Thornberry, T. P., Krohn, M. D., Lizotte, A. J.m and Chard-Wierschem, D. (1993). The role of juvenile gangs in facilitating delinquent behavior. Journal of Research in Crime and Delinquency, 30: 55-87.

Toch, H. (1969). Violent men: An inquiry into the psychology of violence. Aldine.

Toupin, J. (1993). Adolescent murderers: Validation of a typology and study of their recidivism. In A. V. Wilson (Ed.), Homicide: The victim/offender connection (pp. 135-156). Anderson Publishing.

Volavka, J., Martell, D., and Convit, A. (1992). Psychobiololgy of the violent offender. Journal of Forensic Sciences, 37: 237-251.

Widom, C. S. (1989). The cycle of violence. Science, 244: 160-166.

Wolfgang. M. E. (1957). Victim-precipitated criminal homicide. In M. Wolfgang (Ed.), Study in homicide (p. 72-78). Harper and Row, Inc.

Wolfgang, M. and Ferracuti, F. (1967). The subculture of violence: Towards an integrated theory in criminology. Tavistock.

第十二章　青少年性侵害行爲與防治對策

　　根據法務部司法官學院（2023）發布之最新統計顯示，少年觸法總人數已2013年之10,762人逐年減少至2016年8,393人，以及自2017年8,741人逐年減少至2019年8,065人後，增加至2020年9,066人、2022年9,368人；其中，2022年包括保護事件8,987人、刑事案件381人。雖然整體觀之，青少年暴力犯罪近十年間有日趨減少之趨勢，但嚴重的少年暴力犯罪事件每每發生、躍上新聞媒體時，總令民眾恐慌。其中，兒童少年妨害性自主案件在過去十年間亦有增減加，根據內政部警政署（2023）的統計，由2013年之848人犯罪（主要以性交猥褻爲主要），逐年減少至2019年之657人後，增加至2020年887人，2021年減少至783人，在2022年增加至875人。

　　青少年性侵害行爲不僅可能對於受害者造成永久且難以抹滅的傷害，形成「強暴創傷症侯群」（Rape Trauma Syndrome）（Burgess and Carretta, 2016; Burgess and Holmstrom, 1985）。對於自己、家庭及社會也將產生許多負面影響。其不僅無法繼續其學業或事業，還要背負污名的烙印，而斷送美好前程；其家庭也可能因此付出鉅額賠償，或接受大眾的責難，帶著恥辱度日；且因青少年性侵害行爲極具侵犯與恐怖，影響社會暴戾風氣，加深民眾之被害恐懼感，其衝擊係多層面，難以估算的；而且政府亦須付出執行監禁與感化教育之鉅額經費，可謂成本甚高，不容發生。況且，晚近青少年犯罪專家、學者一再呼籲，今日少年犯倘不及早防治與干預（Intervention），極可能成爲明日之成年犯而持續犯罪。爲此，本文針對青少年性侵害行爲（Juvenile Sexual Offense）進行探討，並提供防治之建議，提供政府與民間參考。

第一節　青少年性侵害行爲之形態

　　基本上，青少年性侵害行爲爲青少年性問題中較嚴重之一類型（Epps, 1996），其與一般性偏差行爲（Sexual Deviance）如暴露狂（Exhibitionism）、戀物癖（Fetishism）、挨擦癖（Frotteurism）、異裝癖（Transvestic Fetishism）及窺視狂（Voyeurism）等可能獲精神醫學界認定爲異常的行爲，

但因涉及對被害者人身安全之侵害，故為刑事法所規範。

我國性侵害犯罪防治法第2條則規定「性侵害犯罪」（妨害性自主罪）係指觸犯刑法第221條至第227條、第228條、第229條、第332條第2項第2款、第334條第2項第2款、第348條第2項第1款及其特別法之罪，其類型包括；普通強制性交罪、加重強制性交罪、普通強制猥褻罪、加重強制猥褻罪、乘機性交罪、乘機猥褻罪、妨害性自主而故意殺害或重傷被害人罪、與稚童性交罪、與稚童猥褻致與幼年人性交罪、與幼年人猥褻罪、利用權勢性交罪、利用權勢猥褻罪、詐術性交罪等。詳述如下：

一、對於男女以強暴、脅迫、恐嚇、催眠術或其他違反其意願之方法而為性交者，構成普通強制性交罪（§221 I），處三年以上十年以下有期徒刑。

二、犯前條之罪，而有下列情形之一者，構成加重強制性交罪（§222 I），處無期徒刑或七年以上有期徒刑：(一)二人以上共同犯之；(二)對未滿14歲之男女犯之；(三)對精神、身體障礙或其他心智缺陷之人犯之；(四)以藥劑犯之；(五)對被害人施以凌虐；(六)利用駕駛供公眾或不特定人運輸之交通工具之機會犯之；(七)侵入住宅或有人居住之建築物、船艦或隱匿其內犯之；(八)攜帶兇器犯之；(九)對被害人為照相、錄音、錄影或散布、播送該影像、聲音、電磁紀錄。

三、對於男女以強暴、脅迫、恐嚇、催眠術或其他違反其意願之方法，而為猥褻之行為者，構成普通強制猥褻罪（§224），處六月以上五年以下有期徒刑。

犯前條之罪而有第222條第1項各款情形之一者，構成加重強制猥褻罪（§224-1），處三年以上十年以下有期徒刑。

以上兩罪，合稱為強制猥褻罪。

四、對於男女利用其心神喪失、精神耗弱、身心障礙或其他相類之情形，不能或不知抗拒，而為性交者，構成乘機性交罪（§225 I），處三年以上十年以下有期徒刑。

對於男女利用其心神喪失、精神耗弱、身心障礙或其他相類之情形，不能或不知抗拒，而為猥褻之行為者，構成乘機猥褻罪（§225 II）處六月以上五年以下有期徒刑。

五、對於未滿14歲之男女為性交者，構成與稚童性交罪（§227 I），處三年以上十年以下有期徒刑。

對於未滿14歲之男女為猥褻之行為者，構成與稚童猥褻罪（§227 II），處

六月以上五年以下有期徒刑。以上兩罪，合稱為與稚童性交猥褻罪。

六、對於14歲以上未滿16歲之男女為性交者，構成與幼年人性交罪（§227Ⅲ），處七年以下有期徒刑。

對於14歲以上未滿16歲之男女為猥褻之行為者，構成與幼年人猥褻罪（§227Ⅳ），處三年以下有期徒刑。

以上兩罪，合稱為與幼年人性交猥褻罪。

七、對於因親屬、監護、教養教育、訓練、救濟、醫療、公務、業務或其他相類關係受自己監督、扶助、照護之人，利用權勢或機會為性交者，構成利用權勢性交者（§228Ⅰ），處六月以上五年以下有期徒刑。

八、以詐術使男女誤信為自己配偶，而聽從其為性交者，構成詐術性交罪（§229Ⅰ），處三年以上十年以下有期徒刑。

第二節　青少年性侵害者之類型

青少年性侵害存有極高異質性，故有很多種不同的分類方式來區分青少年性侵害者。茲分述如下：

一、以性侵害之原始本質區分

有些研究者嘗試就罪行的本質來區分青少年性侵害者，比方說Fhrenbach等人（1986）區分出Hands-on Offenders（如強暴、兒童性侵犯等）及Hands-off Offenders（如偷窺、暴露、打猥褻電話）。Hands-on Offenders較可能有被性虐待的歷史，Hands-off Offenders較會重複其犯罪行為，且較會選擇女性被害者下手。

受害者的年齡是性侵犯分類最主要的標準之一（Aebi et al., 2012），學者將青少年性犯罪者依被害者年齡區分成兩種類型：針對兒童受害者的青少年性犯罪者（JSO-C）與針對青少年或成年受害者的青少年性犯罪者（JSO-A）（例如Knight and Prentky, 1990）。研究發現，與JSO-A相比，JSO-C在犯罪年齡時往往更年輕、更常是本國籍人士、更常與受害者相關或熟悉、更常為男性、使用暴力和武器的頻率更低（Hart-Kerkhoffs et al., 2009）；JSO-C比JSO-A展現更少的行為問題（Seto and Lalumiére, 2006）；JSO-C在社交功能方面更為缺乏（Gunby and Woodhams, 2010），且表現出更多的心理性發展問

題（Hart-Kerkhoffs et al., 2009），JSO-C比JSO-A更常遭受憂鬱症和焦慮症狀（Gunby and Woodhams, 2010; Hart-Kerkhoffs et al., 2009）。

除了以受害者為基礎的類型外，青少年性侵犯者還被區分為單獨犯案（JSO-solo）和集團犯案（JSO-group）（Kjellgren et al., 2006）。單獨犯案者犯下更多性犯罪，年齡較大，衝動、神經質、不合群，且更常虐待兄弟姐妹，而集團犯案者更常對熟人犯案（Kjellgren et al., 2006）。另外，若排除猥褻兒童者，集團犯案者被發現比單獨犯案者更暴力（Hart-Kerkhoffs et al., 2009）。

二、以心理擾亂（Psychological Disturbances）類型之區分

部分研究者則從心理擾亂的類型來區分青少年性侵害者。例如：Smith等人（1987）採用明尼蘇達多項人格測驗（MMPI）區分出四組青少年性侵害者：(一)正常輪廓組（Normal Profile）；(二)正常輪廓組，且為害羞、膽小個性的；(三)自戀、尋求他人注意組；(四)衝動、較不會抑制行為組。其次，Atcheson與Williams（1954）則將性侵害青少年分成以下三類型：(一)情緒困擾的（Emotionally Disturbed）；(二)心智有缺陷的（Mentally Defective）；(三)行為基於好奇的正常青少年（Normal Adolescents Whose Behavior Was Based on Curiosity）。

三、以性侵害之類型區分

O'Brien（1985）的分類系統是被廣為使用的一種，他將青少年性侵害者分成六類：(一)天真的實驗者（Naive Experimenters）；(二)社會化不足的兒童開發者（Under-socialized Child Exploiters）；(三)性攻擊者（Sexual Aggressors）；(四)性強迫者（Sexual Compulsives）；(五)擾亂的衝動者（Disturbed Impulsives）；(六)受同儕團體所影響的犯罪者（Peer-group-influenced Offenders）。此外，作者參酌西德犯罪學學者Schneider及日本學者高桑益行之分類，將青少年性侵害者區分成如下類型：(一)衝動型（Impulsive）；(二)敵意型（Hostile）；(三)心理神經症型（Neurosis）；(四)不成熟型（Immature）；(五)虐待型（Sadist）；(六)情境型（Situational）。

四、以性侵害之發展軌跡區分

Lussier等人（2012）追蹤一群青少年性犯罪者（JSOs）從兒童期晚期至成年階段，調查了青少年性犯罪者在青春期及其之後的犯罪軌跡，發現兩種性犯罪軌跡：青春期有限型（Adolescent-limited, AL）和高發緩慢停止型（High-rate Slow Desisters, HRSD）。第一組為高發緩慢停止型（HRSD），占總樣本的10.4%，他們在年輕時就開始性犯罪，12歲時達到高峰；之後，他們的性犯罪水準逐漸下降，但速度非常緩慢，到了30歲時達到了第二組的性犯罪水準。在研究期間，HRSD組平均有接近四次性犯罪定罪（M = 3.77, SD = 2.62）；其中，有一半在青少年時期再次犯罪，而超過60%則是在成年時期犯罪。第二組為青春期有限型（AL），占總樣本的89.6%，他們在較晚的年齡開始性犯罪，並在14歲時達到高峰。在高峰後，他們的性犯罪水準在青少年期間迅速下降，並於青春期結束時（約19至20歲）停止。AL組的性犯罪主要發生在青少年時期，且多為偶發性。然而，AL組有35%在青少年時期再次犯罪，但只有2%在成年時期犯罪。因此，兩個軌跡中都發現了青少年性犯罪的再犯者，但HRSD組的小部分成員在成年後持續犯罪的風險較高。

五、以性侵害之風險因子區分

　　Fox與DeLisi（2018）對4,143名被轉介至佛羅里達州青少年司法部的青少年性犯罪者（JSOs）進行了首次統計類型分類，採用文獻中提取的青少年性犯罪的重要預測因素（如犯罪開始年齡、犯罪歷史、衝動性、同理心、抑鬱、精神病和童年性虐待）作為分組的變項，通過潛在類別分析（LCA）來探究男性和女性JSOs的個案特徵。LCA的分析結果顯示，存在四種獨特的男性JSOs亞類型和兩種女性JSOs亞類型。

　　在男性JSOs的部分，分析出四種類型：

　　(一) 非失調男性犯罪者（Non-disordered Males）：占男性JSOs樣本的54%。這些犯罪者的特點在於他們不具衝動性、對受害者有同理心、不易感到抑鬱、沒有幻覺或精神病，且大多數未曾受到性虐待。這一組通常有青少年或晚期的犯罪發生，且99%的人紀錄中有的重罪逮捕少於兩次。鑑於這組青少年性犯罪者的犯罪活動、心理病理和負面經歷比例較低，他們被標記為「非失調男性犯罪者」。

　　(二) 衝動且缺乏同理心的犯罪者（Impulsive Unempathetic Offender）：占男性JSOs樣本的18%。這一類型的JSOs，超過一半在童年時期開始犯罪，並且有超過55%的人有三次或以上的重罪逮捕。儘管大多數並不感到抑鬱、沒有精神病且未曾受到性虐待，幾乎所有這一類別的成員都是高度衝動的，而且大多數對受害者缺乏同理心。在四個男性JSOs類型中，這一組是衝動性和低同理心比例最高的群體。

(三) **早期發病的慢性犯罪者**（Early Onset Chronic Offenders）：特徵為非常早的犯罪發生和高比例的嚴重犯罪，占男性JSOs樣本的17%。此類型的男性JSOs擁有最高比例的早期犯罪發生（58%在12歲或更小時），以及非常高的多次嚴重逮捕比例（87%）有三次或以上的重罪紀錄，但較少的心理病理或負面的童年經歷。例如，超過九成的成員沒有精神病症狀、幾乎不感到抑鬱、對受害者有同理心，且三分之二的人衝動性較低。

(四) **男性受害者犯罪者**（Male Victim Offenders）：占男性JSOs樣本的10%，具有明顯高於其他組別的心理病理比例，近65%的成員經常或總是感到抑鬱，三分之一的人有聽覺或視覺幻覺（是四組男性JSOs中最高的比例），構成精神病。與第二類（衝動且缺乏同理心的犯罪者）相似，這一組的犯罪發生通常在青少年或早期，但大多數人紀錄中有一到兩次重罪逮捕。與第二類不同的是，這一組的衝動性比例較低及對受害者缺乏同理心的比例也較低。這一類型男性JSOs最明顯的特徵是童年時期的性虐待比例非常高，近三分之二的人在因性犯罪被捕前曾遭受性虐待，是所有四組男性JSOs中最高的。

在女性JSOs的部分，分析出兩種類型：

(一) **非失調女性犯罪者**（Non-disordered Females）：占女性JSOs的53%，主要特徵為低衝動性、高同理心、少量心理病理以及低性虐待率，以及較少的重罪行為。這一類型女性JSOs大多數在青少年時期開始犯罪，但約24%的人在16歲或更大時才第一次犯罪。

(二) **女性受害者犯罪者**（Female Victim Offenders）：占女性JSOs的47%，主要特徵包括高衝動性、對受害者缺乏同理心、有早期犯罪行為，而超過三分之一的人犯有三次或更多的重罪。同時，這一類型的女性JSOs有較多的心理病理問題（如：抑鬱、曾經經歷過與精神病相關的聽覺或視覺幻覺）。最特別的是，85%的女孩在童年時期曾遭受性虐待，在所有男性與女性JSOs的組別中，遭受性虐待的比例是最高的。

第三節　青少年性侵害行為之特徵

Davis與Leitenberg（1987）在回顧相關文獻之後，整理出一些與青少年性侵害行為有關的特徵。

一、加害者方面：大多數的加害者為男性。

二、被害者方面：一般說來，除了Hands-off犯罪（如偷窺、暴露及猥褻電話等）外，青少年性侵害者的主要被害者為年幼的兒童（Deisher et al., 1982; Fehrenbach et al., 1986; Wasserman and Kappel, 1985）。不同的研究提出了不同的數據，認為約有36%至66%之間的被害者為年幼的兒童。若探討的主題是所有的性犯罪，則主要的被害為女性；若探討只與小孩有關的性犯罪時，研究發現有26%至63%的被害者為男性（Deisher et al., 1982; Febrenbach et al., 1986; Shoor et al., 1966; Van Ness, 1980; Wasserman and Kappel, 1985）。

三、被害者與加害者的關係：與成年性犯罪者相似的是，大多數的被害者與加害者是認識的（Thomas, 1982; Wasserman and Kappel, 1985）。

四、在性侵害行為方面：最常見的性行為是愛撫（Fondling），在Fhrenbach等人（1986）的研究中，愛撫占了59%，而性交（Penetration）在Wasserman與Kappel（1985）的研究則高達60%。

Naidoo與Sewpaul（2014）訪談25位南非的青少年性犯罪者，發現他們的性犯罪有以下特徵：

一、犯罪年齡：36%的受訪青少年性犯罪者在13歲或未滿13歲時犯下性犯罪。

二、犯罪方式：最常見的性犯罪是肛交及強姦的插入行為，有31名被害者遭受前述行為。

三、被害者特徵：一共有55名被害者，平均每位青少年性犯罪者有2.2名被害者。其中，40名受害者是女性，15名受害者是男性。受害者的年齡從3至40歲不等，單一年齡段受害人數最多的是13歲（12名受害人），有24個受害者年齡在8歲或8歲以下，顯示他們是最脆弱的群體。

四、被害者與加害者之關係：大多數的被害者與加害者認識，被害者為加害者之姐妹或繼姐妹（10人）、鄰居（10人）、堂表兄弟姐妹（8人）和朋友（7人）。此結果顯示性犯罪是一種機會性犯罪的觀點，依賴於對受害者的易接近性和希望虐待行為能夠保持秘密，此結果也挑戰了「陌生人危險」的神話。對身體完整性和安全的最大威脅，以及其可怕的心理社會影響，來自於那些與受害者關係密切且為其所熟知的人。

至於國內青少年性侵害行為之特徵，並無官方統計可援用，仍待學者調查。

第四節　青少年性侵害行為之成因與相關因素

在青少年性侵害行為及其他犯罪研究文獻上，傳統多從單一學派之觀點切入，探討其成因與相關因素，現今基於研究顯示青少年犯罪之成因至為複雜，非單一因子可決定。故有關犯罪重要相關因素均從多因之角度切入探討：如生物神經生理，心理、人格特質與認知，早期家庭之負面影響（如父母之虐待、體罰），學校求學挫折感，社會因素，據以找出犯罪之重要相關因素，提供適當之輔導處遇與防治對策（Dryfoos, 1990; Lewis et al., 1985, 1988）。茲分述如下：

一、生物神經生理因素

研究指出，部分生物神經生理危險因子，如腦部功能失常、頭部受傷、遲緩之心理動作與語文發展，以及學習障礙、低智商等因素，影響及青少年之自我控制與因應壓力能力，而容易衍生攻擊行為。例如，在成人性犯罪者的研究方面，智力缺陷或神經方面的缺陷被認為是與性侵害案件的發生有關（Berlin, 1983; Murphy and Schwarz, 1990）。Lewis等人（1981）發現在其青少年性暴力犯的樣本中，有23%的人呈現異常的EEG或有癲癇的情形，這群青少年的智商約為83，且在閱讀及數學運算上有明顯的缺失。

另外，母體懷孕期間酗酒，濫用藥物或受其他病毒感染，亦被證實與青少年未來之過度活躍及其他不良適應行為有關（Kelly, 1992）。而研究另顯示兒童期間呈現注意力缺乏、過動異常症（Attention Deficit Hyperactivity Disorder, ADHD），極易影響青少年與以後反社會行為（Biederman, 1991）。

再者，研究發現少年性犯罪者在與額葉功能相關的活動中存在執行功能障礙（Burton et al., 2016; Veneziano et al., 2004）。例如，學者Burton等人（2016）針對美國中西部一個州的196名男性青少年性犯罪者之自陳報告資料進行分析，結果發現有高比例的男性青少年性犯罪者表現出執行功能障礙。雖然這些障礙與性虐待的受害者人數、案件嚴重程度或施加的強迫程度並無關聯，但較差的執行功能卻顯著預測了他們的一般犯罪行為和重罪盜竊。Morais等人（2016）招募了183名男性青少年進行訪談，包括127名性犯罪定罪青少年（ASOC）和56名非性犯罪青少年（NSD），研究結果顯示ASOC和NSD的執行功能分數均遠低於標準值，顯示兩群犯罪青少年皆存在執行功能缺陷。另

外，他們的研究也發現，侵犯兒童的ASOC在衡量更高階執行功能的指標上得分，顯著高於侵犯同齡或年長受害者的ASOC和NSD。

Jones等人（2016）進行一個探索性研究，比較性犯罪青少年和非犯罪青少年在行為和神經上調節或重新評估負面情緒的能力。參與者包括39名男性青少年，其中10名為健康的非犯罪對照組，29名為青少年性犯罪者，其中有12名青少年性犯罪者有兒童性虐待的歷史。情感調節困難量表的結果顯示，對照組在情感調節方面的困難顯著少於青少年性犯罪者，但在功能性磁共振成像中，自評重新評估能力的結果在所有組別之間相當。影像結果顯示，對照組與青少年性犯罪者在前額葉區域活化程度之間沒有顯著差異。然而，在青少年性犯罪者中，童年曾遭受性虐待的個體，腹側視覺皮質的活化程度較高，而額葉與顳葉區域的活化程度則較低（如中額回、中顳回和島葉）。這些大腦區域與工作記憶及再評估過程中的認知和情緒控制功能有關。

然而，有關青少年性犯罪者的大腦執行功能是否較為缺乏，其他研究並未得到肯定的答案。例如，Adjorlolo與Egbenya（2016）蒐集並彙整1990至2015年間發表的研究，最後篩選出符合標準的24篇（19篇已發表和5篇未發表）文章進行分析。結果顯示，現有的研究證據顯示成人男性性犯罪者普遍存在認知靈活性和抑制干擾的缺陷，這一發現可能與認知靈活性測試（如威斯康星卡片分類測試）和抑制干擾測試（如斯特魯普測試）對額葉損傷的敏感性有關；然而，青少年性犯罪者並未顯示出明顯的特定執行功能（EF）特徵。

二、心理層面因素

青少年性侵害者如同成年性犯人一般，被描述成具有各種不同的心理擾亂（Psychological Disturbances）。在臨床上，青少年性侵害者被描述成無力的（Powerless）、性別角色混淆（Ryan et al., 1987）、缺乏自尊、有藥物及酒精濫用的問題（Mio et al., 1984）。然而這些描述及心理失調等問題與具有一般行為異常（General Behavioral Disorders）或有犯罪行為的青少年很一致，沒有甚麼差異。如Kavoussi等人（1988）使用結構性的精神病學（Psychiatric）的晤談法，發現有19%的青少年性侵害個案無精神方面的異常，而且最常出現的診斷是品性疾患（Conduct Disorder），其他的診斷包括藥物濫用（18%）、適應疾患（6%）、注意力缺失疾患（6%）及社會畏懼症（2%）。而Blaske等人（1989）使用標準化工具施測後發現，性侵害者顯著地比暴力犯會反覆思考及有妄想情形：且性侵害者比其他種類的的犯罪人報告出更多的焦慮情形。

社會能力（Social Competence）是青少年性侵害者最常被提到的缺失之一。Van Ness（1984）發現在27個青少年強暴犯中，有63%表現出粗劣的憤怒控制技巧，而在27個少年犯中只有27%有此情形。Fhrenbach等人（1986）根據臨床判斷，發現65%的青少年性犯罪者有社會隔離的情形。Blaske等人（1989）用同儕互動的標準化測量（Missouri Peer Relationship Inventory）來做研究，在教師評分方面，青少年性侵犯者與其他群體之間並無差異；而在母親評分方面，顯示在情緒連結量尺上（Emotional Bonding Scales），青少年性侵害者的分數顯著低於非犯罪少年。但與暴力及非暴力犯罪少年並無差異。Lawing等人（2010）針對150名目前因性犯罪而被拘留的青少年（平均年齡為15.89歲，標準差為1.53）進行調查，結果顯示，在控制衝動／反社會行為歷史的嚴重程度後，具有高冷酷無情（CU）特徵的青少年性犯罪者比那些低CU特徵的青少年性犯罪者，有更多的性犯罪受害者，對受害者使用更多的暴力，且在性犯罪的策劃上也比低CU特質的犯罪者更加積極。

此外，認知曲解（Cognition Distortion）亦為研究證實與青少年反社會行為之形成有關。這些被扭曲的認知包括以自我為中心、歸咎他人、錯誤之標示及做最壞的假設等（楊瑞珠，1997；Goldstein, 1995; Goldstein and Glick, 1987）。學者Ross與Fabino（1985）甚至指出犯罪人至少具有52種獨特之思考形態，包括：凝固之思考、分離、片斷，未能注意他人之需求、缺乏時間感、不負責任之決策、認為自己是受害者等（楊士隆，2023；蔡德輝、楊士隆，2021）。至於性侵害者常用來合理化其罪行之認知曲解情形，法務部黃軍義（1995）對台北監獄21名強姦犯之訪談研究指出多數受訪者否認犯行，包括：(一)否認傷害：認為自己的行為對被害者沒有影響（例如認為給予對方性啟蒙、滿足其性需求等）；(二)否認罪行：認為自己是被陷害、沒有犯罪，或所犯罪行輕微，根本不是強姦罪；(三)將犯罪行為歸於外在因素，抱怨他人，認為非自己的錯。在青少年性侵害者方面則有待更多實證研究之調查（Ryan et al., 1987）。

另外，對於犯下性犯罪的青少年女性，目前的研究相對缺乏。Kubik等人（2003）以11名有性犯罪歷史的青少年女性為研究樣本，將這些女性與11名年齡匹配的非性犯罪的青少年女性及一組年齡匹配的男性青少年性犯罪者進行比較。結果顯示，與非性犯罪者相比，女性青少年性犯罪群體在反社會行為問題上顯著較少，例如酗酒、藥物使用、打鬥或學校問題；犯罪行為開始的年齡也比非性犯罪青少女更早。在跟男性青少年性犯罪者相比，這兩個性犯罪群體在

心理社會和犯罪歷史、反社會行為以及與臨床表現和治療相關的變量（例如對犯罪的否認程度）上非常相似；然而，女性樣本似乎經歷了比男性更為嚴重和廣泛的虐待。

三、家庭層面因素

家庭功能不良（Family Dysfunction）在青少年性侵害模式的發展上，常被視為重要的因素。在臨床上，發現有很多種類的家庭功能不良與青少年性侵害有關。比方說：父母有心理病理、酒精中毒、濫用藥物等問題（Mio et al., 1986; Naidoo and Sewpaul, 2014）、青少年性侵害者的父母對其有身體虐待的情形（Lewis et al., 1981; Awad et al., 1984; Becker et al., 1986; Blaske et al., 1989; Naidoo and Sewpaul, 2014）、婚姻暴力的高發生率（Naidoo and Sewpaul, 2014; Saunders et al., 1986）。

Pfeffer（1980）指出這些暴力與虐待重創了無辜的小孩，為駕御、彌補這些創傷，因而在其後之行為中，虐待、傷害，甚至殺害他人。許多研究證實此項觀點，例如Seto與Lalumiére（2010）彙整相關研究文獻，其後設分析的結果顯示青少年性犯罪者的犯罪歷史較少，物質濫用較少，並且擁有較少的犯罪朋友。與一般同齡人相比，青少年性犯罪者更有可能遭受性虐待、身體和情感上的虐待等；青少年性犯罪者更有可能早期接觸過性行為或色情作品、家庭內性暴力以及非典型性興趣（例如涉及幼兒的性幻想或強迫性行為）。

另外，Naidoo與Sewpaul（2014）訪談的25位南非的青少年性犯罪者，結果顯示很多青少年性犯罪者為虐待或多重虐待的被害者，68%曾遭受身體虐待，78%曾遭受性虐待，所有人都曾遭受情緒虐待；其中，很多受訪的青少年性犯罪者遭受性、身體及情緒的多重虐待。基本上，這些被虐待的比率可能低估了，有些青少年較不願承認自己是虐待事件的受害者，因為他們認為這是一種恥辱，尤其當施暴者是同性時，此種羞恥感愈大。有關被害經驗在性侵害發展上所扮角色的理論，範圍很廣泛，有人從分析的概念（例如認同攻擊者）著手，也有人從社會學習理論的觀點來談（例如模仿或習得性無助感）。

根據暴力循環理論（The Cycle of Violence），早期遭受虐待會增加後來出現不適應性和反社會行為的可能性。具體來說，兒童性虐待（Child Sexual Abuse, CSA）已被證明會增加性犯罪的可能性。例如，學者DeLisi等人（2014）針對美國一個大型南方州的2,520名入獄男性青少年犯罪者的數據進行分析，階層邏輯迴歸分析的結果顯示，CSA幾乎增加了6倍的後續性犯罪

可能性，研究結果進一步支持了暴力循環的觀點，即CSA會促進了性犯罪的發生。Gómez（2011）針對全國青少年健康縱貫性研究（National Longitudinal Study of Adolescent Health）的資料庫，進行三波資料的分析，結果發現兒童虐待和青少年約會暴力在本研究群體中很常見，並且對其後續的伴侶暴力（IPV）有很高的預測能力；在按性別分層的回歸模型中，兒童虐待和青少年約會暴力都是男性和女性IPV受害和加害的重要預測因素，但這些關聯的強度因性別而異。儘管存在性別差異，經歷童年和／或青春期的暴力似乎對年輕成人的IPV具有很高的預測能力。

另外，學者Plummer與Cossins（2018）回顧相關文獻，發現CSA的經歷可能涉及影響男孩發展性虐待行為的風險因素，而不是女孩。尤其，他們指出如果男性CSA受害者符合以下任何一個條件，他們後續成為性犯罪者的可能性會更高：(一)在12歲或以上時遭受虐待；(二)經常遭受性虐待（這可能導致虐待的嚴重程度增加）；(三)遭受嚴重的性虐待；(四)被某個與其有依賴關係的人（如父親形象）虐待。

綜上所述，有一個清楚的事實是，並非所有的青少年性侵害者皆為性虐待的被害者，而且也不是所有的性虐待被害者皆會變成性侵害者。被虐待這個因素會與其他的因素互動，進而導致性侵害的產生。比方說：家庭功能不良、學習不能症（Learning Disability）、社會技巧不足等等，皆值得未來的繼續研究。

總之，這些家庭不良因素並不只見於青少年性侵害者身上，也出現在其他的犯罪少年群體中（Braga et al., 2017; McGuigan et al., 2018）。雖然有很多的青少年性侵害者具有功能非常不良的家庭系統，但並沒有任何一種的家庭功能不良類型是最主要的，而且也有很多的青少年性侵害表示並未感受到其家庭的功能不佳。

四、學校層面因素

在青少年犯罪之學校層面因素方面，一般認為部分師生關係欠佳、缺乏互動、少年呈現學習障礙、學業成績不良等為反社會行為之重要因素（Siegel and Senna, 1991）。例如，學者賴保禎（1988）對225名犯罪少年與1,170名正常少年進行調查，發現多數犯罪少年無法與教師溝通，師生感情無法建立。此外，犯罪少年在學校課業與行為表現欠佳，教師不滿意，使其自甘墮落。Saunders等人（1986）在性攻擊的青少年犯中，發現有較多的犯罪行為及被學校停學的

紀錄。

　　學者Tan等人（2018）針對美國中西部六所矯正機構中331名因性犯罪被判收容的年輕男性（JSOs）和171名因非性犯罪被收容的年輕男性（GDs）進行比較分析，結果顯示犯罪青少年的學業經驗與犯罪行為呈現負相關。尤其，與一般青少年犯罪者相比，少年性犯罪者的平均智商較低，且報告更多的學業困難、社交溝通困難和偏差行為。此外，在考慮種族和特殊教育狀況後，學業困難對學業經驗和偏差行為的影響路徑在少年性犯罪者中顯著。少年性犯罪者顯著更有可能患有基礎教育障礙，表現出更多的學業困難，並有更嚴重的溝通困難。這些結果顯示少年性犯罪者可能比一般青少年犯罪者（GDs）具有更大的認知和互動過程的潛在缺陷。研究發現少年性犯罪者在與額葉功能相關的活動中存在執行功能障礙（Burton et al., 2016; Veneziano et al., 2004）。這些缺陷可能是年輕人在學校的潛在壓力源，並可能引發負面情緒，如沮喪、憤怒和恐懼，進而可能降低他們對偏差行為成本的考慮（Agnew, 2009）。

五、社會層面因素

　　在青少年性侵害行為的社會因素方面，一般認為社區結構與環境不良因素與大眾傳播媒體暴力及色情渲染報導接觸之頻率等為少年犯罪之重要因素（蔡德輝、楊士隆，2021）。例如，楊士隆（1995）對台北市青少年1,296名進行之少年犯罪研究及發現，偏差與犯罪傾向較嚴重之少年居住地域呈現居住環境惡劣並有社會病理入侵之現象。此外，少年接觸非行同儕、暴力及色情媒體屢被證實與其暴力行為之衍生有密切關聯；當前大眾傳播媒體對於成長中青少年的認知、價值觀與行為有不容忽視之影響，而充滿淫穢、暴力與犯罪情節之媒體報導與播放傾向，則提供了少年暴行之重要模仿、學習動機與方法。

　　愈來愈多研究文獻指出，暴露於性挑逗媒體（Sexually Explicit Media, SEM）與性暴力媒體（Sexually Violent Media, SVM）可能是約會暴力與性暴力的風險因子。Rodenhizer等人（2019）回顧，檢視暴露於SEM與SVM對約會暴力與性暴力態度與行為的影響，綜合研究發現：(一)暴露於SEM與SVM與約會暴力與性暴力迷思以及較能接受約會暴力與性暴力態度呈正相關；(二)暴露於SEM與SVM與實際與預期之約會暴力與性暴力受害、加害與旁觀者不介入呈正相關；(三)SEM與SVM對男性約會暴力與性暴力態度與行為的影響強於女性；(四)與約會暴力與性暴力相關之既有態度與媒體偏好，對SEM與SVM暴露與約會暴力與性暴力態度與行為間的關係產生調節效果。

六、早期性經驗／知識與偏差行為

少年性侵害犯之生活習慣特性與偏差行為亦為其犯行之相關因素。在文獻中，對於青年性知識或性經驗與青少年性侵害行為的關係有兩種取向的看法：第一種取向主張某些性偏差行為應該可以認為是「探究」（Exploratory），可視為青少年正常發展的部分，而不必然是一套偏差衝動模式（Deviant Arousal Pattern）的徵兆（Markey, 1950）；另一種取向則認為青少年性侵害者缺乏足夠的性知識，因此灌輸正向的性態度及性知識則為其處遇的重點（Seabloom, 1980, 1981）。

Becker等人（1986）發現在一個青少年性侵害者的樣本中，性知識的主要來源是同儕、個人經驗或手足，這或許和一般正常的母群是沒有差異的。他們也發現在樣本中，有82%曾與同意的伴侶進行非生殖器的性行為（Nongenital Sexual Behavior），58%有生殖器的性行為；由此研究可顯示出：非偏差的兩廂情願的性經驗比偏差的性行為更早發生。

相關研究指出，早期或過度的性化行為（Sexualized Behaviors）及對性問題的沉迷（SB）在青少年性犯罪者中被視為性犯罪的風險因素。例如，Dennison與Leclerc（2011）針對以兒童為受害者的青少年性犯罪者為研究對象，研究結果顯示，與非重複犯性犯罪者（n＝80）相比，重複犯性犯罪者（n＝27）更可能有性虐待受害的歷史和不當性行為的特徵。另外，Hummel（2008）比較三組犯罪青少年的性自我感知（Sexual Self-perception），發現：(一)對於受害者為同齡人和成人的青少年性犯罪者，其性自我感知描述為「受限」；(二)只有兒童受害者的青少年性犯罪者則感到在性和吸引力方面「遲緩」；而(三)非性犯罪的青少年暴力犯罪者的性自我感知則更接近一般人。Hummel（2008）進一步指出，性行為的限制（例如，在14歲之前的手淫限制）可能導致第一組的生殖器性行為受到壓抑，並使受害者為兒童的青少年犯罪者轉向自我刺激行為以作為補償。

七、犯罪情境

青少年性侵害行為之衍生情境亦為研究重要之探討主題，尤其少年嗑藥、酗酒或犯案前面臨之同儕壓力，及犯案特定之時空、條件情境（如被害者落單：犯案之地點隱蔽等）往往容易衍生強姦暴行。例如，在台北市青少年常出沒的PUB，最近發現正流行吸食違禁藥品，如FM2（強姦藥片）、煩寧（Valium）及鐵扇公主等，不僅如此，網路上還公布強姦藥水的合成法，使得這些

藥品取得更容易。而將強姦藥水放入飲料中，喝下後往往會產生短暫失憶、昏睡等症狀，成為青少年在PUB強姦少女的工具。此外，青少年性侵害行為也可因同儕壓力而產生，有些少年就可能因為其他人皆強暴被害人，基於同儕壓力或因在團體中較缺乏理性思考而犯下罪行。另在一些時空背景下也可能促使青少年性侵害行為的發生，比方說被害人落單、地點偏僻等，在有機可趁的情況下，再加上青少年缺乏社會技巧控制自己的衝動性時，就很可能因把持不住而犯下強姦罪行。

　　綜合言之，文獻指出青少年性侵害行為之成因與相關因素至為複雜，非單一因子可決定，故有關其性侵害行為之防治需從全方位、多面向之角度展開防治。

第五節　青少年性侵害行為之防治

　　鑑於青少年性侵害行為之潛在威脅與衝擊，故有必要採行積極措施展開防治。然而防治少年性侵害行為之工作如前述分析可知其成因至為複雜，必須從多面向（Multi-dimensional）之角度切入，始能展現具體防治之效能，茲援引美國羅格斯大學刑事司法研究所教授克拉克（Clarke, 1983）之犯罪防治模式分類，說明青少年性侵害防治之適當做法。

一、肅清社會病源（Root Causes）

　　青少年性侵害行為之衍生受到許多社會不良因素之影響，如：暴力色情取向之大眾傳播、兩性觀念及態度偏差、家庭暴力頻傳等。因此，我們強調應對於這些社會病態現象加以糾正、改善，以減少性侵害行為之發生。其具體做法包括：健全家庭組織與強化親職教育；落實兩性平權教育：淨化大眾媒體暴力、色情及犯罪之傳播內容：加強稽查不肖業者販賣色情、暴力影片刊物及酒類給未成年者；從事青少年休閒輔導、職業訓練及生涯規劃。

二、嚇阻（Deterrence）

　　為預防青少年性侵害行為之發生，有必要採行嚇阻措施，以使性侵害者無法心存僥倖並避免再犯。從一般嚇阻（General Deterrence）之觀點，我們認為應擴大當前強姦犯罪行為之解釋，以避免諸如肛交、口交等嚴重之性侵害行

為遭忽視而未得應有之法律制裁；其次，應強化刑事鑑識能力，並援用其他科學偵查方法，以提昇強姦犯罪之破案率，減少性侵害犯罪之發生。此外，從特別嚇阻（Specific Deterrence）之角度，我們認為應該對於再犯危險性高之性侵害，修法科以強制矯治之保安處分，且於出獄（院）後應加強保護管束之執行，避免其再犯。

另外，在美國，性犯罪者登記與通知法（The Sex Offender Registration and Notification Act, SORNA）是為了保護社區免受危險犯罪者的侵害而制定的，但公眾對於青少年性犯罪者登記的適當性和價值的看法可能更為複雜。Janssen（2021）探討了美國公眾對青少年性犯罪者登記與通知法律的看法，以及公眾（N = 1,384）認為哪些情況下應該將犯有性罪的青少年登記為性犯罪者。研究發現，公眾對於登記犯有性罪的青少年可能並不普遍贊同。Letourneau等人（2018）首次對登記和未登記的青少年進行比較，以評估青少年登記和通知政策的影響。他們調查251名因不當或有害性行為而接受治療的男孩，其中73名（29%）正在或曾經受到登記要求。分析結果顯示，登記的青少年在心理健康、同儕關係以及安全和受害經歷等層面存在更多問題或更少優勢。具體而言，登記的青少年報告了更嚴重的自殺認知，並且在過去三十天內最近嘗試自殺的可能性更高。此外，他們在過去一年內遭受成年人性侵的可能性也更高。整體而言，本研究發現青少年登記和通知政策可能對青少年產生有害影響，這些政策不僅未能改善公共安全，反而可能增加青少年的心理健康問題、受害風險和其他負面後果。

三、情境犯罪預防（Situational Crime Prevention）

部分青少年性侵害行為係在特定時空情境下發生，故有必要採行情境犯罪預防措施，以減少性犯罪之侵害。情境犯罪預防係指以一種較有系統、完善的方法對犯罪環境加以管理、設計或操作，以阻絕犯罪發生之預防策略。其著重於降低及排除潛在犯罪人之犯罪機會、增加犯罪之成本，使犯罪之目標不易達成（楊士隆，1994；Cornish and Clarke, 2003）。它包括許多預防措施，如：目標物強化（Target Hardening），使較脆弱之犯罪可能標的物更加安全難以侵犯，如：外出時結伴同行，隨身攜帶警鈴、瓦斯噴霧器，加強自我防衛及防暴訓練，以維護自身安全；防護空間（Defensible Space）之設計，如鼓勵住宅居民拓展土地領域，將公共用地納入加以管理或增加建築物之自然監控，改善照明設備，以減少治安死角；社區犯罪預防（Community Crime Prevention），如

提昇社區意識、強化社區鄰里守望相助、民眾參與巡邏等，增加民眾對潛在犯罪人之警覺性，使性侵害者無機可乘。

四、矯治處遇（Rehabilitative Treatment）

對於青少年性侵害者所設計的處遇應該具有高度的結構性（Groth et al., 1981; Margolin, 1984; Ryan et al., 1987），且應該以經過綜合性評估所得到的青少年性侵犯者的需求為基礎來設計處遇方案。目前較成功的處遇方法包括個別及團體的認知行為治療（Cognitive Behavioral Therapy）、家庭治療（Family Therapy）及心理教育（Psycho-education）的介入，心理藥物治療（Psycho-pharmacological Therapy）及預防復發的治療（Relapse Prevention Therapy）等。

而認知行為療法為當前學術與實務界公認對於性侵害者矯治具效率且可減少再犯之處遇方法。其之所以被認可，乃植基於晚近許多研究發現，性侵害行為之衍生與性侵害者不適恰之性喚起、具扭曲的思考、憤怒情緒之管理失當、人際溝通不良有密切的關係（楊士隆，1997; Beckett, 1994; Epps, 1996; Lawing et al., 2010），認知行為療法的技術恰可就性侵害者之前述偏差性侵害行為樣態加以矯治。目前認知行為療法已在英、美、加拿大等國廣為實施，並獲致許多成效，檢視其內涵，其在我國青少年性侵害者矯治工作上具有相當多之應用空間。茲將青少年性侵害者之認知行為處遇措施簡述於下（楊士隆，1997）：

(一) 認知扭曲之導正訓練： 部分青少年性侵害者會否認其罪行，否認傷害的發生，且會對其行為合理化，將犯罪行為歸於外在因素。因此，必須對青少年性侵害者遭扭曲的認知予以導正，一般說來可透過自我教導訓練及小團體輔導訓練來進行，促其對行為負責，減少其再犯。

(二) 社交技巧的訓練： 部分的青少年性侵害者人際處理拙劣，並具有嚴重自卑情節，無法與親友維繫良好關係。因此，有必要對其進行社交技巧訓練，此項訓練著重於透過函授、示範、角色扮演、成果回饋及轉移訓練等，促使青少年性侵害者導向正向社交行為、改善人際衝突及增加社會適應之行為、減少性侵害行為衍生之相關因素。

(三) 憤怒情緒之管理： 有部分青少年性侵害者之特性為心中充滿憤怒與敵意，在沮喪、憤怒或長期之衝突累積至一定程度，無法忍受而引發性侵害行為之產生。因此，對於青少年性侵害者有必要進行憤怒處理技巧的訓練，此項訓練主要係由示範、角色扮演、成果回饋等方式，對青少年性侵害者進行憤怒控制訓練，藉以抑制、降低及管理憤怒情緒，以避免性侵害行為的再度發生。

(四) 偏差性行為形態之處遇： 青少年性侵害者中除有部分案例對兒童施暴及對受害者施暴外，並且部分具有強烈之異性虐待妄想。因此，處遇重點之一即對其偏差性行為之認知與行為進行干預，具體處遇措施包括手淫制約（Masturbatory Conditioning）、內隱的敏感化（Covert Sensitization）、嫌惡治療（Aversive Therapy）及抗性衝動藥物之援用，以減少對偏差對象之性喚起，並強化與適當伴侶之性喚起與接觸為目標。

對於部分有精神疾病的青少年性侵害者，必須在處遇之初期即篩選出來，以心理藥物之介入先行處理其精神方面之問題。比方說：對於有注意力缺失／過動疾患（ADHD）及情感性疾患之青少年性侵害者，可援用Ritalint及抗憂鬱藥物予以治療。

在青少年性侵害犯罪之復發預防（Relapse Prevention）方面，學者指出為維繫處遇效果，必須對參與認知行為療法之青少年性侵害者進行復發預防措施。復發預防之目標主要在於維繫、強化矯治效果，並確保接受處遇者於處遇方案結束後能持續運用習得之技術面對日常生活情境。主要具體做法包括：協助案主瞭解、面對可能促其再犯之心理與各項情境因素，並運用習得之認知行為療法技術，減少性侵害行為之再度發生，並妥適地處理各種可能再犯之突發狀況；透過性侵害者重要關係人、朋友之協助預防再犯；做好性侵害者出獄（院）之保護管束工作，由增加觀護官與少年接見次數及強化監控，以減少再犯。

青少年性侵害犯罪近年來已逐漸受到大眾的重視，尤其前一陣子的徐姓少年集體虐殺事件、4個未成年少年在數小時之內連續輪暴少女10餘次的事件，更是駭人聽聞。國外文獻顯示，將近20%的性侵害案件是由青少年所犯（Becker et al., 1986; Prat et al., 2007）。因此，吾人認為有必要針對青少年性侵害行為之成因與相關因素做深入探索，俾以研擬妥適防治與處遇對策因應。本研究發現青少年性侵害行為之發生乃多因互動之結果，故其防治應是多向度的（Multi-dimensional），從各方向切入，始能紓緩此項問題。例如，學者Skeem等人（2014）指出，青少年性犯罪者的處遇方案設計應包含傳統的社會連結（父母、減少與反社會同伴接觸、與傳統同儕互動的機會）、應在社區中進行、重返社區期間應有以證據為基礎的規劃。

在青少年性侵害者處遇方面，目前學術與實務界業已發展出部分具效能之處遇方法，其中尤以認知行為療法，受到廣泛應用與肯定，倘能加以測試採行，做好復發預防工作，應可減少青少年性侵害行為之發生與再犯。

參考書目

一、中文部分

內政部警政署（2023）。警政統計年報。內政部警政署。https://www.npa.gov.tw/ch/app/folder/594

司法官學院犯罪防治研究中心（2023）。中華民國111年犯罪狀況及其分析——2022犯罪趨勢關鍵報告。https://www.cprc.moj.gov.tw/1563/1590/1592/40644/post

黃軍義（1995）。強姦犯罪之訪談研究。法務部。

楊士隆（1994）。情境犯罪預防之技術與範例。警學叢刊，第25卷第1期。

楊士隆（1995）。社區解組與少年犯罪：多重層次評量之實證分析。行政院國科會專題研究報告。

楊士隆（1997）。強姦犯罪之成因與處遇對策。載於犯罪矯治：問題與對策。五南圖書。

楊士隆（1997）。認知行為療法在強姦犯矯治上之應用。犯罪矯正特刊。

楊士隆（2023）。犯罪心理學。五南圖書。

楊瑞珠（1997）。偏差行為之初期癥候與輔導。法務部。

蔡德輝、楊士隆（2021）。少年犯罪：理論與實務。五南圖書。

二、外文部分

Adjorlolo, S. and Egbenya, D. L. (2016). Executive functioning profiles of adult and juvenile male sexual offenders: A systematic review. The Journal of Forensic Psychiatry & Psychology, 27(3): 349-375.

Aebi, M., Vogt, G., Plattner, B., Steinhausen, H. C., and Bessler, C. (2012). Offender types and criminality dimensions in male juveniles convicted of sexual offenses. Sexual Abuse, 24(3): 265-288.

Agnew, R. (2009). General strain theory: Current status and directions for future research. In F. T. Cullen, J. P. Wright, and K. R. Blevins (Eds.), Taking stock: The status of criminological theory. Advances in criminology theory (Vol. 15, pp. 101-123). Transaction Publishers.

Atcheson, J. D. and Williams, D.C. (1954). A study of juvenile sex offenders. American Journal of Psychiatry, 11: 366-370.

Awad, G. A., Saunders, E., and Levene, J. (1984). A clinical study of male adolescent sex offenders. International Journal of Offender Therapy and Comparative Criminology, 28: 105-116.

Becker, J. V., Cunningham-Rathner, J., and Kaplan, M. S. (1986). Adolescent, sexual offenders: Demographics, criminal and sexual histories, and recommendations for reducing future offenders. Special issues: The prediction and control of violent behavior: II. Journal of Interpersonal Violence, 1: 431-445.

Beckett, Richard C. (1994). Cogntive-behavioural treatment of sex offender. In T. Morrison, M. Erooga, and R. C. Beckett (Eds.), Sexual offending against children: Assessment and treatment of Male abusers. Routledge.

Berlin. F. S. (1983). Sex offenders: a biomedical perspective and a status report on biomedical treatment. In J. G. Greer and I. R. Stuart (Eds.), The sexual aggressor: Current perspectives on treatment (pp. 83-123). Van Nostrand Reinhold.

Biedeman, J. (1991). Attention deficit hyperactivity disorder (ADHD). Annals of Clinical Psychiatry, 3: 9-22.

Blaske, D. M., Borduin, C. M. Henggeler, S. W., and Mann, B. J. (1989). Individual, family, and peer characteristics of adolescent sex offenders and assaultive offenders. Developmental Psychology, 25: 846-855.

Braga, T., Goncalves, L. C., Basto-Pereira, M., and Maia, A. (2017). Unraveling the link between maltreatment and juvenile antisocial behavior: A meta-analysis of prospective longitudinal studies. Aggression and Violent Behavior, 33: 37-50.

Burgess, A. W. and Holmstrom, L. L. (1985). Rape Trauma Syndrome. American Journal of Psychiatry, 131: 981-999.

Burgess, A. W. and Carretta, C. M. (2016). Rape and its impact on the victim. In Practical aspects of rape investigation (pp. 3-18). CRC Press.

Burton, D., Demuynck, S., and Yoder, J. R. (2016). Executive dysfunction predicts delinquency but not characteristics of sexual aggression among adolescent sexual offenders. Sexual Abuse, 28(8): 707-721.

Clarke, R. V. (1983). Situational Crime Prevention: Its Theoretical Basis and Practical Scope. In M. Tonry and N. Morris (Eds.), Crime and justice: An annual review of research V. University of Chicago Press.

Coldstein, A. P. (1995). New directions in aggression reduction. In J. Yang (Eds.), Symposium proceedings of counselling and guidance in Taiwan and U.S.A. (pp. 25-46). National Kaohsiung Normal University.

Davis, G. E. and Leitenberg, H. (1987). Adolescent sex offenders. Psychological Bulletin, 101: 417-427.

Deisher, R. W., Wenet, G. A., Paperny, D. M., Clark, T. F., and Fehrenbach, P. A. (1982). Adolescent sexual offense behavior: The role of the physician. Journal of Adolescent Health Care, 2(4): 279-286.

DeLisi, M., Caudill, J. W., and Trulson, C. R. (2014). Does childhood sexual abuse victimization translate into juvenile sexual offending? New evidence. Violence and Victims, 29(4): 620-635.

Dennison, S. and Leclerc, B. (2011). Developmental factors in adolescent child sexual offenders: A comparison of nonrepeat and repeat sexual offenders. Criminal Justice and Behavior, 38(11): 1089-1102.

Dryfoos, G. D. (1990). Adolescents at risk: Prevalence and prevention. Oxford.

Epps, K. (1996). Sex offenders. In G. Hollins (Ed.), Working with Offenders. John Wiley and Sons.

Fehrenbach, P. A., Smith, W., Monastersky, C., and Deisher, R. W. (1986). Adolescent sexual offenders: Offender and offense characteristics. American Journal of Orthopsychiatry, 56(2): 225-233.

Fox, B. and DeLisi, M. (2018). From criminological heterogeneity to coherent classes: Developing a typology of juvenile sex offenders. Youth Violence and Juvenile Justice, 16(3): 299-318.

Goldstein, A. P. and Glick, B. (1987). Aggression replacement training: A comprehensive intervention for aggressive youth. Research Press.

Gómez, A. M. (2011). Testing the cycle of violence hypothesis: Child abuse and adolescent dating violence as predictors of intimate partner violence in young adulthood. Youth & Society, 43(1): 171-192.

Gunby, C. and Woodhams, J. (2010). Sexually deviant juveniles: Comparisons between the offender and offence characteristics of 'child abusers' and 'peer abusers'. Psychology, Crime and Law, 16(1&2): 47-64.

Hart-Kerkhoffs, L. A., Doreleijers, T. A., Jansen, L. M., van Wijk, A. P., and Bullens, R. A. (2009). Offense related characteristics and psychosexual development of juvenile sex offenders. Child and Adolescent Psychiatry and Mental Health, 3(1): 1-10.

Hummel, P. (2008). Aggressive Sexualdelinquenz im Jugendalter. Medizinisch Wissenschaftliche Verlagsgesellschaft.

Janssen, J. M. (2021). Public opinion on the appropriateness of juvenile sex offender registration and notification requirements. Drexel University.

Jones, S., Joyal, C. C., Cisler, J. M., and Bai, S. (2017). Exploring emotion regulation in juveniles who have sexually offended: An fMRI study. Journal of Child Sexual Abuse, 26(1): 40-57.

Kavoussi, R. J., Kaplan, M., and Becker, J. V. (1988). Psychiatric diagnoses in adolescent sex offenders. Journal of the American Academy of Child and Adolescent Psychiatry, 27: 241-243.

Kelley, S. J. (1992). Parenting stress and child maltreatment in drug-exposed children. Child Abuse and Neglect, 16: 317-328.

Kjellgren, C., Wassberg, A., Carlberg, M., Langstrom, N., and Svedin, C. G. (2006). Adolescent sexual offenders: A total survey of referrals to social services in Sweden and subgroup characteristics. Sexual Abuse: A Journal of Research and Treatment, 18(4): 357-372.

Knight, R. A. and Prentky, R. A. (1990). Classifying sexual offenders: The development and corroboration of taxonomic models. In Handbook of sexual assault: Issues, theories, and treatment of the offender (pp. 23-52). Springer.

Kubik, E. K., Hecker, J. E., and Righthand, S. (2003). Adolescent females who have sexually offended: Comparisons with delinquent adolescent female offenders and adolescent males who sexually offend. Journal of Child Sexual Abuse, 11(3): 63-83.

Lawing, K., Frick, P. J., and Cruise, K. R. (2010). Differences in offending patterns between adolescent sex offenders high or low in callous–unemotional traits. Psychological Assessment, 22(2): 298-305.

Letourneau, E. J., Harris, A. J., Shields, R. T., Walfield, S. M., Ruzicka, A. E., Buckman, C., Kahn, G. D., and Nair, R. (2018). Effects of juvenile sex offender registration on adolescent well-being: An empirical examination. Psychology, Public Policy, and Law, 24(1): 105-117.

Lewis, D. O., Shanok, S. S., and Pincus, J. H. (1981). Juvenile male sexual assaulters: Psychiatric, neurological, psychoeducational and abuse factors. In O. Lewis (Ed.), Vulnerabili ties to delinquency (pp. 89-105). Spectrum.

Lewis, D. O. Moy, E., Jackson, L. D., Aaronson, R., Restifo, N., Serra, S., and Simos, A. (1985). Biopsychosocial characteristics of children who later murder: A prospective study. American Journal of Psychiatry, 142: 1161-1167.

Lewis. D. D., Lovely, R., Yeager. C., Ferguson, G., Friedman, M., Sloane, G., Friedman., H., and Pincus, J. H. (1988). Intrinsic and environmental characteristics of juvenile murders. Journal of the American Academy of Child and Adolescent Psychiatry, 27: 582-587.

Markey, O. B. (1950). A study of aggressive sex misbehavior in adolescents brought to Juvenile Court. American Journal of Orthopsychiatry, 20: 719-731.

McGuigan, W. M., Luchette, J. A., and Atterholt, R. (2018). Physical neglect in childhood as a predictor of violent behavior in adolescent males. Child Abuse & Neglect, 79: 395-400.

Mio, J. S., Nanjundappa, G., Verleur, D. E., and de Rios, M. D. (1986). Drug abuse and the adolescent and the adolescent sex offender: A preliminary analysis. Special issues: Drug dependence and the family. Journal of Psychoactive Drugs, 18: 65-72.

Murphy, W. D. and Schwarz, E. D. (1990). The major psychiatric disorder of adults: Paraphilias. In A. Stoudemire (Eds.), Clinical psychiatry for medical students (pp. 365-379). J. B. Lippincott.

Naidoo, L. and Sewpaul, V. (2014). The life experiences of adolescent sexual offenders: Factors that contribute to offending behaviours. Social Work, 50(1): 84-98.

Oliver, L. L. Nagayamahall, G. C., and Neuhaus. S. M. (1993). A comparison personality and background characteristics of adolescent sex offenders and other adolescent offenders. Criminal Justice and Behavior, 20: 359-370.

Pfeffer, C. (1980). Psychiatric hospital treatment of assaultive homicidal children. American Journal of Psychotherapy, 2: 197-297.

Plummer, M. and Cossins, A. (2018). The cycle of abuse: When victims become offenders. Trauma, Violence, and Abuse, 19(3): 286-304.

Pratt, H. D., Greydanus, D. E., and Patel, D. R. (2007). The adolescent sexual offender. Primary Care: Clinics in Office Practice, 34(2): 305-316.

Rodenhizer, K. A. E. and Edwards, K. M. (2019). The impacts of sexual media exposure on adolescent and emerging adults' dating and sexual violence attitudes and behaviors: A critical review of the literature. Trauma, Violence, & Abuse, 20(4): 439-452.

Ross, R. R. and Fabiano, E. A. (1985). Time to think: A cognitive model of delinquency prevention and offender rehabilitation. Institute of Social Sciences and Arts.

Santtila, P. and Haapasalo, J. (1997). Neurological and psychological risk factors among young homicidal, violent, and nonviolent offenders in Finland. Homicides Studies, 1: 234-253.

Saunders, E., Awad, G. A., and White, G. (1986). Male adolescent sexual offenders: the offender and the offense. Special Issues: Canadian Academy of Child Psychiatry: A Canadian Perspective. Canadian Journal of Psychiatry, 31: 542-549.

Seabloom, W. L. (1980). Enrichment experiences and family issues in the treatment of sexually disoriented adolescent males. Paper presented at the International Symposium on Family Sexuality.

Seabloom, W. L. (1981). Beyond pathology: The economy of early intervention and enrichment treatment modalities for adolescent sexual behavior disorders. Paper presented at the fifth World Congress of Sexology. Jerusalem.

Seto, M. C. and Lalumiére, M. L. (2006). Conduct problems and juvenile sexual offending. In H. E. Barbaree and W. L. Marshall (Eds.), The juvenile sex offender (2nd ed., pp. 166-188). Guilford Press.

Seto, M. C. and Lalumière, M. L. (2010). What is so special about male adolescent sexual offending? A review and test of explanations through meta-analysis. Psychological Bulletin, 136(4): 526-575.

Shoor, M., Speed. M. H., and Bertelt, C. (1966). Syndrome of the adolescent child molester. American Journal of Psychiatry, 122: 183-789.

Skeem, J. L., Scott, E., and Mulvey, E. P. (2014). Justice policy reform for high-risk juveniles: Using science to achieve large-scale crime reduction. Annual Review of Clinical Psychology, 10(1): 709-739.

Tan, K., Brown, A., and Leibowitz, G. S. (2018). School, social-communicative, and academic challenges among delinquents and juvenile sexual offenders. Child and Adolescent Social Work Journal, 35: 577-585.

Thomas, J. N. (1982). Juvenile sexual offender: physician and parent communication. Pediatric Annuals, 11: 807-812.

Van Ness, S. R. (1984). Rape as instrumental violence: a study of youth offenders. Journal of Offender Counseling, Services, and Rehabilitation, 9: 161-170.

Veneziano, C., Veneziano, L., LeGrand, S., and Richards, L. (2004). Neuropsychological executive functions of adolescent sex offenders and nonsex offenders. Perceptual and Motor Skills, 98(2): 661-674.

Wasserman, J. and Kappel, S. (1985). Adolescent sex offenders in Vermont. Vermont Deportment of Health.

第十三章　少年竊盜犯罪

在少年犯罪各類型中，竊盜犯罪一向高居發生案件之首位。由於少年竊盜案件為普遍存在之事實，其不僅造成民眾之財物損失，同時對於少年而言極易沉淪，甚至為未來職業竊盜之犯罪生涯鋪路，故有必要針對此項犯罪類型深入探討，並研擬妥適對策因應。

第一節　少年竊盜犯罪之特性

少年竊盜犯罪與成年竊盜犯罪或職業竊盜之犯罪特性呈現部分差異。林山田與林東茂（1990：226-229）舉出少年竊盜犯之特殊性包括：

一、貧困的少年竊盜犯所占比率甚微。

二、少年竊盜的標的價值不高。

三、共同正犯之比率較高。

四、偶發犯之比率較高。

五、少年竊盜犯有低齡化的現象。

六、少年竊盜犯有逃學經驗者比率較高。

七、少年竊盜犯的生活習慣較為不佳。

此外，東煒堅（1984：155-186）在其研究中亦隱約的指出少年竊盜犯罪之特性：

一、少年竊盜犯罪年齡逐漸下降。

二、少年竊盜犯多來自破碎家庭。

三、少年竊盜犯學校課業適應差，無心向學。

四、少年竊盜犯多呈共犯結構。

五、少年竊盜犯罪多因交友不慎，受同儕影響。

第二節 少年竊盜犯罪之類型

少年竊盜犯罪之型態可依犯案方式或罪質之嚴重程度而加以區分，然教育部訓委會委託鍾思嘉（1994：147-148）之研究，依個案分析結果，將少年竊盜行為區分為下列六種類型，卻頗富參考價值。

一、金錢型竊盜行為：此類型的青少年通常有不良習慣，金錢花費較多如沉迷電玩、賽車等時髦娛樂。其竊盜原因主要是缺乏金錢，因欠缺適當途徑或不願吃苦，所以心存僥倖企圖從竊盜行為中獲得不當利益，藉以滿足自身物質上的需求。因此金錢的取得並不是其主要行為目的，換言之，竊盜行為中獲得的金錢只是為滿足需求的工具，其主要的目的在於物質與娛樂上的滿足。

二、享樂型竊盜行為：此類型青少年通常較欠缺社會規範概念，行為表現傾向遵循快樂原則。其竊盜原因主要是追求快樂的獲得，而竊盜行為的快樂感來源有二：(一)竊盜行為過程中的刺激感的滿足；(二)獲得快樂工具的取得，所以產生竊盜行為。最常見的行為為竊取機車，作為飆車或與異性出遊的用途。

三、同儕接納型竊盜行為：此類型青少年通常是同儕小團體的一員，行為表現常受同儕影響，本身自我控制能力薄弱且缺乏拒絕他人的能力。其竊盜原因主要是追求同儕接納和認同，個案因同儕小團體的壓力下，缺乏拒絕能力，害怕因拒絕參與竊盜行為時會導致同儕的遺棄與不接納，因此參與同儕的竊盜行為而有竊盜行為出現。

四、表現型竊盜行為：此類型青少年通常具較高的表現需求，喜歡以不尋常或冒險性行為獲得別人注意與讚賞，從而自我肯定。但環境中缺乏適當的滿足途徑而導致較多的挫折經驗，因而形成青少年偏差的認知想法。其竊盜原因主要是追求自我能力的肯定與同儕中地位的取得，所以將竊盜行為視為一種自我能力的表現，藉此獲得「我比你行」一種不當之成就感的滿足。

五、無知型竊盜行為：此類青少年通常缺乏法律常識與社會規範觀念，而本身秩序、警覺與省察能力較差。其竊盜原因並不是自己親身參與，而是因好奇或貪一時之快而藉由贓物使用卻不知道，所以當被察覺時就造成使用共犯之竊盜行為。

六、僥倖型竊盜行為：此類型青少年通常具較高的僥倖心態傾向，雖然擁有正確的法律常識，但缺乏遵守社會規範的觀念。其竊盜原因主要是個人僥倖心態的作祟，加上情境因素的配合所引發，個案常為圖一時方便或自認不會那麼倒楣於是產生竊盜行為或使用贓物行為。

第三節　少年竊盜犯之心理特質

有關少年竊盜犯之心理特質，鍾思嘉（1994：144-146）在「青少年竊盜行為個人心理特質之分析研究」中，有如下之發現：

一、自我概念方面：少年竊盜犯具有較差的自我概念，包括較高傾向的自我認同，較低傾向的家庭自我、學校自我、道德自我及心理自我。

二、人格結構方面：少年竊盜犯具有較高傾向的社交性、自主性、同眾性、僥倖心及較低傾向的自制力、幸福感、責任心。

三、社會價值方面：少年竊盜犯具有較高傾向的享樂主義、自我能力、朋友情義。

四、道德認知水準方面：少年竊盜犯大多停滯於「自我中心」的偏執心態，未能達到人際關係及利他取向。

五、在心理需求方面：少年竊盜犯有較高傾向的親和、慈愛、逸樂、自主、表現成就、攻擊需求及較低傾向的省察、秩序、順從、持久需求。

第四節　少年竊盜犯罪之動機與成因

少年竊盜犯罪之發生具有特定之動機與成因，除個人因素外，同儕、家庭、學校、社會等病態因素皆可能促成竊盜犯罪之產生。

一、少年竊盜犯罪之動機

郭淑娟（1994：29-30）曾對犯案少年進行訪談，其歸納出少年偷車之動機以受朋友影響最高，其次為覺得好奇、好玩、圖一時方便、報復或投機心理。

(一) 受朋友影響或慫恿：少年極易受同儕團體所影響，並學習其行為，若交到不良朋友，則就容易誤入歧途，做出犯法行為。

(二) 好奇、好玩：少年有時並不清楚事情的嚴重性，只基於好奇好玩，因此而犯罪。

(三) 圖一時方便：少年有時因騎腳踏車不方便，不想走路，而偷車來騎。

(四) 報復心理：少年有時因父母不願意買機車給他們，以偷車之方式，故意讓爸媽生氣。

(五) 投機心理：有時少年因情境因素，見鑰匙插在車上，於四下無人之際而騎走機車。

二、少年竊盜犯罪之成因

少年犯罪問題專家陳孟瑩（1985：170-171）分析少年竊盜犯罪之成因包括：

(一) 對權威性之反抗心理及自我表現慾

少年時期之生活主要均在受教育之過程中，無論上學、在家、就業，皆處於學習之階段。故生活上每日之接觸皆受制於父母、教師、雇主之反覆教導與命令。長期受制之結果，自然生反抗心理，常會有欲藉破壞規矩，規範之衝動，作為對權威壓制之反抗表現。竊盜行為亦是破壞從小即受到「不可偷東西」教導之表現行為。尤有進者在乘他人不知或不滿之際，將他人管領之物以各種有效之方法移歸於自己支配，其行為過程有才能及機智之運用，亦成為個人才能之表現及某種成就感之滿足，且以少年對法律制裁力之感受薄弱，故常以竊盜行為之成功在同儕中作為炫耀自我之手段，而圖引起同伴之羨慕及仿效。並常以其竊來之財物與同伴分享，故少年竊盜犯罪常引起其同伴之寄藏及收受贓物之犯行。

(二) 僥倖心及誤解起哄得以免責之觀念

少年時期，智慮不同，雖自幼從家庭及學校之教育即受到竊盜為應受制裁犯行之教誨，惟因對道德規範之束縛及法律強制力之認識不深，或不能體會到其制裁係何真象，又因心身幼稚，對物慾誘惑之自制力較其他時期之人為弱，故在接受誘惑刺激時，以及藉竊盜方式滿足其不正當慾望時，其心理上之僥倖心理極強。如倘有一次之盜取行為成功，即其投機之心理更為堅定，而將反覆實施，並不考慮到後果將如何。又此種心理在少年結伴時更形強烈，少年有成群結伴行動之特性。如在結伴之狀況下，偶有人提議做某種刺激之行為，心雖明知其不妥，然以人多相互依仗，往往以為規範對多人之行為不生拘束力，並極有自信不被發覺，故少年結夥三人以上行竊之案件極多。在被捕時，少年之辯解言辭往往為：「他（指同案之共犯）說偷了沒有關係」，或者是：「他也有做」。

(三) 家庭教育對少年管教之失當

父母之溺愛、偏愛或過度嚴厲、鬆懈，或父母雙方管教不一，或漠不關心

之放任態度，均對少年犯罪行為產生重大影響。尤以台灣家庭制度自大家庭轉變為小家庭組織，在一家中直接並完全負教育子女責任者僅為子女之父母，父母之身教、言教為少年家庭教育之唯一標準。從少年犯罪分析中發現，竊盜犯罪少年以父母俱存、婚姻健全之家庭占絕大多數，即家庭教育之缺失為少年竊盜犯罪之重要成因堪予認定。以少年竊盜犯，大部分來自中下收入之小康家庭及勉可維持生活之家庭，即以其父母在外做工謀生，對少年管教疏失之家庭居多。尤以少年放學返家後，家中無人照顧，任其在外遊蕩之少年最易發生竊盜犯行。

(四) 學校教育之缺失

台灣現狀之教育目的，一切以升學為唯一目標，學校教育以智育之培養為主流。德育及體育僅聊備一格。升學壓力對學生之負擔極大。學生在國中階段，驟然接觸到生物、化學、物理、外國語文、代數、幾何等科目，如未能按步就班符合學校課程要求，則被歸入無希望之一群，學校對此等學生之態度為放任及聊盡教責之消極處遇，使一群在智育上失敗之少年學生在德育及體育上亦無成就之機會，造成少年自暴自棄之心理，轉而逃學、休學而在外遊蕩，結交不良，縱能就業，亦以無興趣及不耐勞苦，無目的而經常離去，閒暇時間之打發，經常留戀於各種娛樂場所，為籌措在外遊樂之花費最方便的方法自以藉竊盜以遂其目的。故學校適應不良之學生常因此成為竊盜犯成員。

(五) 成年人有組織之利用少年

在大規模闖空門之竊盜及扒手組織中，往往吸收少年為其成員。在闖空門者實際從事竊取行為，及運搬贓物之人固為成年慣竊，惟其常利用少年從事竊取行為之準備工作；如試探目的物之房屋內有無人，而使少年做按電鈴之探路工作，或利用體型瘦小之條件，爬窗窺視屋內情形，或在竊取過程中令少年擔任把風行為等。尤以台灣地區因生活容易，逃家逃學之少年或藉口到城市中找工作而離家在外之少年眾多，有意尋找流浪少年作為竊盜集團中之成員者極易達到目的。而少年一旦進入其圈中亦喜歡此種生活方式，而易受同化。又金手集團亦經常有利用少年及兒童作為行竊之工具。

(六) 社會因素

1. 離家在外之少年失管教：大都市中因工廠及商店數目多，對年輕工人之需求量大，吸引大量鄉間少年到城市中工作，此等離鄉背井，在外工作之未成年

人既無家庭可歸宿，其工餘之時間，得不到妥當排遣，有茫然不知所適之苦悶，故工作之後，常與其年齡相近，知識程度、家庭背景近似之人群集一起，惟以缺乏有目標的生活，易有閒居為不善之錯失。此類少年為竊盜犯罪來源之一。

2. 眷村，人口密集，收入低下之社區，因居住及活動空間之不足，社會習氣不良，易受居住在該區之少年濡染，而從事犯法行為。

3. 大眾傳播不良渲染：電視、報紙、雜誌，不良刊物為迎合社會之趣味，增加營業績效，過分渲染犯罪事實及做案過程，使一般無知未成年人以為犯罪乃社會普遍之現象，鬆懈其警戒心，提高仿效之刺激。尤以大眾傳播對社會規範之忽視態度，輕率編成故事、戲劇，更易為少年在不知不覺中予以接受，而認為是應當現象。例如在某電視台所播放之收視率頗高之連續劇中，其少年主角在竊取行為中說：「順手牽羊不為罪」，事後既無指正該種行為之情節，其觀念易使少年認為「順手牽羊」之竊盜行為為社會觀念所容許，不成立犯罪，此種編劇，就少年社會教育觀點言，殊不適當，且極不公平。

第五節　少年竊盜犯罪之防治對策

少年竊盜犯罪成因至為複雜，故其防治重點應是多向度的（Multi-dimensions），茲參考美國羅格斯大學刑事司法研究所教授Clarke（1983）之犯罪預防模式分類，分別從肅清社會病源（Root-cause）、嚇阻（Deterence）、矯治（Rehabilitative Treatment）及情境犯罪預防策略（Situational Crime Prevention）四大層面，說明少年竊盜犯罪之防治對策（楊士隆、何明洲，2003）。

一、肅清社會病源

係指對促成少年竊盜犯罪發生之各項社會病態因素，如破碎、缺乏互動與教養之家庭（許春金，1990）、學校病理現象、貧富差距過大、社會風氣不良、相對剝奪感增加（蔡德輝、高金桂，1983）加以糾正、改善，以減少竊盜案件之發生。具體做法包括家庭功能之提升、學校法治教育之落實，道德重振、改善社會風氣及大眾傳播媒體之病態現象、提供就業機會與輔導、休閒活動之規劃等均屬之。

二、嚇阻

　　係指運用一般嚇阻（General Deterrence）及特別嚇阻（Deterrence）之方式，配合刑罰之迅速性（Swiftness）：指犯罪與刑罰回應時間應縮短、確定性（Certainity）：指觸法者將受到應有之懲罰、及嚴厲性（Severity）：指科刑嚴厲，促使少年畏懼不致從事竊盜行為。

三、矯治

　　係指對少年竊盜犯運用機構式及社區性之矯治處遇措施，以促其改悔向上。

　　前者係在犯罪矯治機構中，對少年竊盜犯透過教育、職業訓練、生活指導、宗教教誨及其他心理輔導、精神疾病之矯治，以改變其偏差與犯罪行為，進而順利復歸社會，避免再犯。後者係指將少年竊盜犯置於社會、家庭或機構中，運用社區資源及各類輔導處遇技術，並促其參加各項方案，增強社會適應能力，達成犯罪矯治之目標。具體之範疇包括社區服務、中途之家、觀護工作、就業輔導等。

四、「情境」犯罪預防

　　情境犯罪預防係指以一種較有系統、完善的方法對犯罪環境加以管理、設計或操作，以阻絕犯罪發生之預防策略。其著重於降低及排除潛在竊盜犯罪之機會、增加犯罪之成本，使犯罪之目標不易達成（Clarke, 1983, 1988）。它包括許多預防措施如目標物強化（Target Hardening）：即使較脆弱之犯罪可能標的物更加堅固、安全；防護空間（Defensible Space）之設計，如鼓勵住宅居民拓展土地領域，將公共用地納入加以管理或增加建築物之自然監控；社區犯罪預防（Community Crime Prevention）：如社區鄰里守望相助、民眾參與巡邏等，及其他疏導或轉移犯罪人遠離被害人之方法。

　　在前述少年竊盜犯罪之防治策略中，由於少年竊盜行為多未臻於專業化，呈現職業竊盜型態，且站在少年宜教不宜重罰之立場，故如何促其在根本上不致產生在此項偏差行為乃成為重要之防治方向。學者Patterson（1980）的觀察曾指出，父母親之育兒技巧和對孩子之教養、訓練品質常是決定孩子是否偷竊之重要因素（許春金，1990：14）。倘父母本身未能以身作則，常有貪小便宜之舉動或根本對孩子之教養缺乏之注意，孩子極容易產生竊盜行為。因此針對少年竊盜犯之特性協助、重整教養功能不彰之家庭，為防治少年竊盜及其他犯罪行為之關鍵。

參考書目

一、中文部分

車煒堅（1984）。少年竊盜初犯與重犯之比較研究。警政學報，第6期。

林山田、林東茂（1990）。犯罪學。三民書局。

許春金（1990）。論都會地區的犯罪預防。台北市政府少年輔導委員會。

郭淑嫃（1994）。機車竊盜少年犯罪決策歷程與犯罪預防之探討。私立東吳大學社會工作研究所碩士論文。

陳孟瑩（1985）。泛論少年竊盜犯罪及防制。觀護簡訊社。

楊士隆、何明洲（2003）。竊盜犯罪防治：理論與實務。五南圖書。

蔡德輝、高金桂（1983）。少年竊盜犯罪問題。載於周震歐（主編），青少年犯罪心理與預防。

鍾思嘉（1994）。青少年竊盜行為個人心理特質之分析研究。學生輔導，第32期。

二、外文部分

Clarke, R. V. (1983). Guest editor's introduction to the special issue on situational prevention. Journal of Security Administration, 11: 4-7.

Clarke, R. V. (1983). Situational crime prevention: Its theoretical basis and practical scope. In M. Tonry and N. Morris (Eds.), Crime and justice an annual review of research, vol. 4. University of Chicago Press.

Clarke, R. V. (1988). Guest editor's Introduction to the Special Issue on Situational Prevention. Journal of Security Administration, 11: 4-7.

Patterson, G. R. (1980). Children who steal. In T. Hirsche and M. Gottfredson (Eds.), Understanding crime (pp. 73-90). Sage Publications.

第十四章　校園暴力與少年犯罪

第一節　校園暴力之現況

　　近年來，校園暴力行為之嚴重性在媒體及學者專家之揭露下而逐漸受到教育與少年輔導工作者之關注。資料顯示在美國大約有近三百萬件之暴力案件包括強暴、搶劫、傷害等案件發生於校園內（Weapons in Schools, 1989）。我國雖缺乏詳盡之校園暴力犯罪行為官方統計，惟民國84年台灣刑案統計卻顯示在少年犯之犯罪類型中，少年觸犯恐嚇、傷害、強盜、強暴等案件卻占有相當之比率，頗值得吾人正視。而國內有關之校園暴力研究更顯現出此項問題之嚴重性。例如，林孝慈（1986）在台北市「國中校園暴力之研究」中指出，在學校中曾遭受傷害或恐嚇之比率高達45.6%。吳嫦娥、江淑如（1989）在「少年恐嚇被害之研究」中則發現校園暴行被害之情形，有43.1%的人曾被毆打，34.3%曾經被恐嚇，有64.3%被惡意辱罵，59.4%被惡意的戲弄，33.2%的人被恐嚇交出財物，其中被以較嚴重之棒或刀械弄傷亦占15%，顯示校園暴力之嚴重性。另外，陳麗欣（1992）在「學生生活狀況與國中校園暴行被害經驗之關係」之調查研究中亦發現，國中生在學校內被害的比率十分驚人，有53.2%曾被偷竊，四分之一曾被毆打，6.7%曾被勒索。同時筆者在民國79年5月參與民意基金會的一項研究，抽樣調查全省2,033位10歲至18歲青少年受訪者亦發現有8.7%少年曾有被勒索之經驗，有12.8%的少年曾有被恐嚇之經驗，有8.2%少年曾有被性騷擾之經驗；至於這些被害同學被恐嚇勒索以後之態度調查顯示，在被勒索的少年之中有38.4%的少年認為遇到勒索均抱持花錢消災的態度而不敢報案；在被恐嚇的少年當中有40%悶在心裡，不敢向他人提起；而在被性騷擾的少年當中，有25.7%表示遇到性騷擾時，亦不敢聲張。而某國中輔導室就校內2,697位學生進行調查，赫然發現在校園內遭受欺凌經驗者高達40%，而其中向學校反映報告者只有50%左右。凡此由上述官方統計及學生自陳報告及被害調查顯示出校園內的安全已亮起紅燈，及校園暴力在校園潛伏的嚴重性，因

此校園安全秩序之重建與維護，為當前學校教育單位所刻不容緩之要務。

第二節　校園暴力之定義

　　校園暴力（School Violence），或稱校園犯罪（School Crime）就其字義而言，係指發生於學校內之暴力或犯罪行為。由於此項行為樣態在近年甫受到關注，且其類型廣泛，故其概念或其操作性定義並不易界定。林世英（1982）對日本校園暴行之分析指出，所謂校園暴力事件者乃指在校學生（尤指高中、國中生）有下列行為事件之謂：

一、對教師訴諸暴力事件。

二、聯結集團幫派，並以集團幫派之勢力為背景的學生間暴力事件。

三、聯結集團幫派，並以集團幫派之勢力為背景，對學校設施、辦公用品等之損害事件。

　　此外，日本學者兼頭吉市則將校園暴力區分為廣狹兩種。狹義的校園暴行，是指在校園內單獨或聚眾對自校師生及學校公物的暴行、傷害、脅迫、損毀等行為；廣義的校園暴行則包括與他校學生所發生的暴力衝突行為，而不以自校校園內所發生的暴力行為所限（黃富源，1988）。學者高金桂（1993）另從法律之觀點指出，校園暴力係指發生於學校內之：一、學生與學生之間；二、學生與老師之間；三、校外侵入者與學校師生之間，所發生之侵害生命、身體法益之犯罪行為，及以強暴、脅迫或其他手段（如使用藥物），排除或抑壓被害人之抵抗能力與抵抗意願，以遂行特定不法意圖之犯罪行為。這些定義對於提供吾人對校園暴力行為概念之瞭解甚有助益。

第三節　校園暴力之類型

　　校園暴力行為之類型種類繁多，惟可依對象之不同、破壞之程度及其性質加以區分：

一、對象之不同

(一) 對教師之暴力或犯罪行為。

(二) 對同學之暴力或犯罪行為。

(三) 對學校公物之破壞行為。

(四) 教師對學生之暴力或犯罪行為。

二、破壞之程度

(一) **重症型**：對教師施暴、破壞公物、對國家施暴相當顯著之情形。

(二) **中症型**：以破壞公物、對同學施暴為主，甚少對教師施暴之情形。

(三) **輕症型**：以對學生施暴為主，幾乎無對教師施暴或破壞公物的情形。

(四) **無症型**：即無校園暴力之情形（沖原豐，1983）。

三、性質

(一) **遊樂型**：此類型之校園暴力行為以誇耀技能之型態呈現為主，而非病態之暴力行為，換句話說，遊樂型之暴力主要係因好玩而致進行各項鬥毆行為。

(二) **反動型**：係指願望和慾求遭受挫折時訴諸之暴力行為而言，其本質是圖生存而攻擊之反應行為，而非意圖傷害他人或破壞公物。

(三) **復仇型**：係指遭受到脅迫、危害，致身心受創而採取之報復行為。

(四) **補償型**：係指低落、無能力而無法持續努力之「無能力者」因無法接受無能力狀態之事實，而想辦法嘗試恢復自己行為能力。但是由於其並無能力創造，從事生產性行為，遂轉向於破壞。

(五) **原始型**：係指完全形同野生狀態的人類原始本能暴力行為而言（林世英，1982）。

第四節　校園暴力之成因

校園暴力形成有其複雜之背景因素，非單一因素或學門所能做周延詮釋。本節援引犯罪學學者傑佛利（Jeffery, 1990）之科際整合策略（Interdisciplinary Approach），從多因之觀點探討促成校園暴力行為發生之因素，分述如下：

一、從犯罪生物學之理論探討

　　(一) XYY性染色體異常：雖然研究尚未獲得一致之結論，不少學者仍認為XYY性染色體異常者與暴力犯罪具有密切相關性。英國學者傑可布（Jacobs）之研究即證實此項觀點，並用此方法鑑定一般人口中之潛在性暴力犯罪。我國林憲教授認為XYY性染色體異常者在智慧之發展可能有障礙，且在體型與性格上有較粗魯及暴躁之傾向，這些可能間接影響其與暴力之關係。

　　(二) 腦邊緣系統長腦瘤之缺陷：在第三章中，筆者提及在人腦裡的四個主要部門中，下視丘與暴力行為較為有關，因為下視丘是引發動機及學習部門，而下視丘內的一部分即為邊緣系統，此系統涉及人類之飢餓、性慾、憤怒及侵略攻擊性；此邊緣系統如長有腦瘤，則較易產生侵略攻擊性行為、殺人及其他型態之暴力行為。傑佛利（Jeffery, 1990）認為腦瘤與暴力行為有絕對的相關性，此外亦發現許多暴力犯均由於邊緣系統過度刺激所引起。

　　(三) 青春期生理發育之敏感：少年在青春期發育期間，每人發育速度不同，太高或太矮，太胖或太疲等均容易造成同伴間之取笑或惡作劇，而導致口角或肢體的衝突，甚至擴大爭端產生暴力行為。

二、從犯罪心理學之理論探討

(一) 倘少年早期與父母關係之經驗不好，如：未能感受到愛與感情之溫馨，或者遭受到遺棄、虐待及其他生活之創傷等，此關係易影響少年人格特徵之發展，而促其傾向侵略攻擊性的行為。

(二) 倘具有病態人格特質者則因不具有罪惡感，缺乏良好人際關係、以本我為中心，缺乏超自我、無愛人與接受人愛的能力，無社會適應人格，其非社會行為常與社會規範牴觸，常為其本能之慾念所驅使，在其以自我為中心尋求逸樂時，則易罔顧社會規範而發生暴力或其他犯罪行為。

(三) 某些少年為祛除內心一時之痛苦、挫折、焦慮，而無法自我控制或採用適當方法處理失敗或挫折之問題，反而用暴力方法解決問題，如某少年因不甘他人責罵侮辱，乃意氣用事動刀殺人以解除內心所引起之痛苦。

(四) 少年狂飆階段之特徵為渴望獨立自主、獨處、同時又厭惡工作、對社會敵對態度，反抗權威、情緒不穩定、有時興奮、有時眉頭深鎖，遇到外界不適之刺激，容易衝動而造成過度反應，引發暴戾的言行反應。

三、從犯罪社會學之理論探討

(一) 社會結構理論方面

1. **緊張理論之觀點**：由於升學主義引導學校之教學，較偏重知識的填鴨式傳授，而忽略四育之均衡發展，易使少年之身心發展不平衡，尤其在知識領悟力較差之學生，或沒參加補習之學生，往往由於學校功課之壓力與挫折，造成緊張與焦慮，在無法獲得適時之紓解下，極易發生暴力行為。

2. **無規範及社會解組之觀點**：台灣近年來急遽社會變遷之結果，人口都市化日趨嚴重，社會人際關係亦日漸疏離，社會控制功能亦逐漸薄弱，導致社會文化的矛盾、衝突、失調、解組，社會風氣較重功利、享樂而輕忽倫理道德，造成社會規範的脫序與迷亂；少年面對此種社會環境無法適應，加上不良環境之誘惑，極易使少年逃學、逃家、遊蕩在外及結交幫派同伴，甚至發生打架、鬥毆等滋事生非之暴力行為。

(二) 社會過程理論方面

1. **家庭環境之探討**：從事發現校園暴行之學生家庭大致有如下之特徵：(1)其家庭係實質上的破碎家庭或形式上的破碎家庭；(2)父母的管教方式不當，如過分的嚴苛或溺愛放任，或父母的管教方式不一致，或父母對子女過高的期望，使子女做不到而感到失望及失去信心；(3)家庭不和諧的氣氛，易使子女感覺家庭冷漠、缺乏關愛及安全感；(4)家庭經濟水準低於一般的家庭；(5)父母染有惡習或犯罪行為，子女耳濡目染容易學習到這些行為。

2. **不同接觸、社會學習之觀點**：少年暴力行為可能是與其他人的溝通過程中發生交互作用學習而來。許多少年暴力犯乃因受到同輩團體影響，認為暴力是解決問題及滿足需求之最佳方法，而加以模仿、學習。

(三) 標籤理論方面

以李瑪特（Lemert）及貝克（Becker）之標籤理論（觀點）看法，少年偶爾犯錯之第一階段偏差行為，予以嚴厲責備、羞辱並加上不良的標籤之後，會使這些少年產生適應之困擾，而開始自暴自棄並以更嚴重之偏差行為甚至暴力行為，來對社會否定之反應進行防衛、適應或攻擊等暴力行為（蔡德輝，1993）。

當然，從整合或多因聚合、互動之原因觀點視之，校園暴力行為之形成

因素則非單一因素所能周延解釋，而係關鍵性之因子（變項）聚合、互動之結果。這些觀點均提供了吾人對校園暴行發生原因之可能解釋。

第五節　校園暴力之特徵

在學校校園內，暴力事件似具有下列之特徵傾向：

一、犯行有日益兇暴之傾向：或由於身體結構之巨大變化，或受歐美等大眾傳播媒體崇尚暴力之影響，由國中、高中（職）學生所引發之校園暴力事件似有愈加兇暴的趨勢，諸如毆打、恐嚇、傷害學生、老師之暴力行為個案甚多，限於篇幅，無法一一列舉之。

二、暴力事件之發生已達「地區普遍性」，發生時間並不侷限於畢業典禮前後而係全年化（林世英，1982）：暴力行為在任何學校皆有發生之可能，往常因暑假期間為學子畢業之日期，故經常有嚴重校園暴力事件之發生，目前似有燃燒至各月份發生之趨勢。

三、校園暴力事件共犯之情形甚為普遍：學者衛納（Weiner）指出在強盜及傷害行為中，約有四分之一的案件為三人以上之共犯行為，而強盜行為中，約有二分之一的案件有兩人以上之共犯（Weiner, 1983: 261），顯示校園暴力之行為人有共犯之情形甚為普遍，此與一般少年犯罪特徵相一致（高金桂，1993）。

四、校園暴行發生常以校外之不良幫派為後盾：以日本為例，1980年10月8日在對教師暴力事件中，被逮捕的3名橫須賀市立U中學的成員竟是暴力團體稻川會之準成員，其已反覆多次向在校同學恐嚇（林世英，1982）。台北市警察局少年警察隊在民國82年間亦指出部分校園為幫派分子所滲入，其發現竹聯幫分子曾在校內招募成員，拓展其勢力範圍。

在我國深受歐美日制度與文化影響之同時，站在他山之石可以供錯之立場，吾人應對這些校園暴行之成因加以瞭解與正視，以作為未來我國校園暴行防治之參考。

五、校園暴力之施暴者與被害人經常相熟識：研究指出侵害人身之犯罪及暴力傷害行為約有五分之二兩者相熟識，而強姦罪有31%行為人與被害人並非陌生（Galaway and Hudson, 1981: 48）。事實上，在不少暴力犯罪中，被害

人本身的行為即為犯罪原因之一部分，甚至犯罪人及犯罪行為是被害人所促成的。實例上亦常見到暴力犯罪發生過程中，行為人與被害人前後有易位之情形（McDermott, 1983）；可見兩者間之互動關係及互動品質對攻擊行為之發生有重要之意義（高金桂，1993）。

六、**校園暴力行為之發生**以空教室、體育館、樓梯間、廁所、運動場及其他視覺上死角處，並且在上下學途中最有可能發生，惟少數學生基於逞強鬥狠、展現其英勇的一面，公然地對老師或學生加以羞辱或傷害則有增加之趨勢。

第六節　校園暴力施暴者與被害者之心理特質

校園暴力事件之發生無論施暴者或被害人皆具有獨特之表徵，這些心理特質可作為未來防治校園暴行之參考。

一、校園暴力事件施暴學生之特徵

(一) 有依賴多數等個性，缺乏自主性責任的行為。
(二) 具輕佻性，缺乏忍耐性，抑制挫折、不滿的精神力量薄弱。
(三) 在團體中，自我表現慾望強烈，活動性甚強。
(四) 自我中心的行為，罪惡感淡薄，帶給他人困擾、麻煩等事無關心的傾向強烈。
(五) 完全沒有體諒對方的立場和心理的意識（林世英，1988；唐雲明，1990；黃富源，1988）。

二、暴力事件被害人的特徵

關於被害人之特徵，茲就學生與老師部分加以說明：（黃富源，1988）

(一) **學生被害人**：日本學者山崎森（1981）將校園暴行的被害學生分為三類。第一類的學生會引發行為人施虐，此類學生多半孱弱，施虐者可以從暴行中轉移自己的挫折獲得補償；第二類的學生會引發行為人攻擊，此類被害人所占比率最多，其個性與行為人相似，均暴躁難以自制，遂易引發暴力衝突；第三類學生引發行為人的自卑感而受攻擊，因為這類學生功課與家世均不錯，深受老師及異性同學的喜愛，使行為人產生自卑感而對之施加暴行。

(二) 老師被害人：山崎森將被害老師之心理行為特質歸納為三類。第一類屬嚴苛型，此類被害之老師比率最高，其特徵為刻板無通融性，嘮叨喜歡挑毛病，對犯小過錯的學生亦不放過，懲戒方式過於嚴厲難以令學生接受；第二類為歧視型，此類老師對成績不好的學生常加以歧視，冷嘲熱諷，造成學生自尊心喪失，而有嚴重的自卑感與敵對感；第三類則為過度放縱學生或是過度體罰學生的老師。

第七節　校園暴力之負面影響

校園暴力事件之發生除對被害人造成生命、身體、健康、財物等方面之損失及傷害外，對於一般學生也形成極大之心理壓力，甚至因而產生對犯罪之極度恐懼，對學校生活失去安全感，而影響及其學習意願與教學成效。此外，若長期暴露於暴力之威脅之下，除可能從生活情境中退縮下來之外，亦可能強化其將來以暴力解決問題之行為模式。

對教師而言，則可能使原本認真教學與管教者流於懈怠，或尋求轉職，甚至離職，致學校教育品質更形低落。尤其，校園暴力之被害人若為教師，不僅使得教師之尊嚴大受打擊，尚可能導致「被害教師症狀」（Battered Teacher Syndrome），如焦慮、失眠、頭痛、高血壓、食慾不適等各種壓力反應，而直接影響教育品質（高金桂，1993）。最後，對整個學校而言，校園暴力之頻於發生不僅使得學校作育英才之形象大受影響，同時亦波及其未來之招生，影響可謂深遠。

因此，校園暴力之影響可謂無遠弗界，學校當局絕不可忽視或顧及顏面加以淡化，而致校園暴力更加橫行。而最重要的是，學校應致力於校園暴力之預防工作，減少校園暴力之推力及誘因，使校園安全獲得適當之保障。

第八節　校園暴力之防治對策

校園暴力問題乃整個社會環境之產物（Hellman and Beaton, 1986），有其複雜之背景因素，不單是學校內部問題（劉焜輝，1993），因此校園暴力事件

之防治必須從家庭、學校、社會等層面聯合著手。

一、家庭方面

(一) 加強親職教育：學校及有關社教、文化機構，應多舉辦親職教育活動，使父母瞭解青春期少年的身心特質及心理需求，學習與子女溝通的方法、有效的管教方式，積極建立起對子女的正向影響力（吳嫦娥，1992），其工作目標包括下列各項：

1. 維持家庭的和諧，以奠定家庭倫理。

2. 以適合少年個性的教養方式，培養子女的良好生活習慣，減少人際衝突的暴戾之氣。

3. 教導其處理個人事務的能力和習慣。

4. 對子女建立適當的期望水準，勿給予過多的壓力，使子女長期生活在嚴重挫折感中，尤其是在發現子女無法達成父母期望，採放棄態度者，對子女傷害更大。

5. 培養子女正當嗜好，使其情緒得以合理發洩。

6. 引導子女從事正當休閒活動，一方面可以增進親子關係，一方面可減少子女進出不良場所，感染惡習、結交損友之機會。

7. 給予子女隸屬感，接受子女、重視子女，子女在家庭有安全感，在校自然易與師長相處，不致引起暴力衝突。

8. 掌握機會，與子女一起成長。瞭解並協助子女完成各階段的發展任務。

9. 協助子女做好生涯規劃，子女有了努力的目標，能肯定自我，自然也容易接納、尊重他人。

10. 以身作則：

    (1)適切處理子女問題，不能動輒暴力相向，提供不當示範。

    (2)父母要尊敬老師，不在子女面前批評老師或學校（蘇萍，1988）。

(二) 運用熱心家長組成義工服務方式，實施電話諮詢、家庭探訪，或特別適應不良學生、功能不完整家庭的輔導及支援工作，擴充輔導資源並提升輔導成效（吳嫦娥，1992）。

二、學校方面

(一) 改善學校環境。

1. 在精神環境方面，塑造優良校風與班風，倡導校園倫理。

2. 在物質環境方面，布置優美而有教育意義的校園環境，發揮境教功能。

(二) 提升教師素質，促進師生良好關係。

1. 建立合理教師期望，發揮自我應驗作用。

2. 採行適宜專業領導，促進師生和諧關係。

3. 重視師生雙向溝通，增進情感相互交流。

4. 能夠在任教科目不斷進修、成長，提高教學績效。

5. 慎用處罰。

(三) 增加對校園暴力問題嚴重性之認知程度，實施校園安全教育，強化學生處理校園暴力問題的能力。

(四) 加強學生法紀教育，及確實學習自我負責的態度。

(五) 加強專業輔導人員之訓練，落實學校輔導工作。

(六) 教導學生妥善控制情緒，並適當處理人際關係。

(七) 檢討校規的徹底實施：教育實務顯示校規不彰是校園暴力之溫床，故宜對不合理之校規徹底加以檢討修改，並確實執行。

(八) 在各校設諮詢電話及申訴中心，以強化校園暴力事件輔導。

(九) 加強社團活動，培養學生休閒興趣與能力，積極方面以陶冶學生性情為目的，消極方面供學生參與有意義之活動俾發洩精力。

(十) 加強與家庭之聯繫，結合家庭力量輔導學生。

(十一) 與警政、社輔、醫療、司法等部門充分聯繫，以強化輔導效果。

(十二) 強化校園門禁管制、校園巡查，加強照明設備，減少死角（陳堯楷，1988；蘇萍，1988；陳秀蓉，1990；鄧煌發，1990；楊孝濚，1992；吳嬋娥，1992；劉焜輝，1993）。

三、社會方面

(一) 強化大眾傳播媒體的社會教育功能。

1. 多安排有益少年身心健康之節目。

2. 審慎處理傳播內容，勿為不良導引，尤其師生衝突新聞。

(二) 提倡富而好禮，勤儉、樸實的社會風尚及活動，使少年學生在純淨的大環境中，探收潛移默化，耳濡目染的薰陶，減少社會暴戾之氣。

(三) 妥善規劃少年休閒活動，提供適當的場地與專人之輔導。

(四) 淨化不良環境，取締不良書刊、錄影帶，嚴格管理少年出入不良場所（蘇萍，1988；吳嬋娥，1992）。

結 論

　　學校是「傳道、授業、解惑」之教育場所，學校要發揮上述功能，須由基本校園安全做起。令人憂心的是，近年來我國校園安全卻亮起了紅燈，不僅屢傳出學生被恐嚇、勒索等情事，甚至有教師遭受學生毆打成傷之例，而校園更在幫派分子滲透下，成為其拓展勢力、吸收成員之前哨，亟待有關當局正視。

　　學校暴力行為成因至為錯綜複雜，絕非單純學校問題，而係整體社會環境之產物（Wilson, 1977）。事實上，研究指出校園暴行之根源來自於家庭，並與學校教育體制、環境、社會風氣等密切相關。為此，要防治當前校園暴行尚須家庭、學校、社輔、警政司法部門共同協調配合，才能展現整體輔導功能。

參考書目

一、中文部分

吳嫦娥（1992）。學生與校園暴力。發表於校園暴力與對策學術研討會。

吳嫦娥、江淑如（1989）。少年恐嚇被害之研究，「生活方法－暴露」理論之驗證。台北市少年輔導委員會。

沖原豐（1983）。校內暴力。小學館。

林世英（1982）。校園暴力事件的探討。載於觀護選粹。台灣台北地方法院少年法庭。

林世英譯（1982）。校園暴力事件的對策。載於觀護選粹。台灣台北地方法院少年法庭。

林世英（1988）。校園暴力事件之特徵和對策。載於觀護選粹（三）。觀護簡訊社。

林孝慈（1986）。國中校園暴行之研究——台北市實證分析。中央警官學校警政研究所碩士論文。

唐雲明（1990）。校園暴力之隱憂——強凌弱行為之分析。學生輔導通訊，第10期。

高金桂（1993）。校園暴力之現況與型態。發表於校園暴力研討會，國立台灣師範大學成人教育中心主辦。

陳秀蓉（1990）。台北市國民中學學生校園問題行為調查報告。台北市教育局。

陳堯（1988）。校園暴力事件的探討與對策。社會變遷中的青少年問題與對策研討會。

陳麗欣（1992）。學生生活狀況與國中校園暴行被害經驗之關係。中等學校行政研討會。

黃富源（1988）。校園暴行之研究與抗制。現代教育。

楊孝濚（1992）。校園暴力之處理與防制。蘭陽觀護，第21期。

劉焜輝（1993）。校園暴力的防治。發表於校園暴力研討會，國立台灣師範大學成人教育中心主辦。

蔡德輝（1990）。校園安全之防衛——校園暴力犯罪之預防策略。學生輔導通訊，第10期。

蔡德輝（1993）。校園暴力之成因分析。發表於校園暴力研討會，國立台灣師範大學

成人教育中心主辦。

鄧煌發（1990）。校園犯罪之預防——學生免於被害恐懼。學生輔導通訊，第10期。

蘇萍（1992）。教師與校園暴力。發表於校園暴力與對策學術研究會。

二、外文部分

Galaway, B. and Hudson, J. (1981). Perspectives on crime victims. C. V. Mosby.

Hellman, D. and Beaton, S. (1986). The pattern of violence in urban public schools: The influence of school and community. Journal of Research in Crime and Delinquency, 23: 102-27.

Jeffery, C. R. (1990). Criminology, an interdisciplinary approach. Englewood Cliffs.

McDermott, M. J. et al. (1983). The victimization of children and youths, Victimology: An International Journal, 7(1-4).

Weapons in Schools (1989). Office of juvenile justice and delinquency prevention.

Weiner, A. N. et al. (1983). Violence: patterns, causes, public policy. Harcourt Brace.

Wilson, J. Q. (1977). Crime in society and schools. In J. M. McPartland and E. L. McDill (Eds.), Violence in schools: Perspective, programs and positions. D. C. Health.

第十五章　藥物濫用與少年犯罪

　　近年來，少年藥物濫用問題備受各方關注，尤其新興毒品及混合包的大量湧現，造成多位青少年因誤觸或好奇使用導致死亡。不僅是對個人的危害，亦造成社會各界的不安及震撼。

　　在探索少年濫用藥物之過程中，吾人發現其與當前台灣社會面臨急速變遷、功利主義抬頭、人際疏離、家庭解組、價值體系混淆等社會危機密切相關。少年在此環境中，極容易迷失自我，追求自我解脫，而尋求物質、感官刺激與滿足，藥物濫用即為追求短暫快樂，改變自我之方式。

　　鑑於濫用藥物對少年之身體健康危害至鉅，極易造成其生理、心理之依賴，增加其耐藥性並擴大其需求量。相關之研究復指出濫用藥物與犯罪行為具有密切關聯，許多犯罪行為係因濫用藥物而衍生（Graham, 1987; Huizinga et al., 1989; Inciardi, 1980），故本章擬對當前少年濫用藥物現況與成因做一綜合性之探討，並提出防制少年藥物濫用之對策。

第一節　藥物濫用之意涵

　　迄今，藥物濫用（Drug Abuse）之涵義仍不甚明確，其常隨時間之推移、不同社會環境及個人之主觀詮釋而呈現差異。例如，美國「全國大麻與濫用藥物委員會」（National Commission on Marijuana and Drug Abuse）指出藥物濫用涉及一、非醫療之目的（Nonmedical Purpose）；二、有過度或超量使用之傾向（Prone to Excess）；三、形成習慣（Habit Forming）；四、損害健康；五、尋求快樂感（to Get High）（高金桂，1984）。世界衛生組織（World Health Organization, WHO）鑑於藥物濫用之有關名詞過多，乃採用藥物依賴（Drug Dependence）以代替諸多藥物濫用、成癮、成習等名詞，其定義為「間歇性或連續性使用某種藥物所產生的心理與生理依賴及其併發或衍發症狀」（高金桂，1984）。美國精神醫學會（American Psychiatric Association）出版之《精神異常診斷與統計手冊》（DSM-I）則在早期將其定義為藥物成癮（Drug Addiction），後又改稱為藥物依賴（Drug Dependence）（DSM-II），

迄至1980年，復修正為物質使用違常（Substance Use Disorder）（DSM-III）（廖榮利，1993）。依照精神異常診斷與統計手冊（DSM-III-R）之分類，物質使用違常（Substance Use Disorder）可區分為物質依賴（Substance Dependence）與物質濫用（Substance Abuse）二大類。1994年美國精神醫學會診斷與統計手冊第四版（DSM-IV）將其統稱為物質相關障礙（Substance-related Disorders），包括兩大類：一、物質使用障礙（Substance Use Disorders）包括藥物依賴（Dependence）及濫用（Abuse）；二、物質引起障礙（Substance-induced Disorders）包括物質引起之中毒、戒斷、譫妄、持續失智及失憶、精神病、情緒、焦慮、性功能及睡眠等狀態（陳正宗，1998）。

至於物質相關違常（Substance-Related Disorders）中，物質濫用與物質依賴之分類如下：（呂淑好，1998：281-282）

一、物質濫用（Substance Abuse）

(一) 某種使用成癮物質的不良適應模式，導致臨床上明確的障礙和困擾，在十二個月的期間中呈現下列現象一項以上：

　　1. 角色職責（Role Obligations）：由於重複使用成癮物質以致無法完成工作、學校、或家庭中主要的角色職責。

　　2. 身體危險（Physically Hazardous）：由於重複使用成癮物質以致置身於可能導致身體危險的處境（如醉酒駕駛）。

　　3. 法律問題（Legal Problems）：重複發生與成癮物質使用有關的法律問題（如使用海洛因被逮捕）。

　　4. 社交與人際問題（Social and Interpersonal Problems）：不顧成癮物質對社交與人際問題持續或重複產生影響仍然使用成癮物質。

(二) 症狀尚未符合該類成癮物質依賴的診斷要件。

二、物質依賴（Substance Dependence）

　　某種使用成癮物質的不良適應模式，導致臨床上明確的障礙和困擾，在十二個月的期間中呈現下列現象三項以上；

(一) 耐受性（Tolerance）其定義如下列任一項：

1. 需要顯著增加成癮物質的用量以達到中毒或期望的效果。

2. 持續相同的用量及使用方式但藥效明顯下降。

(二) 戒斷症狀（Withdrawal）其定義如下列任一項：

1. 出現該成癮物質具特徵性的戒斷症狀。
2. 持續使用相同（或相近）的物質以解除或避免戒斷症狀。
(三) 該成癮物質經常被大量使用，或過長時間使用超過原先的使用企圖。
(四) 持續想要戒掉或控制該成癮物質的使用，或有數次未能成功的努力。
(五) 許多時間耗費在與成癮物質相關的活動，如取得、使用該成癮物質或自成癮物質的反應中回復。
(六) 由於成癮物質的使用，以至於減少或放棄重要的社交、職業、或娛樂活動。
(七) 雖明知持續或重複使用該成癮物質，會導致或加重身體或心理問題，卻仍持續使用該成癮物質。

第二節　少年藥物成癮歷程與特徵

一、成癮之歷程

　　少年濫用藥物之嚴重性可由成癮程度一窺端倪。一般而言，藥物成癮係漸近的，約可區分為下列幾個階段：

　　(一) 起始階段：係指少年在好奇心之驅使或為解除憂慮痛苦，開始嘗試吸食或施打藥物。

　　(二) 繼續階段：係指週期性或間歇性地繼續使用藥物，尚未達成癮之階段。

　　(三) 沉迷階段：指已重複使用藥物而成為習慣性，而有部分之心理依賴性產生。

　　(四) 成癮階段：在重複使用藥物後，產生生理及心理之依賴及耐藥性情形，而有繼續使用之衝動。

　　(五) 戒斷症狀：此階段為成癮者之最嚴重成癮階段，為身體（生理）產生藥物依賴之直接證據，此時藥物已改變行為人之生理狀態，倘不繼續用藥，將產生戒斷症狀（Withdrawal Symptoms or Abstinency Syndromes），危及生命安全（參閱林漢堂，1992；廖榮利，1993）。

二、成癮之特徵

根據世界衛生組織（WHO, 1964）之介紹，藥物成癮之特性包括：

(一) 強烈之慾望想重複使用某種藥物，

(二) 有增加藥物劑量之傾向，

(三) 產生生理及心理之依賴。

藥物成癮之特性亦可由下列四項指標進一步簡述：

(一) 習慣性（Habituation）：係指個人因長期使用藥物，形成日常生活中不可或缺之習慣，成為定時之需要，而影響及情緒安定和日常生活穩定性。

(二) 心理依賴（Psychological Dependence）：係指在沒有明顯之生理依賴症狀下，在心理上形成強迫性之需求與依賴，企圖利用藥物解除困擾。

(三) 生理依賴（Physical Dependence）：係指藥物改變人體內的生理機能，需要藥物來維持生理功能之正常運轉，一停止用藥即可能出現噁心、嘔吐、腹瀉、流鼻水、發抖等戒斷症候群（Withdrawl Syndromes of Abstinence Syndromes），甚至危及生命安全。

(四) 耐藥性（Tolerance）：係指一再地服用某種藥物，身體對該藥物的效果產生一種抗拒性，以至於對該藥物的適應與容忍度逐漸上升，於是個體必須增加藥量才能達到原有的藥效（周震歐，民1979；林漢堂，1992）。

第三節　濫用藥物之分類及其危害特性

迄今，濫用藥物之分類仍然趨於複雜，無法獲致共識，常隨著各國對濫用藥物定義之不同及各種非法藥物之興起，而有不同之分類。

一、世界衛生組織之分類

世界衛生組織（WHO, 1964）將藥物區分為四類：

(一) **麻醉劑類**（Narcotics），如鴉片、嗎啡、海洛因等。

(二) **鎮定劑類**，如紅中等巴比妥劑。

(三) **迷幻劑類**，如大麻，LSD等。

(四) **興奮劑類**，如安非他命、高根等。

二、美國司法部之分類

美國司法部將列入管制之心理活動藥物區分為五大類：

(一) 麻醉劑（Narcotics），又稱為鴉片類止痛劑，可細分為1.天然成品，如鴉片（Opium）、可待因（Codeine）、蒂巴因（Thebaine）、嗎啡（Morphine）；2.半合成品，如海洛因（Heroin）；3.合成品，如Methadone、Meperidine、Pentazocine等。

(二) 中樞神經抑制劑（Central Nervous System Depressants），氯乙二醇（Chloral Hydrate）、巴比妥酸鹽（Barbiturates）精神安定劑（Tranquilizes）、紅中、白板、青發等。

(三) 中樞神經興奮劑（Central Nervors System Stimulants），如高根（Cocaine）、安非他命（Amphetamines）、其他強心劑之衍生物及甲基之衍生物等。

(四) 幻覺誘發劑（Hallucinogens），亦稱精神興奮劑（Psychedelic），如LSD、梅斯卡林（Mescaline）、MDA、PCP等。

(五) 大麻類（Cannabinoids），如大麻煙（Marijuana）、大麻脂（Hashish）、及大麻油（Hashish Oil）等（參閱陳麗欣，1982；高金桂，1984）。

此外，研究者亦常依藥物之作用而藥物區分為下列三大類：

(一) 刺激性的藥物，俗稱「上」劑（Stimulants of 「Upper」）如安非他命、高根、尼古丁等引起精神振奮中樞神經刺激劑。

(二) 抑制性的藥物，俗稱「下」劑（Depressants or 「Downers」）如具鎮定、安眠作用，消除精神緊張之大麻、鴉片、嗎啡、海洛因等麻醉劑、巴比妥酸鹽等。

(三) 迷幻藥或精神振奮劑（Hallucinogens or Psychedelics），如何引發幻想、幻覺並造成情緒鉅大變化之LSD、梅斯卡林、速賜康等（參閱廖榮利，1993：437-438）。

三、聯合國之分類

聯合國於1988年發布「禁止非法販售麻醉藥品及影響精神藥物公約」（簡稱「聯合國反毒公約」），其將毒品分為麻醉藥品（Narcotic Drugs）及影響精神藥物（Psychotropic Substance）兩類（詳如表15-1）。

表15-1 「聯合國反毒公約」毒品種類表

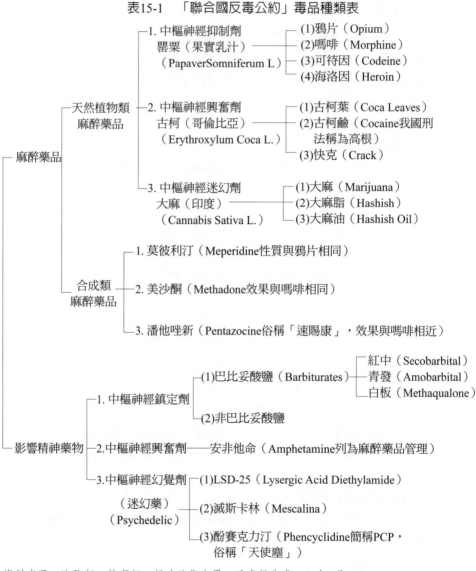

資料來源：法務部、教育部、行政院衛生署，反毒報告書，84年6月。

四、台灣之分類

　　配合民國109年1月15日新修訂之「毒品危害防治條例」，國內毒品區分為四級，茲引述該條例第2條及常見的各級毒品類型分述如下：

本條例所稱毒品，指具有成癮性、濫用性、對社會危害性之麻醉藥品與其製品及影響精神物質與其製品。

毒品依其成癮性、濫用性及對社會危害性，分為四級，其品項如下：

(一) 第一級：海洛因、嗎啡、鴉片、古柯鹼及其相類製品。

(二) 第二級：罌粟、古柯、大麻、安非他命、配西汀、潘他唑新及其相類製品。

(三) 第三級：西可巴比妥、異戊巴比妥、納洛芬及其相類製品。

(四) 第四級：二丙烯基巴比妥、阿普唑他及其相類製品。

前項毒品之分級及品項，由法務部會同衛生福利部組成審議委員會，每三個月定期檢討，審議委員會並得將具有成癮性、濫用性、對社會危害性之虞之麻醉藥品與其製品、影響精神物質與其製品及與該等藥品、物質或製品具有類似化學結構之物質進行審議，並經審議通過後，報由行政院公告調整、增減之，並送請立法院查照。

(一) 第一級毒品

1. 嗎啡（Morphine）

嗎啡係由鴉片提煉而成，其對於大腦皮質的知覺中樞及隨意運動中樞具有麻痺作用，會使脊髓的反對作用及副交感神經呈興奮狀態。另嗎啡對腦也產生影響，使用少量時呈現麻醉、鎮痛、催眠作用，可暫時排除精神及生理上痛苦與不安，繼而造成某種程度的陶醉、茫然安樂感。

吸打嗎啡在生理及心理上都會造成強度的依賴，同時也會逐漸發展出耐藥力。微量使用嗎啡所造成的一般反應是：安樂感、昏昏欲睡、呼吸平緩、瞳孔縮小、想嘔吐。長期使用嗎啡會形成食慾不振、體力衰弱、顫抖、運動協調功能障礙、耳鳴、尿蛋白、下痢與便祕交替出現等生理症狀；另外也會導致精神方面的頹廢，如感情遲鈍、意志薄弱、情緒多變、注意力不集中、容易疲勞等現象。使用過量造成呼吸慢而淺、皮膚冰冷、痙攣、昏睡、可能導致死亡（范珍輝、蔡德輝等，1994）。

2. 海洛因（Heroin）

海洛因係從嗎啡經乙醯化作用後，改變原嗎啡的化學結構式提煉而成，呈結晶狀或結晶性粉末。海洛因所造成的中毒症狀與嗎啡大致相同，但其毒性約為嗎啡的6倍，其發生的反應更快、更強，反覆合用時也比嗎啡更容易發展出

成癮性。

海洛因使用之一般效果、耐藥力的形成及戒斷症狀與嗎啡大致相同，但因毒性過強，危害亦更大，為醫學界所排除使用。

(二) 第二級毒品

1. 安非他命

由於安非他命（Amphetamine）具有高度提神效果，能興奮情緒，消除疲勞感，故許多卡車司機、運動員及學生較易濫用；甚至不少醫師處方經常用以控制飲食、減輕體重及治療抑鬱症者，故會不知不覺產生習慣性而上癮。安非他命使用後會產生三種主要效應：

(1)警覺作用（Alerting Action）：是種大腦皮質效應，為救生員、特攻隊、音樂家、太空人及運動員等用以提神，創造成績。

(2)欣快作用（Euphoric Action）：是下視丘愉快中樞效應，追求快感為濫用之原因。

(3)食慾抑制作用（Appetite Supression）：是下視丘飲食中樞效應。臨床上用來治療偏頭痛、發作性睡病、照顧急難病及減肥之用。但因已有更好的藥物，故現在比較少用。

安非他命經吸食或注射進入體內後，其血中濃度的半衰期平均為二十（十至三十）小時。安非他命自體內消失所需時間遠比欣快效應持續時間為長，以致有的濃度升高且急遽變化，並出現嚴重中毒症狀，甚至導致死亡。

由於安非他命的重複使用，使耐藥性上升，形成對藥物依賴性，逐漸出現慢性中毒的精神症狀。多數的慢性中毒者都會發生精神障礙，有些人即使停止使用安非他命，仍會有精神障礙的後遺症，因為安非他命會產生被人加害或對其不利的種種幻覺、妄想。

2. 大麻

大麻（Marijuana）是印度大麻（Cannabis Sativa）類之植物，其抽出物及衍生物統稱為大麻，吸用者通常利用其葉、花或其他部分切碎，製造煙捲，故稱大麻。其含THC主要之成分。此類物質有心理依藥性，也有耐藥性，其症狀特徵為：

(1)急性症狀包括：陶醉感、飄飄欲仙的意識狀態、無方向感、對時間事物皆置身事外、產生所謂的「動機缺乏症」、妄想及疑心，因而導致的行為障礙。

(2)對身體生理之影響有頻脈、發汗、雙目結膜紅腫、步行不穩、眼球振盪。大麻在動物實驗中或人類使用者，會使雄性動物睪丸素下降、性能力下降；在女性使用者，月經周期之障礙也會發生。此外，長期使用，肺功能也會受到傷害，氣管之切片有上皮細胞之病變性。雖然大麻不會引起精神分裂，但如果精神分裂病人吸大麻，則會使精神病症狀加劇，不可不防。如果懷孕婦女吸用大麻，其嬰兒會體重下降，而其神經系統之活動可能有變化。

3. 古柯鹼

古柯鹼（Cocaine）是由古柯葉提煉而得，有古柯鹼、顆粒狀古柯鹼。為白色結晶性粉末，主要以吸入方式，對中樞神經有興奮刺激作用，會產生愉快、幸福感，作用迅速且激烈，毒性強，大量攝取會因痙攣、呼吸困難而致死。最近美國以顆粒狀古柯鹼，俗稱快克（Crack），濫用情形甚為嚴重。此類藥物已在南、北美洲產生很嚴重的醫學、社會、保健與治安的問題。此類藥物目前除造成生理症狀外，並有耐藥性之現象，其症狀特徵為：

(1)急性中毒，包括愉快感、陶醉感、好鬥、誇大、多疑、有被害妄想及幻想、脫離現實感、判斷障礙而容易導致危險行為的出現。

(2)身體上之症狀有脈搏跳動快速、瞳孔放大、血壓上升、腹痛、噁心、嘔吐及呼吸困難等現象。

(3)大量服用會產生譫妄，甚至造成延腦麻痺及呼吸衰竭而導致死亡。

(4)長期服用會成癮，而導致人格異常或妄想性精神病症狀；若突然停用，可能發生嚴重的憂鬱及昏昏欲睡現象。

(5)幻覺，大多數為原始性視覺幻象（即光、影等），也有味覺或聽覺等幻象。

本劑如以鼻子吸入之方式使用，會引起鼻腔上皮細胞之發炎潰瘍，文獻上有因此而引起腦脊髓液由鼻孔流出之病例。當然，首當其衝的嗅覺神經所受的傷害仍為最深。

4. 速賜康

速賜康（Pentazocine）的濫用在國內曾是非常嚴重的問題，其影響深入社會，國內稱之為孫悟空。這種藥品本來是一種便宜而非常有效的鎮痛劑，但因其使用後會產生欣慰感、陶醉感與脫離現實的感覺，故過去在台灣一直被青少

年（或成年人）濫用。鑑於其產生嚴重的社會問題，行政院衛生署於68年8月8日將其納入麻醉藥品管理。此類藥品長期使用會導致成癮，並且對肝、腎臟功能以及中樞神經系統有實質性的傷害；服用者常有違反社會秩序與法律之行為，使用過量會抑制呼吸中樞致死，由於有生理上之依賴性，停藥後會有戒斷症，此與巴比妥酸鹽、酒癮等之戒斷症狀相似。國內外之病例，常有因藥品間的加強作用，或因毒梟為使人急速成癮，將速賜康與嗎啡等合併使用，作用更烈，故使得戒除之過程更為複雜，非常不容易戒治。

5. MDMA

俗稱「快樂丸」之MDMA晚近亦在國內受到青睞，MDMA商品名為Ecstasy，係MDA毒品衍生物服用後易產生欣快感及迷幻作用，副作用包括重心不穩、噁心、嘔吐等，並使高血壓、心臟病等疾病惡化。過量使用將造成患者藥物依賴，耐藥性增加，甚至導致死亡。

6. LSD（搖腳丸）

LSD屬於中樞神經迷幻劑，為麥角黴菌生物製劑，學名為麥角二乙胺，俗稱搖腳丸、加州陽光、白色閃光及方糖等，目前為毒品危害防制條例列管二級毒品。為無嗅、稍帶苦味之白色結晶體。可以做成錠劑、丸劑、膠狀、溶於飲料，或注射劑之用。使用後三十至九十分鐘內會發生效果，瞳孔放大、體溫、心跳及血壓上升，使用者會有震顫、欣快感、判斷力混淆、脫離現實、錯覺及幻覺等感受，嚴重者會有焦慮、恐慌、精神分裂、自殘及自殺等暴行。施用過量，會導致腦部及周邊循環血管攣縮、身體抽搐、昏迷、甚至死亡。目前臨床上禁止使用（李志恒，2002）。

7. GHB

GHB屬於中樞神經抑制劑，英文為Garmmerhydroxybutyrate，中文譯為迦瑪-烴基丁酸，自然存在哺乳動物組織之短鏈脂肪酸衍生物。俗稱液體搖頭丸、液體快樂丸、笑氣。目前為毒品危害防制條例列管為二級毒品。GHB具有欣快感與幻覺作用，常被濫用者與其他藥物合併使用，尤其是酒精，以增加效果。然而服用後十五分鐘內即產生昏睡、暈眩、噁心、暫時性記憶喪失、血壓心搏減緩、痙攣、呼吸抑制等現象，高劑量會讓人睡覺，最後昏迷或死亡，因為其個別純度和強度不同，很容易造成過量，可能很快失去意識昏迷及死亡，與酒精併用更危險。1999年美國聯邦緝毒局（DEA）宣布GHB、K他命與FM2併稱為三大「強姦藥」（李志恒，2002）。

8. 神奇磨菇

神奇的磨菇（Magic Mushroom）即是指迷幻性菇菌類（Hallucino- genic Mushroom），其特色即是食用後會類似迷幻藥作用的菇類植物。事實上人類使用迷幻性菇類的歷史，相當久遠，近數十年來（1958），科學家才從其中分離出其主要的作用成分為西洛西賓Psilocybin成分，目前為毒品危害防制條例列管為二級毒品。從1958年起，迷幻性菇菌類自美國西岸開始被濫用，流傳到澳洲、英國、歐洲大陸、日本等國家，台灣最近幾年也開始有人使用。磨菇可以直接生吃或混入食物調味或泡入茶中飲用，氣味與實用磨菇類似。食用二十分鐘後，會有肌肉鬆弛、心跳過速、瞳孔放大、口乾、噁心感及迷幻作用，藥性持續六小時。大量食用會有嚴重幻覺、精神失常、陷入惡幻旅行──會驚慌、焦慮與恐懼。然而目前並沒有證據顯示會產生生理上成癮之副作用（李志恒，2002）。

(三) 第三級毒品

巴比妥酸鹽類（Barbiturates）常被濫用者主要為Secobarbital（Seco- nal）；因其藥品膠囊外觀為紅色，故俗稱紅中。Amobarbital（Amytai）則因藥品膠囊為青色，所以俗稱青發，原來均用於治療患失眠之病。

本類藥物會抑制中樞神經，造成意識障礙，偶爾有欣快感，具有成癮性及耐藥性的問題。服用過量會造成運動失調、暈眩、呼吸困難、低血氧、酸中、循環障礙、視覺障礙、昏迷、甚至致死。突然停藥會有戒斷症狀發生，如：頭痛、噁心、虛弱、焦慮不安、盜汗、顫抖、腹部疼痛、甚至產生發燒、痙攣、昏迷致死。由於Benzodiazepine類之新型鎮靜劑出現，這類藥品在臨床使用上，已日益少見。

另屬於安眠鎮定類常被盜用的藥品為Methaqualone（Norminox），因其藥品為白色錠劑，所以俗稱白板，亦有上述巴比妥酸鹽之副作用，常被青少年當作迷幻藥。也會抑制中樞神經，造成意識障礙，易產生習慣性及耐藥性，服用過量會造成運動失控、暈眩、呼吸困難、視覺障礙、昏迷，甚至可能致死。

此外，K他命（Ketamine）近年亦為流行，Ketamine屬於中樞神經抑制劑，俗稱Special K或K，與PCP（Phencycline）同屬芳基環已胺類結構，為非巴比妥鹽類，俗稱愷他命，目前為毒品危害防制條例列管為三級毒品。K他命原是用於人或動物麻醉之一種速效、全身性麻醉劑，常用於診斷或不需肌肉鬆弛之手術，尤其適合用於短時間之小手術或全身麻醉時誘導之用。然而於1970

年代在美國西岸開始濫用，早期使用均與MDMA混合使用，惟近年來逐漸單獨使用。K他命可以口服、鼻吸、煙吸與注射方式施用，施用後會產生幻覺、興奮感、意識混亂、與現實解離或是有所謂靈異旅行的經驗。較常見之副作用為心搏過速、血壓上升、震顫、肌肉緊張而呈強直性、陣攣性運動等，部分病人在恢復期會出現不愉快的夢、意識模糊、幻覺、無理行為及譫妄等現象。長期使用會產生耐藥性與心理依賴性，不易戒除（李志恒，2002）。

另繼安非他命後，FM2安眠藥儼然成為國內少年崇用藥物的新寵。FM2係一種含有二毫克Flunitrazepam成分的安眠鎮靜劑，俗稱「約會強暴藥」，其具有抑制大腦皮質知覺及運動中樞的不正常興奮，與預防、治療或減輕神經過敏、神經衰弱、頭痛、嘔吐及運動亢進等特性。常為歹徒用以降低女性反抗能力，促進激情之用。另諸如PMMA、PMEA、4-THC、喵喵（Mephedrone）、4MMC等亦屬第三級。

(四) 第四級毒品

可待因（感冒藥水內常含此成分）、安定、特拉瑪竇（多見於外籍人士濫用）、5-McO-DIPI（俗稱火狐狸）、阿普唑他及其相類製品69項，第四級毒品先驅原料8項，計有77項：以安眠鎮靜類藥物（如安定、蝴蝶片等）及鹽酸羥亞胺（Hydroxylimme）較多見。

惟近年來毒品類型變化迅速，並亦出現混合毒品的發展，並無法完全納入任一分類毒品的品級。台灣主要混用之毒品以卡西酮類、K他命、色胺類、合成大麻素等二、三級毒品為主要藥物，純度約落在1%至5%（楊士隆、鄭元皓、林世智，2019）。根據EMCDDA（2016）報告中指出，NPS可以通過與切割和填充而配製成多種合成毒品。毒品零售包中，經常混合多種毒品與化學物質，而合成大麻、合成卡西酮和其他類安非他命物質，因價格便宜，經常混合於毒品零售包或是毒品薰香中出售。新興毒品濫用在台灣致死的案例近年急劇增加，法務部法醫研究所指出，2011年至2017年3月的統計資料觀察，已從每年約10件劇升至37件，致死案例中之，平均使用毒品種類也從1.9種上升至4.1種，近期甚有多達10餘種。衛漢庭（2017）指出，同時混用數種不同毒品，不僅藥物毒性大增，更有可能引發惡性高熱（Malignant Hyperthermia），導致施用者死亡。混合毒品包中包括各種不同的精神活性物質，對於中樞神經具有不同的作用，諸如引起興奮、影響視覺、聽覺及產生知覺幻覺皆為可能的反應。此外，NPS、傳統毒品和非精神影響物質之間的交互作用有可能誘發多

種藥物中毒、死亡或異常行為，增加公共危險。

　　前面已對濫用藥物之種類及其症狀與毒害做扼要介紹，惟對於台灣少年族群而言，其吸食、施打藥物之種類隨時間之不同而有所偏好，根據愚庵（1993）之報導，在1960年初期，少年以濫用強力膠（煉丹）為主流。此類含有甲苯、乙烷、丁醇等之具揮發性有機溶劑，由於價格便宜，購買容易，加上吸用後呈酩酊、興奮狀態，因此成為少年之寵物（莊欽華，1974）。在民國65年時期，由於我國政府規定業者不准在強力膠中加入甲苯，而須加入有惡臭之芥子油，少年乃轉而尋找其他替代品，學名為潘他唑新（Pentazocine）之「孫悟空」，亦稱速賜康代之而起。速賜康以皮下注射為主，注射後有幻覺、欣悅、恍惚之感覺，在1960年代中期取代了強力膠並廣為流行。1970年代初期，由於政府再將速賜康予以管制，與其脣齒相依之紅中（Secobarbital）、白板（Normi-nox）、青發（Amytal）之抑制劑類間接流行。至民國78年底，俗稱冰糖之安非他命，又稱覺醒劑異軍突起，轉而成為今日少年嗑藥族之最愛。安非他命係屬中樞神經興奮劑之一種，由於其藥物特性可消除疲勞、增加活動意念，並透過幻覺減輕壓力，加上其價格低廉、吸食簡易、取得容易等，因此迅速流行於少年族群（陳孟瑩，1991）。根據臨床醫學界之觀察，安非他命之過度不當使用不僅會有錯覺、猜忌、妄想、幻覺、偏執症等行為發生，同時亦可能造成生理與心理的依賴、導致昏睡、甚至死亡。在二次大戰後1950年代期間，日本少年曾因迷戀於安非他命，而造成鉅大社會隱憂。我國已於79年10月9日將安非他命納入麻醉藥品加以管制，其已紓緩，但繼之代以FM2（俗稱約會強暴丸）、MDMA（俗稱快樂丸）等非法藥物，並受到青少年嗑藥族群之青睞，晚近藥物之非法使用更趨於廣泛，諸如煩寧、鐵扇公主、八一五、六一五神仙水等曾氾濫一時，而LSD（搖腳丸）、GHB、K他命、神奇磨菇（Magic Mushroom）等更是異軍突起（黃徵男，2003）。近年新興影響精神物質（NPS）更行犯濫，諸如卡西酮類（喵喵）、K他命、色胺類、合成大麻素、一粒眠等（楊士隆、李思賢等，2020）。顯然嗑藥已成青少年次級文化之一部分，如何避免其惡化，並減少傷害，為防治少年濫用藥物重要之課題。

第四節　少年藥物濫用之成因

　　學者Muisner（1994）所著《Understanding and Treating Adolescent Substance Abuse》一書採用科際整合之生物心理社會模型（Biopsychosocial Model）來詮釋青少年藥物濫用的成因（詳圖15-1）。此模型包含了五個可能的因素層次——生物因素、心理發展變項、人際決定因素（家庭功能因素及同儕關係因素）、社區變項及社會變項。這些因素層次基本上是交互影響，而在此模型中，有毒作用劑（Toxic Agent）（Psychoactive Substances）貫穿了這五個因素層次，因此最後顯現出來物質濫用異常（Substances Abuse Disorder）即表現在所有的因素層次上。在此模型中較強調三個主要因素——心理發展、家庭功能及同儕關係，此三因素在藥物濫用的臨床瞭解上是相當有用的。其中心理發展是中心因素，會不斷地與其他兩因素互動。茲分別敘述如下（引自陳娟瑜、楊士隆、陳為堅，2010：542-545；另參閱楊士隆等人，2023）：

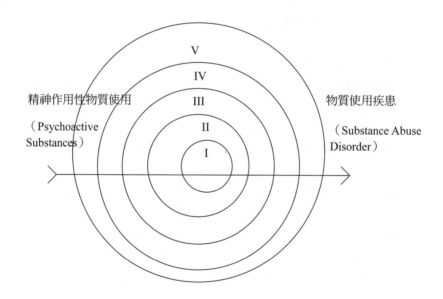

圖15-1　生物心理社會模型

註：Ｉ～Ｖ各為生物因素、心理發展、人際環境（家庭及同儕）、社區及社會等因素。
資料來源：Muisner (1994: 41).

一、生物因素

我們的身體本身即為化學的本質，有很大的傾向會去濫用某些特定的化學物質。化學的不平衡及特定的化學物質對心情、意識及行為有很大及持久的影響。如果忽略了這些事實，而想獲得持久的痊癒似乎是不太可能的事。物質濫用異常的生物因素主要包括：

(一) 神經學因素：可分成兩部分來討論，第一部分——神經化學傳遞過程，在腦中，神經訊息的傳遞是一種電化學的過程，而psychoactive substances進入腦中會打擾此過程。至於化學物質打擾的性質及範圍會受一些因素的影響，包括用藥者本身的神經化學構造，所使用的藥物種類及藥物使用的量及頻率等。第二部分——在腦中藥物使用的控制中心，有人認為物質濫用是由大腦皮層或控制記憶及認知等功能的大腦部分來負責。然而，吸毒成癮其實是與下視丘或掌管呼吸及飢餓等基本需求的大腦部分有關。

(二) 特異體質的生理因素（Idiosyncratic Physiological Factors）：一些人較容易有物質濫用的問題，因為他們本身的心理功能不佳，比方說：心境異常或罹精神分裂症等，會導致生理上對於藥物的需求，藉由自我用藥而使得生理及心理皆獲得紓解，產生心理－生物之增強。

二、心理發展

除前述生物因素外，心理發展因素亦為物質濫用之重要因素。例如處於叛逆期身心發展之青少年即容易受藥物濫用的影響。法務部（1982）之「青少年濫用藥物問題之研究」發現少年用藥原因以好奇模仿居首，朋友引誘次之，喜好使用後之感覺居第三，逃避挫折感居第四。可見，心理發展層面的因素為青少年藥物濫用行為的重要決定因素。

此外，研究綜合文獻亦指出藥物濫用者具有以下特性：情緒不穩定，無法經驗情緒的層次，常做出冷漠或過度反應的情緒表現；無縝密的思考與判斷力，產生不成熟及僵化的防衛和適應行為；悲觀，有自卑缺陷，社會適應性極差；面對挫折或壓力時，常有退化補償行為（楊士隆、曾淑萍、李宗憲、譚子文，2010）。因此，行為人心理發展相關因素在物質濫用行為上扮演重要之角色不可言喻。

三、人際環境、家庭功能、及同儕關係因素

行為人的人際環境——家庭與同儕——會提供情緒及相關氣氛，促進行

為人的發展改變。相關研究大致指出藥物濫用與父母、兄弟姊妹之濫用藥物經驗成正比，來自貧窮、破碎家庭的行為人，由於缺乏父母關愛或受到更多的輕視，其濫用藥物的動機與機會也較大。另外，親子關係不良與父母管教態度不當亦為行為人藥物濫用的重要因素。

在同儕關係方面，行為人（尤其是青少年）的同儕關係可說是青少年的第二個家庭，第二個促進行為人發展改變的環境，和其藥物濫用有關的同儕關係因素可分成兩類：(一)同儕危機（排斥、背叛及幻滅的危機）；(二)功能不良的同儕團體（有藥物濫用習慣的同儕團體）。事實上，朋友在協助藥物使用者獲取成癮藥物上扮演著極為重要的角色，藥物使用者常從其友伴中獲知使用毒品的方法。高金桂（1984）的研究指出，藥物同輩團體在少年藥物濫用行為中扮演著吃重的角色，例如他們(一)提供初次所使用的藥物；(二)提供藥物來源給新的用藥者；(三)提供使用藥物之方法；(四)使初次使用藥物者對藥物產生心理上的期待，提高藥物的效果。

四、社區因素

社區是一個立即的社會環境，包括學校、教堂、社區組織、地方政府機構、警察單位及刑事司法系統等系統。這些系統在行為人的整個發展期間，支持著他們的家庭與同儕。社區是行為人藥物濫用的一個因素，和是否成功地提供初級、次級及三級預防有關係。在初級預防方面，包括一些組織的活動，目的在於防止行為人藥物使用的問題及促進健康的生活型態。次級預防和計畫有關，這些計畫是設計來防制藥物濫用者早期階段的介入。至於三級預防，它是一種特殊的努力，目的是為了幫助有物質濫用異常的行為人及家庭獲得痊癒，可透過發起AA（Alcoholics Anonymous）、NA（Narcotics Anonymous）及FA（Family Anonymous）集會，及建立個人、家庭與團體治療的方便服務等方面來努力。

五、社會因素

社會是包圍所有以上所提因素的較大的社會環境，在藥物濫用的生物心理社會模型中，社會被描繪成(一)政府及其對藥物濫用的公共政策；(二)媒體及其與藥物有關的態度及價值的溝通。

在政府政策方面，較受爭議的部分是其處罰導向的觀點，較強調其供給面——國際性的禁止與強制的社會控制，對於問題的需求面——教育、預防及處

遇——則較少著墨。在媒體訊息方面，大眾媒體與娛樂界共同形成一個資訊綜合企業，在溝通態度與價值方面是個強大的力量。透過對青少年反覆灌輸價值與態度，媒體想法及影像的傳遞更為有力，因為青少年時期正是形成及內化道德及價值系統的時期，媒體有關藥物的訊息，能夠影響行為人有關藥物使用的態度及價值。

　　根據Muisner（1994）之詮釋，藥物濫用可用一比喻來表現。成長中的行為人就像是果園中的蘋果樹，正處於要開花結果的時期。火就像是有毒的藥物一般，是小樹的掠奪者。火的起源，不管是火柴或是熱摩擦或其他，是不易清楚界定的。這棵樹如何反抗或屈服於火苗，部分反映出其整體的可燃性（類比於行為人的內在心靈結構）。樹本身木材的內生體質（類比於成癮的生物因素），與火的旺盛與否有關。而在蘋果樹旁的樹群（似行為人的家庭及同儕等人際環境），會使火持續燃燒，就如家庭與同儕會使行為人繼續其藥物的使用一般。果園內外更大的環境因子——氣候及天氣狀況，能促使或阻止樹的燃燒，就如社區及社會因素可使人繼續其藥物的使用。

第五節　少年藥物濫用與犯罪行為之關係

　　少年濫用藥物結果除可能影響其身心健康外，亦可能因此衍發偏差與犯罪行為。惟在學理上藥物濫用與犯罪行為之關係卻仍然不甚清楚，尤其在因果關係上更存有迥異之看法。根據學者顏氏（Sherman Yen, 1988）引述瓦特斯（Watters, 1985）之見解，藥物濫用與犯罪之關係，學說上有三種不同的觀點：

　　一、藥物濫用導致犯罪行為：許多藥物本身常易刺激中樞神經，導致幻想，甚至激起犯罪之勇氣與膽量或造成神智不清之狀態而引發攻擊性之犯罪行為。同時濫用藥物者為了支應日益龐大之購藥費用，避免戒斷症狀之痛苦，很可能以非法之手段（如偷竊、詐欺等），從事犯罪行為。最後，為了確保非法藥物之來源，即可能與藥物次文化團體為伍，久而久之，吸毒者很可能提升至販毒之活動，轉售藥物圖利，增加犯罪行為之次數與嚴重性（林銘塗、萬維堯，1978）。

　　二、犯罪行為導致藥物濫用：部分學者認為雖然少年濫用藥物很可能引

發偏差或犯罪行為，然而部分濫用藥物之行為卻在偏差與犯罪行為開始後才發生。隆巴度（Lombardo, 1980）對美國芝加哥地區500名麻醉藥品成癮者之犯罪歷程加以調查，發現有74.6%之樣本在未進入販售非法藥物前，即已發生其他犯罪行為。蘇東平醫師於民國70年間對212名青少年濫用藥物之個案進行研究，發現有三分之二在使用藥物之前即曾犯過罪（陳忠義，1981）。因此，此派學者認為藥物濫用導致犯罪之說法並不完全正確，因為許多犯罪行為在濫用、販售藥物之前即已發生。

三、濫用藥物與犯罪行為具有共同之因果型態（相同的因素）：另一派學者指出，濫用藥物與犯罪行為大致具有共通之因素。例如艾利特及哈金葛（Elliott and Huizinga, 1981）對1,725名11至17歲少年研究指出，藥物濫用與犯罪行為無論是個別進行或集體發生，都與許多社會心理因素相關，此二項行為具有共通之原因結果；同樣地，學者曼恩（Mann, 1985）之研究指出，酗酒少年犯與一般少年犯罪者在飲酒行為與心態上並無太大差別，二者表現之偏差行為，大致具有相同之因果過程（Yen, 1988）。

綜合言之，藥物濫用與犯罪行為之關係仍無法做明確之澄清，一派認為濫用藥物導致犯罪行為，另一派則持相反看法，而最近之研究復指出濫用藥物與偏差行為具有共通之因果關係。筆者認為這些複雜之關係與少年嗑藥犯罪歷程之個別差異有關，端賴個別情況與情境而定，並無法做單一之因果論斷，惟濫用藥物與犯罪行為間具有密切之相關已為大部分之研究所證實。

第六節　各地域較具特色之拒毒教育方案

根據楊士隆、李宗憲（2012：210-213）彙整之文獻，各地域較具特色之拒毒教育方案如下：

一、美國、荷蘭

(一) D.A.R.E.（Drug Abuse Resistence Education）

（http://www.dare.com/home/about_dare.asp）

1. 起源：由LAPO（Los Angeles Police Department）和LAUSD（Los Angeles Unified School District）努力合作而來。

2. 建立時間：這個計畫是在1983年，美國為了本國及國際上的需求而於洛杉磯所建立一國際非營利組織D.A.R.E。

3. 主要目的：提供幼稚園到12年級的孩童一個無暴力及無毒品的生活並建立一個實的關係於學生、執法人員、教師、父母和其他團體領導者；教導孩童技巧，使孩童遠離毒品、幫派和暴力，已經在美國75%的校區和超過43個國家實施，且被證明是有效的。

4. 主要課程：由LAUSD的健康教育專家所發展出來，提供官員訓練（警官接受八十小時的特殊訓練提供抗拒毒品與避免暴力的技巧）及學生教育上素材和教導的標準，此舉引起了國家對D.A.R.E的注意。

5. 課程目標：提供酒精和毒品的資訊，教導學生抉擇的技巧及如何面對來自同儕團體的壓力並提供他們使用毒品和暴力的替代品。

(二) Safe House Groups及Dance Safe

根據方勇駿（2002）之引介，荷蘭的「安全屋計畫」（Safe House Project）採取的是「Just Say Know」策略，為使用者及製造商提供藥品成分檢驗的服務，以確定安全與否，不但可藉此蒐集新藥，更可追蹤藥品來源，與製造商溝通停產危險藥品。

荷蘭安全屋計畫把對毒品處理政策提升到來源及製造商的層次，而非單方面對用藥者加以限制或禁止。阿姆斯特丹市政府堅持所有的舞會都要有安全屋的工作人員在場。你只需要付台幣40元，安全屋的工作人員會為你檢視藥品的成分，安全與否。然後你可自行決定要不要用藥。使用者或者零售商會自動送藥給安全屋人員檢查，他們不但可藉此蒐集新藥，更可追蹤藥品來源，與製造商溝通杜絕危險藥品（方勇駿，2002）。

美國Dance Safe組織所採取的也是「Just Say Know」的策略，其主要宣導青少年對藥物的瞭解、藥物濫用的危險與後果，與使用藥物的安全守則等。

(三) Juvenile drug courts: community-oriented and diversionary treatment and services

（http://www.courts.state.me.us/mainecourts/drugcourt/juvenile.html）

1. 使命：減少非暴力少年犯及慣犯對藥物之濫用，提供其具建設性且嚴密的法院監督、廣泛的毒品濫用治療及教育和就業服務，增加少年的成功機會。

2. 宗旨：減低少年和其家庭對犯罪和酒精、毒品濫用的依賴性，提供少年相關

的治療和刺激而不是監禁,並透過獎勵和認同的方式,鼓勵少年進步、成功;最後應該顯示參加者在學校和家庭關係的重大改善。

3. 目標:

(1)對於正在使用毒品的少年,法院提供立即的仲裁和處置及積極的監督。

(2)改善少年在其環境中的功能水平,增強少年無毒品使用的生活。

(3)提供少年幫助他們生產的技巧,使其生活遠離毒品及犯罪,其技巧包括教育發展、增進少年自我價值以提升社區關係的正面增強。

(4)對少年時期有再使用毒品的家庭,加強其對孩童的教育價值觀的改善。

(5)使犯罪少年及所提供的社區服務達到雙贏的局面。

二、日本

2013以後日本內閣府提出新的「第四次藥物濫用防治五年戰略計畫」,作為新世代藥物濫用總指揮之依據,其主要戰略目標有下述五項:

(一) 藉由提升青少年、家庭、社區社會對於藥物濫用的法律意識以及檢舉敏感性,推動藥物濫用之防範於未然。

(二) 充實並強化藥物濫用者之治療以及社會復歸支援,同時加強對其家人之支援以徹底貫徹防止藥物濫用的再犯現象。

(三) 撲滅藥物走私販賣集團,強化對於藥物使用者之取締,強化對多樣化新興藥物的監視以及指導。

(四) 徹底執行海關以及邊防查緝,阻止非法藥物走私進入日本。

(五) 推展打擊非法藥物走私之國際合作(戴伸峰,2017)。

在第四次藥物濫用防治五年戰略計畫中,主要的部分是強化藥物濫用的真實性以及科學性介紹,從過去的「恐懼訴求」改變為「理性訴求」。為了達成藥物濫用教育理性訴求的教育效果,在新的藥物濫用防治戰略計畫中,拒毒教育內容做了大幅度的修正,其中最重要的內容如下列所示:

(一) 心理藥物的腦神經科學機制的科普化介紹。

(二) 將藥物濫用的觀念由「犯罪」導引為「成癮症」(脫罪入病式的教育)。

(三) 心理藥物使用的初期效果與濫用後之危害比較。

(四) 前導性成癮物質之作用及成癮預防。

(五) 新興心理藥物(合成藥物)的介紹。

(六) 大麻危害性以及其他國家之大麻政策分析介紹(此部分以大學生為主要教育對象)(戴伸峰,2017)。

第七節　少年濫用藥物預防之原則與建議

根據聯合國毒品控制與犯罪預防辦公室（UNODCCP, United Nations Office for Drug Control and Crime Prevention）「少年藥物濫用預防計畫手冊」（UNODCP, 2002；楊士隆、曾淑萍、李宗憲，2008），對少年藥物濫用預防計畫所提出的基本原則，制定少年藥物濫用預防計畫應有的基本原則包括：

一、藥物濫用預防計畫應以社區為基礎，須含括整個社區。

二、藥物濫用防制計畫所含括所有的藥物濫用或物質濫用種類，層面不應太狹隘，因為導致少年藥物濫用的原因通常都是相互關聯的。

三、須注意到可能對方案目標族群的生活條件、社會環境等有影響的群體。

四、預防重於治療，防制方案除了需對已經有藥物濫用問題的少年予以介入外，更應注意那些可能有藥物濫用潛在危險的少年。

五、以促進健康為核心，滿足其社會需求和娛樂需求，減少可能會危害身心健康的行為。

六、以人為本，鼓勵社會互動。計畫方案應蘊含豐富的社會互動性。

七、鼓勵少年積極參與，促進少年的社會價值觀，並且尊重其文化傳統。

八、鼓勵採取積極的替代性辦法，少年可能受限於文化、價值觀或家庭、社會、社區環境而有一些不適當的行為表現，應鼓勵其找尋替代性的辦法，而非恫嚇強迫其改變不適當行為。

九、從研究和經驗中獲益，防制方案的規劃應植基於研究的證據或經驗，包含確定藥物濫用的相關議題、釐清問題原因、發展預防措施、實施預防方案、評估方案成效。

十、以長遠的觀點看待藥物濫用防制問題，包含改變社會風氣、促進健康的價值觀、健康的社會生活方式等，皆非一朝一夕可成。

十一、需特別重視高危險族群的防制方案，如遊蕩街頭者、有家庭問題、中輟生的特殊需求予以協助。

十二、發展社區資源，提供少年更多的發展機會，例如教育、醫療保健、社會服務、安置收容、公共衛生、就業發展等。

十三、利用大眾媒體和流行的少年文化影響少年的信念，促進媒體和社會大眾對少年健康的關心和貢獻，促進青少年的健康。

亦即對於少年藥物濫用的預防方案，應該以整體社區為基礎，並注意到少

年的生活環境限制、次級文化脈絡、社會互動狀態，以輔助少年健全成長為核心，提供少年身心發展所需要的輔助與社會資源，對弱勢與社會適應不良的少年族群，更應予以輔助，協助其社會發展與社會適應。

美國藥物濫用研究所（National Instituteon Drug Abuse, NIDA）更基於研究結果，對兒童與少年藥物濫用防制提出建議（NIDA, 2003；楊士隆等，2008）。對兒童及少年藥物濫用的預防原則和面向，包括：

一、危險因子與保護因子

原則1：預防方案應能提升保護因子或降低危險因子。個體成為藥物濫用者的風險是和危險因子、保護因子的數量和關聯性有關，而這些保護因子或危險因子會隨著年齡的不同而改變，越早介入這些危險因子越能對個體產生影響。

原則2：預防方案應該能夠含括所有型式的藥物濫用問題，包含未成年的菸酒使用行為、違法藥物的使用、合法藥物的非法使用。

原則3：預防方案應該能夠因應該地區的藥物濫用問題，並以能夠改變的危險因子與保護因子為方案的目標。

原則4：預防方案必須針對危險因子做出因應對策，且能夠針對個案的人口特性做一些調整如年齡、性別……，以改進計畫的有效性。

二、預防計畫的擬定

(一) 家庭計畫

原則5：以家庭為基礎的預防方案應該能夠增進家庭成員的連結鍵、家庭成員的關係與親職技能，使家庭對物質濫用問題有所決策，並增進對藥物使用的教育與資訊。

(二) 學校計畫

原則6：預防方案應可改善個體在學前的一些藥物濫用危險因子，例如違規行為、社會技能的不足和學習困難。

原則7：對國小學童的預防方案應以增進學童的學習能力與社交能力的增進，以改善藥物濫用的危險因子，例如攻擊性、學習的低落、中輟等問題，應增進學童的自我控制能力、對情緒的覺察、對情緒的處理、人際溝通、社會問題的解決、改善學習能力，特別是閱讀的技能。

原則8：對於國高中學生的預防方案亦以增進學習能力與社交能力為主，包括學習習慣的培養和學業上的支援、人際溝通、同儕關係的培養、自我效能與自信的培養、拒絕藥物濫用的技巧、拒絕藥物濫用的態度與信念。

(三) 社區計畫

原則9：社區的預防方案是以一般人口為主，以產生改變藥物濫用問題的影響力，對處於教育銜接過渡期間的學童、高危險的家庭小孩產生有利的影響，避免對高危險群的標籤，並且增強這些人與學校、社區的連結鍵。

原則10：能夠結合學校或家庭預防方案的社區計畫，要比單獨的社區計畫更為有效。

原則11：社區預防方案如果能夠延伸到一些社區團體，例如學校、俱樂部、社團、宗教團體等，能夠產生更大的影響力。

三、預防方案的執行

原則12：當社區基於其需求、社區規範或文化因素而需要調整預防方案內容時，仍應要保留以研究為基礎而研擬的一些核心要素，包括方案的架構、方案的核心要旨，如傳遞的訊息、技能、策略，以及方案的託付，包含方案的調整、實施和評估。

原則13：預防方案應該長期地持續、重複實施，並強化原先所設定的預防目標。研究顯示中學時期的預防方案如果在高中階段沒有延續實施的話，所獲得的成效會減半。

原則14：預防方案應該包含學校教師在良好課堂管理上的一些訓練，對學生良好行為的培養，增強學生的正向行為、學習成就、學習動機和與學校的連結鍵。

原則15：互動式的學習方案能夠讓個體學習到更多的藥物濫用相關問題與拒絕藥物濫用的技巧，例如透過同儕的討論、親職角色的扮演等。

原則16：基於研究的結果，預防方案的成本效益是相當划算的，在預防方案上投注1元，可以在酒精或藥物濫用處遇方案上省下超過10元的花費。

根據NIDA對少年藥物濫用預防方案的建議，對少年藥物濫用預防工作，首要乃在於鑑別少年藥物濫用的危險因子與保護因子，並針對可以改變的因子規劃適當的介入方案，包含提升保護少年免於藥物濫用的保護因子，降低促使

少年陷入藥物濫用的危險因子，並且更深入廣泛地進入家庭、學校以及社區。雖然藥物濫用預防方案的主要對象是少年，但不能僅限於少年族群，家長、教師乃至於社區的每一分子都應納入方案之中，以共同協助少年免於藥物濫用問題，除協助少年健全成長外，應避免對可能陷於藥物濫用的高危險族群產生排擠或標籤，並增進與家庭、學校、社區的社會鍵鍵結。而且對少年的藥物濫用預防方案應該長期持續實施，以不斷強化原先所設定的預防目標。

對少年藥物濫用危險因子與保護因子的辨識，NIDA提出社區監控（Community Monitoring Systems, CMSs）的指導方針（NIDA, 2007），俾便各社區進行少年問題的監控調查，以對社區少年各項問題行為進行評估。而藉由這樣的社區監控系統，可以提供社區最正確的評估，以提升整個社區孩童以及少年的福祉，並評估可以維護少年健康的危險因子以及保護因子，將有用的資訊提供給政策決定者或是社區民眾，使他們可以瞭解問題並能立即對於某些問題得到解答，更可提供各類方案、政策與措施的擬定參考。

結　論

隨著社會之急速變遷，工商社會之來臨，功利主義抬頭，社會控制力趨於薄弱，人際疏離感加大，價值觀念呈現混淆，一切講究新鮮、刺激瘋狂之典型，少年在這些因素之影響下極容易迷失自我，沉溺於藥物，追尋物質、感官之刺激，以尋求自我解脫。惟鑑於少年濫用藥物結果，不僅對其身心健康危害至鉅，極易造成其生理與心理之依賴，同時亦可能因藥物之刺激而致神智不清或過度活躍、幻覺併發攻擊性行為。此外，為獲取毒品來源，少年亦不得不與濫用藥物次級文化團體接觸，進而為維持、支持龐大之購藥費用，免除戒斷症狀之痛苦，而從事販售運輸毒品或其他犯罪行為，陷於萬劫不復之地。因此，採行必要之措施以對少年濫用藥物行為加以遏止有其急迫性。在預防藥物濫用上，UNODC及NIDA提供之預防原則可供參考，以降低少年藥物濫用危險因子，提升保護因子為重要之目標。聯合國毒品與犯罪辦公室（2018）發布國際藥物濫用預防準則（International Standards on Drug Use Prevention）指出，預防目標應著重於促使孩童及青少年瞭解他們為社會重要一分子之天分及潛能，確保其健康與安全之發展。有效地預防策略須對於孩童、青少年以及成年人於其家庭、學校、職場與社區有正向之參與及連結。

參考書目

一、中文部分

呂淑妤（1998）。我國藥物濫用問題探討。刑事政策與犯罪研究論文集，第1期，頁279-296。

李志恆（2002）。藥物濫用之防制、危害、戒治。行政院衛生署管制約藥品管理局。

林漢堂（1992）。濫用藥物問題之探討。中央警官學校警學叢刊，第23卷第2期。

林銘塗、萬維堯（1978）。藥物濫用與青少年犯罪問題。

法務部（2023）。犯罪狀況及其分析。法務部印行。

高金桂（1984）。青少年濫用藥物與犯罪之研究。文景書局。

莊欽華（1974）。吸食強力膠與有機溶劑之禍害及其防範。刑事科學，第1期，內政部警政署刑事警察局。

陳正宗（1998）。藥物濫用防治對策。刑事政策與犯罪研究論文集，第1期，頁261-278。

陳孟瑩（1991）。少年安非他命案件之探索。中國時報，3月21日。

陳忠義（1981）。青少年藥物濫用之行為習慣。時報雜誌，第104期。

陳娟瑜、楊士隆、陳為堅（2010）。物質濫用之社會問題。台灣社會問題（2版）。

陳麗欣、彭少華、王方濂（1982）。青少年濫用藥物問題之研究。法務通訊。

黃徵男（2003）。新興毒品與青少年藥物濫用。載於透視犯罪問題。國立中正大學犯罪研究中心。

愚庵（1993）。「第二次鴉片戰爭正在台灣上演」及「毒品浩劫侵蝕台灣」。關愛月刊，第16期。

楊士隆、曾淑萍、李宗憲（2008）。青少年藥物濫用之防治。載於2008年青少年藥物濫用與防治研討會論文集（頁7-8）。

楊士隆、李宗憲（2012）。青少年藥物濫用問題與防治對策。載於楊士隆、李思賢等著，藥物濫用、毒品與防治。五南圖書。

楊士隆、鄭元皓、林世智（2019）。毒品咖啡混合包之發展趨勢與市場交易初探。毒品政策與家庭支持研討會。

楊士隆、李思賢、朱日僑、李宗憲等（2020）。藥物濫用、毒品與防治。五南圖書。

楊士隆、郭鐘隆等著（2023）。青少年藥物濫用預防與輔導（2版）。五南圖書。

廖榮利（1993）。精神病理與社會工作。五南圖書。

衛漢庭（2017）。青少年毒品防治的新挑戰：毒品咖啡包及新興混合式毒品。少輔簡訊，第225期。

戴伸峰（2017）。日本拒毒教育方案。載於楊士隆（主編），青少年藥物濫用預防與輔導。五南圖書。

蘇東平（1980）。台灣青少年之藥物濫用。臨床醫學，第5卷第4期，頁299-305；第6卷第5期，頁412-420。

二、外文部分

Bukoski, W. J. (1985). School-based substance abuse prevention: A review of program research. Journal of Children in Contemporary Society, 18(1 and 2): 95-116.

Graham, M. G. (1987). Controlling drug abuse and crime: A recent update. NIJ Reports.

Huizinga, D. H., Menard, S., and Elliott, D. S. (1989). Delinquency and drug use: Temporal and develomental patterns. Justice Quarterly, 6(3): 419-455.

Inciardi, J. A. (1980). Youth, drug, and street crime. In F. R. Scarpitt and S. K. Datesman (Eds.), Drugs and youth culture (pp. 175-204). Sage.

Lombardo, R. M. (1980). Narcotics use and the career criminal. Police Chief, June: 28-31.

Muisner, P. P. (1994). Understanding and treating adolescent substance abuse. Sage Publications.

National Institute on Drug Abuse (2003). Preventing drug use among children and adolescents: A research-based guide for parents, educators, and community leaders (2nd ed.). http://www.drugabuse.gov/pdf/prevention/RedBook.pdf

National Institute on Drug Abuse (2007). Community monitoring systems: Tracking and improving the well-being of America's children and adolescents. http://www.drugabuse.gov/pdf/cms.pdf

United Nations Office for Drug Control and Crime Prevention (2002). A particpatory handbook for youth drug prevention program: A Guide for Development and Improvement. http://www.undoc.org/pdf/youthnet/action/planning/handbook_E.pdf

United Nations Office on Drugs and Crime (2018). International standards on drug use prevention (2 ed.).

World Health Organization (1964). Who expert committee on addiction producing drugs: 13th Report. #23. author.

Yen, S. (1988). Juvenile delinquency and substance abuse in the United States. Social and psychological factors in juvenile delinquency: An international conference between Republic of China and United States of American, Sponsored by Department of Psychology, National Taiwan University, and National Science Council, Republic of China, and Loyola College, U. S. A.

第十六章　幫派與少年犯罪

　　研究指出相當比例少年從事非行乃在與其他同伴之合作下進行，而非單獨為之（Shortand Strodtbeck, 1965）。例如，美國艾瑞克森（Erickson, 1971）對11項官方研究之分析，發現60%至93%之少年犯罪行為係在團體中進行。而許多自陳報告之研究亦顯示大約65%之非行具有團體取向。雖然如此，艾瑞克森與詹森（Erickson and Jensen, 1977）之研究亦指出少年犯罪之團體取向，隨著犯罪類型，而呈現差異。例如，藥物濫用則大多為團體取向，Erickson等研究亦與Brunner之西德研究有異曲同工之效，其發現80%至90%的少年非行皆是以集體方式進行，特別是幫派犯罪、暴力犯罪和濫用藥物等問題（參閱張景然，1992：182）。

　　無論如何，少年團體犯罪（如幫派犯罪）之特性似不容忽視，近年來，由於少年幫派犯罪與非行問題經常引起媒體及執法機構之注意，因而有必要深入予以探討。惟鑑於有關少年幫會之急速變化本質及收集資料之危險性，其最新資料之取得並不容易，尤其許多幫派是否存在？其成員數目有多少？從事哪些活動？仍待進一步瞭解。本章以美國之文獻為主，本國稀少之資料為輔，擬對少年幫派做一扼要介紹，尤其著重於瞭解幫會之定義、結構、特徵、活動及犯罪之原因，並提出預防及控制幫會犯罪之策略。

第一節　幫派之定義

　　迄今，幫派之定義仍然缺乏共識。一般社會人士可能認為幫派係一群聚集在一起，從事偏差或犯罪活動之團體。然而，幫會（Gang）在早期之意義並不具有邪惡或犯罪之內涵，相反地，含有朋友或親近夥伴的意義。惟隨著時代之變遷、演進，幫派由於涉及各項非行與犯罪活動，乃逐漸出現於刑事司法文獻中。

　　早期，幫會研究之大師特拉西爾（Thrasher）對美國芝加哥市1,313個幫派分子研究曾對幫派下一定義：

　　「幫會是一個自然產生，經由衝突而趨於整合之中介團體（Interstitial

Group）。它具有下列行為類型：面對面之聚會、互毆、集體行動、衝突及計畫。這種集體行為是傳統、不穩固之內部結構、團隊精神、團結一致、士氣、集體意識，並附著於某一地域發展之結果」（Thrasher, 1927: 57）。

Thrasher之定義指出幫派具有團體凝聚力（Group Cohesiveness）並團結一致（Solidarity）之特性，仍為目前許多學者所同意。而Thrasher另指出，少年幫派之興起具有遊戲團體之本質，以爭取成人或正常社會無法提供之興奮，刺激與機會為主，並非必然形成一非行團體。

另一學者克蘭（Klein, 1971）則認為幫派為任何冠有頭銜之團體：一、在鄰里當中為其他人視為獨特之聚合；二、認為其為有頭銜、名號之團體；三、涉及足夠之非行並且遭致鄰里居民或執法單位之一致負面反應。

Klein之定義指出幫派形成之必要條件──從事非行，同時提升了民眾瞭解幫派對社區威脅之意涵。

社會學者雅柏蘭斯基（Yablonsky, 1962）之研究對於瞭解幫會行為亦有很大的貢獻。根據Yablonsky之研究，他認為人類之團體類型從組織最明確，具有高度凝聚力之團體至缺乏組織，極易為領導者所煽動之烏合之眾團體皆有。而少年幫派則界於兩者之間，它們可稱是一擬近團體（Near Group），具有下列特性：

一、分歧之角色定義。
二、缺乏凝聚力。
三、非永久性質／狀態。
四、對規範僅具有低度之共識。
五、成員流動性高。
六、領導人物具有情緒困擾問題。
七、成員期望互異。

根據Yablonsky之看法，在幫派中僅有少數屬第一層級之核心分子需要藉由幫派獲得滿足，並以幫派之生活為重心。屬於第二層級為與幫派較親密之成員（Affiliated Youths），這些人只有在符合其心情時始參加幫派活動。屬於第三層級者屬邊緣幫派成員（Peripheral Members）。這些人雖偶爾參與幫派之鬥毆，惟本身並不認同幫派。因此，就Yablonsky而言，幫派之大小隨著事件與情境本身而做調整。此外，Yablonsky認為幫派之結構並不穩固，其領導人物亦具有情緒困擾問題，此與一般學者之看法有很大之出入。

布拉克與尼德霍夫（Block and Neiderhoffer, 1985），則認為幫派基本上乃低階少年之一種自然反應的結果（Gang as Natural Response），換句話說，幫派提供了少年追求大型社會無法獲取之身分地位、成功，歸屬感與自尊。

學者米勒（Miller）則認為幫派乃「一群人之聚集，具有可辨識之領導者及內部之組織，認同或宣稱對社區或鄰里之某一地盤具有控制權，並且從事個別或集體之暴力或偏差行為（Miller, 1975: 9）」。

此一定義，指出了幫會具有偏差行為暴力之取向，並且認為幫派具有一清晰之組織結構。換句話說，幫派被視為一具有固定地盤、聚合地點、組織、成員並從事有計畫之活動。

從前述之研究，吾人瞭解幫會之定義，隨著個人、地域及時間而有著相當分歧之差異。雖然如此，唯一較具共通點著為多數之幫派研究者認為幫派對於社區居民之威脅性已較以前嚴重。

第二節 幫派之命名

幫派的名稱大致可代表其成立的目的、性質，及其所欲表達的理念，其命名的原則大約可區分為下列六類：

一、以動物命名者：其幫派名稱中有「虎」、「龍」、「鷹」、「狼」、「鳳」等動物者，例如黑鷹、黑龍、飛虎及十五雄獅等。

二、以主要成員人數命名者：如七姊妹、十三玫瑰、十五神虎、四大金剛等。

三、以地方名稱命名者：此類幫派有的以成立地點，有的以大多數成員居住或活動地點為名，例如台中公園、彰化公園、關帝廟、牛埔、溪埔、桃園、北門、台南東門幫等。

四、具威嚇性質名稱者：以兇猛、毒辣、恐怖的名稱顯耀自己聲勢，並達到威嚇異己目的，如以黑玫瑰、毒蜘蛛、骷髏、瘟神、魔鬼、十三煞、碧潭四怪、青蛇等為名稱者。

五、具情誼性質名稱者：如天道盟、十三兄弟、七兄妹、四海等為名稱者。

六、具英雄主義色彩者：如羅漢、中正七雄、四劍客、正義、竹林七傑等，通常參考武俠小說中英雄人物命名（參閱張景然，1992：200-201）。

第三節 幫派之幫規及入幫儀式

一、幫規

在幫派團體中，幫規之非正式的社會控制手段使得整個團體得以順利運作，而聽命於領導人。犯罪學者Cressey指出，幫規的功能在保護領導者的權力，因此強調忠貞、榮譽（Honor）和互敬，例如以下之幫規：

(一) 在需要時，成員一定要互助。

(二) 對首領要絕對的服從。

(三) 對成員中任何一人的侵害，就是對整個幫派侵害，要不惜代價予以平反。

(四) 有紛爭亦絕不訴諸於官方。

(五) 絕對不將幫中成員之名字或幫中秘密洩露出去（參見許春金，1990）。

伊阿尼等（Ianni and Ianni, 1972）則認為家庭式幫派則有以下的幫規：

(一) 對家族絕對效忠，外界的企業利益絕對不得與家庭利益相衝突；家庭成員間必須互相協助。

(二) 要有男子氣概，不能丟家庭的臉，要為家庭爭取榮譽。

(三) 要守秘密，家族的商業利益是第一優先，不得在家族之外討論；家族中成員的言行亦不得對外發表。

台灣各幫會之幫規，大致如下：

(一) 不偷、不搶、不吸毒。

(二) 團結一致，抵禦外侮、維護幫內利益、保護地盤，便於收取保護費。

(三) 聽從老大指揮，不背叛老大，不可背叛幫眾。

(四) 其他的幫規尚有：要孝順父母、交朋友以道義為主，不准兄弟互相打架及不可淫人妻女等，以約束幫眾（許春金，1990：39）。

二、入幫之儀式

一般幫派（以竹聯為例）入幫儀式為手捻三炷香，面對關公像起誓再歃血為盟。

少年幫派的入會儀式亦大同小異。根據黃維憲（1983）的描述，少年幫派的入會儀式，通常都經歷以下的程序：

最初是一群成員秘密集合在某地，通常是室內，亦可能戶外。如在室內，

通常在桌上備酒一碗，然後各人將左手中指刺破，滴血一滴於碗內，再傳飲血酒至盡。飲畢，彼此宣誓。誓詞為「我們等×××（各人姓名），情投意合，結拜兄弟，有福同享，有禍同當，仗義疏財，打倒流氓，海枯石爛，誓不變志，你我兄弟，永遠互助，若有二意，天雷打死」。最後宣讀幫規，然後共拜天地（有的燃香）及互拜。禮畢後共同飲酒暢談。

第四節　少年參與幫派活動

　　幫派之活動範疇、類別與幫派之組織大小及其屬性（如少年、成年）有密切相關。例如，許多少年幫派並不以從事犯罪活動為唯一目的。許多成員聚在一起只是談天說地、遊蕩、嬉戲、看電影、郊遊，有的偷些小東西如香菸、汽水等共同享用。近年流行之飆車、參與廟會活動、撞球、溜冰、打賭博性質電動玩具等活動也時有所見，足見該類活動經常有濃厚的玩樂成分存在。惟仍有部分少年幫派成員從事諸如暴力鬥毆、爭奪地盤、毒品經銷、強姦、殺人及其他犯罪之行為。在早期車煒堅（1985）曾依幫派的目標區分為社交型、犯罪型及暴力型三類少年幫派活動型態。其中社交型幫派大都從事結拜兄弟、互相幫助、結夥遊蕩及聊天等活動；犯罪型幫派則參與打架滋事、尋仇、壯大聲勢及意圖不法活動等；暴力型幫派旨在防衛自身安全與抵禦外人欺侮，因此經常攜帶刀械或進出不當場所。

　　楊士隆、程敬閏（2001），對曾經參與幫派活動之犯罪少年264名進行調查發現，在參與幫派之活動型態上，七成一經常參與幫派間的打鬥及透過幫派解決個人糾紛，近半數則進行圍勢工作，超過三成曾為幫派販售藥（毒）品、恐嚇取財、暴力討債等。此項研究顯示，少年所參與的幫派活動中，仍以具「暴力性質」居多，參與打鬥、尋求幫派解決糾紛及暴力討債等。

第五節　幫派與少年之連結

　　爾來幫派組織與少年有結合之趨向，尤其其結合並非偶然，而係在互蒙其利，彼此滿足需求之情況下而彼此吸引。茲進一步說明於後（蔡德輝、楊士

隆，1999）。

一、幫派吸收少年之原因

國內幫派一反傳統，積極染指校園，吸收少年入會，有其內在之深層意涵，經分析其原因至少包括：

(一) 少年從事非法活動時，刑罰較輕：依據少年事件處理法之規定，少年犯不得科以死刑或無期徒刑，同時少年犯有觸犯刑罰法令時，往往以保護管束處分代之，即使因犯重罪進入少年矯正學校服刑，亦享有假釋之優惠條件，故幫派樂於招募其為幫眾。

(二) 少年成為幫眾，成本與各項花費較低：在成人幫派中，招募成人與維持幫派動作須花費鉅額人事費，同時尚須不定時犒賞至聲色場所，而付出較多額外花費。相對地，少年加入幫派，其人事支出與各項均較低，可減少幫派開銷，符合組織之利益。

(三) 少年較為英勇，未考慮行為後果：基本上，少年叫血氣方剛與英勇，在面臨幫派間爭奪地盤之鬥毆或涉及利益糾葛之各項暴力行動時，往往未考慮行為後果，而魯莽行事，展現英雄本色，故為幫派所樂於吸收。

(四) 少年較為忠誠，較不爭權奪利：爾來，幫派組織成員常為繼承問題互為鬥爭，甚至衍生殺機。唯就少年而言，一般對幫派之首領較為忠誠，不至於在老大避居海外，亦或於入監期間即謀奪權位，造成幫派組織之傾軋，故為幫派所樂於招募。

(五) 增加人力，壯大組織，延續幫派活動：幫派組織倘缺乏人力與活動，極可能面臨斷炊與解散之命運，因此為維繫幫派之運作，有必要招募人力，俾壯大組織。而少年因年紀輕，體能好，又較為忠誠，故為幫派所樂於吸收。一方面增加人力，撐住場面，另方面提早入幫，熟悉幫派運作，可使幫派組織運作趨於穩定，並延續幫派之活動。

二、少年加入幫派之成因

如同前述，國內幫派組織已積極赴各校招募會員，以拓展影響力。然而，促成幫派與少年連結，非幫派組織之單方面招募行動，少年本身加入幫派之意願亦為其結合提供助力。茲分述如下：

(一) 成功向上機會受阻，幫派提供少年歸屬感，滿足心靈之慰藉：犯罪學學者Cloward與Ohlin（1960）認為低階少年由於機會受阻，無法以合法之手

段達成中產社會之成功價值觀,因此形成次文化,參加幫派,已獲取其心目中之「成功」,填補心靈的創傷。其指出犯罪型、衝突型、退怯型幫派類型之出現,為因應少年成功向上機會受阻問題而衍生。

(二) 幫派滿足許多少年進入成年世界之需求:學者Block與Niederhoffer(1958)指出,幫派提供了少年走向成人世界之橋梁。其指出幫派之許多活動,如刺青、將其標記刻於機車之上等,與民初社會之許多少年儀式及轉入成人之活動別無兩樣。然而最重要的是,幫派允許少年從父母之控制中獨立出來,協助少年走向更為成熟之境界,因此,幫派亦擔負有替代家庭之功能。換句話說,參加幫派活動意味著放棄小孩之生活方式,而開始拓展嶄新之人生旅程。

(三) 加入幫派乃低階文化價值觀之自然反應:學者Miller(1958)指出,低階少年之文化與價值觀常與中上階層相反。當少年適應低階文化價值時,如惹是非、展現強硬、詭詐、追求興奮刺激、宿命觀、不喜歡別人干預,自然而然與中上階層分隔,而加入幫派對低階文化與價值觀之自然反應。

(四) 可尋求保護,欺凌他人亦較優勢:少年加入幫派亦可能係為尋求保護,而非純為獲利(Spergel, 1989)。尤其在一個陌生的地域,倘少年係新成員極可能認為其可能成為攻擊的標的,而須加入幫派組織,以尋求保護。而當然,少年加入幫派的結果,其支撐之後台顯較別人為優,欺凌他人自然較占優勢。

(五) 好玩與支持:部分青少年加入幫派組織純為好玩,追逐未知之刺激(Spergel, 1989)。此外,學者提及,少年加入幫派無非是想獲取以前失去之家庭氣氛(Siegel and Spenna, 1997)。

(六) 賺錢容易,勿須辛勤工作:由於不少幫派涉嫌圍事酒店、財場,介入糾紛處理與大補帖買賣等,因此獲取諸多不法利益。就少年而言,加入幫派除可耀武揚威外,另可在勿須辛勤工作之情形下,輕鬆的獲取鉅額金錢。蔡德輝、楊士隆(2002)之對47名幫派少年研究即發現五成七之少年認為黑社會賺錢容易,四成三並希望擁有「古惑仔」之奢華生活。因此,從理性抉擇,趨利避害之角度觀之,少年加入幫派有特定吸引力。

第六節　結幫與少年犯罪之關係

研究大致指出，少年加入幫派比未加入幫派者更易產生偏差與犯罪行為，且觸犯之頻率更高（參閱Spergel, 1989）。雖然如此，吾人並不清楚哪些因素（或觀點）為幫派成員犯行之主要依據。例如，我們並不知道是幫派吸引了具偏差／犯罪行為傾向之少年，亦或幫會結幫過程造就了偏差行為者？

根據美國紐約州立大學宋貝利等氏（Thornberry et al., 1993）之看法有三種類型（模式）可對幫會與犯罪之關係加以解釋：

一、選擇或某一類人之模式（Selection or Kind of Person Model）：即幫派本身吸引了原來即具有犯罪或偏差行為傾向之人。這一群人原具有高度犯罪或吸毒等偏差行為傾向，而不論其是否結幫與否，與學者Gottfredson及Hirschi倡議之一般性犯罪理論觀點相符。即幫會並不導致其成員去犯罪，而是其已吸引及這些原具有犯罪傾向者（亦即參加幫會前後所從事之犯罪行為不應有所改變）。

二、社會助長模式（Social Facilitation）**或某一團體**（Kind of Group）**之模式**：即幫會分子本身與非幫會分子並無兩樣，關鍵在於結幫之過程或幫會團員身分（Gang Process or Gang Membership）為促使其從事偏差行為之主因。

三、選擇與社會助長之混合增進模式（Enchancement Model）：亦即，幫派除吸引原具有犯罪傾向之人加入外，結幫本身亦強化了成員從事偏差與犯罪行為之機率。此為前述選擇與社會助長模式之整合模式。根據宋貝利等（Thornberry et al., 1993）之研究，其支持社會助長模式之幫派等犯罪詮釋，亦即，結幫之結果，促使許多少年在從事偏差與犯罪行為上之頻率大增。此項結果顯示，少年加入幫派的確為未來之偏差與犯罪行為奠下了不可收拾之局面。

第七節　整頓、抗制幫派之策略

根據學者史柏格（Spergel, 1990）之看法，動員社區鄰里組織（Community Organizative Mobilization）、社會干預（Social Intervention）、機會提供（Opportunity Provision）、鎮壓（Suppression）、組織發展（Organization Development）為抗制幫派之五大策略（方案）。這些方案之活動概述如下：

　　一、動員社區鄰里組織：此項活動涉及對可能引發社會問題之社區組織、團體進行調整、發展與改變，俾以協助其共同解決問題（如幫派）。具體之活動包括：(一)消除社區污穢之牆壁；(二)整頓學校；(三)動員社區；(四)建立社區之互信；(五)輔導父母團體；(六)教育社區；(七)改變社區。

　　二、社會干預：此項方案至為廣泛，包括街頭幫派之諮商輔導等。基本上其係由專業輔導工作人員在社區群體中，採用適切輔導技術，協助少年犯罪或偏差團體適應正常社會生活。此項活動亦包括文康體育活動之規劃等，具體之活動如下：(一)危機干預；(二)各項服務；(三)轉向方案；(四)「外展」（Outreach）方案；(五)提供角色模式；(六)領導者之發展；(七)幫派間之仲裁；(八)團體諮商；(九)暫時服務；(十)轉介服務；(十一)宗教轉換；(十二)幫派成員之諮商；(十三)毒品防制與處遇；(十四)心理上之服務；(十五)社會工作服務；(十六)量刑化之社會服務；(十七)重整幫派結構；(十八)協助幫派成員脫離幫派；(十九)刺青之塗消。

　　三、機會提供：提供少年工作、工作訓練及教育之機會亦為消弭幫派活動之策略，此項活動重點為改變目前之結構，包括學校、工作、政治參與等，俾以提供更多機會給中下階層少年。主要之活動包括：(一)工作之準備；(二)工作之訓練；(三)工作之安置；(四)工作之發展；(五)學校指導；(六)幫派少年之教育等。

　　四、鎮壓（Suppression）：即對幫派分子進行逮捕、監標與監管。這包括蒐集幫派各項活動資料、監控及部建（線）等，此活動之主要項目包括：(一)屬行執行；(二)中立化；(三)調查；(四)判決；(五)逮捕；(六)監控；(七)鎮壓；(八)拘留；(九)紀律；(十)情報；(十一)辨識嫌疑犯；(十二)法律行動；(十三)驅離社區；(十四)矯治安置；(十五)執法公關（聯絡）。

　　五、組織發展與變革：即強化組織效能，聯繫，俾以共同合作，因應問題（如幫派），其主要之活動包括：(一)內部協調；(二)增進組織效能；(三)方案之發展；(四)立法之倡議；(五)專業之訓練；(六)額外之資源；(七)個案管理；(八)媒體之應用。

第八節 防制幫派發展之具體做法

一、強化家庭功能

假如少年結幫或加入幫派之原因乃家庭功能失調之結果，那麼如何健全家庭功能，避免少年為幫會成員所吸收或為幫派所吸引，乃為抑制幫派成長之重要課題。

根據犯罪學者赫西（Hirschi, 1969）之看法及其後許多研究，倘少年愈附著於家庭、奉獻於學校等，則其結交非行同儕之機會則降低，而從事偏差與犯罪行為之可能性則愈低。因此，強化家庭、學校與社區之控制為遏止幫派產生之根本之道（許春金，1990）。此為防治幫派從事偏差與犯罪行為之首要基本工作。

二、執法人員之干預策略

(一) 取締干預

根據學者史狄爾與理查（Stier and Richards, 1987）之見解，執法人員可依據幫派之不同階段成長而加以抗制。其將犯罪集團當作一個有機體看待，它們至少經歷三個發展階段。在這三個階段內，暴力的使用程度各有不同，全賴所進行著的活動而定。

掠奪是第一個發展階段。在此階段內，集團的主要活動是搶劫、勒索等；這是暴力使用最高度的時候。

寄生為第二個發展階段。此時所進行的主要活動是包賭、包娼、高利貸和販毒。這些活動都需要買通警方某些人員才能進行的，而行賄活動一般上用不著太多的暴力。

最後是共生階段。共生在這兒是指犯罪集團與合法企業互相進行商業競爭與共存的情形（麥留芳，1991）。

我們建議，從立法或事實控制方面來看，注意這三個階段之發展是很有意義的，執法者可依各階段之特色加以打擊，尤其可在其尚未達「有組織」或「共生」之階段時，即對幫派之活動進行干預（如逮捕、起訴等），以瓦解幫派之危害社會（許春金，1990）。而採行之手段，包括使用竊聽器，以取得集團犯罪之犯罪內容，做法如美國，或採一種類似籃球上之盯人方法，設立專

門取締幫派之部門，以監視方式，派員巡邏監控。當然亦可採取社會運動的辦法，從旁去打擊犯罪集團的形象。譬如說，警方利用大眾傳播媒介勸請民眾不要參加那些組織，不要光顧它們的生意。另又鼓勵民眾舉行反暴力團的示威遊行（麥留芳，1991）。

(二) 積極協助其脫離幫派組織

幫派組織的確對當前之青少年有極大的吸引力，也因此如何協助加入幫派之少年脫逃組織乃成為一項重要且艱鉅之任務。徐呈璋（2000）訪談加入幫派的青少年發現，大多是沒想過要脫離幫派，少數人認為不知道脫離的方法，也沒有把握或者是想到可脫離，或認為要脫離應不是問題。郭淑菀（2001）之調查則發現25%的國中學生表示脫離幫派是很困難的一件事。美國學者Klein（1998）指出非家庭成員較少協助與嘗試預防青少年加入幫派，而有七成的幫派成員認為若家人知道他們參加幫派，會有助及影響其脫離幫派。

吳嫦娥（2001）引述Spergel（1995）之研究指出，使幫派少年成員離開組織之理由主要包括：希望配合絕對的社會期待、結婚、為人父、穩定滿意的工作、宗教皈依、害怕入獄或再返監獄、或僅是「疲於作戰」，其家庭可能因法院訴訟，增加財力負擔；或是青少年體認幫派的身分會帶來長期不良影響，也可能幫派的鬆散使其有彈性的參與。這些理由可作為行政與執法協助之參考。

三、立法之控制

抗制幫會之另一具體做法為透過立法之手段，約束、管制，甚至瓦解幫派之活動。茲以美國、香港、日本及我國之具體做法扼要介紹如下：

(一) 美國

專以對付犯罪集團的法律，和其他地區比較，美國所實施的「受犯罪集團擺布和腐敗組織法令」（Racketeer Influenced and Corrupt Organizations, RICO），最為完備。此項法令在1970年即由美國國會通過，惟至1982年才被執法機構真正應用來對付犯罪集團。此法令之主要內容如下：

1. 它深深瞭解到犯罪集團的斂財目的。因此，被提控的有關集團成員，其罪狀一旦成立，則經由犯罪所獲得的財產，全部充公。
2. 最高刑期可至二十年。
3. 它允許受害人在民事法庭提出3倍於其損失的賠償。這條款的限制是，受控

者的罪名必先被判成立。它的優點則是受害人提出賠償要求時,不必另循證據收集的程序;法庭可應用原先判定受控者有罪的證據作審判基礎。

4. 這法令的應用,會有防止同樣罪行重演的效果。當然,這得應用其他法律程序以配合之(參閱麥留芳,1991)。

美國政府為了使得這法令更有效,也採取了某些配合性的步驟,其中最值得注意的是「供證者安全保障計畫」。顧名思義,願意挺身而出,提供犯罪集團非法活動證據的人,其人身安全會受到警方保障。其保障承諾中包括了整家人遷移別處,且獲得姓名及身分的更改,甚至尚會給予定期的生活津貼等。

(二) 香港

在香港舉凡身藏黑社會文字,參加黑社會入會儀式,與黑社會人士結集等,都屬違法行為;因為那些活動都構成黑幫成員的旁證或表面罪狀。其控制幫派之主要策略為運用警方積極的蒐證,以證明被捕分子擁有黑社會犯罪之相關文件,同時要求幫派分子,接受所謂「放棄三合會會員籍的證書」(Triad Renunciation Certificate)的政策。這份證明文件乃由一個「放棄三合會會籍審裁處」(Triad Renunciation Tribunal)所簽發的。它創立於1988年,並非永久性的機構。

任何黑幫會員可以逕自向該「審裁處」招認其黑社會會員籍,且宣誓放棄會籍之後,可獲赦免曾是黑社會成員之罪。倘若該人在五年內犯下罪行被提控訴,過去的黑社會成分不會構成對其不利的條件。相反地,若本身是黑社會成員,而沒到「審裁處」登記其放棄會員籍的意願,日後因犯罪而致同時被控為非法組織成員,罪名成立時則以較重的「身為黑幫成員」的罪名受到處分。

(三) 日本

為防制暴力幫派之擴大從事違法活動及其彼此間之對抗衝突,日本政府於平成三年(西元1991年)訂頒「暴力幫派成員不當行為防止法」並於1992年3月起開始實施,對於暴力幫派之認定規定須由舉辦公聽會之方式,由國家公安委員會認定之。經認定為暴力幫派之成員,不得以暴力之行為如揭發他人隱私、強包工程或巧立名目等方式要求捐獻金錢物品敲詐勒索,對於暴力幫派間之對立抗爭,日本政府得加以限制其活動,且暴力幫派成員不得強迫少年加入或妨害其脫離暴力組織(陳進銘,1992;黃昭正,1992)。

(四) 中華民國

　　我國為防制組織犯罪，以維護社會秩序，保障人民權利，於民國107年1月3日修訂公布組織犯罪防制條例，其對於幫派分子之各項活動亦具有部分管理抗制效能，該條例第2條規定：「本條例所稱犯罪組織，指三人以上，以實施強暴、脅迫、詐術、恐嚇為手段或最重本刑逾五年有期徒刑之刑之罪，所組成具有持續性或牟利性之有結構性組織。前項有結構性組織，指非為立即實施犯罪而隨意組成，不以具有名稱、規約、儀式、固定處所、成員持續參與或分工明確為必要。」同法第3條第1、2、3項規定：「發起、主持、操縱或指揮犯罪組織者，處三年以上十年以下有期徒刑，得併科新臺幣一億元以下罰金；參與者，處六月以上五年以下有期徒刑，得併科新臺幣一千萬元以下罰金。但參與情節輕微者，得減輕或免除其刑。具公務員或經選舉產生之公職人員之身分，犯前項之罪者，加重其刑至二分之一。犯第一項之罪者，應於刑之執行前，令入勞動場所，強制工作，其期間為三年。」

　　前述為防制組織犯罪危害社會秩序所制定之法案，有關少年參加不良幫會之組織，我國亦早在民國62年11月2日司法行政部發布「有效防制青少年參加不良幫會組織方案實施要點」，在警察執法方面，要求各地警察機關，指定專人處理少年參加不良幫派之自首解散事宜，並全面清查有參加不良幫派組織嫌疑者。在司法偵查、審判方面，則採寬嚴並濟之策略，要求對主動自首、有悔改跡象之少年幫派分子予以從寬處理，或不予起訴或諭知不付審理或不付管訓處分。相反地，發現少年參加幫派、惡性重大者，則予從重處分（科刑），對於解散後重組不良幫派，而觸犯刑罰法令者，則從重處罰。在學校訓導方面，要求各級學校訓導人員，應注意學生在校內外之活動，防制學生密結不良幫會，同時對於參加不良幫會組織而已自首之學生，不得加以處分或歧視，且應適當鼓勵輔導。同時，要求有關單位應發動各廣播、電視機構及報章雜誌等新聞媒體為宣傳防制少年參加不良幫會應行注意事項，提高社會警覺。

　　民國62年12月26日，行政院復核定「有效防制青少年參加不良幫會組織方案」，除再次重申採前要點，並要求警察法院機關深入調查少年是否參加不良組織而犯罪，同時各監所、職訓隊、輔育院及中等以上學校，應注意防制其人犯、隊員、學生密結不良幫會。同時責令、司法行政部視實際需要，約集內政部、教育部、台灣警備總部、行政院青年輔導委員會檢討防制方案執行績效，俾溝通意見，協調合作，達成防制青少年參加不良幫會組織之目。對於檢舉或

協助破獲不良幫會組織者,則要求有關機關應嚴為保密及保障其安全,並酌情予以獎勵。

此外,內政部、法務部、教育部亦於70年3月4日發布少年不良行為及虞犯預防辦法。該條例第3條第4款規定,少年參加不良組織者,為少年不良行為,又根據該辦法第4條規定,少年有參加不良組織者,而有觸犯刑罰法令之虞者,為少年虞犯,其均受不良行為虞犯預防辦法規範。

102年12月9日修訂之少年不良行為及虞犯預防辦法第3條,則僅規定與有犯罪習性之人交往及其他有妨害善良風俗或公共秩序之行為等15項為少年不良行為。

另民國86年10月2日立法院修正通過的少年事件處理法,該法第3條第2項第4款規定少年參加不良組織者,由少年法院依本法處理之,將參加不良組織之行為界定為虞犯行為。惟108年6月19日新修訂之少年事件處理法未具體規定,已刪除前項虞犯行為。

結 論

對少年犯罪之探討倘未能觸及少年結幫之群體現象,恐無法真正瞭解為何部分少年在某些情況或壓力下不自主的從事偏差與犯罪行為。雖然,結幫並不必然意味著為偏差或犯罪行為型態之同義字,惟最近研究卻顯示少年參加幫派後明顯的增加其從事偏差與犯罪行為之機率。其次,對少年幫派進行深入瞭解之結果,發現青少年幫派之組織似較成人幫派鬆散,經常無法維持長久,甚至曇花一現。惟值得注意的是近年來許多組織較嚴密完善之成人幫派卻利用各種機會企圖吸收、操縱少年成員,為其外圍組織。另外,少年幫派之活動範疇至為廣泛從打架、嬉戲至暴力鬥毆、爭奪地盤、甚至銷售毒品等皆有,端視幫派屬性與組織大小而定。少年幫派之形成原因甚為複雜,然而研究大致指出其與少年無法獲取家庭適當關愛,企圖滿足其追求同輩認同及成人地位密切相關。防制少年幫派之從事違法活動可從下列三方向著手;強化家庭功能;行政部門採行實質之干預(介入)措施;並積極協助其脫離幫派之組織。透過立法,加強疏導、專業之輔導與管理。

參考書目

一、中文部分

吳嫦娥（2002）。青少年幫派問題。刑事政策與犯罪研究論文集，第5期，頁175-189。

杜讚勳（1984）。台灣地區幫派之研究。中央警官學校犯罪防治學士論文。

徐呈璋（2000）。青少年不良幫派形成過程及相關因素之研究。中央警察大學犯罪防治研究所碩士論文。

張景然（1992）。青少年犯罪學。巨流圖書。

許春金（1990）。台北市幫派犯罪團體之實證研究。行政院國家科學委員會。

郭淑菀等（2001）。台北縣幫派入侵國民中學之探討。載於台北縣國民中學設置專業輔導人員計畫成果研計會手冊（頁151-202）。

陳進銘（1992）。日本暴力幫派成員不當行為防止法。刑事科學，第34期，頁97-99。

麥留芳（1991）。個體與集體犯罪。巨流圖書。

黃昭正譯（1993）。暴力團體對策法之意義及今後之課題。矯正月刊。

黃維憲（1983）。話說少年幫派。載於青少年犯罪心理與預防。百科文化。

楊士隆、程敬閏（2001）。幫派少年成長歷程與副文化之調查研究。犯罪學期刊，第8期。

蔡德輝、楊士隆（1999）。校園安全之危機：幫派與少年之連結。校園暴力防制研討會。

蔡德輝、楊士隆（2002）。台灣地區少年加入幫派危險因子之實證研究。行政院國家科學委員會專題研究計畫。

二、外文部分

Block, H. A. and Neiderhoffer, A. (1958). The gang: A study in adolescent behavior. Philosophical Library.

Cloward, R. A. and Ohlin, L. E. (1960). Delinquency and opprtunity: A theory of delinquent gangs. Free Press.

Erickson, M. L. (1971). The group context of delinquent behavior. Social Problems, 19: 114-

129.

Erickson, M. and Jensen, G. (1977). Delinquency is still group behavior. Toward revitalizing the group premise in the sociology of deviance. Journal of Criminal Law and Criminology, 68(2): 262-263.

Hirschi, T. (1969). Causes of delinquency. University of California Press.

Ianni, F. and Reuss-Ianni, E. (1972). A family business: kinship and social control in organized crime. A Mentor Book.

Klein, M. W. (1971). Street gangs and street workers. Prentice Hall.

Miller, W. B. (1958). Lower class culture as a generating milieu of gang delinquency. Journal of Social Issues, 14: 5-19.

Miller, W. B. (1975). Violence by youth gangs and youth groups as crime problem in major american cities. Report to the National Institute for Juvenile Justice and Delinquency Prevention.

Short, J. F. and Strodtbeck, F. L. (1965). Group process and gang delinquency. University of Chicago Press.

Spergel, I. A. (1989) Youth gangs: Problem and response. A review of the literature (Tech. Rep. No. 1, National Youth Gang Suppression and Intervention Project). University of Chicago, School of Social Service Administration.

Spergel, I. A. (1995). The youth gang problem a community approach. Oxford University Press.

Spergel, I. A. and Curry, G. D. (1990). Strategies and perceived agency effectiveness in dealing with the youth gang problem. In R. C. Huff (Ed.), Gangs in America (pp. 288-309). Sage.

Stier E. H. and Richards, P. R. (1987). Strategic decision making in organized crime control. In U. S. Department of justice symposium proceedings (pp. 65-80).

Thornberry, T. P., Krohn, M. D., Lizotte, A. J., and Chard- Wierschem, D. (1993). The role of juvenile gangs in faciliating delinquent behavior. Journal of Research in Crime and Delinquency, 30: 55-87.

Thrasher, F. M. (1927). The gang: A study of 1,313 gangs in Chicago. University of Chicago Press.

Yablonsky, L. (1962). The violent gang. Nacmillan.

第十七章　飆車與少年犯罪

　　自民國75年、76年沉寂一段時間後，近年來青少年飆車風再度興起，引起輿論與媒體之多方關注。但與十年前相比較飆車活動已從單純這競速賭博質變成暴力傷害事案，不僅飆車少年在「自己心情不好」或「對方看了一眼不爽」，隨易亂砍殺路人，同時更公然向執行法律與公權力之警察人員挑釁，其活動範疇亦從郊外轉移至人多熱鬧之市區，且飆車規模趨於組織化，並涉及加霸王油、搶劫、凌虐少女等多項不法活動。

　　有鑑於青少年飆車活動造成多項社會問題且朝向危害社會安寧秩序發展，本章蒐集國內外相關新近研究文獻，對於少年飆車之發展，衍生之各項問題予以探討，並分析其成因，研擬妥適輔導對策。

第一節　少年飆車問題之形成與發展概況

　　飆車為青少年追求刺激、狂熱之代表性活動，在歐美及鄰近之日本皆曾興盛一時。此種聚眾高速騎乘機車行為最初係源起自1940年代美國，開始時僅係單純地超速競駛，並未引起太多的社會關注，因此美國人將之稱為「飛車」（Speeding），然而隨後於1947年在加州發生數以千計之飛車集團聚眾鬧事並毀損財物的重大事件，不僅使名為「地獄天使」（Hell's Angels）的飛車集團聲名大噪，更使得該名稱被類化援用成為美國民眾對飛車族群的稱呼（程又強，1995）。相類似地，日本於第二次大戰後，亦出現飛車族群（亦稱暴走族），其在1980年期間，活動達到最高潮，飆車族不僅穿著一致之服飾，使用團旗，且聲勢浩大，吸引近百人參加瘋狂之集體超速駕駛活動（Sato, 1991; Kersten, 1993）。由於前項飆車活動影響及交通安全，且導致不少暴力事件發生，因此受到政府與民眾高度關切。值得注意的是，暴走族之活動未停息，其逐漸變質，而衍發許多擾亂社會治安事件，日本學者Tamura（1989）對1,176名遭逮捕之飆車族少年調查中即發現，飆車族涉及多項罪名，包括交通違規、攜帶刀械、與其他集團鬥毆、搶奪財物、藥物濫用（吸食溶劑）等。

　　至於台灣地區之較具規模飆車活動，則肇始於民國75年5月間，台北市北

投區大度路。民國76年夏，飆車活動由台北蔓延至其他地區（屏東、嘉義、雲林、彰化、台南、台中、苗栗、桃園等地）。各飆車路段，每適逢假日，聚集大批飆車，民眾亦紛紛圍觀，攤販聚集營業，妨害交通及公共安全至鉅。飆車事件，於期間造成26人死亡，102人受傷。此外，自民國76年5月以來，先後於屏東縣、台南市等地，造成群眾攻擊警察人員及裝備之嚴重事件，其中以飆車族於民國76年8月4日和台南警察局發生衝突，並聚眾圍攻交通隊及交通事件裁決所，縱火燒毀警察局，並搶劫福利社，最引人注目。

而飆車活動於沉寂一段期間後，於民國83年重新捲土重來；這次結合著的不全然是別人的下賭注競速賭博行為，而係青少年在「被對方看一眼，心裡不爽」、「心情不好」、「很刺激、很有快感」之情況下，在都市或郊區，以開山刀、西瓜刀等刀械無故砍殺過路行人。

而根據內政部警政署之資料統計，在民國82年7月1日至83年12月31日期間，台灣地區之青少年飆車事件共計發生65件，共導致12人死亡，169人受傷。其中民國83年9月11至25日，二周之內竟發生飆車殺人事件40件，並造成6人死亡，78人受傷，足見問題之嚴重性。

在84年期間，飆車活動愈演愈烈，進一步向取締之警察挑釁，於4月及6月間，分別以石塊、雞蛋作武器，蛋洗高雄新興分局五福派出所及台中縣市警分局，並且於期間衍生更多之治安事件，包括加霸王油、搶劫、凌虐少女等（張嘉明，1995）。84年6月18日台中警方會同保警，動用優勢警力，以偽裝撤哨的方式誘捕飆車族，並逮捕140餘人移送法辦，飆車族之氣焰始適時壓制，但警方「棍棒齊飛」的結果，亦付出鉅大之社會成本。此後，青少年飆車活動仍時有所聞，並未消聲匿跡，亟待謀求妥適對策因應。

第二節　少年飆車行為之成因分析

青少年飆車行為之成因至為錯綜複雜，非單一因素所能充分決定，茲援引相關之調查結果扼要說明。

一、行政研究發展考核委員會（1989）之「飆車問題之成因及其防治途徑」：此項專案研究係於民國76年間，鑑於飆車問題之日趨嚴重，由研考會邀集團內學者專家組成專案小組，對101名飆車參與者進行調查，其發現參與

飆車活動之主因包括「多數人在路上飆車覺得快樂而興奮」（62.5%）、「作為休閒活動」（52.9%）、「可發洩被壓抑的心理」（43.3%）。其他因素尚包括「參與飆車可結交朋友」（37.5%），「受到大眾傳播媒體影響」（34.6%）、「能得異性青睞」（20.2%），「表現英雄氣概」（18.3%）等。

二、法務部（1994）之「青少年飆車行為成因及防制對策」報告：鑑於青少年飆車暴力事件頻頻發生，法務部於民國83年11月間，針對所屬少年犯罪矯治機構收容人中有飆車經驗者801人，進行問卷調查，探討飆車行為之成因。主要發現如下：

　　(一) 參加動機：參加飆車動機，以飆車的感覺很爽，有成就感者居首位（50.1%），其次是受朋友、同學相邀者（40.8%），再次是藉飆車發洩悶氣者（39.5%）。

　　(二) 家庭原因：受家庭原因影響而飆車，以父母期望過高者居首位（22.2%），其次是對家庭生活方式不滿者（20.1%），再次是父母感情不睦或婚姻破裂者（19.8%）。

　　(三) 學校原因：受學校原因影響而飆車，以對上學不感興趣者最多數（70.3%），其次是成績低落者（24.7%），再次是學校管教不當或處罰不當者（13.4%）。

　　(四) 工作場所原因：受工作場所原因影響而飆車，以工作太累、太重者居首位（41.8%），其次是工作不能適應，壓力太大者（35.4%），再次是老闆太囉嗦而不滿意致相處不好者（16.9%）。

　　(五) 其他原因：受其他因素影響而飆車，以受學校或家庭「壞孩子」標籤影響，感到煩惱者居首位（38.0%），其次是發洩內心的憤怒，找人報復者（34.2%），再次是顯示自己已經長大成人者（31.7%）。

三、除前述政府有關部門之調查研究外，學者專家復根據其調查研究之成果或基於學術上敏銳之洞察力，而提出青少年飆車行為之成因，綜合敘述如後：（參閱田村雅各，1981；蔡德輝、楊士隆，1995；高金桂，1995；程又強，1995）

　　(一) 同儕人多好玩：飆車發生於5人以上團體占絕對大多數，在飆車之過程中更可吸引更多好奇者加入壯大聲勢，而顯得人多好玩、快樂而興奮。

　　(二) 追求速度快感：在夜黑風高之夜晚高速行駛機車，可追逐風、追逐月亮，更有急駛馳之快感，此種快樂感覺，無可言喻。

(三) 壓力、挫折感之瞬間紓放：疾風勁駛之飆車活動中，平日所承受之各項壓力及內心所累積的挫折感均可藉此舒解，而忘掉一切煩惱，發洩情緒。

(四) 追求時髦，怕趕不上時代：青少年期最在乎同儕友伴次文化之價值觀，因此當飆車成為風尚時，其深懼跟不上時代，在好奇及追求刺激之趨使下，極容易跟進，以避免為同儕為恥笑。

(五) 對家庭、學校生活不滿之反抗：飆車亦可視為對家庭、學校生活不滿的發洩，蓋在飆車過程中評斷之標準為「誰的速度快」、「誰的馬子漂亮」、「誰比較神勇」等。而不是家庭、學校之學業成績佼佼者或乖小孩，且飆車行為可做自己的主人，往東即往東，往西即往西，不受約束，並可自我肯定，因此飆車亦隱含有此類背景因素。

(六) 飆車可追求興奮刺激，向執法人員權威挑戰：青少年次文化團體特別強調強悍、向權威挑戰，故部分充滿叛逆性之青春期飆車少年，藉此追求興奮、刺激，表現其神勇的一面，或玩官兵捉強盜遊戲，爭取同儕（含女友）之支持。

綜上所述，青少年飆車之成因乃多因聚合之結果，此種瘋狂行為有其流行的契約與條件，在媒體之大力渲染及機車廠商之商業促銷下，加速了青少年飆車行為之蔓延。

第三節　少年飆車行為之特性分析

有關青少年飆車行為之相關因素，研究文獻之資料大致顯示：

一、行政院研究考核委員會之統計（1989）

(一) 飆車青少年基本人口特性

1. 年齡：以20歲以下者占最多數（81.7%）。
2. 性別：以男性為最多占97%，女性占2.1%。
3. 教育程度：以高中（職）者為最多（52%），國中及國中以下者（42.3%）。
4. 職業：技術工人為最多（50%），學生次之（35%）。

(二) 飆車之狀況

1. 機車擁有情形：自己買機車者（57.4%），父母買者（30.7%），向朋友借的（11.89%）。

2. 以改裝外觀形狀者最多（71.6%），把手次之（51.9%），變速箱齒輪再次之（48.1%），其他為後視鏡（44.4%）、引擎（43.2%）、減音器（39.5%）、輪胎（38.3%）、汽缸（38.3%）、喇叭（30.9%）、加速器（30.9%）。

3. 飆車消息來源來自大眾傳播媒體（71.6%），來自家人朋友（60.8%），來自機車買賣修理業者（33.3%），來自機車俱樂部（19.6%），路過得知（19.6%）。

(三) 父母之狀況：
父母對子女參加飆車瞭解情形：92.6%的父母不知道子女有飆車行為。知道的父母中有78.4%反對子女飆車，可是也有8.1%不管，13.5%鼓勵。

(四) 學業、工作情形：
飆車者對目前學業、工作滿意（58.6%），不能令人滿意（23.1%）。

(五) 社會關係：
飆車者對社會有強烈之不滿（40.8%）。

(六) 休閒娛樂：
沒有特殊興趣（97.1%），對機車活動有興趣（72.1%）。

(七) 解決飆車之方法：
有固定合法之安全賽車場後，公路飆車會減少（72.1%），有固定合法之安全賽車場次，警察應該嚴格取締公路上之飆車行為（64.4%）。

二、法務部之統計（1994）

(一) 飆車青少年之基本人口特性

1. 飆車年齡：飆車之年齡以15歲居首位（20.8%），其次是未滿14歲（19.7%），再次是16歲（17.7%）。

2. 飆車者性別：性別以男性較多（91.6%），女性較少（8.4%）。

3. 飆車者之教育狀況：教育程度以國中程度居首位（74.7%），其中休學或輟學者占相當程度之比例（42.6%），在學者次之（37.3%）。

(二) 飆車之狀況

1. 飆車日期及時間：飆車日期，以不一定者居首位（70.0%），其次是星期六者（18.6%）。至於飆車的時間則以晚上22時至凌晨3時者占大多數

（44.1%），而回答不一定者亦占不少比例（25.8%）。

2. 飆車頻率：飆車頻率，以不一定者居首位（62.2%），其次是每周數次者（12.5%），再次是一天數次者（11.9%）。

3. 飆車方式飆車方式，以超速行駛者居首位居位（86.4%），其次是占用快車道者（46.6%），再次是拔除消音器者（35.2%）。

4. 機車改裝情形：機車改裝情形，以改裝者占絕大多數（84.7%），至於改裝的部位以加速管居首位（82.7%），其次是外觀形狀的裝飾（71.6%），再次是引擎（68.5%）。

5. 飆車結夥情形：飆車行動以結夥行動者占絕大多數（76.6%），單獨一個人行動者次之（16.8%）。至於結夥的人數以6至10人者為所占比例最多（34.6%），其次是11至20人者（24.9%）。

6. 飆車攜帶刀械、棍棒情形：飆車時攜帶刀械、棍棒者人數甚多（62.3%），沒有者次之（37.7%）。攜帶的種類以刀械占最多（72.8%），其次是棍棒（34.8%），再次是槍枝（18.0%）。至於理由則以作為防身武器者為最多（76.4%）。

7. 發生意外事故情形：發生意外事故者占三分之一強（33.3%）。意外事故，以自己撞傷或被撞傷者居首位（46.1%），其次是機車毀損者（42.8%）。

8. 飆車前是否吸用毒品及其種類：飆車前有吸用毒品者甚多（41.1%）。至於吸用種類當中，以安非他命占最多數（94.2%）。

　　(三) 父母之反應：家長不知道飆車占極高之比例（43.4%）。至於知道後反應，以勸導以後不要再飆車者占多數（64.7%）。

　　(四) 將來飆車情形：青少年將來還想不想飆車，不想再飆車者占多數（63.8%），想再飆者次之（32.7%），而無所謂者較少（3.5%）。至於將來不想再飆車，其原因以不再年少氣盛，而輕易去做充滿刺激的飆車行為者居首位（46.3%），其次是不想讓親友擔心發生交通事故者（45.0%），再次是已有飆車經驗，不想再嘗試者（39.8%）。而將來想再飆車，其原因以將來政府若設置合法的機車賽車場所的話，還是會再飆車者居首位（56.2%），其次是飆車只是一種休閒活動，只要不發生事故，有何不可者（48.5%），再次是沒有理由者（6.1%）。

三、警政署（1994）之統計

　　依警察機關統計，民國83年1月至10月間，總計破獲30件飆車殺人傷害

案，逮捕人犯182人，除此之外，尚有許多在逃未捕獲者。依其資料，介紹如下：

(一) **飆車時間**：絕大多數之案件發生於夜晚10時至零晨3時許，占84%。

(二) **飆車地點**：大多數生於濱海之中小城市及其毗鄰道路（如清水、沙鹿、花蓮市、大里、龍井），約占三分之二（66%）。這些地區道路通常寬直、夜晚人車較少，警力密度亦較低，為飆車者所喜好之地點。

(三) **飆車人數**：10人以上之飆車團體有八案（25%），5人以上9人以下有14案（占44%），兩者合計占69%；另2人以上4人以下有7案（占22%），單人飆車只有3案（占9%）（引自高金桂，1995：16-17）。

綜上所述，青少年飆車並非男性之專利，在年齡層上有降低之趨勢，其飆車大多在乎狂飆之感覺，未考慮及飆車之危險性。飆車前不少青少年有酗酒、吸安之現象，而許多父母並不知曉子女有飆車之行為。

第四節　少年飆車行為產生之影響

青少年飆車行為發展迄今已不僅止於個人追求速度和高度危險性的刺激，其產生之影響係多向度且無遠弗屆的。尤其，在大規模之飆車活動中，青少年極易在同儕團體壓力下，喪失理性，無視於法律之存在，而發生逾越法律規範之行為。綜合學者專家之見解，青少年飆車行為造成之影響至少涵蓋下列八個層面：

一、妨害交通安全：飆車活動最易影響及道路行車安全，在高速蛇行或逆向行駛之情況下，往往使得道路行車陷於癱瘓，在進一步吸引圍觀民眾群眾後，使得交通秩序更趨於混亂。

二、製造噪音與髒亂：青少年飆車時往往小販聚集，在圍觀民眾之掌聲鼓噪下，製造許多噪音影響及社會安寧，同時隨時丟棄之垃圾製造髒亂，污染乾淨道路。

三、助長賭博歪風：飆車之現場往往有部分人藉機賭博，一決勝負，因此飆車活動亦可能因此無形中助長賭博的歪風。

四、打架群毆，團體抗爭：青少年飆車活動，經常和其他車隊成員（較車），在競爭之過程中，極易因偶發事故，而引起群體互毆、械鬥，造成許多

傷亡。

五、衍生犯罪案件：在國內飆車青少年已質變產生許多攻擊、暴力行為，並有洗劫加油站，殺人等紀錄。此等因飆車衍生之各項暴行，值得憂心。

六、引發警民對立：飆車活動已轉化成向警察公權力挑釁之局面，甚至蛋洗警局。縱火燒毀、衝撞警察，為免事態擴大，警方之強力取締有其必要，而在嚴格執法之同時，極可能造成傷亡，引發警民對立，徒增社會成本。

七、增加警察勤務負荷，造成警力不足：為維持交通之順暢，防止飆車族滋事，警察必須增加勤務負荷使得原本警力呈現不足之現象，更趨於惡化，直接或間接影響其他治安維護工作之進行。

八、造成車禍與死傷：青少年勁速飆車具有相當高之危險性，然許多青少年不僅無照駕駛，且缺乏安全設備（如未戴安全帽），在此情況下導致許多傷亡情事發生，諸如造成植物人或一輩子做輪椅之悲劇時有所見，而遺憾終身。

第五節　少年飆車行為之法律回應

青少年飆車行為除依責任歸屬可能涉及違反道路交通管理處罰條例、社會秩序維護法條例外，嚴重者尚可適用刑法之規定，倘因飆車發生車禍，致侵害他人權利，飆車更可能涉及侵權行為之民事責任。分述如後：（參閱高金桂，1995：15-16）

一、無照駕駛：未領有駕駛執照車者依道路交通處罰條例第21條規定，可處駕駛人6,000元以上1萬2,000元以下罰鍰，並當場禁止其駕駛。未滿18歲之人及其法定代理人或監護人應施以道路交通安全講習。

二、改裝機車：諸如「擅自增、減、變更原有規格致影響行車安全」，可依道路交通管理處罰條例第16條第2款，處以900元以上1,800元以下罰鍰。

三、不當駕駛行為之處罰：飆車者若不按遵行方向行駛（逆向行駛）或在多車道不依規定駕車，可依道路交通管理處罰條例第45條第1款加以處罰（600元以上1,800元以下罰鍰）。飆車者於道路上蛇行，或迫車讓道，或以其他危險方式駕駛，或拆除消音器，或以其他方式造成噪音，可依同法第43條加以處罰（6,000元以上2萬4,000元以下罰鍰）。

四、製造噪音：依社會秩序維護法第72條第3款規定，製造噪音或深夜喧

嘩,妨害公眾安寧者,處新台幣6,000元以下罰鍰。

五、攜帶凶器飆車:飆車時有攜帶刀械,而有下列情形之一者,可依槍砲彈藥刀械管制條例第15條處罰最重二年以下徒刑,包括一、於夜間犯之者;二、於車站、埠頭、航空站、公共場所或公眾得出入之場所犯之者;三、結夥犯之者。另製造、販賣或運輸刀械者可依同法第14條第1項,處三年以下有期徒刑。

六、飆車妨害公眾往來安全:飆車行為常超速過度,致其他加強人或行人身陷危險,或忽快忽慢干擾其他交通參與者。刑法第185條規定:「損壞或壅塞陸路⋯⋯或以他法致生往來之危險者,處五年以下有期徒刑⋯⋯」。飆車往來於同一路段,如已達壅塞交通,足以生交通往來之危險,視為以「他法」致生往來之危險(司法院74年2月27日刑一字146號函;高院77台上2459號判例)。據此,則飆車已構成公共危險罪,若因而致人於死,處無期徒刑或七年以上有期徒刑;致重傷,處三年以上十年以下有期徒刑(同條第2項)。

七、發生車禍:飆車者及指揮飆車者,如因飆車而發生車禍,致侵害他人之權利,可依民法第184條負侵權行為之損害賠償責任。

綜上所述,青少年飆車衍生之問題已不侷限於行政處罰範疇,甚至已提升至刑事不法層次,並可能涉及民事訴訟,因此其危害性及不法性已昭然若揭。

第六節 飆車少年與暴力行為分析

鑑於近年來飆車青少年暴力事件愈趨於頻繁、嚴重,並且遍及全省各地,造成民眾恐慌,帶來嚴重之治安問題,本章進一步援引教育部委託筆者從事「飆車少年(學生)暴力行為之分析與輔導對策研究」,深入探討其內涵。

此項研究係對台灣地區四個少年觀護所(台北、台中、高雄、花蓮)中,因飆車暴力攻擊行為,而在民國83年、84年接受「收容」之犯案帶頭少年22名進行半結構式之深入訪談,研究結果如下:

一、飆車暴力攻擊行為之動機

青少年飆車暴力攻擊行為之動機至為錯綜複雜,但呈現之理由往往甚為直接,包括飆車成員遭欺凌欲討回公道、對方越線超車、看不順眼、調戲女孩起

衝突，按喇叭、互瞄一眼、飆車傷人為樂、不高興、報復認錯人，洩怒等。

二、飆車暴力行為之特徵

(一) 暴力行為之發生並不侷限於以十至百人之車隊型態出現，三至五名之聚合亦可能因衝突或偶發事故衍生嚴重之暴行。

(二) 犯行日益凶暴，包括以械具砍傷陌生人，學生並予追殺，甚至攻擊警察等。

(三) 暴行經常由大哥及成年人帶引，成員大多為未滿18歲之少年。

(四) 從事暴力行為時，均充滿激情或仇恨，事後合理化其行為現象。

(五) 從事暴力行為少年，大多自我表現慾強烈，並且藐視法律。

三、飆車少年之各層面生活史

(一) 前科紀錄：從事暴力行為之飆車少年常在早期（國中階段）即有偏差與犯罪行為紀錄，包括濫用藥物、偷竊等。

(二) 家庭關係：從事暴力行為之飆車青少年其家庭結構較不健全，親子溝通亦趨於惡劣，父母管教更嚴苛、分歧、不一致、溺愛等現象。此外，不少犯案青少年家庭結構尚稱完整，與一般家庭無異，甚至優渥，但因父母忙碌、疏於管教、致其行為不受約束，而鑄成大錯。部分家庭並有家庭病史及犯罪紀錄。

(三) 學校關係：從事暴力行為之飆車青少年或因本身條件，興趣始然，較不喜歡學校生活，或無法適應學校生活，而有中途輟學之現象。其次，在求學期間，大多有抽菸、逃學、蹺課、打架之早期問題行為出現。而嚴重犯行大多於休學或輟學後發生。

(四) 社會關係方面：多數從事暴力攻擊行為之青少年或由於人格特質，趨於衝動、好動、善變、偏激，亦有鬱悶、焦慮、矜持等特性，普遍人際處理缺乏成熟，人際關係不佳，但值得注意的是，其在此情況下，卻結合一群共同命運者，形成獨特飆車團體解決其適應之問題。

四、飆車暴力事件之內在意涵

飆車族由傳統之競速賭博演變成今日之瘋狂暴力攻擊行為絕非偶然，其凸顯出當前社會存在之各項問題：

(一) 青少年自我控制力低落，經不起挫折與壓力。

(二) 青少年個人自我本位主義擴張，「只要我喜歡有什麼不可以？」，缺乏體

諒他人的心及對生命價值的尊重。

(三) 向權威挑戰，爭取同儕之認可，表現強悍、勇敢一面。

(四) 家庭功能不彰，管教不當，親子缺乏溝通，疏於管教，或家庭暴力頻傳致使少年行為偏差，並出走家庭。

(五) 學校教育病理現象未化解，部分少年痛恨厭惡學校生活，轉而結合一群共同命運者，追求刺激滿足，以解決其適應之問題。

(六) 社會各項暴力事件頻傳，媒體大幅渲染，報導暴力案件，致青少年耳濡目染，習以為常。

第七節　少年飆車問題之防治對策

青少年飆車問題已對家庭、學校及社會治安各層面帶來鉅大衝擊，並產生許多負面影響。鑑於青少年飆車問題突顯出當前社會許多病態現象，而非單純之少年青春期斷乳問題，因此其防治對策應是多向度的，從治標治本齊頭並進，始能展現防治效果（法務部，1994；楊孝濚，1995；蔡德輝、楊士隆，1995）。

一、治本之措施

(一) **加強親職教育、健全家庭功能**：工商業發達，社會結構改變，加上歐美文化入侵，家庭結構因此產生重大變化。無論是單親、破碎家庭之增多，抑或是父母忙於生計，均極易造成父母對子女疏於管教或管教不當，導致子女走出家庭從事偏差行為，因此，應強化親職教育工作之推展，並廣泛運用大眾傳播媒體密集宣導親職教育，舉辦大規模親職教育活動，建立協助家庭輔導體系，強化家庭功能，並考慮在國、高中及大學階段，將親職教育列入正式課程施教，使得人人均可扮演好父母之角色，具有妥適之管教知識，以避免少年偏差行為（如飆車）之發生。

(二) **促父母關心、注意少年獨特之行為與成長變化**：飆車青少年雙親往往未能掌握住少年之性格與行為特徵，且未能關心、注意及少年之成長變化。經常在少年發生偏差與犯罪行為之後，始領悟事態嚴重性（林世英，1991）。因此，應促父母深入瞭解少年之行為傾向與成長中產生之變化，如青春期渴望獨立、自我表現、喜好刺激等特性，正確理解少年在家庭與學校生活之真相，

關心並注意少年，進一步予以指導鼓勵，應有助於紓緩少年偏差與犯罪行為問題。

(三) 致力教育興革，改善學校教育病理現象：學校教育之各項缺失、弊病對學生也會帶來諸多負面影響，因此各級教育單位應致力於建立教育機會立足點平等政策，檢討現行學制及校規，充分滿足各類學生需求，強化德智體群美五育並進之實質教育內涵，改進教育內容及教學方法，並設法暢通學生溝通管道，減少少年偏差行為。

(四) 各級教育單位應再強化青少年人文、法治教育：屬於「新新人類」族群之少年雖有獨特之價值觀、生活方式，然不少少年卻在自我本位主義極度擴張之下，遂養成欠缺體諒他人的心及生命價值的尊重。因此應結合社會各項資源，致力於強化其對人類社會之關懷；並加強其法治教育，使其知道法律規範之界限，從知法、崇法，進而守法。

(五) 強化青少年人際處理能力，維繫良好人際關係：飆車之少年之人格特質較於衝動、偏激、焦慮，部分具有錯誤不合乎邏輯之人生價值，人際處理缺乏成熟，人際關係不佳。因此各級教育輔導部門應強化少年之人際處理能力，教導其以理性、常理，合乎邏輯之思考方式，妥善處理人際衝突，維繫良好人際關係，避免偏差與暴力行為之發生。

(六) 賡續拓展學校—家庭溝通橋梁：青少年偏差與犯罪行為大多種因於家庭，並顯現於求學階段，然包括父母與教師卻經常互踢皮球，推卸責任。因此科以家庭與學校更多之責任，強化拓展學校與家庭之溝通與協調，共同交換管教子女意見，凝聚共識，乃成為重要的努力方向。

(七) 增設適合青少年之遊憩設施，落實休閒輔導教育：青少年正值人生之「狂風暴雨期」（或稱狂飆期）及「心理斷乳期」，有著無窮精力，渴望獨立，倘無適當途徑宣洩排遣，在不良娛樂場所或其他較為刺激活動之誘使下，極可能因此誤入歧途。故應增設正當並可滿足少年追求冒險、刺激之娛樂設施，從而建立可行的遊戲規則，以抓住少年「狂放的心」；學校並應落實輔導少年休閒教育，加重課外活動，以滿足學生需求。

(八) 協請大眾傳播媒體自我約制，並發揮教育功能：大眾傳播媒體倘過度渲染報導飆車或其他暴力行為，極易對少年產生負面影響，而促使飆車活動如傳染病一樣急速擴散。因此應協請大眾傳播主管機構致力於淨化媒體內容，同時發揮教育、警示之功能，對於飆車之刑責與傷害做深度報導，並以社論、專欄、短評及讀者投書方式，對飆車青少年予以譴責。

二、治標之措施

(一) **警察應持續加強取締，嚴格執法**：日本於1980年代暴走族橫行，在警方強力執法下，暴走族活動逐漸消弭，1995年6月間，台中警方強力取締飆車活動亦有效壓制青少年飆車活動氣焰。故警察應持續加強取締，並嚴格執法，以發揮遏阻青少年飆車活動之功效，但執法時宜講究疏導及其他取締技巧，以減少負面效應，使社會成本降至最低。

(二) **取締、驅散圍觀民眾，降低青少年飆車之興趣與聲勢**：青少年飆車活動聲勢之助長大多來自於圍觀的群眾，在人多、掌聲多的地方更容易製造飆車氣焰，使活動趨於熱絡，故對於好奇圍觀民眾應予取締、疏導，以降低青少年飆車之興趣與聲勢；除警方之行動外，大眾媒體應加以協助、配合。

(三) **加強取締擅自增、減、變更機車原有規格之活動**：青少年飆車時經常擅自或由機車廠商業者增、減、變更機車原有規格，以提升馬力，增加拉風機會，因此為有效抑制其飆車活動，亦應加強取締或協請廠商配合。

(四) **修法沒入飆車青少年騎乘之機車**：可考慮於少年事件處理法中增訂青少年持有供非行之物品，少年法庭得斟酌情節予以宣告沒收之規定，使飆車少年騎乘非其所有之機車，亦得予以沒入，收嚇阻之效。

(五) **顯著公布飆車青少年父母之姓名，並處以適當罰款**：取締少年飆車活動，除交由家長領回或依案情移送法辦外，應加重父母管教之責任，進一步公布飆車青少年父母之姓名，並處以適當罰款，或強制參與新職教育講習。

(六) **從嚴追究父母購買機車給無駕駛執照之子女騎用或因而肇事導致傷亡者**：青少年飆車使用機車之來源可能係來自父母，故應從嚴追究父母購買機車給無駕駛執照之子女騎用，或因而肇事導致傷亡者。值得注意的是，最近法院已有判例對縱容青少年飆車因而肇事之父母科以刑責。

(七) **降低青少年考照年齡，並規定少年騎乘機車須戴安全帽及參加交通安全講習**：青少年騎乘機車已成風尚，但許多少年（含飆車少年）並未有駕照，考慮到時代之演變，可降低18歲考照年齡之限制，但應規定少年騎乘機車須戴安全帽，且在正式上路前須參加交通安全講習，以強化行車安全，減少傷亡。

(八) **妥善設計、規劃、管理道路，減少青少年狂飆之機會**：飆車青少年經常選擇適合之道路狂飆，故對於飆車族常出沒之道路應予以妥適規劃、設計，必要時，增設路突或分隔汽、機車行駛之安全島，以減少青少年狂飆機

會，降低飆車興趣（另參閱楊士隆，1995）。

(九) **開放賽車場，並納入管理，導引部分飆車青少年走向健康之休閒活動型態**：飆車活動已對社會治安與民眾生活各層面帶來鉅大衝擊，隨著自由、民主、開放時代之來臨，可考慮予以適當輔導，納入管理，導引至健康之休閒娛樂活動型態，而開放賽車場雖並不一定能疏緩少年飆車問題，但可導引部分少年走向正軌，瞭解遊戲規則與民主法治之精神。

結 論

青少年飆車行為發展迄今已不單是少年同儕單純之競速、賭博現象，更涉及複雜之交通安全與社會安寧秩序問題，因此亟待有關單位予以正視。在回顧研究文獻中，我們發現飆車青少年普遍存有生活適應不良情形，不論在家庭、學校，抑或社會中均遭受甚多挫折感。在飆車問題存在之同時，飆車少年同時顯現諸多問題行為如酗酒、吸安、打架等。因此，防制青少年飆車行為有必要從多重角度出發，對飆車少年之家庭、學校與社會各層面深切檢討，從治標與治本向度，一併與青少年其他問題行為進行防治，以紓緩青少年狂飆之異常偏差行為現象。

參考書目

一、中文部分

田村雅各（1981）。有關法修正後暴走族動向之研究：加入者之社會心理特徵分析。
　　科學警察研究報告防範少年編，第22卷，頁46-66。

行政院研究發展考核委員會（1989）。飆車問題之成因及防制途徑。行政院研究發展
　　考核委員會。

林世英（1991）。飆車黨的病理和對策：以個人和家庭為中心。載於觀護選粹
　　（四）。台灣台北地方法院少年法庭。

法務部（1995）。青少年飆車行為成因及防制對策。法務部犯罪問題研究中心。

高金桂（1995）。飆車行為之社會因素。少年飆車行為防制對策學術研討會。

張嘉明（1995）。狂飆的年代──青少年飆車飆出社會問題。大眾周刊，7月1日。

程又強（1995）。影響飆車行為之心理因素。發表於少年飆車行為防制對策學術研討
　　會。

楊士隆（1995）。運用環境設計預防犯罪之探討。警學叢刊，第25卷第4期。

楊孝濚（1995）。飆車行為之防制對策。發表於少年飆車行為防制對策學術研討會。

蔡德輝、楊士隆（1995）。飆車少年暴力行為之研究。犯罪學期刊創刊號。

警政署（1994）。台灣地區83年度各警察機關破獲騎機車殺人、傷害案件資料。

二、英文部分

Kersten, J. (1993). Street youths. Bosozoku, and yakuza: subculture formation and societal re-
　　actions in Japan. Crime and Delinquency, 39(1): 277-295.

Sato, I. (1991). Kamikaze biker: Parody and anomy in affluent Japan. University of Chicago
　　Press.

Tamura. M. (1989). Changes in hotrodders in the last 15 years. Reports of the National Re-
　　search Institute of Police Science, 30(1): 101-110.

第十八章　女性少年犯罪

　　近年來，隨著經濟繁榮與社會急速變遷，家庭與社會結構面臨解組，價值體系產生混亂，加上婦女解放運動之蓬勃發展，少女犯罪的議題也相對受到重視。根據2024年內政部警政署統計室發布之警政統計通報，2023年警察機關查獲少年嫌疑犯1萬790人，占總嫌疑犯3.62%，與2022年相較，增加1,236人（+12.94%）。依性別觀察，男性少年嫌疑犯9,033人（占83.72%），女性1,757人（占16.28%），其中男性較上年增加1,012人（+12.62%），女性則增加224人（+14.61%）。男性少年嫌疑犯涉案類型以「詐欺」案1,796人（占19.88%）、「竊盜」案1,172人（占12.97%）及「一般傷害」案934人（占10.34%）居前三位；女性涉案類型以「詐欺」案397人（占22.60%）最多，「竊盜」案246人（占14.00%）及「兒少性剝削」案237人（占13.49%）次之。前述統計顯現少女犯罪嫌疑人人數與比例與男性少年嫌疑人相較增加更多，在罪名上，以詐欺、竊盜、兒少性剝削犯罪為最多。此等負面發展，為關心少女成長人士所不樂見。

　　儘管如此，由於少女犯罪之數量無法與男性少年相提並論，所觸犯之罪名多屬非暴力性質（雖然近年有朝暴力化之趨向），加上大眾傳播媒體偏向對男性犯罪活動渲染報導，也因此有關少女犯罪問題並未受到應有的重視。本章則嘗試探討其特性、分析其成因，以供參考。

第一節　女性少年犯之特性

　　基本上，少女犯罪由於生理、心理之獨特性質因而具有下列屬性，這些特徵並依犯罪類型之不同而呈現差異。

一、生理部分

　　少女犯罪基本上可能與女性荷爾蒙失調所產生之「月經緊張症候」（Premenstral Tension Syndrome）有關，此項症狀產生之焦慮不安、情緒不穩定、興奮、疲勞現象，極易促使少女衍生偏差與犯罪行為。其次，部分少女犯呈現智

能不足（Mental Retardation）情形，亦可能在智慮欠周、明辨是非能力較差，無法與其他競爭，或遭責難、恥笑之情況下，衍生偏差與犯罪行為。

二、心理部分

(一) 情緒方面：1. 抑鬱性較高；2. 欠缺理性、容易衝動；3. 焦慮性高；4. 情緒疏導能力較差。（馬傳鎮，1995）

(二) 性格方面：1. 刺激尋求取向高；2. 好奇心重；3. 自我克制能力差；4. 外控取向高；（馬傳鎮，1995）5. 以自我為中心；6. 心胸較狹窄，報復心較強。

三、家庭生活狀況

少女犯大多家境較為貧困，家庭結構欠缺完整，父母感情不睦（黃淑慧、陳美伶，1986），家庭功能失調，在家中缺乏父愛，大多排行老么（馬傳鎮，1995），常逃家獨自居住在外等。

四、學校生活適應

少女犯之教育程度以國中肄業為主，不喜歡學校課業、學校成績較差（黃軍義，1994），有較多逃學等偏差行為經驗，並有中途輟學現業。

五、社會關係

少女犯大多較早熟，有較多性經驗，較早接觸男性，人際關係與社交能力均較差，且有較嚴重之孤立感與疏離感（林世英，1991），但其與不良友伴之接觸趨於頻繁。

六、職業概況

少女犯之職業以無業占最多數，在校學生者次之，再次為服務業（法務部，1995），故其職業狀況欠缺穩定，且不少係在學學生，值得正視。

七、犯罪狀況

少女犯以毒品案件（如違反麻醉藥品管理條例、肅清煙毒條例等）、財產性犯罪（如竊盜、賭博）為主，並且在犯罪接受刑罰制裁前，大多有前科紀錄。一般而言，少女一旦沉溺於犯罪副文化，往往不能自拔，無法順利回復正常生活。

第二節 女性少年犯罪之成因

女性少年犯罪之成因在以往學界之偏見下，大多由傳統男性犯罪理論加以詮釋，然值得注意的是，這些以男性少年為導向之見解，並未充分考慮及女性少年犯罪獨特之生理、心理、教養與社會化過程因素，也因此依賴這些傳統理論觀點詮釋少女犯罪並無法一窺其全貌（Chesney-Lind and Sheldon, 1992）。所幸近年逐漸增加女性犯罪研究提供了許多珍貴訊息。綜合各家之觀點，女性少年犯罪之成因可摘要如下：（Siegel and Senna, 1991: 216-232；楊士隆，1995）

一、發展的理論（Developmental Theories）

此派理論觀點認為女性少年犯罪之成因乃其獨特生理、心理狀況與環境互動之結果。

(一) 早期研究之觀點

由於在早期女性犯罪甚為罕見，因此早期研究大致認為女性少年犯罪行為乃天生的或生理不良適應之結果。例如，義大利精神科醫師Lombroso與Ferrero（1895）發表之女性犯罪人（The Female Offender）研究即指出，女性犯罪人乃在生理上較為低劣之人種，其演化比男性落後，更趨於原始動物之特性。女性犯罪人之生理表徵包括後頭骨不規則，狹窄的前額，突出的顴骨及男性的臉部。其心智及生理方面擁有許多男性之特質。此外學者Healy與Bronner（1926）在其研究中亦發現大約70%之女性少年在體態特徵上具有某種程度之男性化表徵。

(二) 適應不良少女之觀點

社會心理學者Thomas（1925）在其《適應不良之少女》（The Unadjusted Girl）一書中指出，人類行為上有四大願望，即追求新經驗、安全感、榮譽與親和，Thomas認為就少女罪犯而言，其常為追求其新經驗、刺激與生活享受而從事非法行為。其關鍵在於部分少女缺乏道德教養且對於愛之施予與接受的需求甚大，因此極易以性為誘餌或形成娼妓以獲取物質上的滿足與享受。

(三) 邪惡之女性犯（The Devious Female）觀點

學者Pollak（1950）出版之《女性犯罪》（The Criminality of the Women）

一書，特別指出女性犯罪具有隱密之特性，較不易被發現、起訴與判刑，其與一般社會人士（含刑事司法執法人員）對女性抱持關懷、同情之社會期待密切相關。Pollak另行指出，女性文化期許及生理之特性，因而具有欺騙之特性，極易說謊，掩飾其罪行，而在男女雙重標準下，更助長了其偏差與犯罪行為。

(四) 心理動力之觀點

心理分析學派認為少女在兒童期成長期間因戀父情結，想成為男性，而產生之陽具妒羨（Penis Envy）心理倘不能克服，因而走向極端的話，極可能在日後發展成同性戀或朝男性化發展（Klein, 1979）。因此就心理分析學派而言，女性或少女犯罪乃被壓抑性慾、性別衝突及不良社會化之結果。

(五) 當代生物社會學之觀點

當代生物社會學者Dalton（1978）曾指出女性內分泌腺控制之月經前及月經期間影響及其攻擊行為之發生，其研究另行指出，在校女學生在月經期間之學業與行為均陷入較差之表現，而一般女性在此期間亦較容易發生意外事故與心理疾病。Dalton之研究突顯了女性獨特生理因素與犯罪行為之關聯性，但該研究忽略了女性在月經之前及月經期間產生之症狀，較易引起發怒、興奮、緊張、焦慮之情緒，而此等現象為導致其偏差與犯罪行為之重要因素。

二、社會化理論（Socialization Theory）

此派理論認為少女之社會心理發展倘受負面家庭、朋友或社會不當之影響，將促其產生偏差與犯罪行為。

(一) Konopa之研究

學者Konopa（1966）在矛盾之少女（Adolescent Girl in Conflict）研究中指出，女性少年之犯罪與少女懷抱之不確定、孤獨感密切相關。尤其在少女時期，少女主要情緒需求為獲取異性之接受。假使接受此等感情需求之管道受阻或遭破壞，其極可能因此沉淪於不正當性愛關係而加以反抗。Konopka認為影響少女孤寂與偏差行為之四大因素包括：

1. 女性少年青春期之來臨，由於受到父母偏見與不恰當之處理，因此產生許多適應上的問題。
2. 在缺乏父愛之家庭，蘊育少女情感之重要對象缺席，往往使得少女無法培養正常之異性認同，產生孤寂。

3. 缺乏教養與職能訓練，致部分少女無法擺脫低報酬陰影而走入歧途。

4. 社會對年輕女性抱持偏見，未注意其需求。

(二) Vedder與Somerville之研究

學者Vedder與Somerville（1970）在犯罪少女（The Delinquent Girl）之研究中亦指出，少女犯罪通常是家庭與社會壓力適應不良之結果。根據他們之推估，大約75%接受感化教育之少女有嚴重家庭問題。此外，其另發現在男性主導之文化體系中，少女亦面臨許多適應之問題。

(三) Glueck夫婦之研究

Glueck與Glueck（1934）在對500名女性犯（Five Hundred Delin- quent Women）之研究中，亦發現女性犯在少女時期即涉及許多性偏差行為。他們指出性犯罪與一般行為適應問題隨著少女家庭之不穩定狀況而同時發生。

(四) 何秀珠（1981）之研究

國內學者何秀珠（1981）在一項輔育院女性犯之研究中指出，女性少年的犯罪與逃家、逃學有密切相關，逃家、逃學可謂少女犯罪之前奏曲。其指出，父母感情不和諧，家庭氣氛不融洽以及父母管教不當均與少女犯罪密切相關，亦即少女犯罪受父母、家庭影響很大。同時，少女犯自小很少接受父母、師長有關社會道德、倫理觀念及責任感之教導，致使其無法分辨自己言行的善惡與是非。至於少女從事性犯罪之原因與父母管教不當、支離破碎的家庭、同伴之模仿與幫團壓力及性能力之印證等均有關。

(五) 黃淑慧、陳美伶（1986）之研究

黃淑慧、陳美伶（1986）在一項對女性受刑人及少年輔育院接受感化教育女學生之調查研究中曾指出，女性犯之反社會行為大致在青春期以前即已形成，其在犯案前一年之生活中，家庭氣氛或經濟狀況均較惡劣，且較常離家與不良友伴交往。

(六) 陳玉書（1988）之研究

陳玉書（1988）以台北縣（市）12歲以上18歲未滿之少女1,008名及接受保護管束與感化教育之少女93名加以調查，發現女性少年愈不附著於家庭、學校、致力於參與傳統活動，並且信仰法律與價值規範，愈可能從事偏差與犯罪行為。

(七) 林世英（1991）之探討

林世英檢視日本少女非行文獻後指出，少女因為和父母關係的不協調而導致無故外宿（外遊）、離家出走情形乃其非行之來源。亦即其指出，少女和家庭之和諧關係的破裂是其奔馳於非行與犯罪行為之主要原因。

三、女性解放理論（Liberal Feminist Theory）

此派理論認為女性犯罪之發生與婦女解放，獲取經濟、教育、社會地位後，效法採取男性化行為活動之結果。

(一) Adler（1975）之研究

Adler（1975）在犯罪姊妹（Sisters in Crime）之研究中指出，隨著女性解放運動之來臨，女性同胞不再只在廚房與照顧嬰兒，相對地，其投入先前完全以男性為主之就業市場，在此競爭情況下，女性因而與男性面臨相同平等的機會參與犯罪活動，其並已不再是柔弱且守法之個體。因此，女性犯罪即為女性效法採取男性化行為活動之結果。少女在女權運動之影響下，亦面臨同樣犯罪誘因。

(二) Simon（1975）之研究

Simon亦對女權運動發展與犯罪之關聯性進行調查。其在《當代女性與犯罪》（*The Contemporary Woman and Crime*）一書中，以婦女在勞動市場之地位、婚姻狀況、生育情形、收入及接受教育概況，調查二十年來（1953、1963-1972）其與女性犯罪、類型及接受處遇之關聯性。研究結果顯示，支持女權運動之觀點，並指出隨著女性角色、社會地位及生活型態之改變，女性參與白領犯罪與財產性犯罪均將增加。

四、激進派女性主義之觀點（Radical Feminist Views）

前述觀點大致已對男女在犯罪原因上之性別差異及婦女解放運動對犯罪之影響做扼要說明，惟1980年代以後，另一批屬馬克思女性主義觀點之學者卻指出，女性犯罪係社會結構下之被害者，其係在資本主義體系下，受到政治、經濟、法律各方之剝削與壓迫，因而缺乏參與成功向上之機會，轉而形成偏差與犯罪行為之無奈事實（Chapman, 1980; Smart, 1979）。此外，激進學者另指出，女性犯罪亦源自於男性至上之父權社會體制（Patriarchy）、女性其後之從屬關係、男性之侵略攻擊及男性以性控制女性之作為（Simpson, 1989）。

(一) Chesney-Lind（1973, 1989）之研究

學者Chesney-Lind（1973, 1989）對於少女在刑事司法體系中之被害情形曾做深入之探討。她發現在夏威夷之警察人員對少女之性行為活動較可能予以逮捕，而忽略男性少年之是項行為。在其調查之對象中，74%之少女以從事性行為及行為放蕩不拘名義遭逮捕，而男性少年僅占27%。更進一步地，法院對70%以上之少女個案強制體檢，而僅約15%之男性個案須接受此項甚為尷尬之檢查。同樣地，女性少年較男性個案容易遭受監禁，且其停留於矯治機構之時間亦較長。

根據Chesney-Lind之見解，女性少年在合乎社會規範行為之認定上較男性少年為狹隘，在性別差異不平等之雙重標準下，極易遭受不必要且過當之迫害。

(二) Hagan等（1985, 1987）之研究

學者Hagan等人於近年提出權力控制理論（Power Contol Theory），強調男女性別角色差異，而衍生不同之偏差與犯罪行為數量，與其家庭結構受社會階層及經濟情況影響密切相關。他們指出以父權為主之家庭，父親負責生計，母親照顧子女之安排下，將促使母親對女孩之管教趨於嚴格，對男孩之管教則趨於放任，並允許更多之自由，在此情況下，女性由於受到諸多限制與管制，因此其犯罪之可能性降低，男孩則升高犯罪之可能性。相反地，在平權之家庭，即母親與父親無論在工作或家庭中均享有平等之地位，女孩即可能減少受父母之約束與管制，而可能衍生與男孩相同之犯罪行為。此外，女性少年犯罪更容易發生在破碎家庭，尤其是缺乏父親之單親家庭中。Hagan等人之研究突顯出少女偏差與犯罪行為之發生，與其家庭結構，尤其父母之社會階層與經濟地位密切相關。

第三節　女性少年犯罪之防治對策

有關少女犯罪之防治，無論其屬何種犯罪類型，均應著重「預防勝於治療」之理念，以避免其進一步沉淪，付出更高之社會成本。茲依少女犯之特性及成因分析結果，提出防治對策如後：

一、健全家庭功能，減少家庭病理：少女犯罪之產生與家庭結構欠缺完

整、貧困、父母管教不當、親子關係不良、家庭欠缺和諧等密切相關。因此，透過社區鄰里、學校、社團及其他政府與民間機構協助，強化親職教育、健全家庭功能、協調解決家庭紛爭與暴力，乃成為防治少女犯罪之重要課題。

　　二、強化中輟少女之協尋與輔導：研究發現少女犯多為中輟學生，且在校表現不良（蔡德輝、楊士隆，1998）。因此，學校對於高危險群的少女應加強輔導，儘量減少少女的輟學。若有輟學的少女，學校亦應持續追蹤與輔導，或是轉介至相關單位。

　　三、強化少女道德與法治教育：女性犯罪具有隱匿之特性，加上傳統對女性之雙重標準與善意保護，因此極易促使女性養成不守法之觀念，直接間接影響其犯罪之發生。研究指出犯罪少女貪圖逸樂，守法觀念薄弱（蔡德輝、楊士隆，1998），為此，有必要加強少女道德法治教育，並促刑事司法體系中警察、法院與犯罪矯正各部門均衡、平等處理少女犯罪問題，避免過於寬容致衍生副作用。

　　四、強化少女抗拒誘惑之能力：隨著女權運動之擴展，許多少女走入就業市場與男性一較長短，在競爭之情況下，相對地，其與男性相同，面臨許多誘惑與犯罪機會。此外，研究亦指出少女極易受非行同儕之副文化影響而沉淪，因此，如何強化其抗拒誘惑能力乃成為抑制少女犯罪之關鍵。具體做法，如強化家庭功能，倡導樸實勤儉的生活，教導青少年明辨朋友義務之意義，促其瞭解犯罪代價等，均為努力重點。

　　五、強化少女休閒活動規劃：近年來少女犯罪中毒品與財產犯罪有急速增加之趨勢，雖然此乃整體大環境社會風氣逸樂、投機之趨勢，然而其卻突顯出國內少女生活日加苦悶，缺乏妥適休閒活動之問題。因此，政府有必要強化少女休閒活動之規劃，主辦符合少女志趣之活動，引導其迎向朝陽，走出陰影，多從事有益身心健康之休閒活動，以減少犯罪之發生。而學校亦有必要加強休閒教育課程，並成立休閒諮詢單位，提供休閒訊息。

　　六、改善少女處於低社經地位之結構：研究指出部分少女犯罪之發生與其長期居於社會結構底層之劣勢有關，尤其在經濟社會地位上受到剝削與不公平對待的結果，極易因缺乏向上之機會，轉而受到不良友伴之影響，而衍生許多偏差與犯罪行為，甚至造成特定犯罪如賣淫等，以彌補其物質上之缺憾，因此致力於改善其可能遭受歧視境況，強化其職業技能與就業能力，提升其經濟能力與社會地位，應有助於舒緩少女犯罪問題。

結 論

　　綜合言之，女性少年由於獨特之身心特性與接受社會化過程之差異，因此衍生迴異於男性少年之犯罪型態。近年來，隨著女權運動之發展，男女在各層面日趨平等，女性接觸到犯罪之機會亦相對的增加，加上整體社會風氣日趨敗壞，笑貧不笑娼觀念橫行，投機風氣普及，少女在此情況下比以前面臨更多之犯罪誘因。在對少女犯罪之發展不甚樂觀之餘，我們認為致力於強化家庭功能，加強法治教育，提升少女抗拒誘惑能力，加強其休閒活動規劃，並改善少女居於劣勢之社經結構之努力，或可紓減日益嚴重之少女犯罪問題。

參考書目

一、中文部分

內政部警政署（2024）。警政統計通報。內政部警政署統計室。

方濟譯（1991）。被遺忘的少數——女性少年犯罪者。載於觀護選粹（四）（頁308-313）。台灣台北地方法院少年法庭。

何秀珠（1981）。女性少年輔導效果之研究。彰化教育學院輔導研究所碩士論文。

林世英（1991）。少女非行心理之探討。載於觀護選粹（四）。台灣台北地方法院少年法庭。

馬傳鎮（1995）。我國台灣地區女性少年犯罪相關因素及其防制對策之研究。行政院青年輔導委員會。

陳玉書（1988）。社會連結與女性少年偏差行為。中央警官學校警政研究所碩士論文。

黃軍義（1994）。女性犯罪狀況及其相關成因分析。法務部。

黃淑慧、陳美伶（1984）。女性犯罪之研究。法務部。

楊士隆（1995）。女性少年犯罪行為之探討。社區發展季刊，第72期。

蔡德輝、楊士隆（1998）。台灣地區少女犯罪行為之實證研究。行政院國家科學委員會專題研究計畫。

二、外文部分

Adler, F. (1975). Sister in crime. McGraw-Hill.

Chapman, J. (1980). Econmic reality and the female offender. Lexington Books.

Chesney-Lind, M. and Sheldon, R. G. (1992). Girls delinquency and juvenile justice. Brooks/Cole Publishing Company.

Dalton, K. (1978). Menstruation and crime. In L. D. Savitz and N. Johnston (Eds.), Crime in society. John Wiley and Sons.

Glueck, S. and Glueck, E. (1934). Five hundred delinquent women. Knopf.

Hagan, J., Gillis, A. R., and Simpson, J. (1985). The class structure and delinquency: toward a power-control theory of common delinquent behavior. American Journal of Sociology, 90: 1151-78.

Hagan, J., Sompson, J., and Gillis, A. R. (1987). Class in the household: A power-control theory of gender and delinquency. American Journal of Sociology, 92: 788-816.

Healy, W. and Bronner, A. (1926). Delinquents and criminals, their making and unmaking. Macmillan.

Klein, D. (1979). The etiology of female crime: A review of the literature. In F. Adler and R. Simon (Eds.), The criminology of deviant woman (pp. 69-71). Houghton Mifflin.

Konopka, F. (1966). The adolescent girl in coniflict. Prentice Hall.

Lombroso, C. and Ferrero, W. (1895). The female offender. Philosophical Library.

Pollak, O. (1950). The criminality of women. University of Pennsylvania Press.

Siegel, L. J. and Senna, J. J. (1991). Juvenile delinquency (4th ed.). West Publishing Company.

Simon, R. J. (1975). Woman and crime. D. C. Health.

Simpson, S. (1989). Feminist theory, crime and justice. Criminology, 27: 605-622.

Smart, C. (1979). The new female offender: reality of myth. British Journal of Criminology, 19: 50-59.

Thomas, W. I. (1925). The unadjusted girl. Little Brown.

Vendder, C. B. and Somerville, D. B. (1970). The delinquent girl. Charles C. Thomas.

第十九章　援助交際

近年來青少年從事援助交際行為有日趨氾濫之趨勢，引起各界關注。根據調查，6%之高中學生把援助交際當成暑假打工之方式（PC Home Online, 2001/06/15），高中職及專科學校學生曾透過網路接受別人援交者占1.8%，曾透過網路援交他人者占2.1%（楊士隆等，2002），此等數字顯現台灣地區青少年從事援助交際之嚴重性，由於青少年援交對其身心均將產生負面影響（如懷孕墮胎、疾病傳染、人際萎縮等），因此此行為之發展頗令人憂心，亟待正視。

第一節　援助交際的意涵

援助交際一詞係由日本發展出來，而論述日本援助交際的狀況，則以記者黑沼克史經過一系列訪談後寫成的報導文學最為詳盡，在《援助交際——中學女生放學後的危險遊戲》（黑沼克史，1998）一書中詳細地描寫了日本女學生參與援助交際的各種型態，可以發現的是隨著科技的進步，許多通訊方式也都成了援助交際的利器，如呼叫器、手機、傳言熱線等，近年來隨著網路科技的發達，網路成為援助交際的管道也是必然的趨勢。

在黑沼克史筆下所描述的援助交際種類是相當多樣化的，其性質與國內一些特殊行業也都有相近之處，例如伴遊小姐、KTV伴唱公主、遊藝場的伴玩小姐、酒店公主等。在日本援助交際的界定很明顯的是指中學女學生以自己的身體、聲音、衣物等個人可以提供的一切事物與服務來換取金錢的行為。這些行為可以是賣穿過的衣物，可以是陪客人聊天、吃飯、喝酒、唱歌，也可以是讓客人撫摸身體、幫客人口交、手淫，當然也可以是性交易。這些行為在國內也都可以找到類似的樣態，與國內狀況不同的是日本將初、高中女生從事的援助交際視為一個獨立的色情族群，而國內則是混雜在各種色情行業裡，例如在酒店中可以有20、30歲的成熟女公關，也可以看到10幾歲的小妹妹，然而這些小妹妹並不會被認為是援助交際，由此可見國內援助交際的定義與日本有相當大的差異。

國內對援助交際尚無明確的定義，然而從大眾傳播媒體對援助交際一詞的運用來看，似乎只是取代性交易或賣淫的詞句，或者說，凡是以網際網路作為媒介的性交易都屬於援助交際。倘若依照媒體的定義來看，則探究國內的援助交際意義並不大，充其量也只是性交易活動透過網際網路來進行而已，只是一種賣淫手法的更新。這樣的觀點消除了援助交際的特殊性，反倒模糊了問題的焦點。目前網路上援助交際的價格與一般性交易有一段差距，這樣的差距並非僅僅是因為使用電腦網路所造成的，主要是因為援助交際一般被認為是一種「兼職性」的性交易行為，在Shita（2001）的《網路援交實錄》一書中便指出：「援交生態在初期是一些平常的女學生以及上班族OL（Office Lady）在經濟告急時出來兼差，湊足所需的金錢後就收手不做。通常此類型的女孩子，高學歷又氣質非凡，談吐不俗，讓很多玩盡風月場所的男人為之著迷。」

何春蕤（2002b）對於警方視援助交際等同於性交易的態度頗不以為然，並在「性／別研究室」的網站上列舉了援助交際的各種型態與意涵來反諷警方的態度，以及「兒童及青少年性交易防治條例」第29條對於網路言論自由的危害。撇開援助交際是否觸法的問題不談，何春蕤的確點出援助交際可能包含各種樣態的事實。網路上一段隱晦的文字除了當事人之外，外人確實很難斷定其意義與內涵，正如同日本的援助交際一般，其交際的內涵便具有相當多的型態。國內對於援助交際的定義並不明確，是否一定包含性交易並無法斷言，然而援助交際與性交易間的關聯性卻已然是不可爭辯的事實。但援助交際與性工作仍有一段差異存在，在網路在有這樣的一個論點——「援助交際是收費的一夜情」，而許多援交訊息也摻雜在討論一夜情的網站當中，這些似乎都在透露一個訊息——「援助交際帶有情感意涵，這樣的交際方式與性工作並不相同」。無怪乎何春蕤（2002a）會認為，青少年與許多陌生人上床並且收取饋贈或金錢，作為一種青少年性愛交往模式和次文化生活風格的意義（同時也是青少年主體的自我定義），都遠遠大過於作為一種性工作的意義。

國內對於援助交際的概念與日本的定義的確有相當大的差距，國內媒體傾向於稱利用網際網路達成性交易者為援助交際，而網路上則較傾向於視從事兼職性的性交易者為援助交際（或稱援女、援的），一般常業性的性交易從業者縱然使用網路為作為管道，一旦其身分被辨識之後便稱之為撈女、賣的。

第二節　援助交際的現況

嫖妓與賣淫行為係人類行為中違反善良風俗之行為，其常為衛道人士鄙之為「社會罪惡」（Social Evil），並加以口誅筆伐。儘管如此，此類行為仍有其市場需求，故部分國家雖嘗試予削弱、管制，但「性交易」卻仍然以其各種形式出現，並大興其利（楊士隆，2001）。

在台灣，性服務業在檯面上幾乎全面遭到鎮壓，於是許多替代名詞相繼出現，例如公關、伴遊、理容院、酒店等，這種現象在網路上亦同，為規避法令規範與網站管理者的管理，一些與色情資訊相關的關鍵字會被禁止使用，於是許多替代名詞相繼出現，例如武士、白馬、冰塊、皇冠……等，便儼然成為色情影片、VCD的代名詞，而這些原本都只是色情影片的出版商之一而已。「援助交際」一詞亦然，原本與性交易無關的字眼，或許是為了迴避「性交易」、「賣淫」的污名，抑或許順應哈日風潮，我們不得而知，但能確定的是「援助交際」一詞在網際網路上所得到的共識是——兼差性質的性交易行為。但並非所有網路上的援助交際資訊都是「兼差」性質，絕大多數的援交資訊都是來自社會上的職業性服務業者，因此網路上也出現了「假援交」的名詞（指職業性服務業者冒充兼職性服務），這樣的現象更反應出應傳統的色情產業運用網路資訊作為性交易媒介的現況。

89年10月台北市議員秦儷舫發表一項針對北市大專生所做的民意調查，結果發現有7%的大專生以援助交際的方式賣春（東森新聞報，2000/10/3）。而台北市議員於民國90年所做的另一項問卷調查則發現，有6%的高中生，把援助交際當作暑假打工的方式（PC Home Online, 2001/6/15）。高毓婷（2001）認為，台灣的發展歷程與日本極為類似，生活普遍富裕、講求品味、自我意識強烈、追求感性浪漫、期盼受到尊重，學習活動最好能在短期之內收到成果，談戀愛也不再慢火細熬，見面幾個小時就能發展親密關係。日本少女援助交際之風透過媒體，逐漸傳開了消息，台灣青少年將援助交際變相為另類的打工型態、肉體對青少年而言只是個可兜售的性商品。

黑沼克史所訪談的高校女生中，在青少年拜金主義的物質觀之下，皆視賣淫為單純的經濟交易行為，和道德規範劃清界限，對家中的父母沒有罪惡感。而目前大眾媒體在今日社會裡對青少年施以所向披靡的影響，鼓吹情慾自主的同時，卻忽略了青少年可能從中接受到一個片面的、不成熟的、誤解的性態

度，使一些似是而非的價值觀大行其道。

調查指出，大台北地區目前有五大援交地點，包括了「西門町」、「站前新光三越、大亞百貨地區」、「三越南京店」、「東區SOGO百貨附近」。在「西門町地區」從事援助交際的女生大多是逃家輟學的國高中職學生為主，年齡層約15至20歲之間，她們以圓環麥當勞、電影院MTV周圍，以及萬年大樓騎樓下為主要分布地點。此一地區的援交金額大多介於新台幣2,000至5,000元之間，而從事交易的對象以一般青少年為主要來源（蕭如娟，2002）。

至於「站前三越大亞區」、「東區SOGO百貨」以及「新光三越南京店」此三地區的援交型態中，從事援助交際的女生對流行的事物多具有較高的敏感度，有拜金主義的心態。這些地區屬於大台北的高消費地帶，援交的金額更是高於其他地區，一晚金額在新台幣8,000元以上，甚至有的叫價2萬元。此一地區從事援交者多以公私立大專院校學生為主，年齡介於20至26歲之間。此區的援交型態並不直接透過金錢做交易，常見到的方式是男陪女逛街、刷卡購物、看電影、買衣服等等，成為另一種以物易物的援交生態。

而網路上援助交際的狀況，為了逃避警方追查，通常援交網站不會明目張膽地掛在搜尋引擎上，而是以匿名的方式進行連結，例如以成立「家族」的方式，聚集愛好者，或摻雜在交友、一夜情等網站上，在成千上百的色情網站中，抓都抓不完，網路似乎扮演色情賣春的新推手，許多色情業者開始覬覦並加入其中，藉以分食這個市場，很多打著援助交際名號，其實事實上是色情業者換裝。

第三節 網際網路特性與援交行為

根據調查統計，全世界的色情網站每天增加約300個。台灣的色情網站至少有1,600個，近來觀察國內色情網站，竟有92%曾經出現幼童或未成年男女為主體的圖文，有88%的色情網站對未成年上網者根本不設防（林宜隆，2000）。這些色情網站或資訊，除了沒有任何警告訊息之外，亦缺乏有效的規範來管制。

網際網路的功能與應用相當廣泛，對於廣大的使用者來說，將之視為一種傳播媒體亦無不可，但相較於傳統的傳播媒體而言，網際網路的諸多特性是

與傳統媒介截然不同的，例如匿名性、隱私性、互動性、便利性、無疆界……等，這許多特性不僅使得援助交際資訊流傳更為廣泛，也使得青少年接觸到這些資訊的頻率大為增加。然而這些不良的傳播材料，對於正處青春期的年輕朋友，特別具有吸引力，若時常接觸大眾傳播中的不良材料，可能「加強」他們這一類行為的傾向（楊孝濚，1983）。

相對於傳統的色情資訊而言，網路色情資訊有許多特性與現實社會截然不同，而使得網路色情資訊比現實社會更加活躍，特性大致可歸納為下列幾點：

一、匿名性：在網路世界中，使用者是以一個ID帳號或是暱稱出現，網路使用者可以將真實的自己隱藏起來，不必擔心在虛擬的網路世界中，言行舉止會影響到真實社會中角色，這種匿名性讓使用者感到安全與自在，而不用擔心影響到現實生活。傳統進行性交易時，買方必須與皮條客、老鴇、三七仔或櫃檯小弟接洽，對於一些較害羞或擔心他人異樣眼光的買方而言，或許會因為羞怯而卻步，而在網路上進行性交易卻不用擔心這些問題。另一方面，有意從事性交易的賣方也可以在網路上迴避現實社會中眾人異樣、輕視的眼光以及警方的查緝，而有意從事兼差性質的人也可以不需色情業者的媒介及控制，亦不用擔心在現實社會中被標籤。

二、高隱私性：首先，網路的匿名性保障使用者在網路虛擬空間進行活動的隱私，不用擔心在現實生活中被察覺；其次，只需透過簡單的密碼與存取權限設定，電腦網路在使用上便可具有高隱私性，也就只有特定人士或族群可以閱讀設限的資訊；另外，網際網路的活動有許多是一對一的，例如電子郵件、短訊、對談等，所交談的資訊只有彼此雙方能夠知悉。在高隱私性的情況下，性交易的賣方可以由被動轉為主動，從傳統等待客人挑選的角色轉為挑選客人的角色。

三、高互動性：網路使用者可以自行選擇任何網路上的節點讀取和傳送資料、發表意見、寄送及收取電子郵件，與其他使用者交流互動，從事援助交際的一方可以在網路上散布一些曖昧不明的資訊引起注意，而醉翁之意不在酒的網路使用者便可在接受到資訊後透過查詢、傳遞訊息、發送信件、聊天對談等方式來確定雙方的意圖，進而在現實社會中進一步接觸。

四、便利性：相較於其他傳統的傳播媒介而言，使用者在網路上傳播訊息是相當便捷的，任何一位使用者都可透過網路散布各種資訊，甚至於架設一專屬網站亦非難事，也因此有許多色情業者以架設網站的方式招募會員進行各類活動。另外，網路資訊大都有分類、搜尋的功能，不同的資訊類別（群組）會

吸引不同類型使用者，例如Sex Story、一夜情、貼圖區等，於是具有相同意圖的買賣雙方會聚集在某些特定的討論區，有需求的人便知道該到何處找門路。

　　五、無國界性：網際網路的資訊接收與發送來自各個不同的節點，不論身處何處，只要透過電腦與網路連線，就可輕易接收世界各地的資訊。傳統色情行業的分布大致有一定範圍，但在網際網路上卻毫無疆界可言，在網路一夜情剛盛行時，在網路上聊得情投意合的可以不辭辛勞的南北奔波，相類似的情形在援助交際上亦不難發現。

　　網路的諸多特性提供使用者相當便利的聯絡管道，許多違法活動藉著網路的便利性而大行其道，其中最嚴重的首推色情活動，警政署公布的89年十大網路犯罪型態中便以色情網站為首（PC Home Online, 2001/02/18），網路援助交際當然也是其中之一，近來隨著警方的查緝與網站管理者的約束，網路援交資訊已大為減少，然而網際網路仍是援助交際的重要管道。

第四節　網路援交資訊的散布管道

　　網路上的資訊流傳相當方便，也因此有意從事性交易的人會以網際網路作為傳播的媒介，一般在網路上傳播援助交際或性交易訊息的方式有透過網站與電子郵件兩種，透過電子郵件比較單純，而透過網站則顯得較多樣性，網站有BBS與WWW兩種，隨著網站所提供的不同功能而有不同的做法，一般而言有下列數種，通常會互相配合使用：

　　一、透過留言：在BBS上稱為POST，在WWW上稱為留言，其本質都在於張貼訊息，透過訊息的張貼表明目的，但因為兒童及少年性剝削防制條例規定處罰在電腦網路上張貼媒介性交易資訊者，所以網站或版面的管理者發現有明顯媒介性交易的資訊一般都會刪除，甚至取消使用者的帳號或權限，因此援助交際的資訊都相當曖昧不明，例如：「快開學了，沒錢繳學費，望有心人士伸出援手幫忙。」、「家裡欠債被討，有誰能幫我？」等，再等待有心人士進一步地接洽。

　　二、透過帳號名稱（ID）或暱稱、說明檔：在帳號或暱稱上隱含援助交際之意圖，再配合個人說明檔或介紹檔的說明，當有心人查詢該帳號便可得知援助交際的意圖，而個人說明檔或介紹檔的性質功能類似張貼訊息，但因其性質

不屬於散布或刊登，因此網站管理者常疏忽或無法管理。

　　三、**透過聊天室或對談、傳訊**：化被動為主動，私底下找尋自己中意的網路使用者，透過對談溝通，條件符合、感覺對了再約出來交易，這種非公開的方式較常為兼職性的援助交際者採用。

　　為了逃避警方追查，通常援交網站不會明目張膽地掛在搜尋引擎上，而是以匿名的方式進行連結，例如以成立「家族」的方式，聚集愛好者。因為網際網路資訊流傳便利、網路使用者匿名，網路資訊接收者的身分並無法做區辨或限制，未滿18歲的使用者可以宣稱自己已成年，進而進入限制級網站，因此，網際網路上的色情資訊對於青少年的身心影響是不容忽視的，對於網路色情資訊的管制目前國內尚無相關規定，但對於在網路上散布性交易、援助交際等資訊，目前均以兒童及少年性剝削防制條例第40條：「以……網際網路或其他媒體，散布、傳送、刊登或張貼足以引誘、媒介、暗示或其他使兒童或少年有遭受第二條第一項第一款至第三款之虞之訊息者……」來管理，此一法令的制訂即認肯網路色情資訊對青少年有不良影響，但這樣的規定僅止於「散布、播送或刊登」，對於透過對談、傳訊進行援助交際的行為似乎有相當大的模糊地帶。除了法令的適用問題之外，網際網路的特性亦使得警方在偵辦、查緝上都有相當困難，對於援助交際或性交易資訊在網際網路流傳的問題，仍有待詳加規劃與管制。

第五節　青少年學生援交之成因

　　青少年學生從事援助交際之成因，因國情與經濟文化之差異，而呈現不同之解讀。李宗憲（2003：14-16）彙整文獻敘述援交之成因如下：

　　黑沼克史（1998）認為日本高中女生援助交際的主要動機是渴望獲得名牌商品的物慾，從這些高中女學生的自白中可以看出他們缺乏「延宕滿足」的特性，他們希望立即、輕鬆、快速地獲取一筆金錢以購買那些商品，於是援助交際成了唯一可行的捷徑，貞操、道德便已完全不存在了。不可否認地，金錢是從事援助交際的重要原因，然而經濟困難卻似乎不是從事援助交際的重要因素，這一點從黑沼克史（1998）筆下所描繪的個案便可以看出，而黑沼克史亦做出這樣的結論：「他們不是饑渴到非與不認識的人發生性關係不可，也不是

窮到一文不名的地步。換言之,他們只是找一個可以輕鬆賺錢的藉口」。這是黑沼克史筆下的日本援助交際。

Shita(2001)則在《網路援交實錄》一書中描繪了台灣網路援交的九個案例,其中不乏因為經濟因素而從事援交,在達到目的後毅然退出者,亦有因為情感需求而從事援交,甚至與顧客發展出近似男女朋友、情婦的情感,或者是兄妹、姊弟的關係,亦有為追求物慾而從事援交者,當然也有傳統色情業者趕搭援交列車來撈一筆的情形。這是國內網路援交的生態,情慾、物慾、經濟都可能是從事援交的原因。此外,黑沼克史筆下的日本少女亦有因為流行、風氣而從事援助交際的情形,然而在國內有無相同的情形便不得而知了。

蕭如娟(2002)認為,在社會拜金主義作祟下,潛在的物質慾望能夠藉由性交易來滿足。女孩可以清楚且具體瞭解到對方的經濟能力、長相,如果不喜歡對方,還可以名正言順地拒絕男方的邀請,亦不會落得一個「賣淫」的罪名。對中輟學生及離家不歸的女孩來說,在外成群結黨遊盪下自然會缺錢花用,很自然在朋友的慫恿下「撈一次」的心態便在尚未成熟的價值觀中逐漸滋生。而在升學主義為尊的教育體系下,功課較差的孩子心理上自然產生自我淘汰的想法,就很容易受到金錢的蠱惑而倚靠擁有比別人優厚的物質,來填充心理上的挫折感,年輕少女在心態上渴望獲得周遭朋友的注意及肯定,援交反也成為她們獲得肯定的方式。而年齡較長的人則是因為克制不住對高尚物質流行潮流的慾望,不惜出賣身體以換得夢寐以求的名牌商品。

拍攝少女援交紀錄片《衝破迷惘》的導演吳秀菁則指出(中國時報2002.9.11;鳳凰網,2002),少女從事援交的動機大多是因為蹺家缺錢,在同伴或是男朋友的慫恿下,從事援交賺錢;而這些少女最深沉的痛,是來自與父母的衝突和不諒解,而不是援交的過程中受到援交客的傷害,許多少女家庭經濟都相當優裕,只是父母親忙於工作,忽略了她們的成長,當家庭成員之間的維繫力量相當薄弱時,孩子很容易被外界誘惑而走入歧途。因此,親子和家庭問題對於少女援交扮演著舉足輕重的角色。

作家溫小平認為(中國時報2002.9.11),物質慾望被炒作而提高,加上青少年缺乏家庭溫暖,感到心靈空虛,無法用愛填補,只好向外亂抓是造成少女援交的原因;此外,社會觀念上對生命的不尊重、對身體的不尊重,媒體的報導偏差造成誤導,乃至語言命名造成的合理化效果,使得少女以為給人摸一下或穿清涼裝當「檳榔西施」沒什麼大不了,這些都是讓少女身處色情陷阱的罪魁禍首。

　　國內針對青少年從事性交易的研究並不匱乏，然而對援助交際所進行的實證研究則相當稀少。許多研究發現，家庭環境與親子關係是影響青少年進入色情行業的重要因素，如家人從娼、管教不當、家庭經濟困境或家庭變故等，這些都是造成少女進入色情行業最根本的原因（王秀絨，1984；沈美貞，1990；陳慧女，1992；洪文惠，1995；黃淑玲，1995；Finkelhor, 1984; Allison and Wrightsman, 1993）。楊士隆等（2003）針對利用網路進行援助交際的少女進行訪談，發現少女們從事援助交際的原因除了獲取金錢之外，好奇與同儕的慫恿、鼓動才是少女們從事援助交際的激發因素。而因經濟壓力從事援助交際的少女，其內心的羞愧比非因經濟壓力而從事援助交際的少女還大，因好奇、好玩而從事援助交際的少女，對於性行為採取較開放態度，與陌生人發生性關係也較無羞恥感。但性交易的負面社會評價仍讓少女們害怕面對朋友，而有人際關係萎縮的現象產生，或者脫離原有的人際關係。

第六節　援助交際對青少年的影響

　　基本上從事援助交際對少女們的生理、心理與社會生活均將產生相當的影響。根據楊士隆等（2003）之研究，在生理方面主要的影響是懷孕墮胎與疾病的感染，這部分的影響主要肇因於少女們因經濟困難，在與顧客互動的情境中亦處於弱勢狀態，而不得不順從顧客的要求（不戴保險套），或因為對於性的知識不足，認為懷孕或疾病不會發生在自己身上所造成。在心理方面的影響主要來自於與陌生人發生性關係以及社會文化評價，少女們因經濟因素而從事援交時或許尚無此感受，但與陌生人發生性關係後羞恥感便會浮現，這是少女們對自我行為的評價；而因為好奇、好玩而從事援助交際的少女，則對於性的態度則較開放，較無因與陌生人發生性關係而產生的羞恥感。除了面對本身自我的感受之外，從事援助交際的少女還必須面對家人與親友的感受，擔心會讓家人、男朋友傷心難過或感覺丟臉抬不起頭，而在內心產生不小的壓力。在社會生活方面，最大的影響就是人際關係的萎縮。援助交際的負面社會評價讓少女們害怕面對朋友，常以迴避來應對，不與朋友們見面或聯絡，而脫離原本的生活圈。

　　此外，學者另指出少女從事性交易行為除對其身心造成無可彌補的創

傷外,將導致其價值觀扭曲、社會適應失調、婚姻或家庭生活違常（李子春,1993）。許多婦女運動團體更認為性交易是對少女的性剝削（中央社2002.5.24）。而從黃淑娟（1995）與紀慧文（1998）的研究可以發現,對性工作者的自我影響最大的是職業的污名,如何處理污名以及自我評價是性工作從業人員必須面臨的最大問題。Goode（1992）認為婦女在進入特種行業之前,必然輕視代表社會偏差行為的特種行業,進入特業後,她必須淡化污名（Neutralize the Stigma）,經歷兩道正當化特種行業的過程,以塑造一個自己可以接受的自我意象（Self-image）。第一道過程是合理化從事特業的動機。第二道則是否定常態社會價值觀的正當性。Sykes與Matza（1957）認為,這些意識型態就是中立化自己偏差行為的方法（Techniques of Neutralization）。特業婦女合理化的方法或態度主要是認為娼妓工作可以幫助客戶紓解心理壓力,發洩性挫折,防止性暴力。以犯罪學的觀點,合理化心態可以減低偏差行為者的罪惡感。

紀慧文（1998）更進一步指出,從娼女性在其日常生活中不見得會暴露或必須暴露其身分,她們所面對的其實只是可能的污名情境;然而在機構內所收容的雛妓或不幸少女,其身分是已被辨識的,在這種非自願揭露身分的情境中,這些女孩沒有協商、討論、考慮、拒絕的空間,她們所有的行為與思考、情緒與反應、認知與概念都將只是印證我們關於她們是偏差的、污名的期待而已,所有行為、認知反應都成了「補償作用」及「合理化作用」。因此,對於機構的觀點來說,少女的認知思考、自我認同都是一種偏差（引自李宗憲,2003：16）。

第七節　援助交際之防治對策

援助交際之行為的確存在於青少年族群當中,且成為部分認同者賺取金錢之方式,因此,其防治諸屬不易,必須從其衍生之各層面因素積極介入,始有助於紓緩此項問題。茲提出以下之防治對策供參考。

一、協助青少年對援助交際有正確的認識：目前青少年學生多認為援助交際是一個普遍的現象,且認為「援交是性觀念開放下的產物」、「援交只是雙方各取所需」,且可能會為了經濟因素、滿足生理需求、追求刺激、和好奇

因素等嘗試援助交際。然而筆者（2003）之訪談中發現，從事援交者在從事援交前確實有這些看法，然而實際從事援交後卻不見得能夠接受、承受援交的結果，生理的傷害、內心的羞恥感、對家人、親友的愧疚等都是少年們始料未及的。研究亦發現，金錢雖然是從事援交的因素之一，但青少年最容易因為朋友的慫恿、鼓動而從事援助交際，顯示青少年們普遍對於援助交際存在新奇、有趣的想法，然而對於從事援助交際的後果卻不甚瞭解，建議社政、教育單位或老師、家長能夠透過交談、課程或傳播媒體，分析援助交際對於青少年的吸引力以及影響，具體列舉援助交際所可能帶來的後果，讓青少年能夠對援助交際有更深入的認識，以免因為思慮不足，在新奇刺激與朋友的慫恿下從事援助交際，而造成無法彌補的傷害。

　　二、加強親職教育，改善家庭關係：研究發現援交少女與性交易少女對自己家庭關係的看法與色情業少女、一般少女相較之下是較差的。且援交少女認為家庭不幸福、不夠愛家人的比例皆高於4成，而性交易少女認為家庭不幸福、常與家人發生爭吵、與家人的關係感到不滿意的比例均在3成以上（李宗憲，2003：96）。在青少年偏差行為的研究中，家庭關係的和諧與家人的關懷和少年的偏差行為均有相當關聯，因此，在青少年從事援助交際或性交易的預防工作或輔導實務上，親職教育都是相當重要的課題。

　　三、強化青少年之社交技巧與改善人際關係：研究發現援交少女對於自己人際關係的看法與性交易、色情業少女、一般少女相較之下都是較差的。且援交少女認為自己不容易被喜歡、不受同儕歡迎與缺乏好朋友的比例均高於三分之一（李宗憲，2003：96），反應出蕭如娟（2002）：「年輕少女在心態上渴望獲得周遭朋友的注意及肯定，援交反也成為她們獲得肯定的方式。」的看法，援助交際是青少年內心對人際關係的需求與缺乏關愛的外顯行為。因此，在預防青少年從事援助交際實務上，應更注意青少年的人際交往狀況與人際關係的需求，例如學校對於人際關係較差之學生，應多加輔導關懷，協助其心理建設或改善人際關係；而父母亦應注意子女與同儕的相處狀況，適時予以協助或關懷，與老師保持聯繫，多注意子女的生活狀況。

　　四、注意安置與輔導不幸少女之心理需求，強化其自我接納：援交少女認為自己不值得驕傲、瞧不起自己的比例均高於3成，而性交易少女認為自己「不是心中理想的那種人」的比例則近4成，瞧不起自己的比例亦近3成（李宗憲，2003：96-97）。兩者對於自我的認同與接納皆有相當大的問題，這是在安置與輔導不幸少女時需特別注意的現象。

五、對網路資訊作分級管理或限制：研究發現有將近4成的青少年學生表示常常在網路聊天室發現援交的訊息，有超過3成的青少年學生表示知道該到哪裡去找援交的訊息，同樣有3成的學生表示常常在瀏覽網頁時發現援交的訊息（楊士隆等，2004），由此可知網路上的援交訊息是如何地普遍，且欲得知援交的訊息或欲尋找援交的訊息，對於青少年學生而言是那麼輕而易舉，無怪乎他們也表示目前援助交際的情形實在太普遍了。根據楊士隆等（2002）研究顯示，援交訊息接觸程度高者，其網路援交實際買賣的經驗也較多，反之，若援交買賣經驗多的青少年學生，其援交訊息接觸程度也高。從個案訪談中亦發現，網路援交訊息確實會引起青少年好奇，進而嘗試進行援交。目前網路資訊並無統一的管理機制，缺乏一致的分級管理與標準，僅能依靠使用者安裝網站過濾軟體來過濾成人色情網站，而網路公司對於使用者所架設的網頁內容亦未詳加檢核，許多援助交際訊息便是登錄在國內知名的網路公司所提供的網路空間中。因此建議政府能夠儘早訂立網站內容的管理分級方式，促使網路公司對於所提供的服務、網路空間確實檢核，而網站管理人員亦應自律，避免在網頁中張貼援交訊息或其他曖昧的訊息，並且能於適當位置貼出警語，警告網站使用人切勿張貼援交訊息或發出其他曖昧的訊息，期以淨化網站的內容而有優質的網路使用環境。

六、加強網咖的管理：研究發現，「網咖」、「情色網站」與網路援交經驗顯著的關聯（楊士隆等，2002），除了網路資訊的管理之外，亦應規範網咖業者，限制未成年消費者的網站瀏覽內容。此外，因為網咖使用者眾多，從事網路援交者為規避警方經由IP位址追查其身分，亦經常利用網咖電腦刊登廣告或進行聯繫，因此，建議網咖業者建立消費者控管制度，確實登錄使用者的身分及使用時間、電腦IP位址，以抑阻網路援交者利用網咖電腦從事援助交際。

參考書目

一、中文部分

Shita（2001）。網路援交實錄。法蘭克福。

內政部警政署刑事警察局（2002）。台閩刑案統計。內政部警政署刑事警察局。

王秀絨（1984）。台灣私娼研究。東海大學社會學研究所碩士論文。

台灣省社會處（1990）。大眾傳播事業。台灣省社會處

台灣高雄少年法院簡介，1999年9月。

台灣彰化少年輔育院簡介，1992年。

何春蕤（2002）。誘捕與惡法戕害了網路的交際自由。援助交際網站。

何春蕤、張家銘、徐佐銘（2002）。論文評論。第三屆倫理思想與道德關懷學術研討
　　會，淡江大學，未發表。

吳嫦娥（2002）。青少年幫派問題。刑事政策與犯罪研究論文集，第5期。

呂淑妤（1998）。我國藥物濫用問題探討。刑事司法與犯罪研究論文集，第1期。

李子春（1993）。從司法觀點談雛妓處遇，雛妓防治問題面面觀。勵馨基金會。

李志恆（2002）。藥物濫用之防制、危害、戒治。行政院衛生署管制藥品管理局。

李宗憲（2003）。援交少女與性交易、色情業少女、一般少女之自我概念比較研究。
　　國立中正大學犯罪防治研究所碩士論文。

沈美貞（1990）。台灣被害娼妓與娼妓政策。前衛出版社。

車煒堅（1984）。少年竊盜初犯與重犯之比較研究。警政學報，第6期。

周震歐（1993）。犯罪社會學。黎明文化。

明陽中學業務簡報，2000年3月。

林世英（1988）。校園暴力事件之特徵和對策。載於觀護選粹（三）。觀護簡訊社。

林世英（1991）。少女非行心理之探討。載於觀護選粹（四）。台灣台北地方法院少
　　年法庭。

林世英（1993）。學校教育的病理現象和少年偏差行為。載於觀護簡訊。

林宜隆（2001）。網際網路與犯罪問題之研究。中央警察大學。

林茂榮、楊士隆（2002）。監獄學：犯罪校正原理與實務。五南圖書。

林銘塗、萬維堯（1978）。藥物濫用與青少年犯罪問題。

法務部（2002）。少年兒童犯罪概況及其分析。法務部。

法務部（2002）。犯罪狀況及其分析。法務部。

洪文惠（1995）。未成年少女從娼原因之探討。律師通訊，187期，頁20-22。

紀慧文（1998）。十二個上班小姐的生涯故事。唐山書店。

徐呈璋（2000）。青少年不良幫派形成過程及其相關因素之研究。中央警察大學犯罪防治研究所碩士論文。

高毓婷（2001）。從《援助交際——中學女生放學後的危險遊戲》一書看台灣青少年價值觀。中等教育，第51卷第4期，頁137-142。

郭淑菀（2001）。台北縣幫派入侵國民中學之探討。載於台北縣國民中學設置專業輔導人員計畫成果研討會手冊。

陳正宗（1998）。藥物濫用防治對策。刑事政策與犯罪研究論文集，第1期。

陳慧女（1992）。從娼少女之個人及家庭特質與逃家行為之研究。東吳大學社會系社工組碩士論文。

黃淑玲（1995）。特種行業婦女的生活型態與自我概念。思與言，第33卷第3期，頁161-198。

黃徵男（2003）。新興毒品與青少年藥物濫用。載於透視犯罪問題。國立中正大學犯罪研究中心。

黑沼克史，劉滌昭譯（1998）。援助交際——中學女生放學後的危險遊戲。商周。

楊士隆（2001）。犯罪心理學。五南圖書。

楊士隆（2002）。網路援助交際對青少年學生生理、心理、社會影響之實證研究。行政院國家科學委員會專題研究計畫成果報告（計畫編號：NSC 91-MOE-S-194-001-X3）。

楊士隆、程敬閏（2001）。幫派少年成長歷程與副文化調查研究。犯罪學期刊，第8期。

楊士隆、何明洲（2003）。竊盜犯罪防治，理論與實務。五南圖書。

楊孝濚（1993）。傳播社會學。台灣商務。

蔡德輝、楊士隆（2002）。台灣地區少年加入幫派危險因子之實證研究。行政院國家科學委員會專題研究計畫。

蔡德輝、楊士隆（2012）。犯罪學。五南圖書。

蕭如娟（2002）。台北今夜不設防五大援交地點。新台灣新聞周刊，第228期。

蕭如娟（2002）。戀愛自由援交無罪。新台灣新聞周刊，第228期。

警政署（1994）。台灣地區83年度各警察機關破獲騎機車殺人、傷害案件資料。

二、外文部分

Allison, J. A. and Wrightsman, L. S. (1993). Rape: The misunderstood crime. Sage Publications.

Finkelhor, D. (1984). Child sexual abuse: New theory and research. The Free Press.

Goode, E. (1992). Deviant behavior (3rd ed.). Prientice Hall.

Jeffery, C. R. (1977). Crime prevention through environmental design. Sage Publications, Inc.

Klein, D. (1979). The etiology of female crime: a Riew of the Literature. In F. Adler and R. Simon (Eds.), The criminology of deviant woman (pp. 69-71). Houghton Mifflin.

Spergel, I. A. (1995). The youth gang problem: A community approach. Oxford University Press.

Sykes, G. and Matza, D. (1957). Techniques of neutralization: A thery of delinquency. American Sociological Review, 22: 664-670.

第二十章　兒童被虐待與少年犯罪

近年來，兒童被虐待問題逐漸地廣受到大眾之關切。尤其，新聞傳播媒體不斷地揭發此類傳統被忽視，甚或視家務事之問題，更可發現兒童被虐待問題之嚴重性。例如，美國衛生福利部曾估量美國每年每千名兒童中，將近有3.4個兒童受到身體虐待，若再加進精神虐待和性虐待案件，則每年每千名兒童中，將近有5.7個兒童遭受虐待（Lewis et al., 1989）。此外，根據估計，美國有超過100萬以上之兒童受到父母身體或精神上之虐待，其中約有20萬兒童因而致死（Helfer, 1974），而至1988年止，美國一年中被虐待之兒童數字約至少有150萬人。我國由於傳統觀念認為「天下無不是的父母」、「不打不成器」，因此許多駭人之兒童被虐待案件因而被合理化、掩埋，而無法加以察知與估算，惟根據中華兒童福利基金會分類統計結果，自民國76年7月至12月半年間，全省即共有兒童被虐待或疏忽個案682件，其中包括身體傷害、發育不良、性虐待、疏忽照顧及精神虐待等，不容忽視（鄭瑞隆，1988）。82年2月5日修正公布之兒童福利法，乃進一步對各種虐待兒童行為加以規範，是項行為更逐步透明化並受到重視。

兒童被虐待案件之增加與當前社會急劇變遷、家庭結構改變，父母均外出工作或家庭破碎，忽略兒童照顧與教養有關（鄭瑞隆，1988）。在面臨當前社會環境鉅變、人際關係疏離、激烈競爭、功利主義抬頭、社會風氣敗壞、道德淪喪之多重壓力影響與缺乏挫折忍受力下，極易衍發虐待兒童案件（Cohn, 1981；蔡德輝，1990）。

鑑於虐待兒童之案件對兒童身心之健全發展影響至鉅，聯合國早於1959年即揭櫫「兒童權利宣言」（Declaration of the Rights of Child）提出十項原則，其中述及「在任何的情況下，兒童應被列為優先保護之列，使其不受任何形式之傷害」。而今先進諸國亦訂有日趨周延之法案以為保護，如美國之兒童虐待預防處遇方案（Child Abuse Prevention Treatment Act），我國之兒童福利法（民國82年修正版）亦朝此方向邁進。因此，加強兒童保護，避免其受虐待或其他傷害，已成為世界各國之共識。本章在以下各節中擬分別對虐待兒童之定義、類型、加以界定，並探究其發生原因，瞭解兒童被虐案件對其身心健康之影響與少年犯罪之相關，介紹兒童保護之處遇流程，最後並提出預防與保護對

策，以使讀者充分瞭解問題之內涵，並於必要時提供各項援助與必要協助，以維護未來國家主人翁之身心健康，避免其成為受傷害之兒童，製造更多社會問題。

第一節 兒童被虐待之定義

兒童虐待或兒童被虐待（Child Maltreatment or Child Abuse and Neglect），在不同的地區、不同國家與不同文化背景中，呈現不同之觀點（鄭瑞隆，1988）。例如，美國國會於1974年通過「兒童虐待防治與處遇法案」（Child Abuse Prevention and Treatment ACT），對兒童被虐待定義為「對18歲以下之兒童福祉有照顧義務之人，因其疏忽或不當作為，使兒童遭受到身體的傷害，心理上的傷害，或性虐待，使兒童之健康及福祉受傷害或威脅」（Public Lau 93-247, 93rd Congress, Senate 1911, 1974）。

另外，美國麻諸塞州公共福利部（The Massachusetts Dept. of Public Welfare, 1978）將兒童被虐待定義為：

一、凡是出於非意外性的原因或方式，對兒童之身體造成傷害，使兒童陷於持續性的傷害及死亡危險中，兒童之情緒遭受損傷及身體器官功能發生障礙，均屬之。

二、凡是違反麻州刑法之規定，對兒童有性侵犯行為者（Sexual Assault），亦屬之（鄭瑞隆，1988）。

加拿大政府在所編虐待、疏忽兒童政策手則中亦指出：「虐待兒童及疏忽」意指17歲以下之兒童被負有照顧之責之成人予以身體或精神上的傷害、疏忽。即當父母、照顧者或法定監護人之所為與所不為導致兒童身體方面受傷、基本的身體及發展需要受到剝奪、精神上的傷害等（林慧妮，1992）。

此外，學者亦嘗試對虐待兒童之定義予以澄清。例如卡都遜（Kadushin, 1980）認為，兒童被虐待定義通常均包括下列情形：

一、身體虐待（Physical Abuse）。

二、營養不良（Malnourishment）、衣著低劣（Poor Clothing）、缺乏適當的照護（Shelter）、睡房安排（Sleeping Arrangement）、照應（Attendance），或監督（Supervision）。包括「生長受阻」症候群（「Failure to

Thrive」Syndrome），及發育速率異常。

三、忽視兒童之基本醫療照顧。

四、使兒童無法規律的上學。

五、剝削兒童（Exploitation）或工作過度（Overwork）。

六、使兒童暴露於不健康、不道德的場境。

七、性虐待（Sexual Abuse）。

八、精神虐待（Emotional Abuse）及疏忽，包括忽視兒童正常的生活經驗，使兒童沒有被愛、被接納的感覺，安全感及價值感（Kadushin, 1980: 158）（鄭瑞隆，1988）。

　　歐布蘭（O'Brien, 1984）認為，無法將兒童被虐待和兒童被疏忽加以劃分。因為，在許多兒童被疏忽的個案中，事實上亦是一種很嚴重的心理虐待。另外，許多受身體虐待、精神虐待和情緒虐待的兒童，也同時受到衣、食、住、醫療等其他方面的疏忽。因此，通常兒童虐待，習慣上把Child Abuse和Child Neglect合在一起，統稱為「兒童被虐待」（Child Abuse）她認為，「兒童被虐待」指「父母或對兒童有照顧責任義務者，非意外地（故意或作為）對兒童之身體、心理健康或福祉，造成傷害，或有受傷之威脅」。「兒童被疏忽」行為亦屬「兒童被虐待」之範疇。而「一連串的忽略行為，特別是父母或依法對兒童有照顧責任之人，對兒童之福祉及基本需要，未能提供適度的照顧，如：衣著、食物、居室、衛生、醫療照顧、監督管教等」（O'Brien, 1984: 4-11）（鄭瑞隆，1988）。

　　綜合上述，美國官方及學者對兒童被虐待定義之說法，以「廣義」及「狹義」兩個方面說明：（鄭瑞隆，1988）

一、狹義的兒童被虐待定義，將施虐者（Abuser）定為「兒童之父母」；而廣義的兒童被定義將施虐者定為「父母及其他對兒童有照顧責任之人」。

二、狹義的兒童被虐待定義對虐待之範圍只注意到「對兒童身體的毆打及傷害」，而廣義的兒童被虐待，將範圍擴展為身體傷害（Physical Injury）、精神或心理傷害（Mental Injury）、性虐待（Sexual Abuse）、精神傷害（Emotional Injury）及一切對兒童基本需要照顧上的疏忽（Neglect in Care）等。

　　我國目前政府或民間，尚未有明確的兒童被虐待定義，甚至，兒童被虐待的概念與認知，亦尚未被廣泛建立。惟近年來，在政府與民間及學者之努力

下，初步之輪廓已形成。例如，遲景上（1985）指出：兒童被虐待的定義以國人一般的觀點來說，即懲罰兒童導致其身心受傷的狀態稱之。虐待兒童之範圍包括：一、遭受懲罰之身體虐待；二、遭受暴力侵犯的「性虐待」；三、遭受醫藥照顧失當的「醫療虐待」；四、遭受哺食凌虐的營養匱乏虐待；五、遭受精神侮辱的精神虐待等主要五大類。

歐陽素鶯（1990）則認為兒童被虐待係指「兒童之父母，因疏忽或蓄意對兒童施予非常意外性的傷害行為」，傷害行為計有性虐待、身體虐待、精神虐待、醫療忽視、營養忽視、教育忽視、教養不當、衣著不當、居室不當、監督不周、濫用酒精及藥物、不良之性習慣、清潔不當等十三類。

另外，張裕豐（1993）則採廣義說，認為「兒童虐待」是父母或負有照顧責任之人，對12歲以下兒童，施以身心之傷害。其中包括：

一、身體虐待：即故意對兒童採取攻擊行為，致使兒童身體遭受傷害。

二、精神虐待：即持續地批評、威嚇、嘲笑，致使兒童感受到羞恥、自卑，或過度地要求，造成兒童莫大的壓力，致使其心理受到傷害。

三、性虐待：從對兒童出示色情書刊、影片，對之裸露、撫弄其性器官，到真正性交的各種不當行為。

四、疏忽：即對兒童之食、衣、住、行、育、樂、醫療、人權等基本需求，疏於提供適當照顧。

第二節 兒童被虐待之類型及其嚴重性

兒童被虐待之種類項目繁多，將其做完備周延之界定，以使兒童被虐待概念之意涵充分表達有其必要。歐陽素鶯（1990），曾以學者奇凡諾尼與貝奇拉（Giovannoni and Becerra, 1979）之分類方式，將兒童被虐待行為區分為下列十三項：

一、身體虐待：指父母因有意無意地用下列方式傷害兒童：用香菸灼傷皮膚、徒手或器物鞭打兒童、將兒童浸泡於滾燙的水中、利用兒童從事危險工作、不慎使兒童遭致意外等。

二、性虐待：指父母有意無意地讓兒童有下列之經驗：性經驗、觀賞黃色照片、錄影帶等。

三、**教養不當**：指父母有意無意地指示兒童從事不當之行為；如偷東西、銷售贓物、在街頭行乞或販賣物品。

四、**精神虐待**：指父母有意無意地用語言、行動來傷害兒童的自我概念、人格及價值感，或者使兒童處於情緒緊張的狀態下。例如：惡聲呼喊或辱罵兒童、忽略兒童之情緒困擾、為兒童做不宜之妝扮、少與兒童溝通、拿兒童與他人相較或暗示兒童不是父母親生之子女。

五、**營養忽視**：指父母有意無意地不為兒童提供適當且均衡的營養。包括：無法供應正常之三餐、營養供應不足或過多等行為。

六、**醫療忽視**：指父母有意無意地漠視兒童異常的反應，或不為兒童提供醫療上的照顧。

七、**監督不周**：指父母無法扮演好自己的角色，有意無意中疏忽兒童的安全性，例如使兒童單獨在家、在外遊蕩，或者任意託付他人照顧，也包括父母不能提供生活所需之費用。

八、**清潔不當**：指父母有意無意地漠視兒童清潔的維護。包括：頭髮、牙齒、身體清潔之照顧與床舖清潔之維護等。

九、**藥物及酒精濫用**：指父母有意無意地在兒童面前服用禁藥或酗酒、讓兒童逗留在服用禁藥或酗酒者的身旁、或讓兒童喝酒。

十、**教育忽視**：指父母有意無意地讓兒童無法恰當地學習。包括：不讓兒童入學、擅自帶兒童離校、漠視兒童逃學的問題、不督促兒童課業或給兒童過多的學習內容。

十一、**不當之性習慣**：指父母有意無意地讓兒童看到性行為、使兒童知道自己是同性戀者或娼妓、或父母帶非配偶的伴侶回來。

十二、**衣著不當**：指父母有意無意地漠視兒童衣著的適當性。包括：衣服的整潔、衣物的添加等。本類別包括三項行為敘述。

十三、**居室不當**：指父母無法為兒童準備一個清潔、安全的居住環境。

其他學者如Kadushin（1980）、Doerner（1987）、鄭瑞隆（1988）、遲景上（1985）等之分類詳分如表20-1。

表20-1　虐待兒童行為類別表

研究者 行為類別		研 究 者				
		Giovannoni & Becerra	Kadushin	Doerner	鄭瑞隆	遲景上
虐待兒童行為類別	性虐待	＊		＊	＊	＊
	身體虐待	＊	＊	＊	＊	＊
	精神虐待	＊	＊	＊	＊	＊
	醫療忽視	＊	＊	＊	＊	＊
	營養忽視	＊	＊	＊	＊	＊
	教育忽視	＊	＊	＊	＊	
	教養不當	＊	＊	＊	＊	
	衣著不當	＊		＊	＊	
	居室不當	＊		＊	＊	
	監督不周	＊		＊	＊	
	剝削兒童		＊			
	濫用酒精及藥物	＊		＊	＊	
	不良之性習慣	＊		＊	＊	
	贍養、支持不周			＊	＊	
	清潔不當	＊		＊	＊	

註：＊代表該份研究所界定之虐待兒童行為類別。
資料來源：歐陽素鶯（1990）。

　　有關兒童被虐待之嚴重性項目排行，我國研究人員歐陽素鶯（1990）、蔡德輝（1990）曾分別從事實證性之研究加以評量。歐陽素鶯係以84個虐待兒童問題項目對受試者（專業及非專業人員）測試，其將行為項目區分為嚴重虐待、虐待及輕微虐待三類別。該項研究發現屬嚴重虐待行為前十名包括：
一、父母與兒童發生性行為。
二、父母將女兒賣入妓院、或強迫女兒從事色情交易。
三、父母把兒童泡在滾燙的水中。
四、父母一再暗示兒童與其發生性關係。
五、父母從兒童出生後，就把兒童鎖起來，只餵兒童食物、替兒童洗澡及提供基本的生活照顧。
六、父母利用畸形兒童供人參觀。
七、父母用香菸灼傷兒童皮膚。

八、父母一再給兒童看黃色圖片。

九、父母撫弄兒童的性器官。

十、父母利用兒童街頭行乞，或販賣物品。

這些項目，分屬身體虐待、性虐待、精神虐待、教養不當之類別。

蔡德輝（1990）在「變遷社會中兒童被虐待嚴重性與少年犯罪相關性之研究」中，亦對我國虐待兒童項目之嚴重程度加以衡量，其發現兒童被虐待最嚴重之行為項目前十名為：

一、父母親或他人為了私慾，將女兒販賣到妓院，或強迫女兒從事色情交易。

二、父母親經常對小孩大聲吼叫，並用髒話罵孩子。

三、父母親或他人利用兒童去街頭行乞，或販賣物品。

四、父母親經常整個晚上不在家，留下小孩單獨一人，無人相伴。

五、父母親經常在天黑後把小孩單獨留在家裡，乏人看管，直到深夜才回來。

六、父親或母親用手摑打小孩之頭。

七、父母親或他人拐騙、買賣兒童以牟利。

八、父母親大部分之時間均忽視小孩，很少與小孩交談，或聽小孩講話。

九、父母親開車未將小孩放置於安全椅上，或不用完全帶。

十、父母親經常忿怒地咒罵小孩。

這些研究大致指出父母強迫其兒女與其發生性行為及父母將女兒賣至妓院，或強迫兒女從事色情交易為最嚴重之虐待兒童行為項目。

第三節　兒童被虐待原因之探討

兒童被虐待之成因至為複雜，不同研究領域之學者分別從不同之觀點探討兒童被虐待之成因。根據鄭瑞隆（1992：151-155）綜合學者見解，兒童虐待發生原因解釋模式如次：

一、心理動力模式（The Psychodynamic Model）

此模式論者認為虐待之發生乃由於個體之潛在心理動力因造成，除具備此心理潛力外，其他環境因素無法導致虐待行為之發生。

肯伯等（Kempe et al., 1971）認為：「缺乏克盡母職印象」（The Lack of

a Mothering Imprint）是導致發生虐待行為的基本動力。換言之，若個體從小被養育過程中欠缺被慈愛滋養的經驗，則其為人父母時，亦無法慈愛滋養其子女。

若個體已具備此潛在心理動力，又遇到了「特殊的」孩子及生活危機時，虐待行為極容易發生。

所謂「特殊的」孩子，乃指：智能不足、過動、癲癇、病弱、外表惹人厭、行為不馴的兒童（Kadushin, 1980）。

二、人格特質模式（Personality or Character Trait Model）

此模式論者認為，發生虐待行為的父母親是人格不成熟者，較自我中心，具有衝動性格者。

例如，馬利爾（Merrill, 1962）將此類施虐者之人格特質區分為三類：(一)此類父母對子女具習慣性的敵意與攻擊性，與外界也經常有嚴重的衝突；(二)此類父母性格嚴苛，具強迫性格，缺乏溫暖及對事物合理的方法；(三)此類父母十分被動、依賴、或抑鬱成性、冷漠、反應遲鈍，並且人格不成熟。

三、社會學習模式（Social Learning Model）

此模式論者強調施虐者在適當家庭管理及社會技巧（Social Skills）方面的失敗，他們缺乏社交技巧，無法從父母角色中得到滿足，也經常忽略兒童正常發展的需要，對兒童的期望過高。再者，他們不懂兒童行為的適當性為何，而其育兒知識也經常是錯誤的，他們會用一貫的體罰模式來管教、訓練孩子。

四、家庭結構模式（Family Structure Model）

此模式係由家庭成員之共通性（Alliances）、聯結（Coalitions）及情緒牽繫（Enmeshments）或情緒解離（Dischargements）著眼。許多研究指出，私生子（非婚生子女）或非期望下出生的孩子，最容易成為被虐待的兒童（Parton, 1985），或許與此類兒童和家人（尤其父母）之情緒解離之成分居多有關。

在受虐兒童手足中，可能父母特別偏袒某人，而對受虐兒童特不友善。

「代罪羔羊」（Scapegoat）亦是另一經常發生虐待的家庭結構因素（Blumberg, 1974）。當父母在工作上遭遇挫折，或夫妻爭吵之後，孩子易成為發洩憤怒的代罪羔羊。

五、環境壓力模式（Environment Stress Model）

論者認為，兒童虐待之發生乃是一個多面的問題（Multidimentional Problem），並強調「壓力」（Stress）是虐待發生的主要原因（Gil, 1970；詹志禹，1987）。

學者Gil認為，貧窮、教育程度低，及職業方面的壓力，是兒童被虐待的主因，如果沒有這些環境壓力，則虐待便無由發生。他強調，貧窮人們的經濟壓力減弱了他們的自我控制力，促使父母對自己的子女施用暴力。

然而，環境壓力模式對虐待之解釋並無法令人完全滿意，因為在較高社會經濟地位的家庭，依然會發生兒童虐待問題。Gil後來補充說明：「貧窮不是解釋兒童虐待的單一因素，而它是與其他因素，如心理壓力、挫折等產生互動後，始發生效應」（Gil, 1975）。亦即，「貧窮」增強了個體的環境壓力，同時增加了虐待發生之可能性。

六、社會心理模式（Social-psychological Model）

此論是綜合性解釋模式，強調挫折與壓力是兒童被虐待的重要變數。壓力的來源有許多，如：婚姻不協調，家中子女人數太多、失業、社會孤立（Social Isolation），不被期望之下出生之孩子（Unwanted Child）、家有「特殊的」孩子等。這些因素與社會階級及社區因素相融合，加上父母的精神病理狀態、人格物質、個性、低控制力等，均是兒童被虐待的潛在因素。

七、心理疾病模式（Mental LIlness Model）

有許多精神病學家將情緒困擾（Emotional Disturbances）、性格缺陷（Character Defects）、人格問題（Personality Problems）、神經病症（Neurosis）及精神疾病（Psychosis）全納入心理疾病模式，認為施虐者乃因罹患上述各類心理疾病而發生虐待行為。

亦有學者主張將智能不足（Mental Retardation）及器質性腦傷（Organic Brain Injury）納入此模式，例如，根據醫學研究，大腦邊緣系統之損傷或失調，會引起個體之攻擊性行為（蔡德輝，1993）。

上述各虐待兒童原因解釋模式各有所偏，惟可依個案之不同而提供部分之解釋。從事兒童保護實務工作之人員應就個案之實際狀況深入診斷、調查，找出原因，提供妥適之處遇對策。

第四節　兒童被虐待與少年犯罪之相關性

探討兒童被虐待與少年犯罪是否有相關性可從三方面加以討論：一、瞭解少年犯過去是否有被虐待之經驗，並與一般少年做比較；二、探討被虐待兒童日後是否較易成為少年犯；三、從普通人口抽樣，探討其被虐待經驗是否與少年犯罪有關（蔡德輝，1990）。

一、少年犯之被虐待經驗

研究大致顯示少年犯以前所經驗之兒童被虐待情形比一般少年為多。例如：(一)克拉考斯基等（Kratcoski and Kratcoski, 1982）曾調查863位被監禁之較為嚴重的少年犯，結果發現其中有26%少年犯曾有過身體被虐待之經驗，其中有85%被虐待二次以上；(二)毛札基地斯（Mouzakitis, 1981）曾在美國阿肯色治療中心（Arkansas Diagnostic Center）研究調查60位少女犯，結果發現其中有53%少女犯曾遭遇過性虐待，以及51%少女犯曾被身體虐待；(三)阿華洛（Alfaro, 1981）曾於紐約調查1,936位少年犯，結果發現男少年犯中有21%，以及少女犯中有29%有過被虐待之經驗；(四)韋恩貝克等（Weinbach et al., 1981）研究調查653位少年犯，結果發現其中43%少年犯有被虐待之經驗；(五)封塔那（Fontana, 1973）曾研究一些較為重大犯罪之謀殺犯，大部分均在被虐待的家庭中成長；(六)史地萊（Steele, 1976）曾調查研究100位少年犯，發現其中有82位有被虐待之經驗；此外，他亦研究調查另外200位少年犯，結果發現其中92位曾被父母打傷、割傷以及手臂被折斷。史地萊也研究一些殺人犯，結果發現他們童年時期被虐待與日後成為殺人犯有關；(七)路易斯（Lewis, 1979）之研究也發現暴力少年犯比非暴力少年犯較多被虐待經驗；(八)瑪克（McCord, 1983）之研究也發現暴力少年離家出走的原因，大部是在家庭中遭到被虐待；(九)丹肯等（Duncan and Duncan, 1971）研究發現有些少年之所以殺害其尊親屬，乃因他們犯罪之前常遭受父母之暴力虐待。

此外，筆者曾於民國77年指導警政研究所研究生陳超凡，在國內進行兒童被虐待與少年犯罪相關性之研究，亦發現一般少年犯與犯罪少年在兒童被虐待與少年犯罪方面之相關有顯著差異，亦即犯罪少年之兒童被虐待情形較一般少年嚴重。另林坤隆（1992）在被虐待兒童與少年暴力犯罪之研究中，亦發現犯罪少年所受身體虐待及疏忽，比一般少年嚴重，且達到統計上之顯著水準。

二、被虐待兒童日後是否較易成為少年犯

　　研究大致指出被虐待的兒童將來長大比未被虐待之兒童較易成為少年犯。例如：(一)邊沃特等（Benward et al., 1957）指出曾遭遇性攻擊之被害兒童長大之後較易表現問題行為；甚至這些性攻擊的被虐待可能導致其日後發生少年犯罪；(二)在美國阿利桑那州（Arizona），有5,392名曾遭受被虐待而送該州的有關機構收容，然後再追蹤他們日後的少年犯罪紀錄。五年之後，發現其中有14%的少年曾犯罪而被移送法辦（Bolton et al., 1977）；(三)同樣地，阿華洛（Alfaro, 1981）在另一項研究也發現被虐待的兒童之中，有19%後來成為少年犯。阿華洛在另一個郡調查結果指出被虐待兒童這一組當中，有10%成為少年犯；而另外一般兒童組當中僅有2%成為少年犯；(四)瑪克（McCord, 1983）之實證研究結果亦支持兒童被虐待較易導致少年犯罪。瑪克從法院找出1939至1945年之案件的個案紀錄共有232人，然後根據他們兒童時期在家裡所受之遭遇區分為被疏忽、被虐待、被拒絕、被愛四大類。結果她發現其中被拒絕及被虐待的兒童均生長在父母具攻擊性的家庭。而屬被拒絕這一類少年的父母則常有衝突、有酗酒習性以及有犯罪紀錄。此外，被疏忽、被虐待、被拒絕之兒童比那些被愛的兒童長大較易成為少年犯。而被虐待及被疏忽的兒童當中有45%長大觸犯較為重大的犯罪。瑪克從這些兒童追蹤至成人之縱貫的研究指出被虐待的兒童比一般未被虐待的兒童較易成為少年犯。

三、從普通人口瞭解兒童被虐待與少年犯罪之相關性

　　第三方面之研究乃自一般普通人口抽樣來研究兒童被虐待與少年犯罪是否有相關性。例如：(一)布朗（Brown, 1984）曾由普通人口抽樣來研究社會階層與兒童被虐待二者之間的關係以及兒童被虐待與少年犯罪是否有相關性。他從高一學生之中抽樣110名學生做調查分析，結果發現社會階層與兒童被虐待呈現出較弱但有一致性的負相關，亦即社會階層愈低，則其兒童被虐待的比率愈高之現象。同時，兒童遭遇精神虐待與各種型態的少年犯罪呈現正相關；此外，他亦發現兒童遭受精神虐待比身體虐待更易陷入少年犯罪；(二)多那（Doerner, 1987）調查研究美國南部大學221名大一學生來探討他們的被虐待經驗與少年犯罪及偏差行為是否有相關性，結果發現某些型態的兒童被虐待與少年犯罪有相關性。

　　另外，學者多那與蔡德輝（Doerner and Te-Hui Tsai, 1990）對台灣地區415名大專學生之調查研究，發現某些類型之兒童被虐待行為與少年犯罪有關，惟

其相關係數並不強。最近，學者金葛夫等（Zingraff et al., 1993）對美國北卡羅萊那受虐兒童與學校及貧困兒童之比較研究，再次印證此項觀點。

由上述相關文獻之探討，得知少年犯比一般少年有較多的兒童被虐待經驗；被虐待的兒童長大之後比未被虐待的兒童較易成為少年犯；而某些針對一般人口所做之調查研究，雖發現兒童被虐待類型與少年犯罪存在有相關性，然其相關係數並未如吾等想像中之強烈。

第五節　兒童保護之處遇工作流程

兒童保護之處遇工作流程有其一定之程序（詳圖20-1）。大致而言，經由民眾或其他專業人員如醫師或教保人員之告發後，即進入社工員接案（Intake）之階段。而社工員經過初步觀察，認為確是兒童虐待案件之後，即由接案進入到一連串的處遇工作流程。

社工員在進行專業干預時，應以觀察、個別約談瞭解事實經過，並同時留存各類可能於日後在法院行動所必備之證據，必要時可拍照或錄影存證。社工員同時應探析施虐父母的特質、受虐兒童的特質及處境，案家之家庭結構及互動關係以便研判該採取何種處遇措施，並準備下一個保護行動。

一般而言，兒童保護機構對兒童虐待案件之主要處遇措施包括家庭維護方案、家庭重整方案及永久安置方案等三大類（鄭瑞隆，1992），其主要功用係要「防止已受虐兒童再受虐待或疏忽，並對案家進行各項服務或矯治工作，以消除導致虐待情境的因素，使家庭恢復正常、健全功能」。其終極目標是要保存該家庭之不墜（不致崩潰、解組），以使兒童能生活在其親生家庭中，並能獲得一切需要的滿足。茲進一步說明如下：

一、家庭維護方案：係兒童仍可生活於案家，沒有危險性，因此將兒童放在原家庭裡繼續過原來的生活。社工員定期訪視案家，定期評估，予施虐者必要之心理諮商，親職技巧教授，或對案家實際困難提供協助，使受虐兒童能生活在安全、熟悉的環境。

二、家庭重整方案：係使用在必須將兒童暫時移出原來家庭，暫時將兒童安置在保護機構，或中途之家，或緊急庇護中心，或採寄養家庭（Foster Home）方式，待兒童之原來家庭功能恢復或施虐者已不再出現虐待行為之

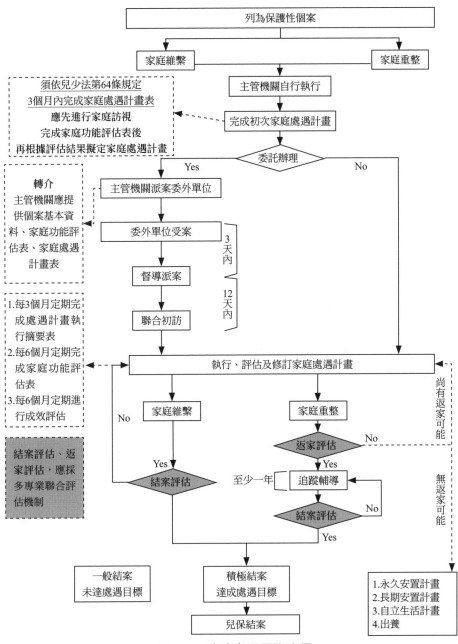

圖20-1　家庭處遇服務流程

資料來源：衛生福利部－家庭功能評估與家庭處遇計畫表單與工作手冊。

後，再回到原來家庭，而社工員之定期訪視仍屬必要。一般而言，社工員由專業知能判定如未將兒童遷出家庭，很可能再受立即危險，或短期內案家功能無法恢復正常之時，即應採取家庭重整方案。

三、永久安置方案：指社工員評定施虐者不可能有任何改善之可能性，除了剝奪其親權外，不可能使兒童獲得保障時，就必須採取永久安置方案。永久安置方案，係將兒童安置在機構或採取收養方式為之。

第六節　兒童被虐待預防與保護對策

兒童被虐待事件之發生對少年之行為有顯著之負面影響，故應從家庭、學校、社會各層面採行周延之預防與保護措施如下：（林慧妮，1992）

一、家庭方面

(一) 兒童照顧安排：加強日間托育中心、鄰舍保姆互助會等安排，以避免兒童遭受虐待或疏忽。

(二) 生活技巧訓練：透過各種大眾傳播媒體或舉辦演習會，教導年輕父母學習應付壓力、尋找資源及為人父母的技巧、知識；並提供有關兒童發展的知識及照顧技巧的訓練。

(三) 家庭支持服務：為預防父母親在家庭中因情緒問題或危機事件而發生虐待行為，宜設立諮詢專線或其他緊急服務，以減少父母在遭受挫折或失去情緒控制有傷害或怠忽孩子的行為發生。

二、學校方面

(一) 全面實施兒童安全教育，推展各種保護方案，譬如「兒童自我保護」、「反藝瀆教育方案」、「反綁票訓練方案」等，教導兒童如何保護自己及必要時向外求得協助的方式，

(二) 高中或大學院校講授兒童發展及親職教育課程，並介紹兒童照顧的社區資源和有關兒童虐待及疏忽問題的知識，為這些少年和年輕人提供日後為父母的充分準備，

(三) 學校應注意學生求學期間之身心變化，以期早日發現學生受虐個案，進行適當保護與輔導。

三、社會方面

(一) 運用大眾傳播媒體，製作多元性系列的宣傳內容，不斷宣導「保護兒童，人人有責」的觀念，改變「允許父母使用暴力以管教子女」的社會態度，澄清「不體罰就是溺愛」的錯誤觀念，

(二) 落實兒童福利法以保護兒童的權利，並成立專業之兒童保護機構以奠定健全的兒童保護制度，

(三) 由民間兒童保護團體或學術機構，進行有關兒童傷害事件方面的調查研究，並公布研究結果，讓大家都能知道兒童傷害事件的實際情況。

 結　論

　　兒童被虐待易造成兒童身體鉅大戕害，影響及其未來成長發展，近年來在學者、專家、大眾傳播媒體之關切下已日復受到關注，政府亦透過立法、修法之手段，對是項長久被忽略之問題，加以法律規範，以促使兒童之保護更趨於落實。雖然如此，吾人願再指出兒童保護理念之推廣仍面臨許多傳統將兒童視為私有財產等陳舊理念之挑戰，這些阻力則有待從家庭、學校教育及大眾傳播媒體之宣導加以化解，並從此奠立兒童保護之正確觀念。基本上，筆者再次強調兒童被虐待案件「預防勝於治療」之處理理念，蓋一旦發生兒童受虐案件，其對兒童造成之傷害已無法挽回，並為其未來之行為發展埋下陰影，而為此社輔單位亦須付出龐大之人力、財力、物力進行輔導、治療工作。由此觀之，對社會民眾建立兒童保護正確理念（類似環境保意識之覺醒），乃為預防兒童被虐待及少年犯罪之關鍵所在。

參考書目

一、中文部分

林坤隆（1992）。被虐待兒童學少年暴力犯罪之研究。中國文化大學兒童福利研究所碩士論文。

林慧妮（1992）。兒童保護——誰傷害了他們。父母親月刊。

張裕豐（1993）。責任報告制——兒童的守護者。學前教育月刊。

詹志禹（1981）。兒童虐待問題與工作員訓練。社會福利月刊，第43期，頁21-26。

歐陽素鶯（1990）。對虐待兒童的行為界定之研究。中國文化大學兒童福利研究所碩士論文。

蔡德輝（1990）。變遷社會中兒童被虐待嚴重性與少年犯罪相關性之研究。警政學報，第18期，頁223-266。

蔡德輝（1993）。犯罪學——犯罪理論與犯罪防治。五南圖書。

鄭瑞隆（1988）。我國兒童被虐待嚴重性之評估研究。中國文化大學兒童福利研究所碩士論文。

鄭瑞隆（1992）。兒童虐待及保護服務。載於周震歐（主編），兒童福利。巨流圖書。

遲景上（1985）。虐待兒童。臨床醫學，第16卷第4期，頁236-241。

二、外文部分

Alfaro, J. D. (1981). Reprot on the relationship between child abuse and neglect and later socially deviant behavior. In R. J. Hunner and Y. E. Walker (Eds.), Exploring the relationship between child abuse and delinquency. Allanhelf, Osmun.

Benward, J. and Densen-Gerber J. (1975). Incest as a causative factor in antisocial behavior: An Explanatory Study. Bonte- morary Drug Problem, 4: 322-340.

Blumberg, M. L. (1974). Psychopathology of the abusing parent. American Journal of Psychotherapy.

Bolton, F. G., Reich, J. W., and Gutierres, S. E. (1977). Delinquency atter ns in maltreated children and blings. Victimology, 2: 249-257.

Borwn, S. (1984). Social class, child maltreatment, and delinquent behavior. Criminology, 22:

269-278.

Cohn, A. (1981). An approach to preventing child abuse. National committee for the prevention of child Abuse.

Doerner, W. G. (1987). Child maltreatment seriousness and juvenile delinquency. Youth and Society, 19: 197-224.

Doerner, W. G. and Tsai, T. H. (1990). Child maltreatment and juvenile delinquency in Taiwan. International Journal of Comparative and Applied Criminal Justice Science, 14(4).

Duncan, J. W. and Duncan, G. M. (1971). Murder on the family: A study of some homicidal adolescents. American Journal of Psychiatry, 127: 1498-1502.

Fontana, C. J., (1973). Somewhere a child is crying: Malteratment-causes and prevention. Macmillan.

Gil, D. (1970). Violence against children: Physical child abuse in the U. S. Harvard University Press.

Gil, D. (1975). Unraveling? Beling? Child abuse. American Journal of Orthopsychiatry, 45: 352.

Girvannoni, J. M. and Becerra, R. M. (1980). Defining child abuse. Macmillan Press.

Kadushin, A. (1980). Child welfare services. Macmillan Publishing Co., Inc.

Kratcoski, P. C. and Kratocoski, L. D. (1982). The relationship of victimization through child abuse to aggressive delinquent behavior. Victimology, 7: 199-203.

Lewis, D. O., Shanok, S.S., Pincus, J. H., and Glaser, G. H. (1979). Violent juvenile delinquents: psychiatric, neurological, pshychological, and abuse factors. Journal of the American Academy of Child Psychiatry, 18: 30-319.

Lewis, D. O., Mallouh, C., and Webb, V. (1989). Child abuse, delinquency and violent criminality. In D. Ciccnetti and V. Carlson (Eds.), Child maltreatment (pp. 707-721). Cambridge.

McCord, J. (1983). A forty years perspective on effects of child abuse and neglect. Child Abuse and Neglect, 7: 265-270.

Merril, E. J. (1962). Physical abuse of children: an agency study. In V. Defrancis (Ed.), Protecting the battered child. A. H. A.

Mouzaktes, C. M. (1981). An inquity into the problem of child abuse and juvenile delinquency. In R. J. Hunner and Y. E. Walker (Eds.), Exploring the relationship between child abuse and delinquency. Allanheld, Osmun.

Parton, N. (1985). The polotics of child abuse. Macmillan.

Steele, B. F. (1976). Violence within the family. In Ray E. Helfer and C. H. Kempe (Eds.), Child abuse and neglect: The family and the community. Ballinger Publishing Company.

Weinbach, R. W., Adams, D. E., Ishizuka, H. A., and Ishizuka, K. I. (1981). Theoretical linkages between child abuse and juvenile delinquency. In R. J. Hunner and Y. E. Walker (Eds.), Eaploring the relationshi between child abuse and delinquency. Allanheld, Osmun.

Zingraff, M. T., Leiter, J., Meyers, K. A., and Hohnsen, M. C. (1993). Child maltreatment and youthful problem behavior. Criminology, 31, 2: 173-202.

Part V

少年司法、防治方案
與對策

第二十一章　少年司法

第一節　少年司法之哲學基礎與動向

　　少年司法（Juvenile Justice）之基本精神乃在「民之父母」，對於身心發展不良、貧苦無依、失養失教及被虐待之未成人，國家有責任為其最高監護人，即倘少年父母因故不能行使監護權或有不稱職、教養失當之情形，致少年產生偏差或犯罪行為，則由國家收回，予以適當處置（趙雍生，1986）。1899年美國伊利諾州通過少年法時，芝加哥司法協會指出「少年法庭之基本觀念即為給予少年以健康之環境，少年如被發現處在足以養成犯罪之社會或個人不利環境中，州政府應即採取行動予以保護」，即為此項精神之具體呈現（陳孟瑩，1991）。

　　少年司法之主要目標在保護少年。因此，少年司法具有濃厚之輔導色彩，而非安全強調司法性之制裁，換句話說其潛在之宗旨乃在於教化、改善與保護而非偏重於應報。因此，在少年司法實務上，對犯罪少年係以保護為原則，刑事處分為例外，理由為：

一、少年犯罪原因與成年犯不同，少年自制力低，人生經驗不足，易受外界引誘、影響，其歸責可能性低，非如對成人得要求負全部行為責任。

二、少年具有相當大之教育可塑性，學習能力強，如予以適當之再教育，重歸正途之機會甚大（陳孟瑩，1991）。

　　少年事件處理之主要特色在於注重少年個別化處遇，是以少年案件在法官審理前，必須由少年法庭保護官做詳盡個案調查，包括訪視、晤談、測驗等，以分析、診斷少年犯罪之原因及背景，俾以綜合研判，研擬適當之處遇建議。

　　近年學者費肯諾爾（Finckenauer, 1984）提及少年司法發展之四大動向包括：轉向（Diversion），除罪化（Decriminalization），非機構化（Deinstitutionization）及正當法律程序（Due Process），闡述如下：（林茂榮、楊士隆，1995：67-79）

　　一、轉向：轉向是近年來少年司法領域中重大變革運動，基本上係指降低正式刑事司法體系對少年犯罪案件之干預，而直接由執法人員將少年轉介至其

他非司法體系或機構〔如縣（市）社會局〕機構烙印之方案或活動，例如，原少年事件處理法第29條不付審理之規定，相當於刑事訴訟不起訴處分之規定，其中第1項第1款「轉介兒童或少年福利或教養機構為適當之輔導」，可謂為少年事件之「轉向處分」。

二、除罪化：除罪化係指對原先應依法科處刑罰之行為，因為社會環境或道德之改變，而將其排除於刑罰制裁之外。例如，1987年票據法之廢止。少年犯予除罪化原因；乃在少年司法領域中倡議除罪化之學者指出；現行司法體系處理過多傷害不大、且無被害者之犯罪，因此有必要將部分罪名重新檢討，排除刑罰之規定（Walker, 1994）。例如，美國佛羅里達州將身分犯少年（即因少年之特殊身分，違反成年世界之規範而觸法之少年），劃歸社會福利部門監督，僅將其視為有監督必要之人（Person in Need of Supervision）」及「有監督必兒童」（Children to Need of Supervision），並不必然接受司法門之干預。在台灣地區少年司法領域中，原少年事件理法第3條中之「虞犯」已限縮刪除，體現除罪化與人權疑慮之影響。

三、非機構化：非機構化，又稱除機構化，係指對於少年犯罪之矯治，不由矯治機關予以收容，而改以較無拘束性的社區監督、寄養服務等方式代替之。其發展主要認為機構性之處遇，並不比其他非機構性處遇措施有效，尤其是在減少少年再犯率及強化其社會適應方面。例如，美國麻州於1970年代，廢止感化院（Training School）制度，而以治療性社區方案（Therapeutic Community Program）取代最受注目。惟少年犯予非機構化處遇，適用原則必需注意乃由於非機構性處遇的推動，面臨大眾的責難，如社區治安亮起紅燈、犯罪嚇阻力的下降及缺乏公平正義等問題。因此倡議者認為對於部分罪行嚴重之少年犯罪，仍有適用機構性處遇之必要，但若是因缺乏家庭關愛或是因成功向上機會受阻之弱勢少年，非機構性處遇仍為主要適用的處遇措施。

四、正當法律程序：適法程序乃源自於犯罪矯正模式正當法律程序理念而來，彼認為為達公平、正確之司法任務，有必要在假設被告無辜之前提下，強化程序正義，確保司法處理不至於濫權之自由。在少年司法領域中，基於保護少年之立場，適法程序一向受到重視。例如，美國伊利諾州早在1899年即專設少年法庭，分離少年與成年司法之處理，象徵對少年權益之重視。1971年7月正式實施少年事件處理法，確立少年案件之審理機關，即人口眾多事務較繁忙之區域，設立獨立少年法庭；少年之審訊須與成年犯隔離，有羈押必要者應收容於特別處所等，為少年司法領域正當法律程序之具體表現。

第二節 少年司法體制之沿革

少年刑事司法發展之時間並不長（Whitehead and Lab, 1990），依據趙雍生（1986）之見解，少年司法體制之發展可區分為下列階段：

一、十八世紀時期：此時期基於犯罪古典學派之理念，以罪刑法定主義與罪刑相當之處罰原則為基本思潮。此時期之少年犯與成年犯接受大致相同的司法審理過程，刑罰之輕重亦幾乎無分軒輊。對少年之處置相當嚴苛，並未特別予以保護。

二、十九世紀時期：此時期基於犯罪實證學派之理念，強調對少年犯之教化、治療與改善。其中以1899年，第一個少年法庭在美國伊利諾州設立，對少年做充分之保護最具代表性。此外，少年觀護制度之建立亦為此時期之重要發展，其兼具司法與社輔功能，並對少年做詳盡之調查及進行各項專業輔導，有助於犯罪少年之更生重建。

三、二十世紀時期：此時期基於犯罪多元性之觀點，認為少年犯罪不僅是個人生理、心理之因素，家庭、學校、社會亦占有重要之地位。因此少年司法之哲學強調消除導致少年行為脫軌之各項可能因素，其中尤其特別重視犯罪少年重返社會之適應問題。在此一時期，少年司法處遇哲學有二大轉變值得特別注意。首先1960至1970年間，少年處遇轉向（Diversion）觀念之引起，促使少年事件之處理不再侷限於狹窄之司法系統中，而擴展到多元化之社區處遇方案（Community-based Treatment Programs），以避免少年進入刑事司法體系，而受標籤烙印之不良影響。其次，鑑於部分少年屢次觸犯嚴重罪刑，而在犯罪「質」上產生惡化，因此，部分國家逐漸恢復以刑罰來處理嚴重之少年犯罪問題。換句話說，以「懲罰」為少年處遇之哲學亦再度興起。惟近年國內外先進各國強調兒少人權及保護，在國際浪潮下，少年司法趨向再度呈現變化。

第三節 少年事件處理程序

少年事件處理之程序主要係依「少年事件處理法」進行。圖21-1臚列少年事件處理之簡要程序，少年事件處理法第27條規定，「少年法院依調查之結果，認少年觸犯刑罰法律，且有左列情形之一者，應以裁定移送於有管轄權之

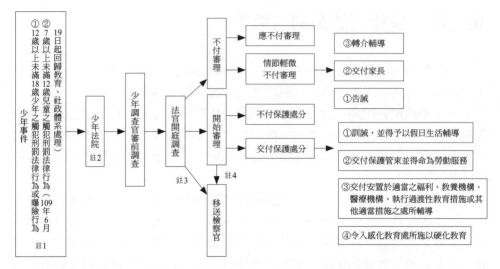

註1：少年有少年事件處理法第3條第1項各款情事（無故攜帶危險器械、施用三、四級毒品或迷幻物品、預備犯罪等）之一，而認為有保障他的健全自我成長的必要者。

註2：直轄市設少年法院，其他縣（市）得視其地理環境及案件多寡分別設少年法院；尚未設少年法院地區，於地方法院設少年法庭（少年事件處理法第5條規定參照）。

註3：限少年行為時已滿14歲，且有觸犯刑罰法律之行為者，經少年法院依「調查」之結果，應移送或得移送於有管轄權之法院檢察署檢察官（少年事件處理法第27條第1項、第2項規定參照）。

註4：限少年行為時已滿14歲，且有觸犯刑罰法律之行為者，經少年法院依「審理」之結果，應移送或得移送於有管轄權之法院檢察署檢察官（少年事件處理法第40條規定參照）。

圖21-1　少年保護事件處理流程

資料來源：司法院（2019），https://www.judicial.gov.tw/tw/cp-97-58177-1792b-1.html

法院檢察署檢察官：

一、犯最輕本刑為五年以上有期徒刑之罪者。

二、事件繫屬後已滿二十歲者。

　　除前項情形外，少年法院依調查之結果，認犯罪情節重大，參酌其品行、性格、經歷等情狀，以受刑事處分為適當者，得以裁定移送於有管轄權之法院檢察署檢察官。

　　前二項情形，於少年犯罪時未滿十四歲者，不適用之。」

　　此外，第28條規定，「少年法院依調查之結果，認為無付保護處分之原因或以其他事由不應付審理者，應為不付審理之裁定。少年因心神喪失而為前項裁定者，得令入相當處所實施治療。」第29條進一步規定「少年法院依少年

調查官調查之結果，認為情節輕微，以不付審理為適當者，得為不付審理之裁定，並為下列處分：

一、告誡。

二、交付少年之法定代理人或現在保護少年之人嚴加管教。

三、轉介福利、教養機構、醫療機構、執行過渡性教育措施或其他適當措施之處所為適當之輔導。

　　前項處分，均交由少年調查官執行之。

　　少年法院為第一項裁定前，得斟酌情形，經少年、少年之法定代理人及被害人之同意，轉介適當機關、機構、團體或個人進行修復，或使少年為下列各款事項：

一、向被害人道歉。

二、立悔過書。

三、對被害人之損害負賠償責任。

　　前項第三款之事項，少年之法定代理人應負連帶賠償之責任，並得為民事強制執行之名義。」

　　依據少年事件處理法第42條之規定，少年法院審理事件，除移送之裁定或諭知不付保護處分，應對少年以裁定諭知下列之保護處分：

一、訓誡，並得予以假日生活輔導。

二、交付保護管束並得命為勞動服務。

三、交付安置於適當之福利、教養機構、醫療機構、執行過渡性教育措施或其他適當措施之處所輔導。

四、令入感化教育處所施以感化教育。

　　少年有下列情形之一者，得於為前項保護處分之前或同時諭知下列處分：

一、少年施用毒品或迷幻物品成癮，或有酗酒習慣者，令入相當處所實施禁戒。

二、少年身體或精神狀態顯有缺陷者，令入相當處所實施治療。

　　有關保護處分之執行，少年事件處理法規定如下：

一、訓誡

　　對於少年之訓誡，應由少年法院法官向少年指明其不良行為，曉諭以將來應遵守之事項，並得命立悔過書。行訓誡時，應通知少年之法定代理人或現在保護少年之人及輔佐人到場。（第50條）

二、假日生活輔導

少年之假日生活輔導為三次至十次，由少年法院交付少年保護官於假日為之，對少年施以個別或群體之品德教育，輔導其學業或其他作業，並得命為勞動服務，使其養成勤勉習慣及守法精神；其次數由少年保護官視其輔導成效而定。

前項假日生活輔導，少年法院得依少年保護官之意見，將少年交付適當之機關、團體或個人為之，受少年保護官之指導。（第50條）

三、保護管束

對於少年之保護管束，由少年保護官掌理之；少年保護官應告少年以應遵守之事項，與之常保接觸，注意其行動，隨時加以指示；並就少年之教養、醫治疾病、謀求職業及改善環境，予以相當輔導。

少年保護官因執行前項職務，應與少年之法定代理人或現在保護少年之人為必要之洽商。

少年法院得依少年保護官之意見，將少年交付適當之福利或教養機構、慈善團體、少年之最近親屬或其他適當之人保護管束，受少年保護官之指導。（第51條）

四、感化教育

對於少年之交付安置輔導及施以感化教育時，由少年法院依其行為性質、身心狀況、學業程度及其他必要事項，分類交付適當之福利、教養機構、醫療機構、執行過渡性教育措施、其他適當措施之處所或感化教育機構執行之，受少年法院之指導。（第52條）

第四節　我國少年事件處理之主要機構及其業務

一、少年警察隊

(一) 沿革

少年警察係處理少年事件之專業警察部門，政府遷台後，在民國45年前，並無少年警察之組織，舉凡少年犯罪案件，均依一般成人犯原則處理，直至

民國45年6月16日台北市警察局刑警隊內成立少年警察組，處理問題少年與少年犯罪案件工作組織始正式誕生。其後在民國54年2月18日台北市警察局少年組，擴編成為少年警察隊，直接受該局之指揮，專責執行少年警察工作，使少年警察工作向前邁進了一大步。其後，各縣市警察局亦在其刑警隊內設立少年組，復成立少年警察隊，執行少年警察工作。

(二) 組織編制

　　目前我國現行少年警察隊工作組織，在刑事警察局預防科內設有少年組，在直轄市及各縣市警察局均設有少年警察隊。組織系統詳圖21-2。

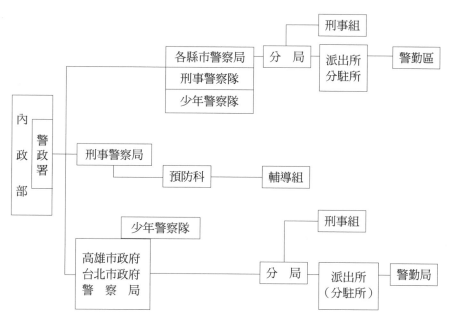

圖21-2　我國少年警察組織系統

　　至於在少年警察組織方面，以台北市政府警察局少年警察隊較具規模。少年警察隊，在局長直接監督指揮下，置隊長、副隊長各1名，組長3名，會計員、人事管理員各1名，警務員8名，督察員1名，分隊長1名，小隊長16名，警務佐1名，偵查佐53名，辦事員2名；另職工5名，約聘48名社工人員，合計142人（台北市政府警察局少年警察隊沿革組織編制，2020）。

　　為偵防少年犯罪、輔導虞犯少年、辦理少年業務及偵處各類犯罪，目前少

年隊，編有八組，由輔導員、偵查員兼任組長。第一組（輔導員）除負責輔導留隊之少年外，並配合台北市少年輔導委員會推展少年輔導委員工作。第二組（業務組）承辦研究、督察、訓練、保安、行政、機關保防法規等業務。第三至八組（外勤組）負責少年犯罪偵防及一般刑案偵防工作，每組並各劃有校訪區，負責協調聯繫各校訪區內中等以上學校訓導人員，共同維護校園安全。少年警察隊之組織編制，詳圖21-3。

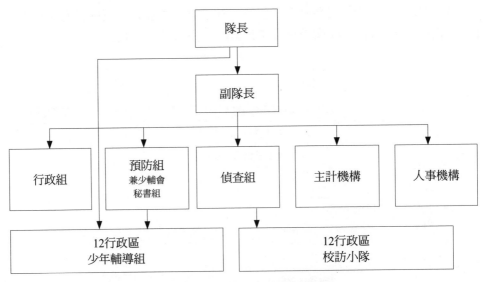

圖21-3　少年警察隊組織架構圖

(三) 工作職掌

依據「台北市政府警察局少年警察隊組織職掌」規定，少年警察之工作職掌，包括「預防」及「偵查」兩大部分：

1. **預防組**：少年事件預防、記錄、保護少年、法令宣導、性侵害防治、正俗、戶口及刑事會報等事項。

2. **偵查組**：校園訪視及聯繫、校園安全維護、少年事件處理、犯罪偵防及少年不良行為防處等事項。

另有行政組負責行政、秘書、研考、法規、文書、印信、檔案、督察、教育、訓練、保安、保防、民防、交通、公關、資訊、外事、庶務、後勤裝備、

財產管理、廳舍營繕及出納等事項。

二、少年輔導委員會

依據108年修訂「少年事件處理法」之規定，各縣市政府應設「少年輔導委員會」，並於112年7月1日正式施行。112年7月1日之後，曝險少年（修法前稱少年虞犯）將先由地方首長直屬的少輔會輔導，結合跨局處的福利、教育、心理、醫療等相關資源，於適當期間內輔導，採取「行政輔導先行，司法為後盾」原則。修正案通過後，若發現或認為少年有「無正當理由經常攜帶危險器械」、「有施用毒品或迷幻物品之行為而尚未觸犯刑罰法律」、「有預備犯罪或犯罪未遂而為法所不罰之行為」等三項情形，即可報請少輔會介入處理。

2022年修訂之少年輔導委員會設置暨輔導辦法第2條規定，直轄市、縣（市）政府應設少年輔導委員會，需整合所屬社政、教育、衛政、戶政、警政、民政、勞政、財政、毒品危害防制等機關業務及人力，並統合金融管理、移民及其他相關資源，辦理少年輔導事項。少年輔導委員會為地方一級任務編組，置委員15人至25人，由直轄市長、縣（市）長擔任主任委員，邀集相關局、處、學者及專家至少每三個月召開政策溝通協調會議。少年輔導委員會設置暨輔導辦法第6條規定，少輔會得採取或協助辦理下列事項：

(一) 輔導相關之調查及訪視。
(二) 危機介入；必要時轉介權責機關依法提供安置服務。
(三) 社會與心理評估、諮商、身心治療及其他處置。
(四) 召開協調、諮詢或整合符合少年所需之社會福利、衛生醫療、就學、就業、法律服務或其他資源與服務措施之相關會議。
(五) 依法提供少年及其家庭必要之社會福利、保護、衛生醫療、就學、就業、法律諮詢等服務。
(六) 少年有身心特殊需求者，提供或轉介特殊教育及身心障礙服務。
(七) 案件之轉銜與追蹤及管理。
(八) 規劃及執行少年有本法第3條第1項第2款行為之預防。
(九) 其他有關輔導及服務之事項。

此項委員會以台北市及新北市之推展為例，目前主要服務對象：戶籍或居住於台北或新北市12歲以上，未滿18歲者，且已觸法或符合少年事件處理法（如下列三點）。所謂少年依少年事件處理法第3條，而有下列情形之一，依其性格及環境，而有觸犯刑罰法律之行為者稱之：

(一) 無正當理由經常攜帶危險器械。

(二) 有施用毒品或迷幻物品之行為而尚未觸犯刑罰法律。

(三) 有預備犯罪或犯罪未遂而為法所不罰之行為。

　　台北市少輔會自民國70年試辦三區少輔組，迄今已增至十四區均設有少輔組，分別是北投、士林、內湖、大案、城中、古亭、寧夏、中山、景美、木柵、桂林、松北、松南、南港少輔組。少輔會服務對象主要是少年警察隊所發現之個案，其餘是由學校、少年法庭、社會相關機構或家長主動轉介而來。在少年未進入司法體系前予以轉向，可以說少輔會是一種以警察為基礎之轉向方案（趙雍生，1988）。

　　台北市少輔會之工作內容包括：

(一) 區域防治計畫

1. 犯罪統計：少年犯罪資料之統計、分析。

2. 斑點圖：深入瞭解少年犯罪之地點空間分布狀況以瞭解其集中趨勢，與區域特質之關聯性。

3. 區域防治計畫：其工作步驟為：區域需求之調查研究→確定防治工作目標及對象→擬定防治方案→徵求區域人士意見→修定行動方案執行方案→評估檢討。

(二) 個案輔導：以家庭訪視、個別會談方式協助適應不良少年。

(三) 團體輔導：透過團體活動、協助少年人際適應並發展自我。

(四) 法令宣導：舉辦影片欣賞、巡迴演講、座談討論等灌輸少年法令常識。

(五) 親職推廣：舉辦親職講座及其他促進親子關係之活動。

(六) 文康育樂：舉辦少年才藝活動，提倡少年正常育樂活動。

(七) 義工組訓：甄選遴聘熱心少年工作之社會人士及大專相關科系學生協助工作推展。

(八) 轉介服務：其他相關機構之轉介服務（台北市少年輔導委員會工作報告，1999）。

　　少輔會以關懷少年成長為出發點，近年來舉辦過多項協助少年成長的活動，如法令介紹（少年法令體驗營）、生涯設計、少年團體活動、親子活動、父母效能團體等，協助少年透過這些活動能重視社會化，更適應社會生活（趙雍生，1988）。

另新北市政府少年輔導委員會之組織功能則包括：

(一) 綜理規劃並協調推動預防少年犯罪之相關事宜。

(二) 整合並運用新北市少年輔導資源。

(三) 統計及研究本市少年犯罪相關議題。

(四) 強化親職教育、法治教育、休閒教育等犯罪預防工作。

(五) 直接服務行為偏差少年。

(六) 培訓志願服務人員。

新北市政府少年輔導委員會之主要服務項目包括：

(一) 聯繫協調：結合相關單位實行少年預防犯罪和輔導工作。

(二) 個案輔導：以家庭訪視、街頭訪視、電話訪問、外展等方式輔導適應不良之少年。

(三) 團體輔導：透過團體工作，進行預防及自我提升的目的。

(四) 資源連結：評估少年需求，連結相關資源單位或進行轉介服務。

(五) 志工服務：遴選志願服務員擔任少年輔導員，協助輔導工作之進行。

(六) 法令宣導：於各國中小學巡迴辦理法律劇場，以戲劇呈現方式，將反毒宣導議題融入表演中。

(七) 活動辦理：辦理休閒及康樂活動。（新北市政府少年輔導委員會；http://www.jdpc.police.ntpc.gov.tw/）

三、少年法院（引自台灣高雄少年及家事法院簡介）

(一) 管轄事項

少年法院管轄之事項包括少年保護事件及少年刑事案件。

少年保護事件涵蓋二大類：

1. 少年有觸犯刑罰法律之行為者。

2. 少年有下列情形之一，而認有保障其健全自我成長之必要者：

(1)無正當理由經常攜帶危險器械。

(2)有施用毒品或迷幻物品之行為而尚未觸犯刑罰法律。

(3)有預備犯罪或犯罪未遂而為法所不罰之行為。

(二) 組織編制

少年及家事法院組織法第7條之規定：少年法院設院長一人，綜理全院院

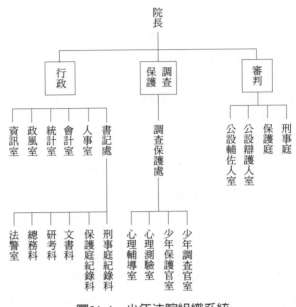

圖21-4　少年法院組織系統

務。下轄審判、行政兩大部分。組織編制詳如圖21-4。

審判方面，分設刑事庭及保護庭、置庭長及法官，分掌刑事案件及少年保護事件之調查及審理。另設公設辦護人室，由公設辯護人負責少年保護事件及刑事案件之輔佐事務。

調查保護方面，置少年調查官、少年保護官、家事調查官、心理測驗員、心理輔導員及佐理員。

行政方面，設書記處，置書記官長一人，承院長之命處理全院行政事務，下設紀錄科、文書科、研考科、總務科、訴訟輔導科、法官助理室、法警室等，分掌紀錄、強制執行、提存、文書、研究考核、總務、資料及訴訟輔導等事務，並得視業務需要分科、分股辦事。

(三) 少年法院業務（引自台灣高雄少年及家事法院簡介）

包括少年保護事件、少年刑事案二種，分別由保護庭及刑事庭掌理：

1. 少年保護事件

少年事件處理之宗旨係「以保護代替監禁，以教育代替處罰」，故本院處理少年事件，均秉持保護優先及教育優先之精神及原則，對於少年非行，盡量

以保護事件來處理。少年保護事件處理之程序可分為：

(1)受理：是處理少年事件的第一個步驟，受理之來源有四：(a)任何人之報告；(b)法院、檢察官、司法警察官之移送；(c)對少年有監督權人、少年肄業學校、從事少年保護事業機構之請求；(d)抗告法院之發回。

(2)調查：少年事件之調查由法官行之，並應先由少年調查官就少年之品格、身心、教育、家庭狀況等必要之事項為審理前調查。調查後之處置包括：(a)移送管轄；(b)移送檢察官；(c)應不付審理；(d)得不付審理，並予以轉介輔導、告誡、交付法定代理人或現在保護之人嚴加管教；(e)開始審理；(f)交付觀察。

(3)審理：由法官行之。少年保護事件之審理不公開，並採協商式審理之方式進行，審理終結之裁定包括：(a)不付保護處分；(b)保護處分，包含訓誡並得予以假日生活輔導、交付保護管束並得命為勞動服務、交付安置輔導、施以感化教育；(c)移送檢察官。

2. 少年刑事案件

本院轄區所有少年事件均由本院負責受案，但少年所犯最輕本刑為五年以上有期徒刑之罪，或事件繫屬後已滿20歲者，應裁定移送檢察官；此外，少年雖非上述情形，但犯罪情節重大，參酌其品行、性格、經歷等情狀，以受刑事處分為適當者，亦得裁定移送檢察官，以少年刑事案件處理。少年刑事案件之處理程序可分為：

(1)偵查：地方法院檢察署檢察官接獲本院裁定移送之少年事件後，應即開始偵查。偵查終結之處置包括：(a)向少年法院提起公訴；(b)不起訴處分，移送少年法院依少年保護事件審理；(c)不起訴處分。

(2)審判：由本院刑事庭法官行之。少年刑事案件之審判得不公開，判決結果包括：(a)判處有期徒刑、拘役或罰金；(b)宣告緩刑；(c)免除其刑諭知保護處分。

少年刑事事件處理流程如圖21-5：

3. 調查保護

由少年調查官及少年保護官掌理，主要業務有下列七項：

(1)審理前調查：由少年調查官行之。審前調查之目的在瞭解少年的人格及特質，明瞭所生長的環境，發掘少年在犯罪行為下所隱藏的特殊因素，及提供少年的問題與需要，作為法官決定少年處遇之參考。調查的項目包括：少年

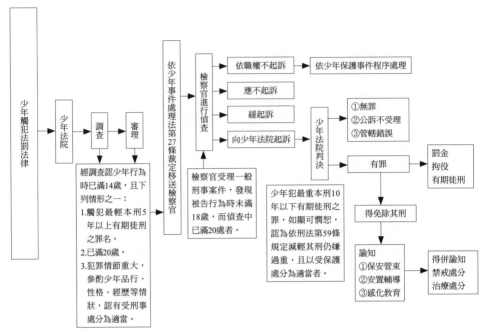

圖21-5 少年刑事事件處理流程

身心狀態、品格、經歷、家庭情形、教育程度、社會環境、與事件有關之行為及其他必要之事項。調查後少年調查官應提出報告，並附具建議。審理期日少年調查官並應出庭陳述調查及處理之意見。

(2)轉介處分：法官依少年調查官調查之結果，認為情節輕微，以不付審理為適當者，得裁定不付審理，並為以下之處分：(a)轉介兒童或少年福利或教養機關為適當之輔導；(b)交付兒童或少年之法定代理人或現在保護少年之人嚴加管教；(c)告誡。上述處分，均交由少年調查官執行。

(3)交付觀察：法官為決定宜否為保護處分或應為何種保護處分，得以裁定將少年交付少年調查官為六月以內之觀察。少年調查官應將觀察之結果附具建議，提出報告。

(4)假日生活輔導：係對於初犯或惡性較輕之少年，利用假日施以輔導的一種社會性處遇。假日生活輔導由少年保護官執行，次數為三次至十次，由少年保護官視其輔導之成效而定。輔導之方式包括：品德輔導、學業輔導、習藝輔導及勤勞輔導。

(5)保護管束：係對於可望不施以監禁亦能期其改善之少年，避免自由刑之科處，而將之置於自由社會，由專人或機關團體，消極監督其遵守法院指定之事項，積極輔導其重新適應社會生活之一種圍牆外的社會性處遇。保護管束由少年保護官掌理，少年保護官應告以少年應遵守之事項，與之常保接觸，注意其行動，隨時加以指示，並就少年之教養、醫治疾病、謀求職業及改善環境予以相當之輔導。保護管束之期間不得逾三年，但成效良好時，執行滿六個月後得裁定免除保護管束；成效不良時得撤銷保護管束改施以感化教育。另外，對於保護管束少年並得命為勞動服務，亦由少年保護官執行，時間為三小時以上，五十小時以下，其期間視輔導之成效而定。

(6)安置輔導：法院審理少年事件，發現少年家庭功能喪失或不彰，無法適切教養時，得考量少年之非行狀況及個別需要，裁定將少年安置於適當之機構接受輔導。安置輔導之期間為二月以上兩年以下，必要時得裁定延長一次，並得視少年行為改變狀況，裁定免除、變更安置輔導處所或撤銷安置輔導施以感化教育。安置輔導由保護官轉交福利或教養機構執行，保護官並應隨時到安置機構訪視，瞭解少年生活狀況、適應情形與輔導情況，與機構密切聯繫、合作，以發揮良好之安置及輔導成效。

(7)親職教育輔導：少年之法定代理人或監護人，因忽視教養，致少年有觸犯刑罰法律之行為，或有少年事件處理法第3條第2項觸犯刑罰法律之虞之行為，而受保護處分或刑之宣告，法官得裁定命其接受八小時以上，五十小時以下之親職教育輔導，由少年保護官執行。

(四) 少年觀護工作之流程

少年觀護之重要業務內容包括審理前之調查報告及審理後之保護管束工作等，其在整體少年事件處理之角色及工作流程為何？圖21-6及圖21-7對此提供了明晰的說明。

四、少年觀護所

(一) 任務

少年觀護所係依法收容18歲未滿之保護事件、留置觀察、觀察勒戒及刑事案件少年之機構，其目的在協助調查少年之品行、身心狀況、家庭情形、社會環境等事項，供少年法庭審前調查之參考，並在收容期間施以輔導及心性之調整，為適應未來責付、安置、執行感化教育或徒刑等處遇做準備。

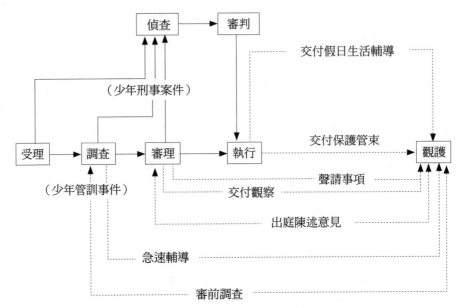

圖21-6　少年事件處理及少年觀護工作

註：實線表示少年事件處理的流程，虛線表示少年觀護工作內容。

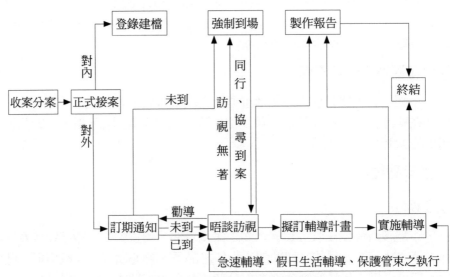

圖21-7　少年觀護工作之詳細流程

(二) 組織職掌

少年觀護所隸屬於法務部矯正署。目前獨立之少年觀護所共有二、獨立少年觀護所目前共有台北及台南二所，其餘與其他矯正機關合署辦公。少年觀護所之組織與職掌如圖21-8：

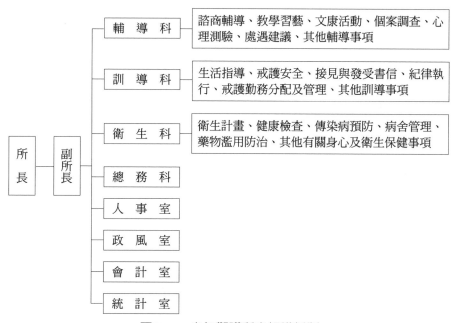

圖21-8　少年觀護所之組織編制

(三) 主要業務

1. 鑑別業務

(1)辦理直接、間接與社會環境調查：於少年入所後，即就其品性、身心狀況、學歷、經歷、家庭情形、社會環境及其他必要事項分別加以調查。為求深入瞭解，工作人員並須赴少年家庭及鄰里實地訪談，必要時並向曾就讀學校老師或工作雇主諮商，以作為鑑別之重要資料。

(2)製作觀察紀錄：少年入所時，除收容於觀察室一至三日，指派內勤組員負責記錄少年之自然表現，以瞭解其真實性行外，其他管教人員則對少年之情緒穩定性、言語表現、日常行為、課業與習藝情形隨時加以記錄，以列為鑑

別參考。

(3)實施心理測驗：少年人所後七個工作天內初次鑑別晤談及心理測驗分析完成。目前少年觀護所實施之心理測驗約計有(a)簡式健康量表；(b)sadpersons量表。

(4)生理檢查與精神狀態之鑑定：對於新入所少年，配合實施身體健康檢查診斷，並做成詳細紀錄。

(5)研擬處遇建議：依實際需求邀請少年法庭、相關教育人員、社政或衛政人員等參與討論，召開鑑別結果審查會議。並於二週至一個月內提供少年法院（庭）鑑別報告。鑑別報製作流程如下。

2. 教導業務

(1)生活輔導：鑑於少年值狂飆期，其心理成熟度欠缺穩定，故少年觀護所之管理不僅止於行為層面之約束，同時亦須特別強調心理輔導（含個別輔導、集體輔導、宗教輔導、特別輔導、認輔人輔導），以協助少年度過難關並進一步在行為上獲得改善，改悔向上。為使輔導工作更臻於完善，少年觀護所應商請各大專院師生及其他社輔機構之專業人員，協助參與各項生活輔導與指導事宜。

(2)教學：為使少年不致因案收容輟學，各少年觀護所大致依少年教育程度實施分班教學，除講授一般學校的課程外，亦重視品德教育的灌輸、法律知識的講解。此外，為激發學生學習興趣，觀護所宜強化電化教育內容，以促使教育更趨於多元。

(3)習藝：為養成少年刻苦耐勞勤奮向上的習慣，並學習一技之長，各少年觀護所大多安排少年在課餘時間參加各類習藝活動，但因少年收容期間短暫，習藝內容只限於較簡單之工作。

五、少年矯正學校

(一) 業務目的

依民國99年12月31日完成三讀立法程序並經公布施行之「法務部矯正署少年矯正學校組織準則」。法務部矯正署為辦理少年刑罰及感化教育之執行業務，特設各少年矯正學校。

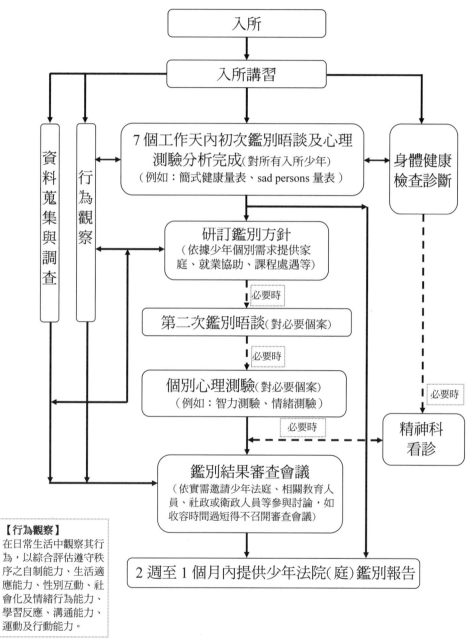

圖21-9　法務部矯正署少年觀護所鑑別流程

(二) 組織

少年矯正學校，隸屬於法務部矯正署，設有校長、副校長與秘書各一人，綜理本校總體行政事務，並且定期召開行政會議與校務會議。校內分項行政事務之管理與執行則分別由各處室隊完成，包含：教務處、訓導處、輔導處、總務處、警衛隊、醫護室、人事室、政風室與主計室。如圖21-10。

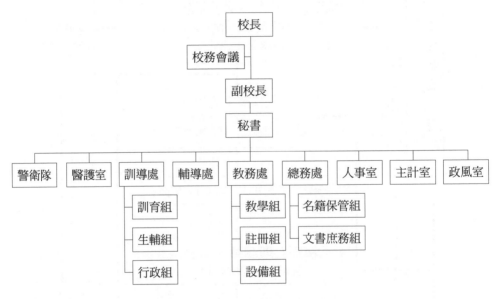

圖21-10　少年矯正學校組織系統

(三) 教育概況

依據「少年矯正學校設置及教育實施通則」之規定，矯正學校應依矯正教育指導委員會就一般教學部及特別教學部之特性所指導、設計之課程及教材，實施教學，並對教學方法保持彈性，以適合學生需要。

1. 一般教學：應提供完成國民教育機會及因材適性之高級中等教育環境，提升學生學習及溝通能力。一般教學部之課程，參照高級中學、高級職業學校、國民中學、國民小學課程標準辦理。

職業訓練課程，參照職業訓練規範辦理。為增進學生重返社會之適應能力，得視學生需要，安排法治、倫理、人際關係、宗教與人生及生涯規劃等相關課程。

2. **特別教學**：特別教學部應以調整學生心性、適應社會環境為教學重心，並配合職業技能訓練，以增進學生生活能力。

3. **諮商輔導**：矯正學校對學生之輔導，應以個別或團體輔導之方式為之。一般教學部，每週不得少於二小時；特別教學部，每週不得少於十小時。其中個別輔導應以會談及個別諮商方式進行；團體輔導應以透過集會、班會、聯誼活動、社團活動及團體諮商等方式進行。

(四) 生活與管理

1. **學生飲食**：在校學生每人每月給養費為2,700元。為求有效妥善運用，特設膳食改進小組，利用集思廣益，每月定期檢討改善學生之伙食，力求營養衛生、質量兼顧及色香味俱佳。

2. **分班管理**：為達到矯正學生不良習性及培養良好品德，乃採取以「班級」為管教單位之團體生活方式，實施管教與輔導，即依學生之教育程度、性向及志趣等，分別編入適當班級或專業技能訓練班。在人性化、學校化、合理化、透明化之前提下，本諸合法、合情、合理、公平、公正之原則與愛心、耐心、細心之方法，採取紀律管理從嚴，生活照顧從寬，藉以誘導學生明辨是非，敦品勵學，並培養其重紀律、守秩序之精神，使學生切實做到行為正正當當，態度規規矩矩。

第五節　未來少年司法之改進

前面章節已對少年司法之基本理念、沿革、組織體系、機構、流程等做扼要介紹。吾人獲知早期台灣少年司法具有矯正輔導保護少年及維護社會秩序之多重目的，整個體系在處理少年事件上仍具有濃厚之懲罰色彩，尤其，偏向司法性質之矯正處分。此種取向之刑事政策整體而言對於少年犯之改悔向上並無多大俾益，甚至可能留下標籤之污點及促使少年感染犯罪之惡習，而使將來重返社會更加困難。基於少年犯之處遇有走向社區性處遇之趨勢理念（Carter, Glaser, and Wilkins, 1972），尤其強調對少年身分犯（Status Offender）予以轉向（Diversion），不由少年司法體系處理（Schneider, 1985），加上少年機構性處遇之先天性障礙，筆者認為現行之少年司法在流程上可與少年福利體系合併加以改進之。圖21-11為修正之流程。

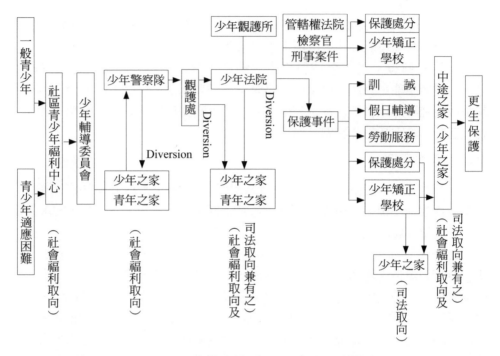

圖21-11　少年問題處理之體系、程序及機構流程

此項流程具有下列特色：

一、本流程強調處理少年問題之機構性質，部分偏重社會福利取向，有些偏重司法取向，不僅具有司法矯治效果，亦兼有社會福利之預防效果。

二、本流程所提及之轉向（Diversion），乃指對某些少年可視個案情況，轉介至最適當、最有效的社區機構來處理，以取代原來的機構性處遇。

三、本流程建議原附屬於少年法庭之觀護人室，應獨立成為觀護人處，且其流程應在少年法庭之前，並應賦予先議權，以權衡處理少年之案件是否應進入司法程序或轉介至社區處遇機構。

四、本流程對少年之處理，兼具有機構性處遇與社區處遇分類處遇之優點。

五、本流程強調少年犯罪之前的預防措施以及犯罪矯治之後的更生保護（蔡德輝，1989）。

參考書目

一、中文部分

少年矯正學校設置及教育實施通則，2010年5月。

台北市少年輔導委員會（1999）。工作報告。

台北市政府警察局少年警察隊（2019）。少年警察隊沿革組織。

台灣高雄少年及家事法院簡介，檢視日期2021年1月。

司法院少年事件處理程序及流程，2019年10月。

吳錫圭（1989）。中韓日少年犯罪問題之研究。警政學報，第16期。

明陽中學組織架構，2019年8月。

林茂榮、楊士隆（1995）。少年犯罪矯治之挑戰與未來發展趨勢。法學叢刊，第40卷
　　第3期，頁67-79。

法務部矯正署少年矯正學校組織準則，2010年12月。

邱華君（1987）。中美少年警察與少年輔導之比較研究。警政學報。

張平吾（1990）。從被害者學觀點探討少年恐嚇被害者生活特性與被害傾向之研究。
　　五南圖書。

郭利雄（1986）。中途之家與犯罪防治——論述我國少年之家。中美防治犯罪研究會
　　論文集。

陳孟瑩（1991）。少年保護與法律。載於觀護選粹（一）。台灣台北地方法院少年法
　　庭。

趙雍生（1986）。青少年事件處理問題之探討——社區處遇之理念發展趨勢及其在我
　　國施行之芻議。警政學報。

趙雍生（1988）。芝加哥區域方案之沿用——台北市少輔會之實施。警政學報。

蔡德輝（1989）。當前台灣地區犯罪問題防治對策之探討。警政學報，第16期。

二、外文部分

Carter, R. M., Glaser, D., and Wlkins, L. T. (1972). Correctional institution. Lippincott.

Schneider, A. L. (1985). The impact of deinstitutionalization on recidivism and secure confine-
　　ment of status offeenders. U. S. Government Printing Office.

Whitehead, J. T. and Lab, S. P. (1990). Juvenile justice: An introduction. Anderson Publishing
　　Co.

第二十二章　少年犯罪防治方案

　　少年犯罪防治理論經常須透過周延之少年犯罪的防治計畫或行動方案，以落實防治少年犯罪之目標。目前見諸於文獻之國內外少年犯罪防治理論相當多，實際應用至少年群體而獲致成效之方案（計畫）亦不在少數。然而，卻因方案散布於各行政部門，且未有系統地被引介，故迄今許多人士仍感到陌生。為彌補此項缺憾，本章檢視國內採行之少年犯罪防治專案，並同時引介、評析國外著名之方案，以探討未來努力之方向。

第一節　國內著名之少年犯罪防治方案

一、防治青少年犯罪方案

　　我國全國性之少年犯罪防治方案以民國68年8月4日由行政院核定之「防治青少年犯罪方案」最具代表性，此項方案曾歷經七次修正，其係由法務部負責推動，每年定期邀請司法院、行政院研究發展考核委員會、教育部、行政院人事行政局、行政院青年輔導委員會、內政部社會司、警政署、行政院人事行政局、行政院青年輔導委員會、行政院勞工委員會職業訓練局、行政院新聞局、行政院衛生署、經濟部工業局、台灣省政府社會處、台灣更生保護會等主協辦機關團體，舉行協調會議，分別從(一)預防：包括強化福利措施、加強親職教育功能、改進青少年輔導工作、強化青少年就業輔導、淨化大眾傳播媒體內容、加強濫用藥物防治等；(二)矯治：包括加強觀護業務、犯罪矯治與更生保護工作等，對少年偏差與犯罪行為進行防治。

　　民國80年修正之防治青少年犯罪方案，其工作權責劃分情形如下：

(一) 內政部：主管強化福利措施、加強執行青少年不良行為及虞犯預防辦法。

(二) 教育部：主管強化親職教育功能、改進青少年輔導工作。

(三) 行政院新聞局：主管大眾傳播內容再繼續加強淨化。

(四) 行政院衛生署：主管青少年濫用藥物之防制。

(五) **行政院勞工委員會**：主管加青少年就業輔導。

(六) **法務部**：主管「加強觀護業務」、「加強犯罪之矯治」、「加強更生保護」等三項犯罪矯治措施（防治青少年犯罪方案，1991）。

值得注意的是，近年刑事警察局發布之「台灣刑案統計」或法務部出版「犯罪狀況及其分析」之少年犯罪統計卻一致顯示：少年犯罪問題仍然嚴重，未完全趨於紓緩。因此，筆者認為此項方案並未發揮預期之防治少年犯罪功能，檢討其內容有其必要。根據學者專家之評估，並融合筆者之見解，前項方案有欠允當亟待改善之處包括：

(一) 主辦與協辦單位太多，彼此互不相屬，各自為政，而在中央亦無超部會之上級機構統籌其事，僅由法務部居間協調。

(二) 防治青少年犯罪方案本身並無編列專款，各相關單位所需要之人力、經費，一概由各單位在經常性費用項目下勻支。

(三) 方案各項之細目，太偏重於一般性、形式化，淪為各機關或單位內之例行公事，而缺乏革新性或創造性的前瞻措施；換言之，其內涵多屬頭痛醫頭、腳痛醫腳的平凡藥引。

(四) 方案內容，未見任何社會革新、教育革新（徹底消除社會上之升學主義──如改革學制、強化技職教育與推廣教育體系，與社政機關及人事機關密切協調配合，全面建立各行業之職業證照制度等措施）的具體辦法。

(五) 方案未將防治少年犯罪之重心置於家庭（如破碎家庭之輔導），僅止於強調親權教育單方向。

(六) 方案未能針對少年犯罪之滋生成長地域（如不良社區、里鄰結構與病理現象之區域）進行干預。（參閱陳石定，1994；陳惠次等，1993；沈銀和，1990）

二、預防少年兒童犯罪方案

鑑於少年犯罪之惡化，民國83年3月14日行政院通過修訂「防制青少年犯罪方案」，為「預防少年兒童犯罪方案」，其修訂之主要內容包括：

(一) **增列辦理家庭寄養制度**：鑑於目前因家庭發生問題而遭虐待、惡意遺棄的少年與兒童日益增多，此項新方案增列家庭寄養制度，結合社會力量，建立不幸少年及兒童安置與服務體系，以期落實少年及兒童的保護工作。

(二) **訂定少年及兒童輔導流程及強化各縣市少年輔導委員會功能**：為落實輔導功能，明定各相關機關應協調訂定少年及兒童輔導流程，確立職責並充

實各縣市少輔會人力,強化其功能。

(三) 增訂加強對貧困少年及兒童醫療補助及生活扶助等措施:為落實對貧困少年及兒童保護工作,增列應加強對其醫療補助及生活扶助等措施,並獎助辦理各項服務活動,以預防其犯罪。

(四) 增訂建立以學校為主體之輔導網路:為加強對學生輔導工作,增訂建立以學校為主體之輔導網路,以結合社會資源,提供學生周延的輔導服務。

(五) 增訂推展少年及兒童休閒生活輔導:為提供少年及兒童充分的休閒活動場所和參與機會,並建立正確休閒活動觀念,以免其涉足不良娛樂場所,衍生犯罪行為。

(六) 增訂加強少年及兒童法治教育:缺乏法律常識與法治觀念,為少年及兒童觸犯法網的重要原因之一,故增訂本項目。

(七) 加強淨化大眾傳播媒體之內容:增訂大眾傳播媒體不得描述犯罪細節,以免少年及兒童模仿。對於電影、電視、廣告之內容違法者應嚴加取締、依法處罰之規定。

(八) 增訂加強少年犯罪矯治機構管教人員輔導知能並定期評估其教學方法及教化功能之規定:為配合少年監獄、少年輔育院學校化的政策,特增訂此項規定。

(九) 增訂籌設「吸毒者中途之家」:為配合法務部的反毒措施,使吸毒出獄人徹底戒除對毒品的心理依賴,規劃由台灣更生保護會籌設吸毒者中途之家,以擴大追蹤輔導效果,協助其重返社會。

(十) 明定行政院為統籌督導機關:方案因屬跨部會工作,為落實執行效果,特提升督導協調層次,明定由行政院每年召集各主協辦機關共同檢討改進。(法務通訊社論,1994)

根據筆者之觀察,方案內容雖依時勢而略有擴增,惟仍未充分觸及許多重要之防治少年犯罪核心問題。為使防治少年及兒童犯罪工作更臻於完善,吾人認為輔以下列之做法有其必要性。

(一) 成立跨部會之工作決策小組,每月定期防治少年犯罪問題。

(二) 致力於不良少年之轉向(Diversion),強化家庭、學校、社會之輔導功能,避免少年太早進入刑事司法體系。

(三) 清除不良之家庭負因,減少少年成長之不利因素。

(四) 改善當前學校存在之各類教育病理現象。

(五) 透過媒體及學校教育，澄清社會價值，建立符合時代潮流之規範。

(六) 對少年犯罪嚴重之地區進行社區環境重整與改善，減少犯罪之滋生。

(七) 強化結合民間資源，協助少年犯之輔導與保護工作。

三、旭日方案

　　為防制少年犯罪之蔓延，內政部警政署於民國80年9月函頒「警察機關輔導少年活動實施規定（旭日方案）」，希望藉由提供少年正當活動，促進警民關係，加強少年輔導工作，以防止少年犯罪之發生。此項方案規定各縣市警察局及少年警察隊每個月須邀集一般行為之青少年及列管虞犯少年參加法令座談會、登山、烤肉等，藉由正當休閒活動之參與，寓教於樂，輔導虞犯少年，防止犯罪之擴散。根據刑事警察局民國83年5月17日旭日方案工作檢討會之報告，此項方案之施行「目前在活動舉辦次數及參與人數方面已增加許多，活動型態亦呈現多樣化，較活潑、生動，且已獲鄉紳、張老師義工、企業人士、學校老師等之聲援支持，而日趨成熟、完備。」

　　其缺點則包括「部分單位對旭日活動事先未做完整、整體規劃，對轄內各分局之活動分配、掌握不能通盤考量，失之草率、凌亂；旭日活動承辦人員調動頻繁，部分同仁對此項工作抱持著因循苟且心態，認為是項業務是不受重視之工作，因而未積極投入；部分縣市所舉辦的活動偏屬教條式、嚴肅而缺乏活動力，未主動積極尋求相關資源配合、協助，致活動難求突破、創新，吸引青少年參加等。」

　　據此，此項方案未來努力之重點包括：

(一) 警政署對於各縣市警察局辦理「旭日方案」工作表現優異者，應比照刑案破獲之方式敘獎，以鼓勵同仁積極投入。

(二) 辦理「旭日方案」活動，應事先訂定年度計畫，及早籌組，尋求相關社、政單位共同致力，不論是主辦、協辦，動態或靜態事先皆應有周詳計畫，並對每一次活動設定主題，根據少年需要，力求生動吸引少年主動參加，誠心接受，達到寓教於樂之目的。

(三) 鼓勵家長參與「旭日方案」活動，蓋親職教育為少年輔導工作真正治本的基石，惟有良好的親子關係始能真正改善少年問題。

(四) 應徵聘大專院校相關科學生或社會愛心人士為義務輔導員，共同致力輔導工作。

(五) 各警局應主動出擊與各相關單位協調聯繫，並使各界人士瞭解本項工作性

質、目的，進而積極投入協少年輔導行列。（參閱迎向旭日——防處少年犯罪警察工作研討會手冊，1994：54）

四、青春專案

根據法務部（2012：24）之撰述，為確保暑假期間青少年安全活動空間，維護其身心健全發展，行政院自92年度起推動跨部會執行之「暑假保護青少年——青春方案」，從積極面規劃各項體能、休閒及知識學習活動，消極面預防少年偏差行為及被害，結合中央與地方力量共同營造「熱力青春」的優質環境，以全面保護青少年安全。本方案計有3項實施項目，13項具體措施，由地方政府為主要執行單位，並由各相關部會督導所屬地方政府相關單位落實執行。中央各部會組成「中央聯合督導小組」，定期召開檢討與策進會議，實地抽查地方政府執行情形。

法務部自93年起於暑假期間配合「青春專案」之推動，每年訂定「法務部推展兒童少年暑期犯罪預防活動實施計畫」，主要具體措施如下：（法務部，2012：25-26）

(一) 加強查緝偵查：落實查察、取締犯罪場所，防制少年兒童犯罪及被害案件。從嚴、從速偵辦兒童少年被害案件，減低傷害。針對重大犯罪案件及被害預防，主動宣導，提高大眾被害危機認知及預防。

(二) 應用網路活動推動少年兒童犯罪預防及預防被害：設計建置暑期少年兒童犯罪主題網站，擴大網路犯罪手法暨網路犯罪被害宣導；協調各直轄市、縣（市）政府教育局轉知轄內各級學校，將網站相關內容列為暑假指定作業。

(三) 結合社會資源全面推廣：結合社會資源推廣法務部出版之反毒、反詐騙、法律常識、預防被害等各類文宣品及宣導短片，加強相關犯罪預防之宣導。結合教育機關及民間資源舉辦少年兒童法律常識宣導活動或社區家長法律常識推廣。與大學法律系社團合作，舉辦暑期夏令營，以使學習相長。針對少年流行產業（如電玩、體育用品、球賽、娛樂等）舉辦各項活動。主動參與，以置入行銷推廣兒童少年犯罪及被害預防。擴大辦理暑期成長營，引導高關懷及邊緣少年兒童參與服務學習。協調有線電視及廣播電台等媒體規劃製作暑期少年兒童犯罪預防及被害保護專題報導。

五、朝陽方案

「朝陽方案」，根據吳武典教授（1993）之引介，是一項在學校中實施的少年犯罪防治方案，以犯罪有案及有嚴重外向性問題行為的國中生為對象，其目的在針對少年法庭審理有案返校繼續就讀的學生，研議規劃具體輔導措施，透過專案輔導的方式，提供實際的關懷與協助，使其有成長自新機會。在積極方面，協助其開拓自我，增進其適應行為，使成為適應良好之青少年；在消極方面，則減少與預防其再犯罪。此一方案係於前教育部長毛高文任內，由訓委會常委楊極東、鄭主任崇趁及中央警官學校蔡德輝教授等人所構想提出。為因應社會需要此方案於1990年8月至1991年6月試辦一年，目前為教育部輔導工作六年計畫十八項計畫之一，總計將連續施行七年。其實施內容包括：

(一) 充實學校輔導設施，強化學校輔導資源。

(二) 辦理教師輔導研習，增進教師輔導知能。

(三) 掌握問題行為學生資料，研議適當輔導措施。

(四) 編配輔導教師，實施個別輔導及團體輔導。

前二者為學校基本設施之改進與全面輔導人力素質之提升，後二者係針偏差行為學生所作輔導措施（吳武典，1993；鄭崇趁，1990）。

實施上的具體做法為：

(一) 定期蒐集偏差行為學生資料：商請司法警政單位，提供各少年法庭接受審理之青少年問題行為資料。

(二) 研究分析問題行為類型及成因：成立「青少年問題輔導研究中心」，依據上述資料進行分析。

(三) 規劃研究各類型問題行為學生具體輔導措施。

(四) 根據輔導室設備標準，提撥經費，充實各校輔導設施，以改善加強學校之物理環境。

(五) 各校成立「朝陽方案執行小組」，由校長召集，每月召開一次會議。

(六) 於各校設置個別輔導教師，編配個案學生，實施個別輔導。包括定期晤談、家庭訪問、電話聯絡等，並填寫「個別輔導紀錄冊」。

(七) 於各校設置團體輔導教師，辦理問題行為學生之團體輔導，並填寫「團體輔導紀錄冊」；此外，並分區舉辦成長營活動。

(八) 各校辦理偏差行為學生之家長親職教育活勸，並結合社會資源輔導家長及案主。

(九) 辦理個別輔導教師及團體輔導教師研習，以充實輔導知能，加強輔導技巧。

(十) 成立「朝陽方案諮詢顧問小組」，定期到各校訪視輔導，提供諮詢和指導。

　　朝陽方案，根據郭生玉（1992）之研究評估，個案接受輔導後，在師生、同學、朋友關係方面、行為方面、認知方面、性情方面均有許多改善之效果。然而該評估研究卻也發現約有四分之一的特殊個案，具體改變不大，甚至部分在輔導期間更加惡化。陳惠次等（1993）之評估亦發現，朝陽方案對犯罪情節輕微者較具成效，犯罪情節嚴重者則無能為力。因此，對於此項方案，吾人認為切不可期望其可解決所有少年問題，然而欲使本方案發揮良好效果，根據吳武典（1993）之析見，必須往下列三方面共同努力，即長期以愛心、耐心輔導；強化老師輔導知能、學校軟硬體設備等支援體系；全面設防，尤其強化親子溝通、改善父母管教品質，提供社交與休閒活動機會，改進同儕關係等。此外，致力於找出有嚴重非行，而未有法院紀錄之少年，予以干預；透過輔導導師與法院觀護人或其他對少年偏差與犯罪行為較具經驗之專業輔導人員密切聯繫合作，亦可強化輔導效果。

六、璞玉專案

　　璞玉專案係教育部於民國80年7月起實施「全國輔導工作六年計畫」之一項目，其係針對國中三年級有可能不準備升學學生實施積極的輔導。其中亦包括中途輟學學生，及國中畢業升學未就業學生之輔導。

　　根據教育部訓委會（1993）之報告，此項方案之內容包括：

(一) 就業輔導

1. 由學校輔導室結合職訓、就業輔導機構與臨近廠商，對不升學學生實施就業輔導具體活動。
2. 遴請熱心教師或社會人士擔任不升學學生「璞玉專案輔導教師」，實施追蹤輔導。
3. 辦理不升學學生家長「學生就業輔導座談會」，建立輔導共識。
4. 邀請成功企業家與不升學學生座談，溝通並傳承創業經驗。
5. 引導不升學學生就讀延教班。

(二) 青少年法治教育與犯罪防治

1. 國立教育資料館教育廣播電台定時進行「民主與法治」廣播教育。
2. 舉辦不升學學生及家長座談會，邀請專家或遷善向上人士講解不良幫派吸收學生一貫技倆及防範之道。
3. 辦理幼獅育樂活動。
4. 辦理參觀煙毒所、監獄、少年輔育院，法院審判等活動，使知後惕勵。
5. 蒐集、編印青少年犯罪案例專輯，分送學生研讀。
6. 落實虞犯國中生個案分析，在校時追蹤輔導及畢業後追蹤輔導工作。
7. 辦理大專青年寒暑假服務青少年活動營。

(三) 家庭教育

1. 規劃辦理不升學學生家長親職教育活動。
2. 運用學校家長會組織，協助不升學學生就業輔導或其他有關措施。
3. 建立國三導師與不升學學生家長溝通管道。
4. 結合縣市家庭教育服務中心，策辦青少年婚姻及婚前教育活動，教導青少年如何結交對異性朋友。
5. 籌劃辦理學校內「家庭日」活動，特別注重不升學學生家長之參與，以協助親子溝通與調適。
6. 邀請家庭教育專家學者或民間團體，協同學校辦理「現代化家庭生活教育」活動，並特別注重不升學學生家長參與。

(四) 社會教育

1. 結合民間團體組織「青少年社會教育工作小組」，利用各地「青少年之家」或規劃設立社青少年俱樂部，遴請輔導員辦理青少年喜愛之活動。
2. 辦理「勵志座談」，請扶輪社、青商會、獅子會等各界奮鬥有成人士，介紹並引導青少年找尋努力方向。
3. 辦理演藝活動，吸引青少年參加，節目中安排曾犯罪、惟已向上人士現身說法或其他社教輔導活動。
4. 辦理國中畢業生參觀特殊教育學校及宗教措施活動。
5. 成立各種學校及社區宗教團契，促使： 好學生發揮影響力， 宗教力量發揮約束力。
6. 邀請社教有功團體、個人，孝悌楷模、模範母親、好人好事代表及歷屆杏壇

芬芳錄優良教師，與不升學學生舉行團體座談，發揮正面影響。

　　雖然璞玉專案之立論甚佳，然而在實際施行之同時，卻也發現對中輟學生及國中畢業未升學未就業學生之輔導方式經常以電話訪問為主，因此輔導成效頗令人質疑，亟待改善；其次，根據陳惠次等（1993）之評估，目前有關國中畢業未升學未就業學生之輔導工作，由學校輔導老師擔任並不恰當，不僅可能增加過多工作負擔，同時亦影響及正常輔導工作，因此，似以教育廳局之社教人員進行追蹤輔導為當；最後，有關國三不擬升學之輔導工作（生涯規劃），亦宜提早至國一或國二，以便早日準備，決定未來就業方向。

七、春暉專案

　　鑑於青少年濫用藥物問題日益嚴重，教育部於民國79年12月推行「春暉專案」，以防止青少年濫用藥物之蔓延。春暉專案主要係藉教育宣導、清查「誰濫用藥物？」及輔導戒治與預防等過程中，達成降低青少年濫用藥物之目標。茲進一步說明如下：

　　(一) 教育宣導：各級學校每年須訂定宣導周重點密集式宣導；各級學校舉辦家長座談；各級教育行政機關及學校，舉辦「防制濫用藥物研習」；成立「春暉社團」，由學生社團舉辦各種宣導活動；於教科書中增訂「防制濫用藥物」章節；透過大眾傳播媒體，擴大防制社教功能；協調民間社會公益團體、慈善機構，舉辦防毒宣導活動。

　　(二) 清查「誰濫用藥物」：學校教師、教官、訓輔人員及家長，就學生日常生活中的精神狀態與行為表現，觀察其有無濫用藥物的危險訊號，並聘請醫療檢驗人員到各級學校實施不定期學生尿液篩檢（每次從各級學校抽出100所進行篩檢，每學校隨機抽取5%之學生受檢），以期瞭解濫用藥物學生比率，並產生嚇阻作用。

　　(三) 輔導戒治與預防：各級學校發現有涉嫌濫用藥物之學生，立即由老師、導師、訓導人員、家長等組成「春暉小組」，進行輔導、觀察：對初次濫用藥物情節輕微者，予以告誡，並追蹤觀察；對成癮者應輔導甚至警察、檢察機關自首，並協助勒戒；對持有或販賣者，應追查其來源，輔導其自首，以減輕其刑責；各級學校保健室提供諮詢服務；增設適當休閒設施，導引學生參與有益身心之活動；學生校外生活指導委員會協調警察機關，對學校周邊可能感染毒品的場所，加強巡邏；協調警政機關加強查緝毒品走私，斷絕毒品來源。

春暉專案施行後，並未擴及中輟學生及國中未升學就業之學生，此為該專案之盲點（詳陳惠次等，1993），這些人或許才是真正需要特別干預與嚇阻之對象。當然反毒運動是一項長期的戰爭，尿液篩檢之遏阻措施與各項預防宣導應同步進行，以減少青少年濫用藥物之蔓延。目前，在政府及民間致力於反毒工作下，民國84年少年濫用藥物人數已有減少，此為可喜之訊息。

八、攜手計畫

攜手計畫係教育部輔導工作六年計畫之一，此項方案之目的為結合「璞玉專案」、「朝陽方案」之實施，發動大學院校績優服務生社團或優秀熱心學生輔導國中適應不良學生，以啟發潛能，肯定自我，攜手同行，共創未來。其輔導方法包括：帶領參加成長營（建立關係）；帶領參加社團活動（小團體）；到校輔導；家庭訪問（個別輔導）。具體輔導內容含蓋生活輔導、學習輔導、澄清價值觀、生涯規劃。

根據82年度教育部執行成果，計有28所大學院校755名大學生輔導32所國中13名學生。與81年之17所大學院校200名學生參與14所學校250名學生之輔導相較，顯然已成長許多，筆者認為此項方案甚具意義，蓋受輔學生可透過仿同、學習而成長，而青年學子亦可善盡一份社會責任。

目前攜手計畫尚未有任何嚴謹之評估報告出現，僅管如此，此項方案似可邀請更多大專院校參加，而輔導標的亦可擴及更多學校，讓更多適應不良學生受惠。

九、陽光少年計畫

根據李景美等（2009）之介紹，「陽光少年計畫」旨在發展社區青少年藥物濫用預防介入模式，藉以營造無毒安全的社區氣氛，協助社區青少年拒絕使用俱樂部藥物及其他成癮物質。計畫以「MAGIC」為規劃的特色，強調計畫評價、需求評估、理論／原則本位、整合與結盟、社區本位計畫等五項精神。該方案於2007至2008年進行二年，採準實驗設計，立意選擇台北市某區三個行政里為研究對象，其中兩個行政里為實驗組，另一行政里為控制組。本計畫經由診斷評估期、計畫發展期、計畫推動期、成果評量期等四階段，透過社區組織結盟凝聚共識，整合社區相關組織及預防資源，並推動「無毒家園——社區行動計畫」（包含愛心媽媽培訓、反毒愛心商店、社區媒體宣導），以及「陽光少年——學校預防計畫」（包含國小及國中學校預防計畫），由社區與學校

攜手共同經營擘劃，以達成預防青社年藥物濫用的目標，並為社區永續經營奠定良好的基礎。根據李景美等（2009）之研究發現，此項計畫的推動具有正向之成效，並認為未來宜鞏固社區組織結盟運作模式，持續透過社區組織結盟以及多元化的社區預防行動，來營造無毒健康的家園。

第二節　國外著名之少年犯罪防治方案

一、芝加哥區域方案

芝加哥區域方案（Chicago Area Project）係當代表美國最有名之少年犯罪區域防治計畫之一。基於學者蕭氏、馬凱（Shaw and Mckay）在芝加哥及其他城市之研究發現社區解組（Community Disorganization）現象如社區物理環境頹廢、種族複雜、人口流動率大、人際溝通不良、貧窮、社經水準低（如家庭接受救濟及房屋擁有比率低偏）為該等區域少年犯罪持久不降之主因，芝加哥區域少年犯罪防治方案即據此研擬妥適對策，其主要目標為社區層面結構與環境之改善，俾使新社區環境適合少年成長，從而降低少年犯罪。此項方案之主要工作內容包括芝加哥六個地域（社區）設立社區委員會，計包括二十二個鄰里中心（含鄰里委員會），除社區委員會設有工作人員以協助運用社區資料外，另由鄰里中心之委員會成員（即社區居民），親身參與、投入犯罪防治工作。活動內容包括社區環境更新、重整、提供足夠之休閒娛樂設施、強化社區意識、增進社區居民情感與溝通、動員社區資源如教會、學校、工廠及其他社會團體等協助解決社區問題。學者Kobrin（1959）對此長達二十五年之社區少年犯罪防治方案進行評估後指出，此項方案雖然無法抑制高犯罪區域嚴重之少年犯罪問題，惟其對於少年重返社區生活而言，顯然已發揮區域防治之功效。

二、劍橋沙馬維爾之青少年犯罪防治計畫

劍橋沙馬維爾的青年研究（Cambridge Somerville Yorth Study）（Power and Witmer, 1950）係在波士頓附近之劍橋及沙馬維爾兩城進行之少年犯罪防治方案。根據劉焜輝（1991）之引介，此計畫係由Cabot R. C.博士和Cabot S. Q.博士二人主持，以具有犯罪傾向初期徵候的12歲以下青少年和一般青少年為對象，隨機取樣配對分為實驗組和控制組各325名，對於實驗組，由專業社工

人員藉個案工作的技術，與少年建立良好關係，解決當事人心理困擾，加強學校生活及課業適應，使其潛能得到充分的發展，減少其犯罪傾向，培養守法的公民；對於控制組則未做特殊安排，俾與實驗組的結果比較。

研究結果，發現防止少年犯罪行為並未收到預期的效果。實驗組與控制組的犯罪發生率並無太大差別（有輕微犯罪紀錄者，實驗組與控制組之比為267名對246名），惟在較重大犯罪內容上卻有質的差異（McCord and McCord, 1959），例如(一)控制組之罪犯較多；(二)送到少年保護管訓機構者亦以控制組較多；(三)有8名送到感化院，其中7名為控制組；(四)有四種以上犯罪紀錄之少年，實驗組5名，控制組為9名；(五)108件較為重大之罪犯（縱火、性犯罪、竊盜、威脅、夜盜、殺人）為46名對62名之比，亦為實驗組較少。而根據進一步觀察，當初有問題行為的少年，後來也有成為良好公民者，實驗組的三分之二的少年咸認為他們從該措施上獲得實質上的好處甚多。

三、普洛佛實驗（張景然，1992）

普洛佛實驗（Provo Experiment）係根據偏差次文化理論和差別接觸理論，而於1956年美國猶他州普洛佛進行之少年犯罪防治實驗。普洛佛實驗強調犯罪行為係從社會團體中發生，因此處理犯罪行為的方法須從社會關係中著手。

該實驗以15至17歲的習慣犯為對象，利用Pinehills Center作為許多實驗活動的場所。這些青少年平日仍住在家中，實驗進行時前來參加不同的團體活動。這項計畫假設青少年在其他孩子群之中，團體的壓力會成為行為形成的主要原動力，普洛佛實驗即是利用同儕團體影響力，安排青少年在各種社會情境中，促使他們都能順從團體的規範，在守法行為與犯罪行為之間做抉擇，引導他們質疑犯罪活動的價值和利益，而逐漸使正面行為在這些青少年身上突顯其意義（Empey and Rabow, 1961）。

這個實驗十分強調為社區青少年發展良好的工作習慣，並協助找尋有意義的工作。Empey與Rabow（1961）認為普洛佛實驗基本上是成功的，他們使青少年在團體中受到鼓勵，遵守團體的規範，改變原先對工作的態度和價值觀，願意減少參與犯罪活動，重新回到社區適應嶄新的生活。

四、加州沙加緬度轉向計畫（黃富源，1994）

加州沙加緬度向計畫（Sacramento County Diversion Project），係以標籤

理論為基礎所發展出來的少年犯罪防治計畫。此一計畫旨於將非行少年的官方標籤式處罰，轉向為非標籤、短期的處遇，以幫助青少年維持健康良好的自我形象。

此一計畫，自西元1970年起開始實施，參與此計畫之對象不包括觸犯藥物、搶劫、侵入竊盜、汽車竊盜等罪之人而係以犯輕微逃學、逃家和不聽父母督導等非行少年為對象。該計畫由受過專業訓練的觀護人負責執行，實施家族諮商與短期危機介入等轉向計畫，以代替一般保護管束。

為了評估加州沙加緬度轉向計畫之成效，研究人員比較了實驗組與控制組間的不同，在方案實施後一年，實驗組裡只有13.9%的少年被處隔夜拘禁的處分。但是控制組裡則有高達55.5%的少年被處隔夜拘禁的處分。整體而言，加州沙加緬度轉向計畫的成效是顯著的。

五、早期教育充實計畫（Early Educational Enrichment Programs）

（張碧娟，1994）

著名的培利學前教育方案（Perry Preschool Project），係針對貧窮且高犯罪地區的123名黑人幼稚園幼童，進行高品質之教育及輔導工作。此計畫中將123學童分為實驗組與控制組。實驗組師生比率為一比六，教師每週須至學生的家庭進行訪視，與家長保持密切的溝通聯繫，同時在學前教育階段即開始給予學業上的指導。而控制組的學生則與一般正常之教育無異。此一計畫持續進行到這批學生至19歲為止，結果發現實驗組學生較控制組學生行為有明顯的良好結果，包括較好的學業成績表現，較多的學生升學，未婚媽媽的案例也較少，在違規及犯罪行為上的比率也較低（控制組為51%，實驗組為30%）（Berrueta-Clementetal, 1984）。

根據學者Dryfoos（1990）之見解，培利學前教育方案之所以獲致相當的成效乃因此項方案改進了學業表現及學校行為，間接地抑制未來偏差行為之發生。

六、西雅圖父母效能訓練方案

此項方案係由學者Hawkins等人（1987）所提出，希冀藉著對父母之各項訓練，強化其教養品質，以減少兒童及少年偏差行為之發生。

西雅圖父母效能訓練方案之施行係對西雅圖國民小學一、二年級之父母提供各類基礎教養技術，包括對小孩子合理之期許及建立妥適之獎賞與懲罰等。

而對其他年級之父母則著重於父母與小孩溝通技術之傳遞及課業指導等。至於偏差行為兒童之父母則被進一步邀請參加更為專業之課程，以協助其處理各種少年偏差與犯罪行為狀況。

根據Hawkins等人之初步評估，參與此項訓練方案之父母在教養子女之技術上更趨於成熟，且其子女亦較少有攻擊性等偏差行為發生。

七、科羅拉多州少年法治教育方案

此項方案係美國國家市民法治教育研究部（1989）對該國青少年進行各項法治教育之一部分，其自1978年起即為美國少年司法與非行預防局（OJJDP）所支持。方案之課程包括與警察同步巡邏執勤、參觀法院、與刑事司法體系人員及律師在社區從事各項服務，如協助被害人、進行犯罪預防宣導、交通指運、傷患救助……等。

科羅拉多之少年法治教育方案係以對該地區之國三學生施以整學期之法治教育課程以代替原來之公民與道德課程。而其中亦聘請一位警察人員充任講師，每二周即加入函授一次。

根據評估，參與此項課程之學生在各項自陳報告非行（如偷竊、違規、濫用藥物）上，均有顯著減少（改善）之情形（Dryfoos, 1990）。方案具成效之原因之一為警察人員與學生有極為密切之溝通與互動，使學生進而敬重執法人員，另一原因為在方案施行前，對參加方案職員之各項訓練趨於周延完善。

八、觀察探索方案（張景然，1992; Bynum and Thompson, 1996: 431-432）

「觀察探索」（Vision Quest）計畫係透過荒野的身體訓練挑戰和積極正面的經驗來抑制頑劣的青少年不良行為（Gavzer, 1986: 8）。這項計畫在亞歷桑那州、賓州和佛羅里達等州設立了野外露營區，運用類似印案少數民族的遷移儀式訓練，促使每個參與的青少年完成三項「探索」（Quests），包括：和野馬、騾子一起工作，六個月的運貨馬車經驗，以及八周的訓練野馬計畫。其目的為教導青少年具有強烈的責任感和遵守社會規範的認知。完成這些探索，青少年可以參加一項儀式，象徵其已經通過訓練，準備進入成年期。根據參與計畫之學者表示，這些青少年不單只是扮演牛仔和印第安人的角色，而是在沒有足夠保護的情況下，努力克服現實的艱難生活（Gavzer, 1986）。除了野地的拓荒經驗之外，這項計畫也包括每天的學校作業、賺取每周的零用金、諮商課程、對監督自己的成人管理者負責任等。大約有15州的州政府以大約傳統矯

治機構半數的經費，將青少年送入「觀察探索」計畫，這項計畫被視為相當成功。根據一項調查，在完成觀察探索計畫之3,000名青少年中，只有將近三分之一的人數再犯重回到機構內（Gavzer, 1986）。

九、新兵訓練方案

新兵訓練方案（Boot Camp Programs）係美國近年新興之青少年犯罪處遇方案。基本上此項方案係以嚴格之新兵訓練方式對虞犯青少年進行體能訓練及紀律要求，俾以磨練其心智，培養自治能力，避免再犯。新兵訓練方案自1983年施行以來，已擴展至美國23個州，並有擴大採行之趨勢（Mackenzie and Souryal, 1991）。

新兵訓練與震撼監禁方案（Shock Incarceration Programs）意義相近，其主要之適用對相象為初犯、非暴力之青年犯，目前並拓展至成年犯。新兵訓練之方案內容除具軍事氣氛之訓練，以促其遠離非行外，亦包括公共服務、作業及部分具處遇傾向（Treatment-oriented）之教化活動，如藥物處遇及教育等。例如密西西比州之服刑統制訓練（Regimented Inmate Discipline）即屬心理與半軍事之訓練，其除新兵訓練外，亦提供心理治療，教導案主解決問題之最佳方法。而喬治亞州之新兵訓練方案則依案主之行為類型，採行五個不同鬆嚴層次之管理，同時亦提供藥物諮商與處遇給方案參與者。

根據MacKenize（1990）之評述，新兵訓練比傳統之監禁方式更具正面效果；亦無證據顯示參與者因方案而激怒或受其負面影響；參與方案者認為此項經驗具建設性，而在傳統監獄則無此項感受；參與方案者之再犯率與在傳統監獄服更長刑期者大致相同；方案成功與否有賴方案執行期間及執行後（社區保護管束期間）提供妥適之教化、訓練與處遇，以協助其行為改善。

十、直接嚇阻方案

「直接嚇阻」（Scared Straight）是少年犯罪防治中最具創意之方案之一。此項方案於1976年間於美國紐澤西州Rahway重刑監獄試行，其係以恐嚇之方法，由一群在監服刑之重刑犯向來訪之青少年說明監獄內之種種殘暴事例及須面對殺人、強姦、謀殺犯等，以恐嚇、嚇阻少年將來進一步從事偏差或犯罪行為。此項方案至施行以來，頗受美國新聞界注目，廣為報導，也因此許多團體要求至該監參加此項方案，以期減少少年偏差與犯罪行為發生。

根據學者Finckenauer（1982）之評析，此項方案之效果並未如預期，因

為「以一個過於單純之方法來處理一個複雜之社會問題似乎是不太可能」。然而，對許多民眾而言，此項方法似乎是一項改變犯罪或虞犯少年之優良嘗試（張景然，1992；Bynum and Thompson, 1996: 431）。筆者認為此項方案倘於監獄內施行則須在演員之選擇、場地、介紹之內容等方面做恰當之準備，以避免衍發不良副作用。然而，在當前獄政強調人道化矯治處遇之同時，拍成影片或許比實地參觀更為有效。

結論

　　從前述國內外著名少年犯防治方案之介紹，吾人認為無論這些方案是否達到預期之效果，其規劃及施行經驗對於我們未來少犯罪防治工作之推展，無疑的將具啟示性。

　　國內少年犯罪防治各項方案給吾人之啟示主要包括：

　　一、防治青少年犯罪方案：防治方案倘各自為政，缺乏專款支持且防治範圍過於廣泛，欠缺具體，其效果將面臨許多侷限。

　　二、預防少年兒童犯罪方案：方案內容擴增，人力、物力、財力之耗費加鉅，爭取民眾之支持與民間資源之善加運用更形殷切。

　　三、旭日方案：方案之籌辦應多方考慮少年之需求，力求生動，寓教於樂，避免教條形式。

　　四、青春專案：方案務實，屬問題導向之預防策略，但執行時宜注意避免過度介入，應有更多配套措施導引。

　　五、朝陽方案：少年偏差與越軌行為需要專業之輔導，故提升老師之輔導知能並加強與富輔導經驗者聯繫更顯其重要性。

　　六、璞玉專案：方案立論佳，惟倘方案之執行未臻於落實，或缺乏相關人員配合，仍無法充分達成既定目標。

　　七、春暉專案：少年濫用藥物之防治與輔導方案，倘未能與少年其他偏差行為之防治工作併合進行或全面動員，其效果將面臨限制。

　　八、攜手計畫：少年之行為與人生方向可由正面團體與人員加以導引，亦可擴及各行各業成功的人。

　　在國外（尤其是美國）少年犯罪防治方案方面，給吾人之重要啟示包括：

　　一、芝加哥區域方案：社區環境與結構之改善，為防治少年犯罪之重點工作，少年犯罪防治工作須長期投資，並無特效藥。

　　二、劍橋沙馬維爾方案：問題少年個案輔導工作之成效有時並不如預期的顯著，評估之標準（Criteria）亦是決定成敗之關鍵。

　　三、普洛佛實驗：水能載舟亦能覆舟，善用青少年團體力量，可引導青少年產生正面行為。

　　四、加州沙加緬度轉向計畫：微罪少年之非官方轉向處遇方案，提供了少年自新之機會，免受標籤之負面影響。

　　五、培利學前教育方案：對兒童早期之課業及生活輔導有助於舒緩將來問題行為之發生。

　　六、西雅圖父母效能訓練方案：少年犯罪肇因於家庭，強化父母親職教育之方案，更顯現其重要性。

　　七、科羅拉多州少年法治教育方案：方案之施行宜富彈性（如與警察同步巡邏），以吸引青少年參加，進而引導建立敬重執法人員及法律之態度。

　　八、觀察探索方案：研擬規劃適合青少年過渡至成年期之各項成長方案，為少年犯罪防治工作之重點項目。

　　九、新兵訓練方案：對虞犯青少年進行體能訓練及紀律要求，磨練心智，培養自治能力之方案，倘佐以心理輔導，可協助問題少年改善偏差行為。

　　十、直接嚇阻方案：犯罪人倘加以組織運用，亦可對犯罪防治工作之推展工作貢獻心力，回饋社會。

　　綜合觀察所列國內外方案之內容及實際運作經驗，筆者認為較周延之少年犯罪防治方案，應具備下列要件：一、良好之理論基礎；二、防治之目標明確；三、方案宜富彈性，以吸引青少年主動參與；四、掌握有利於方案執行之契機與環境；五、相關組織及工作人員之支援與配合；六、嚴密之督導與方案檢討、評估；七、充分之預算支持；八、爭取民間各類社會資源之協助。

參考書目

一、中文部分

內政部警政署刑事警察局（1994）。迎向旭日——防處少年犯罪警察工作研討會手冊。

吳武典（1993）。朝陽方案——少年犯罪之防治方案。輔導季刊，第29卷第5期。

李景美、張鳳琴等（2015）。陽光少年計畫——社區青少年藥物濫用預防模式。學校衛生，第66期，頁91-119。

沈銀和（1990）。防制少年犯罪法制之檢討。刑事法雜誌，第34卷第4期。

法務通訊社論，1994年4月14日。

法務部（1997）。防治青少年犯罪方案。

法務部（2012）。100年少年兒童犯罪概況及其分析。

張景然（1992）。青少年犯罪的矯治與預防計畫。載於青少年犯罪學。巨流圖書。

張碧娟（1994）。青少年犯罪之防制。學生輔導，第32期。

教育部（1993）。教育部輔導工作六年計畫。

教育部訓育委員會（1993）。教育部輔導工作六年計畫：82年度執行成果專輯。

郭生玉（1992）。朝陽方案試辦效益評估研究報告。教育部訓育委員會。

陳石定（1994）。我國刑事司法機關執行防制青少年犯罪方案之評估。警專學報，第7期。

陳惠次等（1993）。防治青少年犯罪方案之評估。行政院研究發展考核委員會。

黃富源（1994）。美國少年犯罪防治理論與實務之回顧與評析。犯罪防治，第20期。

預防少年兒童犯罪方案，1994年3月14日。

劉焜輝編（1991）。青少年不良適應行為。天馬文化。

鄭崇趁（1990）。璞玉映朝陽——教育部因應青少年犯罪的兩大措施。學生輔導通訊，第10期。

二、外文部分

Berrueta-Clement, J., Schweinhart, L., Barnett, W., Weikart, D., and A.Epstein, (1984). Changed lives: The effects of the perry preschool programon youths through Age 19. High Scope Educational Research Forndation, #8.

Bynum, T. E. and Thompson, W. E. (1996). Juvenile delinquency (3rd ed.). Allyn and Bacon.

Dryfoos, J. G. (1990). Adolescents at risk: Prevalence and prevention. Oxford University Press.

Empey, L.T. and Rabow, J. (1961). The provo experiment in delinquency rehabilitation. American Sociological Review, 26: 679-695.

Finckenauer, J. O. (1982). Scared straight and the panacea phenomenon. Prentice Hall.

Gavzer B. (1986). Must kids be bad? Parade March, 9: 8, 10.

Hawkins, D., R. Catalano, G. J., and Fine, D. (1987). Delinquency prevention through parent training: results and issues from work on progress. In J. Wilson and G. Loury (Eds.), Childrin to citizens: Families, schools, and delinquency prevention, (vol. 3, pp.186-204). Springer Verlag.

Kobrin, R. (1959). The Chicago area project-A 25 years assessment, annals of the American academy of political and social science.

MacKenzie, D. L. (1990). Boot camp programs grow in number and scope. NIJ Reports, 222: 6.

MacKenzie, D. L. and Souryal, C. C. (1991). Boot camp survey: Rehabilitation, recidivism reduction outrank punishment as main goals. Corrections Today, October.

McCord, J. and McCord, W. (1959). A follow-up report on the Cambridge-Somerville youth study. Annals of the American Academy of Ploitical and Social Science, 32.

National Institute for Citizen Education in the Law (1989). Annual Report 1987-1988. Washington D. C. National Institute for Citizen Education in the Law.

Poweers, J. H. and Witmer, H. (1950). An experiment in the prevention of delinquency: The Cambridge-Somerville yomerville youth study. Columbia University Press.

The Colorado Juverile Justice and Delinquency Prevention council (1989). Using school-based programs to improve students' citizenship in Colorado. Denver, Colo. The Colorado Juvenile Justice and Delinquency Prevention Program, October.

第二十三章　少年犯罪防治之對策

　　鑑於少年犯罪在近年來呈現量的增加與質的惡化，且學者專家相繼指出今日之少年犯可能成為明日之成年犯，因此為免其淪落犯罪深淵，有必要在兒童、少年階段早日採行防治犯罪措施。少年犯罪防治之對策首應強調「事先的預防重於事後的處理、懲罰」與「預防勝於治療」之觀念與做法。蓋一旦犯罪發生，不僅傷害已造成，難以回復，且刑事司法體系各部門須付出昂貴且難以估計之成本以對少年之犯罪進行偵查、審判、矯治與更生保護。因此，有必要以前瞻性之觀念強化少年犯罪預防工作。

第一節　少年犯罪預防模式

　　少年犯罪預防工作，包含廣泛之各種活動，如瞭解少年犯罪之原因，消除與少年犯罪有關因素，強化少年司法預先發覺少年犯罪之能力，健全社會環境，並進一步減少促進少年犯罪情況聚合之因素等。因此，凡屬直接間接可以促進少年犯罪預防之措施，諸如：政治、社會、經濟制度之改革，法令之修正，社會福利以及人力運用等均可稱為少年犯罪預防工作。然較直接具體的措施，諸如：加強學校之諮商輔導功能，設立青少年福利中心、少年犯罪預防專責機構、社會環境的改善等亦屬少年犯罪預防工作。為使讀者對少年犯罪預防工作之範疇有著進一步之認識，本文援引學者布爾提翰與福斯特（Branting-ham and Faust, 1976）之見解，以醫學上公共衛生模式（Public Health Model）來說明少年犯罪預防活動。

　　公共衛生之模式可區分三層次之預防活動：第一層次之預防（Primary Prevention）在鑑定出促成疫病發生之一般環境因素，然後採取排除這些因素之措施，如環境衛生及污水處理、滅絕蚊子、疫苗接種、衛生及營養教育、定期檢查等；第二層次之預防（Secondary Prevention）乃鑑定出哪些人有發生疾病之高度危險性，然後介入這些個案採取特別設計之治療措施預防其陷入嚴重之病狀，如在貧民區實施X光檢查，發現初期病症的病患，施予預防措施，對於肥胖者施予飲食控制，牙齒檢查等；第三層次之預防（Tertiary Prevention）

則包括：鑑定出已患較嚴重病症病患，然後施予治療預防其死亡或永久殘障之危險，如從胃抽出毒液、開心手術、癌症者之放射治療等。對某些已罹患器官殘廢者提供復健服務，如對盲人施予點字閱讀之訓練。對某些罹患無法治療疾病之病痛提供減緩痛苦之措施，如對末期癌症患者提供鎮靜治療。

由上述公共醫療衛生之預防模式，轉化為下列少年犯罪預防之模式：少年犯罪的第一層次預防（Primary Crime and Delinquency Prevention）乃鑑定出哪些生態環境或社會環境會提供機會促使少年陷入犯罪行為，然後採取措施改善這些環境減少犯罪機會，如加強警方的破案率，提高刑事追訴確實性而達到一般威嚇、預防犯罪效果；加強少年心理輔導預防其陷入某些偏差行為型態；改善社會環境減少少年犯罪之機會。

少年犯罪的第二層次預防（Secondary Crime and Delinquency Prevention）乃對有潛在性之少年虞犯早期予以識別與預測，然後予以輔導使其不發生犯罪行為，如要進行一些社區處遇之輔導計畫與研究，尤其對貧窮、下階層無一技之長之少年進行職業訓練與輔導就業，對心身有缺陷之少年提供治療避免陷入病態犯罪行為，對逃學逃家之少年予以適當輔導，均可避免及預防其陷入嚴重之犯罪行為。目前教育部在推展的璞玉專案即在加強輔導國中畢業不升學、未就業之學生，以免其陷入犯罪，即屬第二層次之預防。

少年犯罪的第三層次預防（Tertiary Crime and Delinquency Prevention）乃指少年司法體系採取機構性處遇及社區處遇，對那些已犯罪之少年進行矯治處遇，使其能成功地復歸社會而不再犯。因此第三層次之預防，一方在控制少年犯罪行為以保護社會，另方面在矯治處遇少年犯使其改悔向上，適應自由社會生活而不再犯。目前教育部在推展的春暉專案、朝陽專案即對學校之濫用藥物及問題學生，加強個案教育與輔導，使其改過向上，預防再犯，在程度上即屬第三層次預防。

而上述三種少年犯罪預防模式，乃以第一層次之少年犯罪預防最為重要，正如美國犯罪學家傑佛利（C. R. Jeffery, 1977）在其著作《經由環境設計促進犯罪預防》（*Crime Prevention Through Environmental Design*），強調如能改善促進犯罪情況聚合之因素如環境以及減少陷入少年於犯罪之機會，當可使少年犯罪減少至最低限度。少年犯罪預防工作強調犯罪發生前採取步驟預防其發生，而非在發生之後之處理工作（蔡德輝、楊士隆，2001）。第一層次少年犯罪預防強調運用直接方法控制及預防犯罪行為，亦即改變環境使其沒有發生犯罪之機會。通常均運用生態學及都市設計之原理進行犯罪預防，亦即運用人與

環境交互作用之模式來預防少年犯罪。以前，少年犯罪著重於少年犯之生物、社會背景調查研究，而忽略整個發生犯罪環境之探索。我們又目睹犯罪矯治機構不易改變少年犯罪之行為，心理衛生機構亦無法充分發揮其功能，追究其原因甚為明顯。如某少年犯罪後被移送矯治機構接受教化及心理治療，但促其發生犯罪之原來的社會環境並未改善，待其離開矯治機構重返原來社會，很容易受原來環境之感染再度犯罪，致有很高之再犯率。

第二節　少年犯罪預防工作之具體做法

少年犯罪預防工作是人們談得最多，而做得最少的工作，茲參考學術研究之心得與少年輔導實務，介紹少年犯罪預防工作之具體做法：

一、加強親職教育健全家庭生活預防少年犯罪

隨著文明進步，工商業發展，加上歐美文化之侵入，台灣地區之家庭結構產生了根本變化。例如，台灣地區很多新式家庭逐漸代替傳統家庭，不僅大家庭演變為小家庭或核心家庭，甚而單親家庭亦有愈來愈多之趨勢。此外，頗值注意的是，以前傳統的單一家庭樹（Family Tree）是以父母與子女為主的組成型態，但目前家庭樹又漸發展為家庭森林型態（Family Forests）。所謂家庭森林，指父母離婚之後，父親再娶而組成另一個家庭樹，母親再嫁又組成另一個家庭樹，原來的子女接受父母之共同監護，而處於複雜的家庭森林環境之中。此種家庭型態改變為少年之正常成長舖上了不利之因素。加上近年來工商業愈來愈進步，就業供給機會逐漸增多，父母親同時外出工作者愈來愈多，極易造成子女疏於管教之問題。此外，許多父母雖知家庭教育之重要，但卻不知如何去瞭解子女之次文化價值體系及他們之問題與需要，也不知如何對子女施予正確的教育觀念及管教方法，因此筆者希望有關機構能擴大舉辦「幸福家庭講座」、「爸爸教室」、「媽媽教室」活動，加強親職教育，使父母有再教育機會，使其成功地扮演父親或母親之角色，充實健全其家庭生活，發揮家庭應有之教育功能，則必能有助於減少少年犯罪行為之發生。

二、不要公開責備少年為少年加上壞的標籤

近年來美國犯罪學家貝克（Becker）及李瑪特（Lemert）提出「標籤理

論」，勸戒家長、老師等，不要隨意為偶而發生偏差行為之少年加上壞的標籤（如笨孩子、壞孩子、問題少年等）。因為這樣隨意加上壞的標籤，往往成為日後促成少年陷入更嚴重偏差行為之有力因素。例如：有學生在校發生輕微偏差行為時，部分老師可能在公開場合為這些學生罵出「壞孩子」「頑皮蛋」或「教書以來從未看到像你這樣壞的學生」等。當這些學生被羞辱套上壞的標籤之後，即可能不知不覺地開始修正他們的「自我印象」，並確認他們歸屬這些壞標籤之角色，導致少年「自我實現預言」之惡果，然後進一步用更嚴重之犯罪來防衛、攻擊及適應周遭環境對他們初次輕微偏差行為反應所引起之問題。因為一旦他被公開地標籤為「壞孩子」之後，則他們可能會真正按照他們的標籤去扮演其角色並從事壞孩子所做之不良行為。然不要因此誤會少年發生輕微偏差行為亦無所謂，而要注意少年犯罪行為亦是許多輕微偏差行為慢慢累積而後鑄成大錯。筆者認為家長、老師等對於初次犯錯之少年，不要懷恨在心小題大作又公開地予以隨意責罵，加上壞的標籤，因為這種單純責罵羞辱少年之反應，不僅無助於少年行為之改善，反而更陷深他們於犯罪行為。因此，家長如遇少年產生不良行為，應冷靜的思考問題行為形成之原因，進而予以適當之處理與輔導，以收防微杜漸、防患未然之效（蔡德輝，1992）。

三、加強學校輔導教育功能預防少年犯罪

我們要預防少年犯罪，需要家庭、學校、社會共同協調配合，才能發揮其更積極之功能，達到有效之輔導，預防少年犯罪於未然。茲就學校應如何推展預防少年犯罪說明如下：

(一) 學校每一位教師均是最好的行為輔導者，因為學校不可能聘請足夠的心理輔導專家來發揮輔導功能，因此所有教師除授課之外，亦應參與學生問題行為之輔導。

(二) 提高專任導師費，促使每班導師對行為偏差或特殊家庭之學生加強個別輔導，並經常做家庭訪視尋求學生家長合作，共同進行輔導。

(三) 學校之生活管理應採取輔導的立場及坦誠討論之態度，不宜經常使用嚴格禁止或責備之方式。

(四) 學校應加強法律常識教育、性教育及人際關係、情緒處理之課程，使少年順利的成長，適應社會生活。

(五) 學校成立輔導中心（或諮商中心）應積極推展輔導活動，一方面使學生樂於提出本身遭遇之問題向中心請求得解決之方法，另方面可主動對情緒不

穩或成績突然退步或行為異常學生，盡早發覺，建立個案，以採取適當之輔導措施，使其趨於正軌。

(六) 學校為瞭解學生狀況，應經常實施家庭訪問，並舉行家長討論會或懇親會，一方面使家長瞭解學校當局輔導學生之措施，進而與學校密切聯繫合作；另方面使家長瞭解少年發展之型態並能及早處理正常或異常少年所發生之問題，使其在未惡化之前即獲得適當之輔導。

(七) 學校在經費許可之下，應儘量改善環境設施，使學生能充分利用活動場所，如圖書館、運動場、體育館及活動中心。並配合休閒生活教育，指導少年從事有益身心之康樂活動，使學生將知識經驗與生活打成一片，俾益於未來適應社會生活之發展。

(八) 學校應加強與社輔單位、救國團張老師及警察局少年隊（組）、少年法庭之聯繫，強化學生校外輔導，必要時予以轉介服務。

四、社會應致力於建立一致性之共同規範引導約束少年之生活

法國社會學家涂爾幹（E. Durkheim）曾提及人類的行為社會規範所約束所導正，如同植物之行為受太陽之支配一般。涂氏更進一步認為社會如無明確一致性的規範加以約束引導，則人們會無所適從而形成無規範狀態，產生更多之偏差行為。而當前急遽的社會變遷，導致傳統的價值觀念與道德規範漸失去功能，而工業社會及西方潮流衝擊之下，需要一套新的文化及行為規範來適應與配合，否則少年在無所適從之情況下，陷入無規範狀態，更容易顯現違規犯過之行為。例如當今社會之電動玩具問題、學校老師體罰學生及補習、KTV之問題等均瀕臨於無規範狀態，今後如不及時予以探討建立一套大家所需要認同之一致性規範來引導，則會產生更多新的社會問題。

五、社會應增設遊樂場所，強化休閒教育，推展正當之文康活動

現代都市社會由於人口的都市化，致使少年活動空間愈來愈小，而少年體力充沛，不能壓抑，今天之少年已由往昔的追求物質享受進到心靈之享樂，對各種娛樂特感需要，然社會一些人士又反對少年去KTV、跳迪斯可和打電動玩具，試想少年之精力、感情、時間以及課業之壓力等若無適當的途徑宣洩排遣，則不但無以陶冶其性情，且易受不良娛樂場所誘惑而走入歧途。因此，增設正當並可滿足少年需求之娛樂場所，及輔導少年加強休閒教育，是解決少年犯罪問題的一種有效方法。

六、社區應成立少年輔導中心之專責機構

筆者建議在社區成立少年輔導中心，由專業之輔導人員導引少年。每一社區成立少年輔導中心之專責機構，可能會因為經費之來源而遭到困難，但我們應瞭解犯罪對國家社會所造成之損害及國家抗制犯罪之花費那麼昂貴且難以估計，美國統計1990年在這方面花費將近七百五十億美元，國內預估每一刑案發生，警察機關將費盡無數人力、物力才將嫌犯逮捕；逮捕之後進入刑事司法程序之偵查、審理，以及犯罪矯治機構提供之各類支出等皆花費國家不少公帑，筆者認為只要撥出上述費用之十分之一，即可在各社區成立少年輔導之專責機構，聘用大學專攻教育、心理、輔導、法律、社會學、兒童福利、犯罪防治等之畢業生擔任輔導員，以收輔導之效，並可使上述科系畢業生能用其所學，不致形成高級人力之浪費，然後再加強社會民間力量之參與，使家庭、學校、社會三大據點得以聯繫配合，達到預防少年犯罪問題之目標。

七、強化社區意識，推展守望相助預防少年犯罪

最近之研究顯示，社區解組對少年犯罪之形成有著直接或間接之影響（許春金、楊士隆，1993）。因此，社區之結構重整乃成為抑制少年偏差與犯罪行為之重要課題。

其中一項防治少年犯罪之做法為減少社區疏離，啟迪民眾之社區集體意識，發揚我國固有敦親睦鄰之傳統美德，共同參與社區犯罪防治工作。目前推展社區守望相助運動及警民合作等方案，首先應教育社區民眾，讓民眾感覺犯罪與他們息息相關，激發民眾共同挺身而出參與犯罪預防工作。因為面對當前各項犯罪問題，已非有限的警力所能勝任，定要結合社區民眾之力量，推展守望相助運動，並輔導社區共同出力僱用「社區巡守員」，使民間保全之力量逐漸組織起來，合法化、健全化，並在巡守區建立守望崗哨，與轄區分局或派出所之間建立聯絡線，遇有犯罪發生或其他緊急狀況，隨時互相支援，消弭犯罪於無形，此種做法對預防各項犯罪（含少年犯罪）有莫大裨益。

八、強化社區環境之規劃、重整改善預防少年犯罪

都市社會學者史考根（Skogan, 1990）曾指出社區結構與環境不良等因素，加上社區為色情、賭博等社會病理現象入侵造成之社區秩序混亂（Disorder）現象，極易影響及社區之生活品質，造成社區進一步頹廢，腐化，成為犯罪之滋生、成長地域。美國犯罪學者傑佛利（Jeffery, 1977）在其大作《經

由環境設計以預防犯罪》（*Crime Prevention Through Environmental Design*）一書中特別指出環境規劃在防治犯罪上之重要性。因此，筆者認為政府應妥善規劃社區環境，以減少治安死角，發揮休閒遊憩功能，並致力於改善、重整頹廢社區，消除社區之各項病理現象，減少少年成長之不利因素。

九、促使大眾傳播發揮正面教育功能預防少年犯罪

大眾傳播媒體由於具有休閒娛樂、社會教育及資訊溝通等功能，因此其對社會大眾之行為及生活各層面，產生深入，持久之影響。鑑於大眾傳播迥異且其滲透力甚強，尤其對屬狂飆期之少年更是影響至鉅，如不善加利用，則其所造成之反效果，足以催殘任何正面教育之功能（參閱楊士隆，1993）。如目前許多電影、電視、錄影帶濫製一些誨淫誨盜以及暴力之節目，加以報紙、雜誌對於犯罪新聞與犯罪技術過分渲染描述，無意中在少年內心播植一些不正確之觀念：解決問題的最有效方法是使用暴力。

我們瞭解大眾傳播是社會教育最重要之媒介，而社會教育又是家庭教育與學校教育之擴展，尤其當前及未來，少年將是我國有史以來接受大眾傳播媒體最多的一代，因此建議大眾傳播應自我約束，淨化其內容，發揮社會教育及預防犯罪之功能，減少色情、暴力與犯罪技巧之傳播。

十、強化各地區少年警察隊輔導角色預防少年犯罪

少年警察隊之積極意義，隨著時代進步、國家需要、居民之需求，應進化為以積極輔導為主。不可否認地，多年來少年警察隊在人力、物力限制之下，對於少年犯罪的偵查已有相當貢獻，但筆者認為今後少年警察隊，應積極發揮輔導少年預防犯罪之功能，其工作性質應是輔導性、教育性與社會性重於司法性（蔡德輝，1989，1997），並建議少年警察隊應積極推展下列少年輔導預防犯罪工作：(一)協調該地區有關機關推展少年犯罪預防工作；(二)少年警察隊之成員應儘量派任年輕且具犯罪防治專長之警官擔任，以發揮輔導之效果；(三)將少年警察隊搬遷至腹地較廣之公園內，不僅有廣闊之活動場所，推展休閒活動，亦有更多機會接觸少年，指導少年從事各項活動，進而輔導少年預防犯罪於未然；(四)經常利用巡邏、查察之機會，瞭解及剷除一切足以誘發犯罪傾向與犯罪情況暨促進犯罪活動之因素；(五)利用寒暑假，結合社區有關之社會資源，對社區內少年，進行有組織地指導從事的正當活動，一方面可避免其組織不良幫派；另方面可協助其培養從事正當娛樂及活動之習慣；(六)少年警

察應經常與社區內家長保持聯繫，如發現少年發生偏差行為時，應儘速拜訪其父母，與其充分合作，共謀少年問題之輔導與預防犯罪發生。

第三節　少年犯罪矯治工作之改進

少年誤入歧途，觸犯法網之後，即可能接受法律之制裁而進入少年犯罪矯治機構執行。雖然政府有關少年犯罪矯治之目標在少年犯改悔向上，重建適應社會生活，然而研究卻不斷指出機構性之處遇，除滿足應報外，對少年犯之改悔與未來適應社會生活並不理想，甚至造成不少副作用。鑑於機構性處遇，依現行法令規定有其存在必要，茲提出下列少年犯矯治之改進建議，供有關機關參考：

一、對初犯微罪之少年儘量適用社區處遇

少年犯之矯治，由機構性之處遇轉向社區處遇，為各國所採行之有效少年犯處遇方式。蔡德輝曾運用經驗法則實證方法評估我國少年犯機構性處遇與社區處遇之成效，發現：(一)機構性處遇對於初犯微罪少年犯施予短期刑之處遇，不但沒有足夠的時間從事積極性之處遇和重建工作，反而有足夠之時間使其感染犯罪之惡習；(二)機構性處遇不但消耗國家較多之公帑，且其環境與一般自由社會迥異，少年犯經過機構性處遇後其個人適應及社會適應能力較弱；(三)少年犯之社區處遇較合乎人道，允許少年犯仍住原來社區保持其正常社會關係，並運用社會資源協助輔導，是一種較為經濟有效且合乎人道之處遇方法。

因此少年犯處遇工作，不必一定使少年犯（尤其是微罪初犯）監禁於少年輔育院、少年監獄等有形之犯罪矯治機構。社區處遇有許多種不同之型態，在協助少年犯復歸社會發生很大之效益，諸如：寄養之家、中途之家、觀護處分等方式，其目的在使初犯微罪之少年犯有自新之機會及避免進入刑事司法程序而烙上壞的標籤；此外，美國又有許多實證案例顯示少年愈早進入刑事司法程序，則其將來繫於刑事司法體系的時間愈久（蔡德輝，1992）。故筆者主張對初犯微罪之少年犯儘量以社區處遇代替機構性之處遇。

二、少年犯罪機構性處遇之措施應予改進

少年犯罪機構處遇雖有諸多潛在缺點，諸如惡習傳染，促使少年重返社會適應困難等，但其對於惡性較重之少年犯，為免其在外進一步腐化、墮落，且基於懲罰與矯治之理念，其仍有其存在必要。我們不可錯誤地認為所有少年犯均可施予社區處遇而獲得成功之機會。為發揮機構性處遇之效能，避免弊端產生，下列之改進措施有其必要：

(一) 加強調查分類工作

調查分類工作係一切處遇之基石，為促使少年接受個別化之處遇，獲致良好之矯治效果，有必要以各類心理測驗對少年犯之犯罪歷程、人格特質與內在心理動力及在院、監之生活適應情形詳加調查，俾以鑑別其內在心理需求，提供適切之處遇措施，協助其更生。

(二) 強化教化工作

1. 以愛心、關懷少年：許多少年犯自幼遭遺棄、虐待或疏忽，在缺乏關愛之破碎家庭中成長，故心懷怨恨不滿，憤世忌俗在所難免。而因犯罪接受刑罰之制裁更是一大打擊，故矯治處遇應以愛心為出發點，輔以其他教化措施，始能減少教化障礙。

2. 加強道德、法律教育：許多少年在犯罪時並不瞭解其行為對民眾之生命、財產安全危害至鉅，且須接受法律之制裁，故應加強法律與道德教育，使少年知法、守法，明白自己的行為，什麼是「所當為」，什麼是「所不當為」，以及犯罪後接受何種刑罰，以免出獄（院）後重蹈覆轍。

3. 善用宗教教誨：宗教多以勸人為善、向善、指引人生方向為宗旨，故宜加強宗教教誨之實施，讓更多之宗教參與，收容少年有更多之選擇。

4. 強化技藝訓練：鑑於少年犯多具有好逸惡勞，不喜歡讀書之傾向，但卻有部分少年偏愛技藝者，故宜對其性向詳加調查，朝強化技藝訓練之方向努力，以加強其未來謀生技能，減少再犯。

5. 嶄新處遇技術之開發、採行：諸如教導少年犯以合乎邏輯、客觀、常理、理性之思考方式，妥善處理人際衝突之認知處遇法（Cognitive Approach of Offender Rehabilitation）、以協助案主逐一反省、化解內心束縛，激發良知，進而孕育回饋之心而改悔向上之內觀法（Naikan Therapy）（林茂榮、楊士隆，2001），或各類之野外生活求生訓練營及其他可協助少年犯改悔之矯治

方案應勇於嘗試、採行。

(三) 加強親子溝通、聯繫

研究大致指出加強親子之溝通與聯繫，可增加少年未來之社會適應能力，減少再犯，故少年矯正機構應多舉辦類似懇親會之活動，讓父母多關心子女，加強與少年（女）之溝通，增進親情，協助教化更生工作。

(四) 擴大社區參與

鑑於機構性處遇存在之潛在弊病，故宜擴大少年參與社會之各項活動，諸如運動競賽、公益活動等，以回饋社會，並考慮讓少年犯有外出工作或生活之機會，增強未來重入社會之社會適應能力。

(五) 強化「賞罰分明」之民主化管理

研究指出「賞罰公平」之管教人員較為學生所能接受並且心悅誠服（黃敦瑋，1986），故管教人員之施予賞罰宜力求公平合理，並致力於民主化管理，代替威權式之管教。

三、加強少年觀護工作之實施

對少年犯接受保護管束之執行及假日生活輔導，為少年法庭觀護人之重要工作項目。然而，卻因為輔導個案過多，工作負擔沉重加上觀護人此等專業人才待遇偏低，轉業率高等問題而使得這些服務之品質大打折扣。筆者認為，為提升觀護品質，避免少年犯再犯，下列之措施有其必要：

(一) 應致力於提升觀護人之專業地位

鑑於觀護人大多具有高度學養及專業輔導知識，故應強化其專業地位，提高其待遇與職等，招收適當員額，減少工作負擔，以提升觀護服務品質，避免人才流失。

(二) 加強社會資源之運用，協助少年觀護工作

可擴大聘請適任之榮譽觀護人及邀請大專院校學生擔任輔導員，協助少年保護管束工作；並加強與社工、社會福利部門及其他輔導團體之聯繫，當有助於少年犯輔導工作之推展。

(三) 加強家庭訪視

要求受保護管束者至觀護人室定期報到，站在輔導之立場是不夠的，應親訪少年之家庭、鄰居、社區及其工作地點，俾以深入瞭解其生活概況及所處環境，始有助於保護管束、輔導工作之進行。

(四) 採行彈性之觀護監督，減少工作負荷

在面臨眾多之個案負擔時，為提升觀護品質與效能，應針對案主之需求及其再犯之可能性予以評估，倘再犯危險性較高者則予加強密集式諮商輔導，以減少再犯；對於再犯危險性低之受保護管束少年，則可縮短約談次數，以減少龐大之工作負荷。

四、加強少年犯處遇後之更生保護工作

少年犯執行期滿出監時，是最危險時期。因為社會戴著有色眼鏡歧視他們，致他們重入社會發生困難，本有職業之少年，因服刑而失業；在校同學因服刑而失學；少年犯之家屬亦連帶面臨諸多問題；少年犯為此現實問題不能解決，精神上之刺激無法忍受，社會人情之冷酷，在在皆促使他們重施犯罪故技，以為解決問題之手段，為此使得刑事司法系統所做之努力前功盡棄，社會非但失去一批有生產之成員，亦因這些人之再犯，而致社會秩序遭受嚴重破壞。

因此，加強少年犯之更生保護，乃為促其自立生活，預防再犯之必要措施。目前隸屬財團法人組織之台灣更生保護會已提供各項保護少年犯之措施：如輔導少年犯參加技藝訓練、就學、提供獎學金、設置少年之家、提供暫時保護等。這些保護救助措施應就少年犯之實際需要而加強服務，蓋受保護之需求不一，或需金錢資助、或需就學、就業安置或需心理輔導等，惟有針對其需要始能對症下藥。其次，鑑於更生保護會之服務人員大多由地方法院檢察署及監獄職員兼任，造成專業人員不足之問題，為提升更生保護之專業性及服務性，除須加強進用專業人才外，對適任榮譽更生保護人員之遴選尤宜慎重，以落實更生保護工作，使少年犯之保護更臻於周延。

結論

　　總而言之，防治少年犯罪必須秉持「預防勝於治療」之理念，對可能造成少年犯罪之不良背景因素（如犯罪之機會、犯罪之誘因）加以排除，始能獲致成效，並減少犯罪後少年司法體系須付出之鉅額成本。預防少年犯罪可從下列幾個層面著手：一、加強親職教育，促使家庭發揮正常功能；二、強化道德、法治教育，發揮學校輔導功能；三、政府單位妥善規劃少年之活動參與，並提供適切之輔導；四、強化社區集體意識，致力消除不良之環境，減少少年犯罪之聚合。

　　一旦少年因犯罪而進入刑事司法體系，吾人認為下列之措施是必要的：一、對微罪初犯之少年應儘量施以社區處遇，而避免運用機構式處遇；二、對已進入少年矯治機構者，應強化法律教育、技藝訓練，加強親子溝通，並擴大社區參與；三、應加強出監（院）少年之保護管束工作，加強家庭訪視並積極運用各類社會資源共同投入少年輔導事業；四、強化少年犯出監（院）後之更生保護工作，提供種類必要之援助與保護，避免其再犯。希冀這些防治措施之建議提供有關當局參考，而有助於少年犯罪之防治，使社會走向安和樂利之境界。

參考書目

一、中文部分

林茂榮、楊士隆（2001）。監獄學：犯罪矯正原理與實務。五南圖書。

許春金、楊士隆（1993）。社區與少年偏差行為：社區解組犯罪理論之實證研究，警政學報，第23期。

黃敦瑋（1986）。台灣地區犯罪少年機構性處遇成效評估研究。中央警官學校警政研究所碩士論文。

楊士隆（1993）。大眾傳播媒體犯罪預防。中警半月刊，第612期。

蔡德輝（1989）。當前台灣地區犯罪問題防治對策之探討。警政學報，第16期。

蔡德輝（1992）。青少年犯罪防治之有效途徑。載於莊懷義等編著，青少年問題與輔導。空中大學。

蔡德輝（1997）。少年警察隊在少年犯罪防制工作上之角色及功能。犯罪學期刊，第3期。

蔡德輝、楊士隆（2012）。犯罪學（修訂新版）。五南圖書。

二、外文部分

Brantingham, P. J. and Faust (1976). A conceptual model of crime pervention. Crime and Delinquency, 22: 284-96.

Jeffery, C. R. (1977). Crime prevention through environmental design. Sage Publications, Inc.

Skogan, W. G. (1990). Disorder and decline-crime and the spiral of decay in American neighborhood. Free Press.

附錄一　少年事件處理法

1. 中華民國51年1月31日總統制定公布全文80條。
2. 中華民國56年8月1日總統修正公布第42、64條條文。
3. 中華民國60年5月14日總統修正公布全文87條。
4. 中華民國65年2月12日總統修正公布第3、12、13、18、19、22、23、26、27、39、42、43、45、50、55～57、59～61、74、77、81、84、85及第三章第三節節名；並增訂第23-1、64-1、83-1及第85-1條條文。
5. 中華民國69年7月4日總統令修正公布第85-1、86條條文。
6. 中華民國86年12月29日總統令修正公布。
7. 中華民國89年2月2日總統令修正公布第13、27、43、49、54、55-3、68、78條條文。
8. 中華民國91年6月5日總統令修正公布第84條條文。
9. 中華民國94年5月18日總統令修正公布第24、29、42、61、84條條文；並刪除第68條條文。
10. 中華民國108年6月19日總統令修正公布第3、3-1、17～19、26、26-2、29、38、42、43、49、52、54、55-2、55-3、58、61、64-2、67、71、82、83-1、83-3、84、86、87條條文；增訂3-2～3-4條條文；並刪除第72、85-1條條文；除第18條第2項至第7項自112年7月1日施行；第42條第1項第3款關於交付安置於適當之醫療機構、執行過渡性教育措施或其他適當措施之處所輔導部分及刪除之第85-1條自公布一年後施行外，其餘自公布日施行。
11. 中華民國110年12月15日總統令修正公布第84條條文。
12. 中華民國112年6月21日總統令修正公布第1-1、18、26、34、42、61、65、78、87條條文；並增訂第18-1～18-9、36-1、73-1條條文；除第18條第6、7項、第26條第2～4項及第61條第1項第3款自112年7月1日施行，第18-1～18-8條自113年1月1日施行外，自公布日施行。

第一章　總則

第 1 條　為保障少年健全之自我成長，調整其成長環境，並矯治其性格，特制定本法。

第1-1條　少年保護事件及少年刑事案件之處理，依本法之規定。

　　　　本法未規定者，於與少年保護事件、少年刑事案件性質不相違反之範圍內，準用其他法律。

第 2 條　本法稱少年者，謂十二歲以上十八歲未滿之人。

第 3 條　下列事件，由少年法院依本法處理之：

　　　　一、少年有觸犯刑罰法律之行為者。

　　　　二、少年有下列情形之一，而認有保障其健全自我成長之必要者：

　　　　(一) 無正當理由經常攜帶危險器械。

　　　　(二) 有施用毒品或迷幻物品之行為而尚未觸犯刑罰法律。

　　　　(三) 有預備犯罪或犯罪未遂而為法所不罰之行為。

　　　　前項第二款所指之保障必要，應依少年之性格及成長環境、經常往來對象、參與團體、出入場所、生活作息、家庭功能、就學或就業等一切情狀而為判斷。

第3-1條　詢問或訊問少年時，應通知其法定代理人、現在保護少年之人或其他適當之人陪同在場。但經合法通知，無正當理由不到場或有急迫情況者，不在此限。

　　　　依法應於二十四小時內護送少年至少年法院之事件，等候前項陪同之人到場之時間不予計入，並應釋明其事由。但等候時間合計不得逾四小時。

　　　　少年因精神或其他心智障礙無法為完全之陳述者，必要時，得請兒童及少年心理衛生或其他專業人士協助。

　　　　少年不通曉詢問或訊問之人所使用之語言者，應由通譯傳譯之。其為聽覺、語言或多重障礙者，除由通譯傳譯外，並得以文字、手語或其他適當方式詢問或訊問，亦得許其以上開方式表達。

第3-2條　詢問或訊問少年時，應先告知下列事項：

　　　　一、所涉之觸犯刑罰法律事實及法條或有第三條第一項第二款各目事由；經告知後，認為應變更者，應再告知。

　　　　二、得保持緘默，無須違背自己之意思而為陳述。

　　　　三、得選任輔佐人；如依法令得請求法律扶助者，得請求之。

　　　　四、得請求調查有利之證據。

　　　　少年表示已選任輔佐人時，於被選任之人到場前，應即停止詢問或訊問。但少年及其法定代理人或現在保護少年之人請求或同意續行詢問或訊問者，不在此限。

第3-3條　詢問、訊問、護送少年或使其等候時，應與一般刑事案件之嫌疑人或被告隔離。但偵查、審判中認有對質、詰問之必要者，不在此限。

第3-4條　連續詢問或訊問少年時，得有和緩之休息時間。

詢問或訊問少年，不得於夜間行之。但有下列情形之一者，不在此限：

一、有急迫之情形。

二、查驗其人有無錯誤。

三、少年、其法定代理人或現在保護少年之人請求立即詢問或訊問。

前項所稱夜間者，為日出前，日沒後。

第 4 條　少年犯罪依法應受軍事審判者，得由少年法院依本法處理之。

第二章　少年法院之組織

第 5 條　直轄市設少年法院，其他縣（市）得視其地理環境及案件多寡分別設少年法院。

尚未設少年法院地區，於地方法院設少年法庭。但得視實際情形，其職務由地方法院原編制內人員兼任，依本法執行之。

高等法院及其分院設少年法庭。

第5-1條　少年法院分設刑事庭、保護庭、調查保護處、公設輔佐人室，並應配置心理測驗員、心理輔導員及佐理員。

第5-2條　少年法院之組織，除本法有特別規定者外，準用法院組織法有關地方法院之規定。

第5-3條　心理測驗員、心理輔導員及佐理員配置於調查保護處。

心理測驗員、心理輔導員，委任第五職等至薦任第八職等。佐理員委任第三職等至薦任第六職等。

第 6 條　（刪除）

第 7 條　少年法院院長、庭長及法官、高等法院及其分院少年法庭庭長及法官、公設輔佐人，除須具有一般之資格外，應遴選具有少年保護之學識、經驗及熱忱者充之。

前項院長、庭長及法官遴選辦法，由司法院定之。

第 8 條　（刪除）

第 9 條　少年調查官職務如左：

一、調查、蒐集關於少年保護事件之資料。

二、對於少年觀護所少年之調查事項。

三、法律所定之其他事務。

少年保護官職務如左：

一、掌理由少年保護官執行之保護處分。

二、法律所定之其他事務。

少年調查官及少年保護官執行職務，應服從法官之監督。

第 10 條　調查保護處置處長一人，由少年調查官或少年保護官兼任，綜理及分配少年調查及保護事務；其人數合計在六人以上者，應分組辦事，各組並以一人兼任組長，襄助處長。

第 11 條　心理測驗員、心理輔導員、書記官、佐理員及執達員隨同少年調查官或少年保護官執行職務者，應服從其監督。

第 12 條　（刪除）

第 13 條　少年法院兼任處長或組長之少年調查官、少年保護官薦任第九職等或簡任第十職等，其餘少年調查官、少年保護官薦任第七職等至第九職等。

高等法院少年法庭少年調查官薦任第八職等至第九職等或簡任第十職等。

第三章　少年保護事件

第一節　調查及審理

第 14 條　少年保護事件由行為地或少年之住所、居所或所在地之少年法院管轄。

第 15 條　少年法院就繫屬中之事件，經調查後認為以由其他有管轄權之少年法院處理，可使少年受更適當之保護者，得以裁定移送於該管少年法院；受移送之法院，不得再行移送。

第 16 條　刑事訴訟法第六條第一項、第二項，第七條及第八條前段之規定，於少年保護事件準用之。

第 17 條　不論何人知有第三條第一項第一款之事件者，得向該管少年法院報告。

第 18 條　司法警察官、檢察官或法院於執行職務時，知有第三條第一項第一款之事件者，應移送該管少年法院。

司法警察官、檢察官或法院於執行職務時，知有第三條第一項第二款之情形者，得通知少年住所、居所或所在地之少年輔導委員會處理之。

對於少年有監督權人、少年之肄業學校、從事少年保護事業之機關或機構，發現少年有第三條第一項第二款之情形者，得通知少年住所、居所或所在地之少年輔導委員會處理之。

有第三條第一項第二款情形之少年，得請求住所、居所或所在地之少年輔

導委員會協助之。

少年住所、居所或所在地之少年輔導委員會知悉少年有第三條第一項第二款情形之一者，應結合福利、教育、心理、醫療、衛生、戶政、警政、財政、金融管理、勞政、移民及其他相關資源，對少年施以適當期間之輔導。

前項輔導期間，少年輔導委員會如經評估認由少年法院處理，始能保障少年健全之自我成長者，得敘明理由並檢具輔導相關紀錄、有關資料及證據，請求少年法院處理之，並持續依前項規定辦理。

少年輔導委員會對於少年有第三條第一項第二款行為所用、所生或所得之物，得扣留、保管之，除依前項規定檢具請求少年法院處理者外，應予沒入、銷毀、發還或為適當之處理；其要件、方式、程序及其他相關事項之辦法，由行政院會同司法院定之。

直轄市、縣（市）政府少年輔導委員會應由具備社會工作、心理、教育、家庭教育或其他相關專業之人員，辦理第二項至第六項之事務；少年輔導委員會之設置、輔導方式、辦理事務、評估及請求少年法院處理等事項之辦法，由行政院會同司法院定之。

於中華民國一百十二年七月一日前，司法警察官、檢察官、法院、對於少年有監督權人、少年之肄業學校、從事少年保護事業之機關或機構，發現少年有第三條第一項第二款之情形者，得移送或請求少年法院處理之。

第18-1條　司法警察官或司法警察為調查少年觸犯刑罰法律之行為，必要時，得使用通知書，通知少年、少年之法定代理人、現在保護少年之人或其他適當之人到場。

前項通知書，由司法警察機關主管長官簽名，並應記載下列事項：

一、受通知人之姓名、性別、出生年月日、身分證明文件編號及住、居所。

二、事由。

三、應到之日、時、處所。

四、少年無正當理由不到場者，得報請該管少年法院法官核發同行書強制其到場之意旨。

司法警察官或司法警察未使用通知書通知第一項所定之人到場者，應於通知時，告知前項第一款至第三款之事項。

司法警察官或司法警察詢問、同行、逕行同行、逮捕或接受少年時，應即

告知少年、少年之法定代理人或現在保護少年之人第三條之二第一項各款事項；少年有第三條之一第三項或第四項所定情形者，並應依各該項規定辦理。

第18-2條 少年經合法通知，無正當理由不到場者，司法警察官或司法警察於必要時，得報請該管少年法院法官核發同行書，強制其到場。

第18-3條 司法警察官或司法警察因調查少年觸犯刑罰法律之行為，有下列各款情形之一者，得不經通知，逕行報請該管少年法院法官核發同行書，強制少年到場：

一、逃匿或有事實足認為有逃匿之虞。

二、有事實足認為有湮滅、偽造、變造證據或串證之虞。

三、所觸犯之刑罰法律為死刑、無期徒刑或最輕本刑為五年以上有期徒刑之罪。

第18-4條 司法警察官或司法警察因調查少年觸犯刑罰法律之行為，有下列各款情形之一而情況急迫者，得逕行同行之：

一、因現行犯之供述，且有事實足認為共同觸犯刑罰法律。

二、少年於收容、羈押、執行感化教育或徒刑之執行中脫逃。

三、有事實足認為觸犯刑罰法律，經被盤查而逃逸。

四、所觸犯之刑罰法律為死刑、無期徒刑或最輕本刑為五年以上有期徒刑之罪，有事實足認為有逃匿之虞。

前項第一款及第三款，於所觸犯之刑罰法律顯係最重本刑為三年以下有期徒刑、拘役或專科罰金之罪，不適用之。

第一項同行，以其急迫情況不及向該管少年法院法官報請核發同行書者為限，於執行後，應即報請該管少年法院法官簽發同行書。如法官不簽發時，應即將被同行少年釋放。

第18-5條 司法警察官或司法警察同行觸犯刑罰法律之少年，應自同行時起二十四小時內，指派妥適人員，將少年連同卷證，護送該管少年法院處理。但法官通知其即時護送者，應即護送。

檢察官、司法警察官或司法警察發現被逕行拘提之人為少年者，應依前項規定處理。

前二項情形，其關係人之筆錄或有關證據，如因情況急迫，不及蒐集調查者，得由原移送機關於三日內補送之。

第18-6條 前條規定，於檢察官、司法警察官、司法警察逮捕、接受或發現被逮捕之

人為少年時，準用之。

前項少年所觸犯之刑罰法律顯係最重本刑為三年以下有期徒刑、拘役或專科罰金之罪時，司法警察官或司法警察得填載不護送報告書，以傳真或其他適當方式，報請該管少年法院法官許可後，不予護送，逕行釋放。但法官未許可者，應即護送。

司法警察官、司法警察依前項規定不護送少年時，應將法官批示許可不護送報告書附於警卷內，檢同相關卷證於七日內將案件移送該管少年法院處理。

第18-7條　司法警察官因調查少年觸犯刑罰法律之行為，必要時，得準用刑事訴訟法、通訊保障及監察法關於人證、鑑定、搜索、扣押、證據保全及通訊監察之規定，逕向該管少年法院聲請或陳報之。

第18-8條　對少年執行同行、逕行同行、協尋、護送或逮捕時，應注意其身體及名譽；除依少年之身心狀況、使用暴力情形、所處環境、年齡或其他事實，認有防止其自傷、傷人、脫逃或嚴重毀損他人財物之必要，且無其他約制方法外，不應對少年使用約束工具。

前項除外情形，不得逾必要之程度，避免公然暴露少年之約束工具及確保少年不致於因而受到侵害；認已無繼續使用之必要時，應即解除。

前二項使用約束工具之範圍、方式、程序及其他應遵行事項之實施辦法，由行政院會同司法院定之。

第18-9條　少年法院接受移送、報告或請求之事件後，認為有關證據或其他可供參考之資料未完備者，得於收案後以書面敘明應補足或調查之部分，並指定期間將卷證發回或發交司法警察機關或其他相關機關補足或調查；受發回或發交之機關應於限定之期間內補正。

第 19 條　少年法院接受移送、報告或請求之事件後，應先由少年調查官調查該少年與事件有關之行為、其人之品格、經歷、身心狀況、家庭情形、社會環境、教育程度以及其他必要之事項，於指定之期限內提出報告，並附具建議。

少年調查官調查之結果，不得採為認定事實之唯一證據。

少年調查官到庭陳述調查及處理之意見時，除有正當理由外，應由進行第一項之調查者為之。

少年法院訊問關係人時，書記官應製作筆錄。

第 20 條　少年法院審理少年保護事件，得以法官一人獨任行之。

第 21 條　少年法院法官或少年調查官對於事件之調查，必要時得傳喚少年、少年之法定代理人或現在保護少年之人到場。

前項調查，應於相當期日前將調查之日、時及處所通知少年之輔佐人。

第一項之傳喚，應用通知書，記載左列事項，由法官簽名；其由少年調查官傳喚者，由少年調查官簽名：

一、被傳喚人之姓名、性別、年齡、出生地及住居所。

二、事由。

三、應到場之日、時及處所。

四、無正當理由不到場者，得強制其同行。

傳喚通知書應送達於被傳喚人。

第 22 條　少年、少年之法定代理人或現在保護少年之人，經合法傳喚，無正當理由不到場者，少年法院法官得依職權或依少年調查官之請求發同行書，強制其到場。但少年有刑事訴訟法第七十六條所列各款情形之一，少年法院法官並認為必要時，得不經傳喚，逕發同行書，強制其到場。

同行書應記載左列事項，由法官簽名：

一、應同行人之姓名、性別、年齡、出生地、國民身分證字號、住居所及其他足資辨別之特徵。但年齡、出生地、國民身分證字號或住居所不明者，得免記載。

二、事由。

三、應與執行人同行到達之處所。

四、執行同行之期限。

第 23 條　同行書由執達員、司法警察官或司法警察執行之。

同行書應備三聯，執行同行時，應各以一聯交應同行人及其指定之親友，並應注意同行人之身體及名譽。

執行同行後，應於同行書內記載執行之處所及年、月、日；如不能執行者，記載其情形，由執行人簽名提出於少年法院。

第23-1條　少年行蹤不明者，少年法院得通知各地區少年法院、檢察官、司法警察機關協尋之。但不得公告或登載報紙或以其他方法公開之。

協尋少年，應用協尋書，記載左列事項，由法官簽名：

一、少年之姓名、性別、年齡、出生地、國民身分證字號、住居所及其他足資辨別之特徵。但年齡、出生地、國民身分證字號或住居所不明者，得免記載。

　　二、事件之內容。

　　三、協尋之理由。

　　四、應護送之處所。

　　少年經協尋獲後，少年調查官、檢察官、司法警察官或司法警察，得逕行護送少年至應到之處所。

　　協尋於其原因消滅或顯無必要時，應即撤銷。撤銷協尋之通知，準用第一項之規定。

第 24 條　刑事訴訟法關於人證、鑑定、通譯、勘驗、證據保全、搜索及扣押之規定，於少年保護事件性質不相違反者準用之。

第 25 條　少年法院因執行職務，得請警察機關、自治團體、學校、醫院或其他機關、團體為必要之協助。

第 26 條　少年法院於必要時，對於少年得以裁定為下列之處置：

　　一、責付於少年之法定代理人、家長、最近親屬、現在保護少年之人、適當之機關、福利、教養機構、醫療機構、執行過渡性教育措施或其他適當措施之處所、團體或個人，並得在事件終結前，交付少年調查官為適當之輔導。

　　二、命收容於少年觀護所進行身心評估及行為觀察，並提供鑑別報告。但以不能責付或以責付為顯不適當，而需收容者為限；少年、其法定代理人、現在保護少年之人或輔佐人，得隨時向少年法院聲請責付，以停止收容。

　　少年法院就少年故意致死亡、致重傷或侵害性自主權之事件，經審酌少年健全自我成長之保障與被害人或其家屬之保護，認有必要者，得於裁定責付時，命少年於事件終結確定前遵守下列事項：

　　一、禁止對被害人或其家屬之身體或財產實施危害。

　　二、禁止對被害人或其家屬為恐嚇、騷擾、接觸、跟蹤之行為。

　　三、禁止無正當理由接近被害人或其家屬之住居所、學校、工作場所或其他經常出入之特定場所特定距離。

　　四、禁止其他危害被害人或其家屬之事項。

　　少年法院就少年觸犯刑法第二編第二十八章之一，或以性影像觸犯刑法第三百零四條、第三百零五條及第三百四十六條之事件，經審酌少年健全自我成長之保障與被害人之保護，認有必要者，得命少年於事件終結確定前遵守下列事項：

一、前項第一款至第三款之事項。

二、禁止重製、散布、播送、交付、公然陳列，或以他法供人觀覽被害人之性影像。

三、提出或交付被害人之性影像。

四、移除或向網際網路平台提供者、網際網路應用服務提供者申請刪除已上傳之被害人之性影像。

五、禁止其他危害被害人之事項。

犯罪被害人權益保障法第三條第一款第二目、第三款、第六款、第三十七條、第三十八條、第四十條及第四十二條之規定，於前二項情形，準用之。

第26-1條　收容少年應用收容書。

收容書應記載左列事項，由法官簽名：

一、少年之姓名、性別、年齡、出生地、國民身分證字號、住居所及其他足資辨別之特徵。但年齡、出生地、國民身分證字號或住居所不明者，得免記載。

二、事件之內容。

三、收容之理由。

四、應收容之處所。

第二十三條第二項之規定，於執行收容準用之。

第26-2條　少年觀護所收容少年之期間，調查或審理中均不得逾二月。但有繼續收容之必要者，得於期間未滿前，由少年法院裁定延長之；延長收容期間不得逾一月，以一次為限。收容之原因消滅時，少年法院應依職權或依少年、其法定代理人、現在保護少年之人或輔佐人之聲請，將命收容之裁定撤銷之。

事件經抗告者，抗告法院之收容期間，自卷宗及證物送交之日起算。

事件經發回者，其收容及延長收容之期間，應更新計算。

裁定後送交前之收容期間，算入原審法院之收容期間。

少年觀護所之人員，應於職前及在職期間接受包括少年保護之相關專業訓練；所長、副所長、執行鑑別及教導業務之主管人員，應遴選具有少年保護之學識、經驗及熱忱者充任。

少年觀護所之組織、人員之遴聘及教育訓練等事項，以法律定之。

第27條　少年法院依調查之結果，認少年觸犯刑罰法律，且有左列情形之一者，應

以裁定移送於有管轄權之法院檢察署檢察官：

一、犯最輕本刑為五年以上有期徒刑之罪者。

二、事件繫屬後已滿二十歲者。

除前項情形外，少年法院依調查之結果，認犯罪情節重大，參酌其品行、性格、經歷等情狀，以受刑事處分為適當者，得以裁定移送於有管轄權之法院檢察署檢察官。

前二項情形，於少年犯罪時未滿十四歲者，不適用之。

第 28 條　少年法院依調查之結果，認為無付保護處分之原因或以其他事由不應付審理者，應為不付審理之裁定。

少年因心神喪失而為前項裁定者，得令入相當處所實施治療。

第 29 條　少年法院依少年調查官調查之結果，認為情節輕微，以不付審理為適當者，得為不付審理之裁定，並為下列處分：

一、告誡。

二、交付少年之法定代理人或現在保護少年之人嚴加管教。

三、轉介福利、教養機構、醫療機構、執行過渡性教育措施或其他適當措施之處所為適當之輔導。

前項處分，均交由少年調查官執行之。

少年法院為第一項裁定前，得斟酌情形，經少年、少年之法定代理人及被害人之同意，轉介適當機關、機構、團體或個人進行修復，或使少年為下列各款事項：

一、向被害人道歉。

二、立悔過書。

三、對被害人之損害負賠償責任。

前項第三款之事項，少年之法定代理人應負連帶賠償之責任，並得為民事強制執行之名義。

第 30 條　少年法院依調查之結果，認為應付審理者，應為開始審理之裁定。

第 31 條　少年或少年之法定代理人或現在保護少年之人，得隨時選任少年之輔佐人。

犯最輕本刑為三年以上有期徒刑之罪，未經選任輔佐人者，少年法院應指定適當之人輔佐少年。其他案件認有必要者亦同。

前項案件，選任輔佐人無正當理由不到庭者，少年法院亦得指定之。

前兩項指定輔佐人之案件，而該地區未設置公設輔佐人時，得由少年法院

指定適當之人輔佐少年。

公設輔佐人準用公設辯護人條例有關規定。

少年保護事件中之輔佐人，於與少年保護事件性質不相違反者，準用刑事訴訟法辯護人之相關規定。

第31-1條　選任非律師為輔佐人者，應得少年法院之同意。

第31-2條　輔佐人除保障少年於程序上之權利外，應協助少年法院促成少年之健全成長。

第 32 條　少年法院審理事件應定審理期日。審理期日應傳喚少年、少年之法定代理人或現在保護少年之人，並通知少年之輔佐人。

少年法院指定審理期日時，應考慮少年、少年之法定代理人、現在保護少年之人或輔佐人準備審理所需之期間。

但經少年及其法定代理人或現在保護少年之人之同意，得及時開始審理。

第二十一條第三項、第四項之規定，於第一項傳喚準用之。

第 33 條　審理期日，書記官應隨同法官出席，製作審理筆錄。

第 34 條　調查及審理不公開。但少年法院得許少年之親屬、學校教師、從事少年保護事業之人或其他認為相當之人在場旁聽；必要時得聽取其意見。

第 35 條　審理應以和藹懇切之態度行之。法官參酌事件之性質與少年之身心、環境狀態，得不於法庭內進行審理。

第 36 條　審理期日訊問少年時，應予少年之法定代理人或現在保護少年之人及輔佐人陳述意見之機會。

第36-1條　審理期日，應傳喚被害人及其法定代理人或現在保護被害人之人到庭陳述意見。但經合法傳喚無正當理由不到場，或陳明不願到場，或少年法院認為不必要或有礙少年健全之自我成長者，不在此限。

前項被害人及其法定代理人或現在保護被害人之人之意見陳述，少年法院得於調查時為之。

被害人依前二項之規定到場者，其配偶、直系或三親等內旁系血親、家長、家屬、醫師、心理師、輔導人員、社工人員或其信賴之人，經被害人同意後，得陪同在場，並得陳述意見。但少年法院認有礙程序進行或少年健全之自我成長者，不適用之。

少年法院審酌個案情節、被害人及少年之身心狀況，並聽取被害人、少年及其他在場人之意見後，認有必要者，得不令少年及其法定代理人或現在保護少年之人在場，或透過單面鏡、聲音影像相互傳送之科技設備或其他

適當隔離措施為之。

被害人及其法定代理人或現在保護被害人之人得向少年法院查詢調查及審理之進度；少年法院認不宜告知者，亦應回復之。

第 37 條　審理期日，應調查必要之證據。

少年應受保護處分之原因、事實，應依證據認定之。

第 38 條　少年法院認為必要時，得為下列處置：

一、少年為陳述時，不令少年以外之人在場。

二、少年以外之人為陳述時，不令少年在場。

前項少年為陳述時，少年法院應依其年齡及成熟程度權衡其意見。

第 39 條　少年調查官應於審理期日出庭陳述調查及處理之意見。

少年法院不採少年調查官陳述之意見者，應於裁定中記載不採之理由。

第 40 條　少年法院依審理之結果，認為事件有第二十七條第一項之情形者，應為移送之裁定；有同條第二項之情形者，得為移送之裁定。

第 41 條　少年法院依審理之結果，認為事件不應或不宜付保護處分者，應裁定諭知不付保護處分。

第二十八條第二項、第二十九條第三項、第四項之規定，於少年法院認為事件不宜付保護處分，而依前項規定為不付保護處分裁定之情形準用之。

第 42 條　少年法院審理事件，除為前二條處置者外，應對少年以裁定諭知下列之保護處分：

一、訓誡，並得予以假日生活輔導。

二、交付保護管束並得命為勞動服務。

三、交付安置於適當之福利、教養機構、醫療機構、執行過渡性教育措施或其他適當措施之處所輔導。

四、令入感化教育處所施以感化教育。

少年有下列情形之一者，得於為前項保護處分之前或同時諭知下列處分：

一、少年施用毒品或迷幻物品成癮，或有酗酒習慣者，令入相當處所實施禁戒。

二、少年身體、精神或其他心智顯有障礙者，令入醫療機構或其他相當處所實施治療。

第一項處分之期間，毋庸諭知。

第二十六條第二項至第四項、第二十九條第三項、第四項之規定，於少年法院依第一項為保護處分之裁定情形準用之。

少年法院為第一項裁定前，認有必要時，得徵詢適當之機關（構）、學校、團體或個人之意見，並得召開協調、諮詢或整合符合少年所需之福利服務、安置輔導、衛生醫療、就學、職業訓練、就業服務、家庭處遇計畫或其他資源與服務措施之相關會議。

前項規定，於第二十六條、第二十八條、第二十九條第一項、第四十一條第一項、第四十四條第一項、第五十一條第三項、第五十五條第一項、第四項、第五十五條之二第二項至第五項、第五十五條之三、第五十六條第一項及第三項情形準用之。

第 43 條　刑法及其他法律有關沒收之規定，於第二十八條、第二十九條、第四十一條及前條之裁定準用之。

少年法院認供第三條第一項第二款各目行為所用或所得之物不宜發還者，得沒收之。

第 44 條　少年法院為決定宜否為保護處分或應為何種保護處分，認有必要時，得以裁定將少年交付少年調查官為六月以內期間之觀察。

前項觀察，少年法院得徵詢少年調查官之意見，將少年交付適當之機關、學校、團體或個人為之，並受少年調查官之指導。

少年調查官應將觀察結果，附具建議提出報告。

少年法院得依職權或少年調查官之請求，變更觀察期間或停止觀察。

第 45 條　受保護處分之人，另受有期徒刑以上刑之宣告確定者，為保護處分之少年法院，得以裁定將該處分撤銷之。

受保護處分之人，另受保安處分之宣告確定者，為保護處分之少年法院，應以裁定定其應執行之處分。

第 46 條　受保護處分之人，復受另件保護處分，分別確定者，後為處分之少年法院，得以裁定定其應執行之處分。

依前項裁定為執行之處分者，其他處分無論已否開始執行，視為撤銷。

第 47 條　少年法院為保護處分後，發見其無審判權者，應以裁定將該處分撤銷之，移送於有審判權之機關。

保護處分之執行機關，發見足認為有前項情形之資料者，應通知該少年法院。

第 48 條　少年法院所為裁定，應以正本送達於少年、少年之法定代理人或現在保護少年之人、輔佐人及被害人，並通知少年調查官。

第 49 條　文書之送達，除本法另有規定外，適用民事訴訟法關於送達之規定。

前項送達，對少年、少年之法定代理人、現在保護少年之人、輔佐人，及依法不得揭露足以識別其身分資訊之被害人或其法定代理人，不得為公示送達。

文書之送達，不得於信封、送達證書、送達通知書或其他對外揭示之文書上，揭露足以使第三人識別少年或其他依法應保密其身分者之資訊。

第二節 保護處分之執行

第 50 條 對於少年之訓誡，應由少年法院法官向少年指明其不良行為，曉諭以將來應遵守之事項，並得命立悔過書。

行訓誡時，應通知少年之法定代理人或現在保護少年之人及輔佐人到場。

少年之假日生活輔導為三次至十次，由少年法院交付少年保護官於假日為之，對少年施以個別或群體之品德教育，輔導其學業或其他作業，並得命為勞動服務，使其養成勤勉習慣及守法精神；其次數由少年保護官視其輔導成效而定。

前項假日生活輔導，少年法院得依少年保護官之意見，將少年交付適當之機關、團體或個人為之，受少年保護官之指導。

第 51 條 對於少年之保護管束，由少年保護官掌理之；少年保護官應告少年以應遵守之事項，與之常保接觸，注意其行動，隨時加以指示；並就少年之教養、醫治疾病、謀求職業及改善環境，予以相當輔導。

少年保護官因執行前項職務，應與少年之法定代理人或現在保護少年之人為必要之洽商。

少年法院得依少年保護官之意見，將少年交付適當之福利或教養機構、慈善團體、少年之最近親屬或其他適當之人保護管束，受少年保護官之指導。

第 52 條 對於少年之交付安置輔導及施以感化教育時，由少年法院依其行為性質、身心狀況、學業程度及其他必要事項，分類交付適當之福利、教養機構、醫療機構、執行過渡性教育措施、其他適當措施之處所或感化教育機構執行之，受少年法院之指導。

感化教育機構之組織及其教育之實施，以法律定之。

第 53 條 保護管束與感化教育之執行，其期間均不得逾三年。

第 54 條 少年轉介輔導處分及保護處分之執行，至多執行至滿二十一歲為止。

執行安置輔導之福利及教養機構之設置及管理辦法，由兒童及少年福利機

構之中央主管機關定之。

第 55 條　保護管束之執行，已逾六月，著有成效，認無繼續之必要者，或因事實上
　　　　　原因，以不繼續執行為宜者，少年保護官得檢具事證，聲請少年法院免除
　　　　　其執行。

　　　　　少年、少年之法定代理人、現在保護少年之人認保護管束之執行有前項情
　　　　　形時，得請求少年保護官為前項之聲請，除顯無理由外，少年保護官不得
　　　　　拒絕。少年在保護管束執行期間，違反應遵守之事項，不服從勸導達二次
　　　　　以上，而有觀察之必要者，少年保護官得聲請少年法院裁定留置少年於少
　　　　　年觀護所中，予以五日以內之觀察。

　　　　　少年在保護管束期間違反應遵守之事項，情節重大，或曾受前項觀察處分
　　　　　後，再違反應遵守之事項，足認保護管束難收效果者，少年保護官得聲請
　　　　　少年法院裁定撤銷保護管束，將所餘之執行期間令入感化處所施以感化教
　　　　　育，其所餘之期間不滿六月者，應執行至六月。

第55-1條　保護管束所命之勞動服務為三小時以上五十小時以下，由少年保護官執
　　　　　行，其期間視輔導之成效而定。

第55-2條　第四十二條第一項第三款之安置輔導為二月以上二年以下。

　　　　　前項執行已逾二月，著有成效，認無繼續執行之必要者，或有事實上原因
　　　　　以不繼續執行為宜者，少年保護官、負責安置輔導之福利、教養機構、醫
　　　　　療機構、執行過渡性教育措施或其他適當措施之處所、少年、少年之法定
　　　　　代理人或現在保護少年之人得檢具事證，聲請少年法院免除其執行。

　　　　　安置輔導期滿，少年保護官、負責安置輔導之福利、教養機構、醫療機
　　　　　構、執行過渡性教育措施或其他適當措施之處所、少年、少年之法定代理
　　　　　人或現在保護少年之人認有繼續安置輔導之必要者，得聲請少年法院裁定
　　　　　延長，延長執行之次數以一次為限，其期間不得逾二年。

　　　　　第一項執行已逾二月，認有變更安置輔導之福利、教養機構、醫療機構、
　　　　　執行過渡性教育措施或其他適當措施之處所之必要者，少年保護官、少
　　　　　年、少年之法定代理人或現在保護少年之人得檢具事證或敘明理由，聲請
　　　　　少年法院裁定變更。

　　　　　少年在安置輔導期間違反應遵守之事項，情節重大，或曾受第五十五條之
　　　　　三留置觀察處分後，再違反應遵守之事項，足認安置輔導難收效果者，少
　　　　　年保護官、負責安置輔導之福利、教養機構、醫療機構、執行過渡性教育
　　　　　措施或其他適當措施之處所、少年之法定代理人或現在保護少年之人得檢

具事證，聲請少年法院裁定撤銷安置輔導，將所餘之執行期間令入感化處所施以感化教育，其所餘之期間不滿六月者，應執行至六月。

第55-3條　少年無正當理由拒絕接受第二十九條第一項或第四十二條第一項第一款、第三款之處分，少年調查官、少年保護官、少年之法定代理人或現在保護少年之人、福利、教養機構、醫療機構、執行過渡性教育措施或其他適當措施之處所，得聲請少年法院核發勸導書，經勸導無效者，各該聲請人得聲請少年法院裁定留置少年於少年觀護所中，予以五日內之觀察。

第 56 條　執行感化教育已逾六月，認無繼續執行之必要者，得由少年保護官或執行機關檢具事證，聲請少年法院裁定免除或停止其執行。

少年或少年之法定代理人認感化教育之執行有前項情形時，得請求少年保護官為前項之聲請，除顯無理由外，少年保護官不得拒絕。

第一項停止感化教育之執行者，所餘之執行時間，應由少年法院裁定交付保護管束。

第五十五條之規定，於前項之保護管束準用之；依該條第四項應繼續執行感化教育時，其停止期間不算入執行期間。

第 57 條　第二十九條第一項之處分、第四十二條第一項第一款之處分及第五十五條第三項或第五十五條之三之留置觀察，應自處分裁定之日起，二年內執行之；逾期免予執行。

第四十二條第一項第二款、第三款、第四款及同條第二項之處分，自應執行之日起，經過三年未執行者，非經少年法院裁定應執行時，不得執行之。

第 58 條　第四十二條第二項第一款、第二款之處分期間，以戒絕治癒或至滿二十歲為止。但認無繼續執行之必要者，少年法院得免除之。

前項處分與保護管束一併諭知者，同時執行之；與安置輔導或感化教育一併諭知者，先執行之。但其執行無礙於安置輔導或感化教育之執行者，同時執行之。

依禁戒或治療處分之執行，少年法院認為無執行保護處分之必要者，得免其保護處分之執行。

第 59 條　少年法院法官因執行轉介處分、保護處分或留置觀察，於必要時，得對少年發通知書、同行書或請有關機關協尋之。

少年保護官因執行保護處分，於必要時得對少年發通知書。

第二十一條第三項、第四項、第二十二條第二項、第二十三條及第二十三

條之一規定，於前二項通知書、同行書及協尋書準用之。

第 60 條　少年法院諭知保護處分之裁定確定後，其執行保護處分所需教養費用，得
　　　　　斟酌少年本人或對少年負扶養義務人之資力，以裁定命其負擔全部或一
　　　　　部；其特殊清寒無力負擔者，豁免之。

　　　　　前項裁定，得為民事強制執行名義，由少年法院囑託各該法院民事執行處
　　　　　強制執行，免徵執行費。

第三節　抗告及重新審理

第 61 條　少年、少年之法定代理人、現在保護少年之人或輔佐人，對於少年法院所
　　　　　為下列之裁定有不服者，得提起抗告。但輔佐人提起抗告，不得與選任人
　　　　　明示之意思相反：

　　　　　一、第二十六條第一項第一款交付少年調查官為適當輔導之裁定。

　　　　　二、第二十六條第一項第二款命收容或駁回聲請責付之裁定。

　　　　　三、依第二十六條第二項、第三項所為命少年應遵守事項之裁定。

　　　　　四、第二十六條之二第一項延長收容或駁回聲請撤銷收容之裁定。

　　　　　五、第二十七條第一項、第二項之裁定。

　　　　　六、第二十九條第一項之裁定。

　　　　　七、第四十條之裁定。

　　　　　八、第四十二條之處分。

　　　　　九、第五十五條第三項、第五十五條之三留置觀察之裁定及第五十五條第
　　　　　　　四項之撤銷保護管束執行感化教育之處分。

　　　　　十、第五十五條之二第三項延長安置輔導期間之裁定、第五項撤銷安置輔
　　　　　　　導執行感化教育之處分。

　　　　　十一、駁回第五十六條第一項聲請免除或停止感化教育執行之裁定。

　　　　　十二、第五十六條第四項命繼續執行感化教育之處分。

　　　　　十三、第六十條命負擔教養費用之裁定。

第 62 條　少年行為之被害人或其法定代理人，對於少年法院之左列裁定，得提起抗
　　　　　告：

　　　　　一、依第二十八條第一項所為不付審理之裁定。

　　　　　二、依第二十九條第一項所為不付審理，並為轉介輔導、交付嚴加管教或
　　　　　　　告誡處分之裁定。

　　　　　三、依第四十一條第一項諭知不付保護處分之裁定。

四、依第四十二條第一項諭知保護處分之裁定。

被害人已死亡或有其他事實上之原因不能提起抗告者，得由其配偶、直系血親、三親等內之旁系血親、二親等內之姻親或家長家屬提起抗告。

第 63 條　抗告以少年法院之上級法院為管轄法院。

對於抗告法院之裁定，不得再行抗告。

第 64 條　抗告期間為十日，自送達裁定後起算。但裁定宣示後送達前之抗告亦有效力。

刑事訴訟法第四百零七條至第四百十四條及本章第一節有關之規定，於本節抗告準用之。

第64-1條　諭知保護處分之裁定確定後，有左列情形之一，認為應不付保護處分者，少年保護官、少年、少年之法定代理人、現在保護少年之人或輔佐人得聲請為保護處分之少年法院重新審理：

一、適用法規顯有錯誤，並足以影響裁定之結果者。

二、因發見確實之新證據，足認受保護處分之少年，應不付保護處分者。

三、有刑事訴訟法第四百二十條第一項第一款、第二款、第四款或第五款所定得為再審之情形者。

刑事訴訟法第四百二十三條、第四百二十九條、第四百三十條前段、第四百三十一條至第四百三十四條、第四百三十五條第一項、第二項、第四百三十六條之規定，於前項之重新審理程序準用之。

為保護處分之少年法院發見有第一項各款所列情形之一者，亦得依職權為應重新審理之裁定。

少年受保護處分之執行完畢後，因重新審理之結果，須受刑事訴追者，其不利益不及於少年，毋庸裁定移送於有管轄權之法院檢察署檢察官。

第64-2條　諭知不付保護處分之裁定確定後有下列情形之一，認為應諭知保護處分者，少年行為之被害人或其法定代理人得聲請為不付保護處分之少年法院重新審理：

一、有刑事訴訟法第四百二十二條第一款得為再審之情形。

二、經少年自白或發見確實之新證據，足認其有第三條第一項行為應諭知保護處分。

刑事訴訟法第四百二十九條、第四百三十一條至第四百三十四條、第四百三十五條第一項、第二項及第四百三十六條之規定，於前項之重新審理程序準用之。

為不付保護處分之少年法院發現有第一項各款所列情形之一者，亦得依職權為應重新審理之裁定。

第一項或前項之重新審理於諭知不付保護處分之裁定確定後，經過一年者不得為之。

第四章　少年刑事案件

第 65 條　對於少年犯罪之刑事追訴及處罰，以依第二十七條第一項、第二項移送之案件為限。

刑事訴訟法關於自訴及被害人訴訟參與之規定，於少年刑事案件不適用之。

本章之規定，於少年犯罪後已滿十八歲者適用之。

第 66 條　檢察官受理少年法院移送之少年刑事案件，應即開始偵查。

第 67 條　檢察官依偵查之結果，對於少年犯最重本刑五年以下有期徒刑之罪，參酌刑法第五十七條有關規定，認以不起訴處分而受保護處分為適當者，得為不起訴處分，移送少年法院依少年保護事件審理；認應起訴者，應向少年法院提起公訴。

前項經檢察官為不起訴處分而移送少年法院依少年保護事件審理之案件，如再經少年法院裁定移送，檢察官不得依前項規定，再為不起訴處分而移送少年法院依少年保護事件審理。

第 68 條　（刪除）

第 69 條　對於少年犯罪已依第四十二條為保護處分者，不得就同一事件再為刑事追訴或處罰。但其保護處分經依第四十五條或第四十七條之規定撤銷者，不在此限。

第 70 條　少年刑事案件之偵查及審判，準用第三章第一節及第三節有關之規定。

第 71 條　少年被告非有不得已情形，不得羈押之。

少年被告應羈押於少年觀護所。於年滿二十歲時，應移押於看守所。

少年刑事案件，前於法院調查及審理中之收容，視為未判決前之羈押，準用刑法第三十七條之二折抵刑期之規定。

第 72 條　（刪除）

第 73 條　審判得不公開之。

第三十四條但書之規定，於審判不公開時準用之。

少年、少年之法定代理人或現在保護少年之人請求公開審判者，除有法定

不得公開之原因外，法院不得拒絕。

第73-1條　少年刑事案件之審判中，被害人得選任律師為代理人。但被害人無行為能力或限制行為能力或死亡者，得由其法定代理人、直系血親或配偶選任之。

代理人得向少年法院就少年被告之犯罪事實，檢閱相關卷宗及證物，並得抄錄、重製或攝影。但卷宗及證物之內容與被告被訴事實無關或足以妨害另案之偵查，或涉及當事人或第三人之隱私或業務秘密，或有礙少年健全之自我成長之虞者，少年法院得限制之。

被害人、依第一項但書已選任代理人之人及代理人，就前項所檢閱、抄錄、重製或攝影之內容，無正當理由，不得交付、洩漏予他人或使他人知悉。

第 74 條　法院審理第二十七條之少年刑事案件，對於少年犯最重本刑十年以下有期徒刑之罪，如顯可憫恕，認為依刑法第五十九條規定減輕其刑仍嫌過重，且以受保護處分為適當者，得免除其刑，諭知第四十二條第一項第二款至第四款之保護處分，並得同時諭知同條第二項各款之處分。

前項處分之執行，適用第三章第二節有關之規定。

第 75 條　（刪除）

第 76 條　（刪除）

第 77 條　（刪除）

第 78 條　對於少年不得宣告褫奪公權。

少年受刑之宣告，經執行完畢或赦免者，適用關於公權資格之法令時，視為未曾犯罪。

第 79 條　刑法第七十四條緩刑之規定，於少年犯罪受三年以下有期徒刑、拘役或罰金之宣告者適用之。

第 80 條　少年受刑人徒刑之執行，應注意監獄行刑法第三條、第八條及第三十九條第二項之規定。

第 81 條　少年受徒刑之執行而有悛悔實據者，無期徒刑逾七年後，有期徒刑逾執行期三分之一後，得予假釋。

少年於本法施行前，已受徒刑之執行者，或在本法施行前受徒刑宣告確定之案件於本法施行後受執行者，準用前項之規定。

第 82 條　少年在緩刑或假釋期中應付保護管束。

前項保護管束，於受保護管束人滿二十三歲前，由檢察官囑託少年法院少

年保護官執行之。

第五章　附則

第 83 條　任何人不得於媒體、資訊或以其他公示方式揭示有關少年保護事件或少年
刑事案件之記事或照片，使閱者由該項資料足以知悉其人為該保護事件受
調查、審理之少年或該刑事案件之被告。

違反前項規定者，由主管機關依法予以處分。

第83-1條　少年受第二十九條第一項之處分執行完畢二年後，或受保護處分或刑之執
行完畢或赦免三年後，或受不付審理或不付保護處分之裁定確定後，視為
未曾受各該宣告。

少年有前項或下列情形之一者，少年法院應通知保存少年前案紀錄及有關
資料之機關、機構及團體，將少年之前案紀錄及有關資料予以塗銷：

一、受緩刑之宣告期滿未經撤銷，或受無罪、免訴、不受理判決確定。

二、經檢察機關將緩起訴處分期滿，未經撤銷之事由通知少年法院。

三、經檢察機關將不起訴處分確定，毋庸移送少年法院依少年保護事件審
理之事由通知少年法院。

前項紀錄及資料，除下列情形或本法另有規定外，少年法院及其他任何機
關、機構、團體或個人不得提供：

一、為少年本人之利益。

二、經少年本人同意，並應依其年齡及身心發展程度衡酌其意見；必要時
得聽取其法定代理人或現在保護少年之人之意見。

少年之前案紀錄及有關資料之塗銷、利用、保存、提供、統計及研究等相
關事項之辦法，由司法院定之。

第83-2條　違反前條規定未將少年之前科紀錄及有關資料塗銷或無故提供者，處六月
以下有期徒刑、拘役或新台幣三萬元以下罰金。

第83-3條　外國少年受轉介處分、保護處分、緩刑或假釋期內交付保護管束者，少年
法院得裁定以驅逐出境代之。

前項裁定，得由少年調查官或少年保護官聲請；裁定前，應予少年、其法
定代理人或現在保護少年之人陳述意見之機會。但經合法通知，無正當理
由不到場者，不在此限。

對於第一項裁定，得提起抗告，並準用第六十一條、第六十三條及第
六十四條之規定。

驅逐出境由司法警察機關執行之。

第 84 條　少年之法定代理人，因忽視教養，致少年有第三條第一項之情形，而受保護處分或刑之宣告，或致保護處分之執行難收效果者，少年法院得裁定命其接受八小時以上五十小時以下之親職教育輔導，以強化其親職功能。

少年法院為前項親職教育輔導裁定前，認為必要時，得先命少年調查官就忽視教養之事實，提出調查報告並附具建議。

親職教育輔導之執行，由少年法院交付少年保護官為之，並得依少年保護官之意見，交付適當之機關、團體或個人為之，受少年保護官之指導。

親職教育輔導應於裁定之日起三年內執行之；逾期免予執行，或至多執行至少年成年為止。但因事實上原因以不繼續執行為宜者，少年保護官得檢具事證，聲請少年法院免除其執行。

拒不接受親職教育輔導或時數不足者，少年法院得裁定處新臺幣六千元以上三萬元以下罰鍰；經再通知仍不接受者，得按次連續處罰，至其接受為止。其經連續處罰三次以上者，並得裁定公告法定代理人之姓名。

前項罰鍰之裁定，得為民事強制執行名義，由少年法院囑託各該地方法院民事執行處強制執行之，免徵執行費。

少年之法定代理人有第一項情形，情況嚴重者，少年法院並得裁定公告其姓名。

第一項、第五項及前項之裁定，受處分人得提起抗告，並準用第六十三條、第六十四條之規定。

第 85 條　成年人教唆、幫助或利用未滿十八歲之人犯罪或與之共同實施犯罪者，依其所犯之罪，加重其刑至二分之一。

少年法院得裁定命前項之成年人負擔第六十條第一項教養費用全部或一部，並得公告其姓名。

第85-1條　（刪除）

第 86 條　本法施行細則，由司法院會同行政院定之。

少年保護事件審理細則，由司法院定之。

少年法院與相關行政機關處理少年事件聯繫辦法，由司法院會同行政院定之。

少年偏差行為之輔導及預防辦法，由行政院會同司法院定之。

第 87 條　本法自中華民國六十年七月一日施行。

本法修正條文，除中華民國一百零八年五月三十一日修正之第十八條第二

項至第七項自一百十二年七月一日施行，第四十二條第一項第三款關於交付安置於適當之醫療機構、執行過渡性教育措施或其他適當措施之處所輔導部分及刪除第八十五條之一自公布一年後施行；一百十二年五月三十日修正之第十八條第六項及第七項、第二十六條第二項至第四項及第六十一條第一項第三款自一百十二年七月一日施行，第十八條之一至第十八條之八自一百十三年一月一日施行外，自公布日施行。

附錄二 少年偏差行為預防及輔導辦法

1. 中華民國110年2月24日行政院、司法院令會同訂定發布全文19條；並自發布日施行。

第 1 條　本辦法依少年事件處理法（以下簡稱本法）第八十六條第四項規定訂定之。

第 2 條　本辦法所稱偏差行為，指少年有下列行為之一者：
一、本法第三條第一項第一款規定觸犯刑罰法律之行為。
二、本法第三條第一項第二款規定之行為。
三、下列不利於健全自我成長或損及他人權益行為之一，有預防及輔導必要：
(一) 與有犯罪習性之人交往。
(二) 參加不良組織。
(三) 加暴行於人或互相鬥毆未至傷害。
(四) 藉端滋擾住戶、工廠、公司行號、公共場所或公眾得出入之場所。
(五) 於非公共場所或非公眾得出入之職業賭博場所，賭博財物。
(六) 深夜遊蕩，形跡可疑，經詢無正當理由。
(七) 以猥褻之言語、舉動或其他方法騷擾他人。
(八) 無正當理由跟追他人，經勸阻不聽。
(九) 逃學或逃家。
(十) 出入酒家（店）、夜店、特種咖啡茶室、成人用品零售店、限制級電子遊戲場及其他涉及賭博、色情、暴力等經社政主管機關認定足以危害其身心健康之場所。
(十一) 出吸菸、飲酒、嚼檳榔或使用其他有害身心健康之物質。
(十二) 觀看、閱覽、收聽或使用有害其身心健康之暴力、血腥、色情、猥褻、賭博之出版品、圖畫、影片、光碟、磁片、電子訊號、遊戲軟體、網際網路內容或其他物品。
(十三) 在道路上競駛、競技或以蛇行等危險方式駕車或參與其行為。
(十四) 超過合理時間持續使用電子類產品，致有害身心健康。

(十五) 其他不利於健全自我成長，或損及他人權益或公共秩序之行為。

前項第三款序文所定預防及輔導必要，應參酌本法第三條第二項規定，依少年之性格及成長環境、經常往來對象、參與團體、出入場所、生活作息、家庭功能、就學或就業等一切情狀而為判斷。

第 3 條　行政院與司法院得定期，自行或共同召開跨院際少年事件政策協商平臺會議，並得先行召開幕僚會議研商。

直轄市、縣（市）政府應邀請少年法院，定期召開聯繫會議，協調偏差行為預防、個案輔導及爭議事項等事宜，必要時得邀請學者專家與會。

第 4 條　本辦法所定事項，中央社政、教育、警政主管機關應就其權責範圍，主動辦理少年偏差行為預防及輔導政策之規劃、推動及監督等相關措施，並應密切合作，落實與健全少年偏差行為預防及輔導體系；其他機關對於少年偏差行為預防及輔導工作，應全力配合之。

直轄市、縣（市）政府應整合福利、教育、心理、醫療、衛生、戶政、警政、財政、金融管理、勞政、移民及其他相關資源，針對偏差行為少年及其家庭之需要，尊重多元文化差異，主動規劃各項服務方案及預防措施。

第 5 條　醫事人員、社會工作人員、教育人員、保育人員、教保服務人員、司法警察人員、勞政人員、司法人員、村（里）幹事人員於執行職務時，發現少年有偏差行為，得先勸阻或為其他適當處理，並得採適當方式通知父母、監護人或實際照顧少年之人、就讀學校。

第 6 條　各機關（構）辦理少年偏差行為之預防及輔導，依下列各款情形處理：

一、少年有第二條第一項第一款、第二款行為者，依本法規定辦理。

二、少年有第二條第一項第三款第一目至第八目、第十五目後段行為者，得由少年輔導委員會辦理；少年具學籍者，教育機關（構）應依學生輔導法等相關教育法規辦理預防及輔導工作。

三、少年有第二條第一項第三款第九目至第十四目、第十五目前段行為者，得由直轄市、縣（市）政府依兒童及少年福利與權益保障法等相關社政法規辦理；少年具學籍者，教育機關（構）應依學生輔導法等相關教育法規辦理預防及輔導工作。

各機關（構）應以少年之最佳利益為優先考量，並得依少年需求連結相關資源，共同擬訂計畫，分工合作。

第 7 條　教育主管機關為保障少年健全自我成長並建構安全、友善、健康之校園，應加強預防在學少年偏差行為之發生，督導學校落實學生輔導法規定之三

級輔導工作，推廣生活教育活動。

學校得知少年有偏差行為，應主動提供輔導資源，召開評估會議，依少年個別需求訂定輔導計畫，結合學生輔導諮商中心、特殊教育中心、家庭教育中心等資源，與學生家長保持密切聯繫；必要時得結合社政、衛生、警政、少年輔導委員會等相關機關（構）協助處理，相關機關（構）應予配合。

為促進家長參與少年偏差行為之預防及輔導工作，學校應主動通知相關資源或輔導活動訊息。

第 8 條　社政主管機關為促進少年健全自我成長，應整合保護服務、福利服務、社會救助與其他涉及少年福利與權益保障事項，以預防少年偏差行為之發生。

社政主管機關接獲少年有偏差行為情事，應依兒童及少年福利與權益保障法等相關社政法規提供相關保護及福利措施；必要時得結合教育、衛生、警政、少年輔導委員會等相關機關（構）協助處理。

衛生主管機關應對有偏差行為之少年提供所需之醫療及心理衛生協助。

第 9 條　少年輔導委員會接獲少年有偏差行為之通知時，應協助提供整合資源或進行接案評估，經評估列為輔導個案者，依少年及其家庭之需求提出服務計畫；經評估未列為輔導個案，而有其他服務需求者，應轉介相關服務資源協助，被請求協助機關（構）應積極配合辦理。

第 10 條　教育、社政主管機關及少年輔導委員會依本辦法輔導之少年，應建立個案資料，並定期評估其輔導成效；個案結案後仍應提供所需服務並建立支持系統，以保障其健全之自我成長。

第 11 條　警政機關應針對提供足以危害少年身心健康不法資訊、物質之場所及網域，加強巡邏、臨檢等各項勤務，並配合教育、社政相關機關（構）執行校外聯合巡察等預防及保護措施。

第 12 條　勞工主管機關應結合教育主管機關辦理國民中學及高級中等學校學生職涯輔導、求職安全、職業安全衛生及勞動權益宣導等活動。

勞工主管機關應提供有就業需求之少年職業訓練、就業服務，以提升技能協助就業。

第 13 條　父母或監護人對少年應負保護、教養之責任，就少年偏差行為應先行管教或矯正。

少年有偏差行為情形嚴重，經盡力矯正而無效果，父母、監護人或其他實

　　　　際照顧少年之人，得向直轄市、縣（市）政府申請協調適當之機構協助、輔導；有親職教育需求者，得請求推展家庭教育之機關、機構、學校、法人及團體提供諮詢及服務。

第 14 條　各級社政、教育、衛政、勞政、警政主管機關應落實少年保護社區化理念，凝聚社區意識，充分運用社區資源及民間團體，籌組志願服務者，統合專業機構、人士及社區居民，共同參與少年偏差行為輔導及預防工作。

第 15 條　各級社政、教育、衛政、勞政、警政主管機關應經常舉辦有益少年身心健康之各項活動，並加強少年偏差行為預防宣導。

第 16 條　各級政府應協調大眾傳播媒體加強預防少年偏差行為之宣導；對有害少年身心健康之傳播，由相關主管機關依法嚴加處分。

第 17 條　各級政府應積極從事偏差行為原因等問題研究、籌編預防少年偏差行為之經費及人力，並進行工作人員專業講習及培訓。

第 18 條　未滿十二歲之人有第二條第一項各款情形之一者，其預防及輔導準用第四條、第五條、第六條第一項第三款及第二項、第七條、第八條、第十條、第十一條、第十三條至前條規定。但第七條第二項及第八條第二項有關少年輔導委員會事項，不在準用之列。

第 19 條　本辦法自發布日施行。

國家圖書館出版品預行編目資料

少年犯罪：理論與實務／蔡德輝、楊士隆著.
　-- 八版. -- 臺北市：五南圖書出版股份有
　限公司, 2024.09
　　面；　　公分

ISBN 978-626-393-720-8（平裝）

1.CST: 少年犯罪

548.581　　　　　　　　113012756

4T10

少年犯罪：理論與實務

作　　者 ─ 蔡德輝、楊士隆(312)

企劃主編 ─ 劉靜芬

責任編輯 ─ 黃郁婷

文字校對 ─ 徐鈺涵、楊婷竹

封面設計 ─ 封怡彤

出 版 者 ─ 五南圖書出版股份有限公司

發 行 人 ─ 楊榮川

總 經 理 ─ 楊士清

總 編 輯 ─ 楊秀麗

地　　址：106台北市大安區和平東路二段339號4樓

電　　話：(02)2705-5066　　傳　　真：(02)2706-6100

網　　址：https://www.wunan.com.tw

電子郵件：wunan@wunan.com.tw

劃撥帳號：01068953

戶　　名：五南圖書出版股份有限公司

法律顧問　林勝安律師

出版日期　2003年 9 月四版一刷（共七刷）
　　　　　2013年 3 月五版一刷（共二刷）
　　　　　2017年10月六版一刷
　　　　　2021年 2 月七版一刷
　　　　　2024年 9 月八版一刷

定　　價　新臺幣540元

經典永恆・名著常在

五十週年的獻禮——經典名著文庫

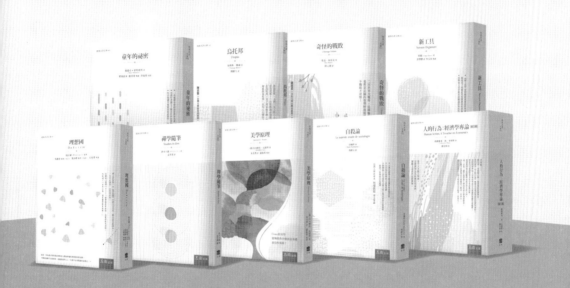

五南，五十年了，半個世紀，人生旅程的一大半，走過來了。
思索著，邁向百年的未來歷程，能為知識界、文化學術界作些什麼？
在速食文化的生態下，有什麼值得讓人雋永品味的？

歷代經典・當今名著，經過時間的洗禮，千錘百鍊，流傳至今，光芒耀人；
不僅使我們能領悟前人的智慧，同時也增深加廣我們思考的深度與視野。
我們決心投入巨資，有計畫的系統梳選，成立「經典名著文庫」，
希望收入古今中外思想性的、充滿睿智與獨見的經典、名著。
這是一項理想性的、永續性的巨大出版工程。
不在意讀者的眾寡，只考慮它的學術價值，力求完整展現先哲思想的軌跡；
為知識界開啟一片智慧之窗，營造一座百花綻放的世界文明公園，
任君遨遊、取菁吸蜜、嘉惠學子！